Zeitfragen

Politische Bildung
für berufliche Schulen

Herausgeber

Peter Nabholz
Herbert Uhl

Autoren

Paul Ackermann
Jürgen Feick
Jan Jochum
Peter Nabholz
Klaus Ruggaber
Herbert Uhl
Karl-Heinz Wagner

Ernst Klett Schulbuchverlag Leipzig
Leipzig Stuttgart Düsseldorf

Zu diesem Buch

Zeitfragen richtet sich in erster Linie an junge Erwachsene, die im privaten, beruflichen und politischen Leben nach Orientierungen suchen. Es will keine Rezepte anbieten, sondern Grundinformationen und Materialien als Hilfe für die eigene Entscheidung, für das eigene politische Handeln an die Hand geben.

Das Buch geht dabei einen neuen Weg: Es behandelt auf einer Doppelseite immer eine in sich abgeschlossene Fragestellung. Leicht verständliche Grundinformationen, Materialien mit unterschiedlichem Schwierigkeitsgrad, Illustrationen, weiter führende Hinweise, Definitionen, Aufgaben – alles ist auf einen Blick überschaubar und klar von einander abgegrenzt.

Zeitfragen ist gegliedert in sieben **Kapitel**, die zu drei Themenbereichen gehören. Der Themenbereich *Leben in der Gesellschaft* wird behandelt in
Kap. 1: Jugendliche in der Gesellschaft
Kap. 2: Gesellschaft im Wandel.

Mit der *Demokratie in Deutschland* befassen sich
Kap. 3: Parlamentarische Demokratie –
     Willensbildung und Entscheidung
Kap. 4: Deutschland –
     besiegt, geteilt, vereint
Kap. 5: Demokratie in der Entwicklung.

Einen Blick über die Grenzen, in die Möglichkeiten und Probleme *internationaler Zusammenarbeit*, werfen wir in den letzten beiden Kapiteln:
Kap. 6: Leben und Arbeiten in Europa
Kap. 7: Globalisierung und Friedenssicherung.

Die Kapitel sind unterteilt in **Abschnitte** von jeweils einer Doppelseite. Jeder Abschnitt behandelt ein Thema und ist in sich abgeschlossen. Alle Abschnitte enthalten:

• *Informationstext* mit dem nötigen Grundwissen (dazu Illustrationen, Karikaturen, Sprechblasen usw. als Denkanstöße)

• *Materialien*, vom Text durch eine Linie abgegrenzt und mit dem Zeichen ◆ versehen. Die Materialien vertiefen Teilgebiete des Informationstextes und sollen ermuntern, eigene Lösungen für die im Text angesprochenen Probleme zu finden und den Informationstext kritisch zu hinterfragen. Die Materialien einer Doppelseite sind jeweils durchnummeriert;

• **Aufgaben** zur Erschließung der Materialien, zur Wiederholung und Vertiefung des Themas. Sie sind ebenfalls innerhalb des Abschnitts durchnummeriert.

In manchen Abschnitten finden Sie außerdem

• *Begriffserklärungen* und *Definitionen* in der Randspalte, Überschriften in blauer Farbe;

• *Zusatzinformationen* in der Randspalte, z. B. Gesetzestexte, kurze Stellungnahmen, Statistiken, Hinweise auf weitere Informationsmöglichkeiten (z. B. auf Internet-Adressen);

• *Handlungsorientierte Themen (HOT)*, die zu selbst organisiertem Lernen anregen sollen – z. B. in Form einer Recherche, einer Präsentation, eines Rollenspiels. Möglichkeiten handlungsorientierten Lernens ergeben sich aber auch aus manchen Aufgaben.

Am Ende jedes Kapitels sind die wesentlichen Inhalte nochmals in Form von Stichworten zusammengestellt. Diese **Stichpunkte für die Wiederholung** sollen das Lernen vor einer Klassenarbeit oder einer Prüfung erleichtern.

Wir wünschen uns, dass Sie dieses Buch gern in die Hand nehmen, dass es Ihnen Antwort auf offene Fragen gibt, dass es Sie ermuntert, sich in die Politik einzumischen und Stellung zu beziehen – kurz: dass es Ihnen nicht nur in der Schule, sondern in Ihrem Alltag eine Hilfe ist.

Stuttgart, im August 2000

Anmerkung zur zweiten Auflage
Der Erfolg von Zeitfragen hat uns ermutigt, an der Konzeption in der zweiten Auflage festzuhalten.
Das Werk wurde inhaltlich in allen Teilen aktualisiert, alle Währungsangaben sind in Euro.

Leipzig, im August 2004

Inhaltsverzeichnis

3 Parlamentarische Demokratie – Willensbildung und Entscheidung

4 Deutschland – besiegt, geteilt, vereint

5 Demokratie in der Entwicklung

6 Leben und Arbeiten in Europa

7 Globalisierung und Friedenssicherung

**Den Weg
in den
Beruf finden**

1

**Das Zusammenleben
mit anderen gestalten**

Jugendliche
in der Gesellschaft

**Beruf, Familie,
Freizeit – getrennte
Lebensbereiche?**

**Zukunft:
Wie will ich leben?**

1.1 Ausbildung und Beruf – ein neuer Lebensabschnitt

1.1.1 Erste Schritte in die Berufswelt – wo stehe ich?

Erfahrungen in der Ausbildung

Nermin G., Arzthelferin:
Als ich meine Ausbildung begonnen habe, war das überhaupt nicht mein Traumberuf. Aber ich habe keine Alternative gehabt. Es musste eine Lehrstelle in der Nähe sein, weil es meine Eltern sonst nicht erlaubt hätten. Am Anfang habe ich gedacht: ‚Besser ist es doch als gar nichts', und habe mich immer wieder gefragt, gerade in der Berufsschule, ob ich das wirklich später brauche. Jetzt habe ich den Job ein paar Jahre gemacht, und es ist viel besser

gelaufen, als ich damals gedacht habe. Ich habe gemerkt, dass es immer gut ist, eine Ausbildung in der Hand zu haben, egal was man macht – als Sprungbrett für etwas Neues.

Özden K., Lehrabbrecherin (Einzelhandelskauffrau):
Am Anfang lief es eigentlich ganz gut. Ich hatte vorher schon ein Praktikum in dem Betrieb gemacht und gar nicht damit gerechnet, dass ich dort eine Lehrstelle bekomme. Die haben sogar in der Türkei angerufen, wo ich in Ferien war, ob ich die Lehrstelle nehme. Aber nach ein paar Monaten hat die Chefin gewechselt und mit der neuen bin ich einfach nicht mehr klargekommen.

Sandra K., Auszubildende zur Einzelhandelskauffrau:
Ich denke nur an eines: Dass ich die Ausbildung schaffe, dass ich nachher auch übernommen werde. Vielleicht brauche ich auch ABH, damit ich es schaffe.

Jochen W., Bäcker:
Immer wieder hat es Situationen gegeben, wo ich etwas nicht auf Anhieb konnte. Es ist nicht leicht, sich das einzugestehen. Man hat Angst gehabt sich zu blamieren – vor den Kollegen und vor dem Meister. Heute, wo ich schon einige Jahre im Beruf bin, denke ich, diese Angst war unbegründet, weil man als Azubi nicht schon alles können kann.
Manchmal neigt man als Azubi auch dazu, die Schuld bei anderen zu suchen: »Der Ausbilder ist blöd, der Lehrer

ist blöd.« Man schiebt die Verantwortung weg, auf andere. Gut ist, wenn man Freunde und Kollegen hat, die diese Sorgen kennen und mit denen man darüber sprechen kann.

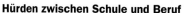

Hürden zwischen Schule und Beruf

Früher war die Berufswahl meist eine Entscheidung für das gesamte Arbeitsleben, die sehr früh getroffen werden musste. Heute ist der Traumberuf häufig nur über Umwege zu erreichen; manchmal führt gar kein Weg zu ihm. Zwischen Schule und Beruf stehen zwei Hürden.

1. Zwischen Schule und Ausbildung: In den begehrten Ausbildungsberufen gibt es viel weniger Stellen als Bewerber. Viele müssen bei der Wahl der Lehrstelle Kompromisse schließen. In manchen Berufen kommt man nur mit Abitur oder Zusatzkenntnissen zum Zug.

2. Zwischen Ausbildung und Arbeitsverhältnis: Nur ein Teil der Bewerber wird übernommen. Viele wechseln den Betrieb oder machen etwas anderes, manche werden arbeitslos.
Wer keine abgeschlossene Ausbildung hat, hat oft Schwierigkeiten, überhaupt eine Vollzeit-Arbeitsstelle zu finden. Eine Ausbildung, egal welche, ist in vielen Betrieben zur Bedingung geworden, um überhaupt ein-

Traumberufe und Lehrberufe der Jugend

Die häufigsten Lehrberufe für männliche Auszubildende		Traumberufe für Männer	

Die häufigsten Lehrberufe für männliche Auszubildende

1. Kraftfahrzeugmechaniker
2. Maler und Lackierer
3. Kaufmann im Einzelhandel
4. Elektroinstallateur
5. Koch
6. Tischler

Traumberufe für Männer

1. Software-Entwickler
2. Informatiker
3. EDV-Fachmann
4. Kraftfahrzeugmechaniker
5. Ingenieur
6. Maschinenbaumechaniker

Die häufigsten Lehrberufe für weibliche Auszubildende

1. Bürokauffrau
2. Arzthelferin
3. Kauffrau im Einzelhandel
4. Friseurin
5. Zahnarzthelferin
6. Industriekauffrau

Traumberufe für Frauen

1. Designerin
2. Ärztin
3. Journalistin
4. Stewardess
5. Architektin
6. Sozialarbeiterin

Berufsbildungsbericht 2004, Globus

Aufgaben:

1. *Vergleichen Sie die Traumberufe und die Lehrberufe. Wie erklären Sie sich die Unterschiede?*
2. *Welche Unterschiede in der Berufswahl von Jungen und Mädchen fallen Ihnen auf? Worauf könnten sie zurückzuführen sein?*

---

gestellt zu werden. Unter den Arbeitslosen und denen, die sich mit Gelegenheitsarbeiten über Wasser halten, finden sich besonders viele ohne Ausbildung.

Dies hat dazu geführt, dass praktisch alle Jugendlichen einen Beruf erlernen wollen. Dennoch bleiben etwa 10 Prozent auf Dauer ohne Ausbildung, zum Beispiel wegen schlechter Schulnoten oder weil ihr Wunschberuf überlaufen ist. Wer einen Ausbildungsvertrag in der Tasche hat, ist damit schon einen großen Schritt weitergekommen.

Aufgaben:

3. *Was sind Ihre eigenen Erwartungen, Hoffnungen und Befürchtungen für die Ausbildungszeit? Vergleichen Sie mit M 1.*
4. *Vergleichen Sie Ihre Erwartungen an Ihren Beruf mit den Erwartungen Ihrer Mitschülerinnen und Mitschüler.*

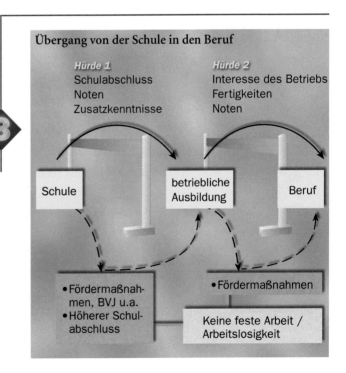

Fachverkäuferin im Nahrungsmittelhandwerk: Anforderungsprofil

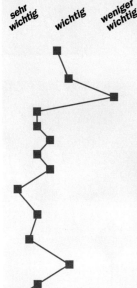

sehr wichtig — *wichtig* — *weniger wichtig*

- Fähigkeit zu planen und zu organisieren
- Umstellungsfähigkeit auf wechselnde Aufgaben
- Schriftliches Ausdrucksvermögen
- Mündliches Ausdrucksvermögen
- Rechnerische Fähigkeiten
- Verhandlungsgeschick
- Verschwiegenheit, Taktgefühl
- Denken in Zusammenhängen
- Befähigung zum Umgang mit Menschen
- Einfühlungsvermögen in andere Menschen
- Bereitschaft und Fähigkeit zur Teamarbeit
- Akzeptieren von / Bereitschaft zu Alleinarbeit
- Ertragen von Stress
- Gepflegtes Äußeres

Nach IAB: Materialien aus der Arbeitsmarkts- und Berufsforschung Nr. 2.2, 1994

Aufgaben:

1. Wie sieht das Anforderungsprofil Ihres Lehrberufs aus?

und Schulabbrecher finden darum schwer einen Ausbildungsplatz.

Je nach Beruf kommt es den Betrieben auf ganz unterschiedliche Fähigkeiten an. Ein Beispiel finden Sie in M 1. Die Anforderungen beziehen sich

- auf die Inhalte der Ausbildung, die in der Ausbildungsordnung festgelegt sind,
- auf das Einhalten der betrieblichen Regeln,
- auf das Verhalten gegenüber Vorgesetzten, Mitarbeitern, anderen Auszubildenden und Kunden.

Wenn Sie Lehrling sind, müssen Sie darüber hinaus akzeptieren, dass Ihnen der Betrieb in Dingen Vorschriften macht, die Sie für Ihre Privatangelegenheit halten. Ein Beispiel: In kaufmännischen Berufen gilt oft eine feste Kleiderordnung, sind nur bestimmte Frisuren geduldet, dürfen sich Frauen nur dezent schminken. Auch müssen Sie oft einen bestimmten Umgangston einhalten.

Unpünktlichkeit, Fehlen im Betrieb oder Fehlverhalten haben viel schlimmere Konsequenzen als früher in der Schule. Sie können nicht erwarten, dass Sie immer wieder auf die gleichen Versäumnisse hingewiesen werden. Wenn Sie Ihr Verhalten nicht ändern, trennt sich der Betrieb wieder von Ihnen.

Aufgaben:

2. Vergleichen Sie die Hausordnung der Berufsschule mit den Regelungen, die in Ihrem Ausbildungsbetrieb gelten. Wie erklären Sie sich die Unterschiede?

Erwartungen der Betriebe

In attraktiven Lehrberufen können die Betriebe heute zwischen vielen Bewerbern auswählen. Manche Firmen lassen eine Lehrstelle lieber unbesetzt als sie an jemand zu vergeben, der sie nicht überzeugt hat. Besonders die Hauptschulabgänger

Schlechte Noten für Schulabgänger

	Stärken	geringe Schwächen	deutliche Schwächen
Hauptschüler			
Rechnen	3	37	60
Rechtschreibung	1	24	75
Allgemeinbildung	1	34	65
Realschüler			
Rechnen	15	56	30
Rechtschreibung	7	62	31
Allgemeinbildung	9	54	37
Abiturienten			
Rechnen	30	48	22
Rechtschreibung	36	49	15
Allgemeinbildung	46	40	13

Auf die Frage:
»Wo liegen die Stärken und Schwächen der Schulabgänger in folgenden Kenntnisbereichen?«
antworteten soviel Prozent der Unternehmen

☐ Stärken
☐ geringe Schwächen
■ deutliche Schwächen

iwd, Informationsdienst des Instituts der deutschen Wirtschaft, Köln, Nr. 47 vom 20.11.1997, S.6 (gerundet)

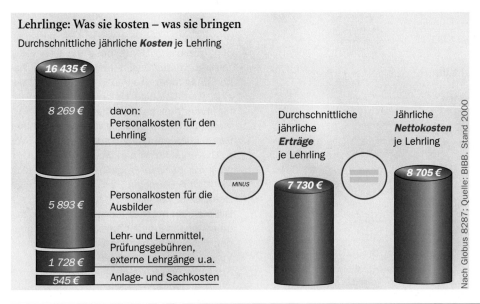

Lehrlinge: Was sie kosten – was sie bringen

Durchschnittliche jährliche *Kosten* je Lehrling

16 435 €

8 269 € — davon: Personalkosten für den Lehrling

5 893 € — Personalkosten für die Ausbilder

1 728 € — Lehr- und Lernmittel, Prüfungsgebühren, externe Lehrgänge u.a.

545 € — Anlage- und Sachkosten

Durchschnittliche jährliche *Erträge* je Lehrling

MINUS

7 730 €

Jährliche *Nettokosten* je Lehrling

8 705 €

Nach Globus 8287; Quelle: BIBB. Stand 2000

Die Lehrstellensituation 2003

	West	Ost
Beim Arbeitsamt gemeldete Bewerber	501 956	217 615
Abgeschlossene Lehrverträge	434 747	122 865
Unbesetzte Lehrstellen	13 994	846

Bundesagentur für Arbeit: Berufs-beratungsstatistik; Berufsbildungsbericht 2004

Betrieb und Schule – die zwei Säulen der dualen Ausbildung

Der Staat legt für jeden Lehrberuf die Anforderungen in einer *Ausbildungsordnung* fest. Sie enthält

- die Bezeichnung des Ausbildungsberufs,
- die Ausbildungsdauer,
- die Fertigkeiten und Kenntnisse, die erworben werden müssen,
- Regelungen über die inhaltliche und zeitliche Gliederung der Fertigkeiten und Kenntnisse (*Ausbildungsrahmenplan*),
- die Prüfungsanforderungen.

Nach dieser Ausbildungsordnung müssen sich Betrieb und Berufsschule richten. Die Ordnungen müssen immer wieder den veränderten Bedingungen der Arbeitswelt angepasst oder durch neue Berufe ergänzt werden.

Gelernt wird im Betrieb und in der Berufsschule. Schulisches Lernen soll theoretische Grundlagen und Arbeitstechniken vermitteln und die Allgemeinbildung vertiefen. Lernen unter betrieblichen Bedingungen heißt vor allem praxisnahes Arbeiten, wirtschaftliches Arbeiten, Arbeiten im Team. Die Auszubildenden sollen, soweit möglich, produktiv arbeiten und einen Teil ihrer Kosten selbst erwirtschaften.

Größere Betriebe haben eigene Ausbildungspläne und (im gewerblichen Bereich) meist eigene Lehrwerkstätten. Kleine Betriebe können oft nicht alle Anforderungen des Ausbildungsrahmenplans allein erfüllen. Dann findet ein Teil der Ausbildung in überbetrieblichen Ausbildungsstätten statt.

Das System der dualen Ausbildung funktioniert nur, wenn viele Betriebe bereit sind auszubilden. Die Zahl der Ausbildungsplätze ist in den letzten Jahren zurückgegangen. Vor allem in den neuen Bundesländern fehlt es an Lehrstellen, während im Westen Stellen in wenig attraktiven Berufen nach wie vor nicht besetzt werden können.

Aufgaben:

3. Informieren Sie sich über die Ausbildungsordnung und den Ausbildungsrahmenplan Ihres Lehrberufs.

4. M 3 gibt die Kosten-Nutzen-Rechnung der Lehrlingsausbildung aus betrieblicher Sicht wieder. Welche Vorteile für den Betrieb werden dadurch nicht erfasst? Ergänzen Sie!
Worin liegt der Nutzen für den Auszubildenden?

5. Worin sehen Sie allgemein die Vor- und Nachteile der dualen Ausbildung?

Duale Ausbildung
Ausbildung, die im Betrieb und in einer Berufsschule stattfindet. Die Auszubildenden werden vom Betrieb zeitweise zum Besuch der Berufsschule freigestellt. Der Ausbildungsvertrag wird mit dem Betrieb geschlossen; er ist an keine schulischen Voraussetzungen gebunden.

Vorzeitig gelöste Lehrverträge (2002)	
Industrie und Handel	21,2 %
Handwerk	29,8 %
Öffentlicher Dienst	8,6 %
Landwirtschaft	23,0 %
Freie Berufe	25,6 %
Hauswirtschaft	25,7 %
Alle Bereiche	**24,1 %**

Berufsbildungsbericht 2004;
Angaben in Prozent der neu abgeschlossenen Verträge

... und wie viel Jahre Garantie geben Sie mir auf die Ausbildung bei Ihnen?

Die Lehre abbrechen?

Nach wie vor bricht etwa ein Viertel der Auszubildenden die Lehre ab. Die Gründe sind unterschiedlich:
Bei einigen spielen *persönliche Krisen* eine wichtige Rolle; sie kommen vielleicht mit den Erwartungen an ihre neue Rolle als Auszubildende nicht zurecht (Pünktlichkeit am Arbeitsplatz, Umgang mit Vorgesetzten usw.).

Andere erkennen erst nach ihrer Entscheidung für einen Beruf, dass sie sich völlig *falsche Vorstellungen* davon gemacht haben. Aus dem Traumberuf wird im Alltag z. B. eine eintönige Tätigkeit, die man nicht für immer ausüben möchte.

Viele erkennen, dass sie für den gewählten Beruf überhaupt *nicht geeignet* sind. Wer z. B. Verkäufer lernen will, jedoch im Umgang mit Kunden Probleme hat, sollte sich rechtzeitig überlegen, ob dies die richtige Berufswahl war.

Die meisten brechen jedoch ab, weil sie mit dem Ausbilder nicht zurechtkommen oder den Ausbildungsbetrieb für schlecht halten. Viele wollen *den Betrieb wechseln*, aber nicht den Beruf.

Wer gibt Rat? Wer hilft?

Eine abgebrochene Lehre ist heute ein größeres Risiko als noch vor zehn Jahren. Bevor Sie kündigen, sollten Sie alle anderen Möglichkeiten ausschöpfen. Und wenn Sie kündigen, sollten Sie bereits eine Alternative haben. Helfen können:

- *Die Berufsberatung:* Bei schlechten schulischen Leistungen gibt es ausbildungsbegleitende Hilfen (ABH). Außerdem kennt die Berufsberatung berufliche Alternativen und andere Ausbildungsbetriebe.
- *Die zuständige Kammer* (z. B. Handwerkskammer, Industrie- und Handelskammer): Sie kann zwischen Lehrling und Betrieb vermitteln.
- *Die Gewerkschaft:* Sie weiß, was der Betrieb darf und was er nicht darf. Sie gibt ihren Mitgliedern Rechtsschutz.
- *Die Jugendvertretung im Betrieb* (wenn es eine gibt): Sie kann meine Interessen gegenüber dem Chef oder dem Meister vertreten.
- *Die Lehrkräfte in der Berufsschule.*

Zufrieden oder unzufrieden – es hängt auch an mir

Dass man rundum zufrieden ist mit seiner Ausbildungsstelle, und das drei Jahre lang, ist sicher die absolute Ausnahme. Trotzdem hängt meine Zufriedenheit auch ab von Faktoren, die ich beeinflussen kann:

„Jetzt würde ich büffeln ohne Ende"

Schlechte Noten und eine abgebrochene Ausbildung: Die schwere Suche nach einer Lehrstelle

»Hätt' ich nur alles runtergeschluckt …«, wirft sich der 21-jährige Martin Völkner, seit zwei Jahren arbeitslos, heute vor. Dabei hatte sich nach der Hauptschule alles ganz gut angelassen. Er fand eine Lehrstelle zum Elektroinstallateur und war guter Dinge. »Mein Ziel war immer der Gesellenbrief.« Doch dann sei der »Traum nach drei Jahren wie eine Blase zerplatzt«.

Obwohl er »gern auch mal länger gearbeitet hat«, habe der Chef seinen jüngeren Kollegen – ebenfalls einen Azubi – bevorzugt: »Der durfte am Schaltpult arbeiten und ich musste immer die Drecksarbeit machen.« Als dann auch noch Martin Völkners Leistungen in Mathe und Technik nachließen, habe es prompt geheißen: »Aus dir wird eh nie was.« …

»Nach einem Dreivierteljahr hatte ich die Nase voll und der Chef auch, dann hab' ich die Lehre geschmissen – ein halbes Jahr vor Ende«, schüttelt er heute über sich den Kopf. …

Frage er bei Firmen telefonisch an, werde er immer gefragt, warum er denn seine Ausbildung nicht beendet habe. Der Abbruch und die schlechten Noten holen ihn letztlich immer wieder ein. Eines steht für ihn fest: Könnte er noch einmal von vorne beginnen, er würde alles anders machen.

Reutlinger General-Anzeiger vom 15.07.1998

Aufgaben:

1. Wem gibt Martin Völkner die Schuld daran, dass er die Lehre abgebrochen hat? Nehmen Sie zu seinen Aussagen Stellung.

- **Erwartungen an die Ausbildung:**
  - Welche Informationen über den Beruf habe ich?
  - Welche Informationen über die Ausbildungs- und Prüfungsinhalte habe ich?
  - Welche Informationen habe ich über den Ausbildungsbetrieb?
  - Wie genau sind diese Informationen?
- **Einstellung zur Ausbildung:**
  - Welche Bedeutung hat diese Ausbildung für meine Lebensplanung?
  - Was ist mir an diesem Beruf wichtig?
  - Kenne ich die Schattenseiten des Berufs? Wie gehe ich mit ihnen um?
- **Bereitschaft, sich an das anzupassen, was der Betrieb will:**
  - Wie gut kann ich Vereinbarungen einhalten?
  - Wie selbstständig kann ich arbeiten?
  - Wie verhalte ich mich, wenn ich etwas nicht verstehe?
  - Wie gehe ich mit unangenehmen Arbeiten um?
  - Habe ich Durchhaltevermögen?
  - Kenne ich meine Stärken und Schwächen?
- **Umgang mit Ausbildern, anderen Lehrlingen, Lehrerinnen und Lehrern in der Berufsschule:**
  - Wo suche ich die Schuld, wenn etwas nicht klappt?
  - Kann ich Kritik ertragen?
  - Kann ich meinen Standpunkt vertreten, ohne andere vor den Kopf zu stoßen?

Auf manche dieser Fragen habe ich, mindestens zu Beginn der Ausbildung, keine Antwort. In manchen Dingen mache ich mir sicher Illusionen. Darum muss ich bereit sein, meine Erwartungen und Einstellungen zu korrigieren. Viele Situationen sind völlig neu. Ich muss erst lernen mit ihnen umzugehen. Und als Neuling fange ich im Betrieb ganz von unten an.

So lernt jeder in seiner Ausbildung auf zwei Ebenen: Er lernt das, was an Wissen und Fertigkeiten zum Beruf gehört. Und er lernt sich im Betrieb durchzusetzen. Und manchmal ist das Zweite mühevoller als das Erste.

Aufgaben:

2. Erstellen Sie eine Liste, was Ihnen zu Ihrer Ausbildung einfällt. Markieren Sie die positiven Stichpunkte mit grüner Farbe, die negativen mit rot, die neutralen oder unklaren mit gelb.
3. In welcher Situation könnten Sie sich vorstellen, Ihre Ausbildung abzubrechen?

Probleme im Betrieb – was tun?
Anleitung zu einem Rollenspiel

Im Betrieb gelten andere Regeln als in der Schule. Wer neu im Betrieb ist, muss sich in seiner neuen Rolle erst zurechtfinden. Die Gefahr ist groß, in Konflikten falsch zu reagieren, sich zu viel gefallen zu lassen, sich Feinde zu machen oder womöglich die Lehrstelle zu riskieren.

Das richtige Verhalten in Konflikten können Sie üben. Ein gutes Mittel dafür ist das Rollenspiel. Hier können Sie Problemsituationen spielerisch lösen, verschiedene Wege ausprobieren ohne etwas dabei zu riskieren.

Ablauf von Rollenspielen

1. Phase:

* Lesen der Situationsbeschreibung
* Klären der Situation: Worin besteht das Problem? (Dafür ist meist weiteres Material nötig, z. B. über die Rechte und Pflichten der Auszubildenden und über den Kündigungsschutz.)

2. Phase:

* Einteilen von Gruppen für die verschiedenen Rollen
* Besprechen der jeweiligen Rollenkarte: Wie könnte das Problem gelöst werden?
  * ○ Sammeln von Argumenten
  * ○ Überlegungen zu möglichen Gegenargumenten
  * ○ Besprechen des Vorgehens
* Auswählen der Spieler.

3. Phase:

* *Spieler:* Spielen der Rollen
* *Andere Gruppenmitglieder:* Beobachten; Notieren von Auffälligkeiten in der Argumentation oder im Verhalten.

4. Phase:

* Zusammenfassen und Beurteilen der Argumente
* Beurteilen des Gesprächsergebnisses.

Eine Konfliktsituation im Betrieb

Das Problem: Der Computer ist gegen 15.00 Uhr ausgefallen und darum ist der Monats-abschlussbericht nicht fertig. Außer Frau Adolini ist nur noch der/die Auszubildende da, da Frau Holder Urlaub hat. Zu zweit kann die Arbeit bis etwa 19 Uhr erledigt werden. Gearbeitet wird in der Abteilung normalerweise bis 16.45 Uhr.

Rollenkarte für Frau Adolini:

Der Monatsabschlussbericht muss
heute noch fertig gestellt werden
und morgen früh dem Abteilungsleiter,
Herrn Marschke, vorliegen.
Ohne Computer ist dies allein kaum zu
schaffen. Sie sehen nicht ein, dass
Sie das allein machen sollen. Außerdem
sollen die Lehrlinge ruhig lernen,
wie hektisch es manchmal zugeht.

Rollenkarte für den/die Auszubildende/n

Sie sind erst gestern neu in diese
Abteilung gekommen. Frau Adolini ist
in den nächsten drei Monaten
für Ihre Ausbildung zuständig.
Gerade heute haben Sie sich
mit Ihrem neuen Schwarm für
18 Uhr verabredet.
Es liegt Ihnen viel an diesem Treffen.

Führen Sie zu dieser Situation ein Rollenspiel nach dem Ablaufplan durch.

Andere Problemsituationen: Erstellen Sie für die folgenden Situationen Rollenkarten und führen Sie dann ein Rollenspiel durch.

1. In letzter Zeit sind Sie immer wieder mit Ihrem Auto zu spät zur Arbeit gekommen – mal 10 Minuten, mal 15 Minuten. Manchmal gab es einen Stau unterwegs, aber oft sind Sie einfach zu spät aufgestanden. Sie haben gehofft, dass es nicht auffällt, weil andere auch manchmal zu spät kommen, z. B. Frau Christiansen, die für Ihre Ausbildung zuständig ist. Heute hat Sie der Abteilungsleiter, Herr Spannagel, gesehen und zu sich bestellt.

2. Eine Kundin hat im Supermarkt ein Glas Gurken auf den Boden fallen lassen. Der Filial-leiter, Herr Jaffke, fordert Sie auf, die Scherben zusammenzukehren und den Boden aufzuwi-schen. Sie sehen das nicht ein. Herr Jaffke wird wütend und sagt: »Soll ich das vielleicht ma-chen?!« Er rennt in sein Büro und knallt die Türe hinter sich zu. Sie merken, dass Ihre Reak-tion vielleicht nicht ganz richtig war, und wol-len mit ihm reden.

Gesprächsregeln:

◎ Sorgen Sie durch Freundlichkeit für eine positive Gesprächsatmosphäre.

◎ Hören Sie Ihrem Gesprächspartner in aller Ruhe zu.

◎ Versuchen Sie die Hintergründe seiner Aussagen zu verstehen.

◎ Fassen Sie sich kurz.

◎ Argumentieren Sie sachlich.

◎ Vermeiden Sie persönliche Angriffe.

◎ Zeigen Sie, dass Sie Ihren Gesprächspart-ner akzeptieren, indem Sie auf seine Aus-sagen bewusst eingehen.

◎ Erkennen Sie bessere Argumente – wenn möglich – an.

◎ Halten Sie Augenkontakt.

◎ Überzeugen Sie durch aufrechte Körper-haltung.

Sekretär/in Sachbearbeiter/in

Für unsere Personalabteilung suchen wir eine qualifizierte Fachkraft als Sekretär(in) / Sachbearbeiter(in). In dieser Funktion werden Sie für die gesamte Büroorganisation sowie für die klassischen Sekretariatsaufgaben verantwortlich sein. Die selbstständige Erledigung der Korrespondenz sowie die Erstellung von Angeboten und Verträgen nach Vorgabe gehören genauso zu Ihrem Tätigkeitsbereich wie die Pflege der Personalakten, das Führen von Urlaubs- und Krankenstatistiken und die Bearbeitung von Bewerbungskorrespondenz. Weiterhin werden Sie selbstständig bzw. nach Vorgabe Zeugnisse erstellen.

Aufgrund einer kaufmännischen Berufsausbildung, Ihrer Berufserfahrung im administrativen Bereich – idealerweise Erfahrung im Personalwesen – ist Ihnen die umfassende Aufgabenstellung nicht unbekannt. Wenn Sie außerdem sehr gute PC-Kenntnisse (Windows, Excel, Word) und Organisationstalent besitzen, Vertrauenswürdigkeit zu Ihren persönlichen Stärken zählt, wenn Sie belastbar, teamorientiert und verantwortungsbewusst sind, dann kommen Sie zu uns – denn bei uns sind Sie

MITTENDRIN STATT NUR DABEI.

Bitte nennen Sie uns auch Ihre Gehaltsvorstellung und den frühest möglichen Einstellungstermin.

DSF Deutsches SportFernsehen GmbH
Personalabteilung
Münchner Str. 101 g • 85734 Ismaning

Schreibmaschinen); heute wartet er Peripheriegeräte von Computern, also Drucker, Plotter usw. An seiner Tätigkeit ist praktisch nichts gleich geblieben, weil die Technik anders ist, die zum fertigen Text führt.

Das immer raschere Veralten beruflichen Wissens hat zur Erkenntnis geführt, dass man in der Ausbildung mehr lernen muss, als die Ausbildungsordnung vorsieht. Es geht darum, das Lernen zu lernen. Gefragt sind die nötigen Arbeitstechniken, um sich ohne fremde Hilfe auf künftige Veränderungen der eigenen Arbeit einzustellen, sich selbst zu informieren, selbst zu lernen – vielleicht sogar von sich aus die Organisation der eigenen Arbeit zu verändern und zu verbessern.

Denn nicht nur die technische Seite der Arbeit hat sich verändert. Auch die Arbeitsabläufe und die Aufteilung der Arbeit verändern sich. Nicht immer wird heute alles von oben vorgegeben. Zusammenarbeit im Team, sinnvolle Gestaltung der Arbeitsabläufe, Absprache mit anderen Gruppen, Überneh-

Warum Schlüsselqualifikationen?

Wissen veraltet. Manchmal ändern sich nur die Vorschriften, wie im Straßenverkehr, manchmal bekommt der ganze Beruf einen neuen Inhalt. Ein Büromaschinenmechaniker hat früher Schreibmaschinen repariert (zuerst mechanische, später elektrische

Schlüsselqualifikationen
Alle Fähigkeiten, die jemand braucht, um auf neuartige Anforderungen im Beruf angemessen reagieren zu können, damit diese Anforderungen erfüllt werden können.

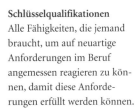

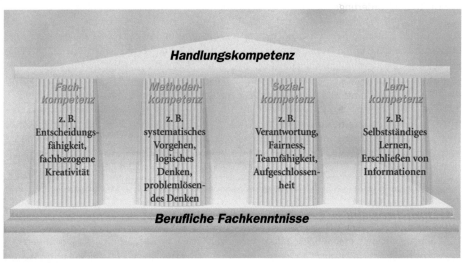

Handlungskompetenz

Fach-kompetenz	Methoden-kompetenz	Sozial-kompetenz	Lern-kompetenz
z. B. Entscheidungs-fähigkeit, fachbezogene Kreativität	z. B. systematisches Vorgehen, logisches Denken, problemlösen-des Denken	z. B. Verantwortung, Fairness, Teamfähigkeit, Aufgeschlossen-heit	z. B. Selbstständiges Lernen, Erschließen von Informationen

Berufliche Fachkenntnisse

Aufgaben:

1. Ordnen Sie die in M 1 genannten Anforderungen den verschiedenen Schlüsselqualifikationen (M 2) zu.
2. Welche Schlüsselqualifikationen sind in Ihrem Beruf besonders wichtig?

men und Delegieren von Verantwortung müssen genauso gelernt werden.

Alle diese berufsunabhängigen Fähigkeiten heißen *Schlüsselqualifikationen*. Sie ersetzen nicht alte Anforderungen und Normen wie Pünktlichkeit oder Zuverlässigkeit.

Durch die Schlüsselqualifikationen steigen die Anforderungen in der Ausbildung. Aber kein Betrieb erwartet, dass die Azubis sie sozusagen schon fertig mitbringen.

Wie erwerbe ich Schlüsselqualifikationen?

Jedem ist klar, dass ich Schlüsselqualifikationen nicht lernen kann wie die Vorschriften des Jugendarbeitsschutzgesetzes. Manche Schlüsselqualifikationen kann ich nur in der Gruppe lernen. Die meisten machen zunächst mehr Stress als das übliche Lernen, weil ich selbst den Weg herausfinden und die Konsequenzen der eigenen Entscheidung tragen muss und weil plötzlich Fähigkeiten gefragt sind, auf die es in der Schule nie angekommen ist.

Weil die beruflichen Fachkenntnisse die Basis der Schlüsselqualifikationen darstellen, kann man sie nicht in allen Berufen auf die gleiche Weise erwerben. Ein Beispiel für die geänderten Anforderungen im gewerblich-technischen Bereich zeigt M 4. In kaufmännischen Berufen werden oft *Übungsfirmen* eingerichtet; im Handwerk gibt es das *auftragsorientierte Lernen*. Damit ist die Beteiligung an der Erledigung eines Auftrags in allen Phasen gemeint: Auftragsannahme, Planung, Ausführung, Kontrolle/Inbetriebnahme. Die Teilfertigkeiten werden dadurch nicht einzeln geübt, sondern im tatsächlichen Arbeitszusammenhang; die Auszubildenden müssen selbst entscheiden, welche Arbeitsweise richtig ist. – Auch die Berufsschule kann zum Erwerb von Schlüsselqualifikationen einen Beitrag leisten.

Wie fit ich im Bereich der Schlüsselqualifikationen bin, hängt aber nicht allein vom Betrieb oder der Schule ab. Plötzlich sind Fähigkeiten aus dem Privatbereich entscheidend. Wenn ich zum Beispiel im Sportverein die E-Jugend trainiere oder am Computer knifflige Probleme löse, habe ich einen Vorsprung vor anderen.

Lernmethoden beim Erwerb von Schlüsselqualifikationen

- Projekt
- Planspiel
- Erkundung
- Interview
- Experiment

- Brainstorming
- Leittext
- Referat
- Demonstration
- Rollenspiel

Aufgaben:

3. Welche dieser Lernmethoden kennen Sie bereits? Welche sind für den Erwerb von Schlüsselqualifikationen besonders wichtig? Welche fehlen in der Liste?

Veränderung von Aufgabenstellungen durch Schlüsselqualifikationen

Bisherige Aufgabe:		*Neue Aufgabe unter Einbezug von Schlüsselqualifikationen:*
Herstellung eines Gegenstands nach Zeichnung in Einzelarbeit		Planung und Herstellung eines Gegenstands, der bestimmte Anforderungen erfüllen soll, in Gruppenarbeit
Vorgabe: Zeichnung, Stückliste		*Vorgabe:* Problemdarstellung, Rahmenmaße nach Zeichnungen, Pflichtenheft
Ergebnis: Gegenstand nach Zeichnung mit unterschiedlicher Qualitätsausprägung.		*Ergebnis:* Unterschiedliche Gegenstände, welche die geforderten Funktionen in verschiedenen Lösungsvarianten erfüllen.

Aufgaben:

4. Stellen Sie die grundsätzlichen Unterschiede zwischen den beiden Aufgabenstellungen fest. Vergleichen Sie den Zeitaufwand.

5. Ordnen Sie die Bilder den beiden Formen der Aufgabenstellung zu. Welche Bilder können zu beiden Aufgaben gehören? Begründen Sie.

6. Warum gibt es bei der neuen Aufgabe unterschiedliche Lösungen? Wie unterscheiden sich die Maßstäbe bei der Bewertung der Lösungen?

1.1.5 Ausbildung als Zukunftskapital – wie kann ich es nutzen?

Lebenslauf

Persönliche Angaben:
Familienstand: ledig
Staatsangehörigkeit: deutsch
Geburtsdatum: 20.12.1974
Geburtsort: Leutkirch

Schulabschluss:
1993	Mittlere Reife

Ausbildung:
1993 – 1996	Zentralheizungs- und Lüftungsbauer

Berufstätigkeit:
1996	Weiterarbeit im Ausbildungsbetrieb als Geselle
1997	Wehrdienst
1998 – 2000	Zentralheizungs- und Lüftungsbauer-Geselle in einem großen Betrieb

Berufliche Weiterbildung:
2000 – 2002	Ausbildung zum staatl. gepr. Techniker der Fachrichtung Heizung, Lüftung und Klimatechnik
2002 – 2003	Ausbildung zum staatl. gepr. Techniker der Fachrichtung Sanitärtechnik

Berufstätigkeit:
seit 2003	Tätigkeit als Techniker, Bereich Lüftung, in einer Firma für Entsorgungstechnik

Jeder Fünfte wird arbeitslos
Nach der Ausbildung waren arbeitslos:
1991:	13 %
1993:	18 %
1995:	23 %
1997:	26 %
1999:	24 %
2002:	21 %

Berufsbildungsbericht 1997, 1999, 2004; Zahlen gerundet

Wo ist mein Platz in der Arbeitswelt?

Mehr als die Hälfte aller Arbeitnehmerinnen und Arbeitnehmer ist heute nicht mehr im erlernten Beruf tätig. Vor allem bei den unter 30-Jährigen gibt es neben Zeiten der Berufstätigkeit oft auch Zeiten der Fortbildung, Umschulung oder Arbeitslosigkeit (vgl. M 1). Die einen sind im erlernten Beruf nicht untergekommen und suchen nach Alternativen; die anderen sehen ihre Ausbildung nur als erste Sprosse auf der Karriereleiter. Während man sich früher viele Jahre im Betrieb hochdienen musste, werden heute auch Spitzenjobs mit jungen Leuten besetzt. Wer Vierzig ist, ist aus betrieblicher Sicht für eine Karriere bereits zu alt.

Vor allem in der *Industrie*, bei den *Banken* und im *Handel* gibt es viele Aufstiegsmöglichkeiten innerhalb des Betriebs (M 2). Wer es zu etwas bringen will, von dem erwartet die Firma, dass er auch einen Teil seiner Freizeit für die Weiterbildung opfert und zeigt, wie wichtig ihm der Beruf ist. Viele dieser Lehrgänge, z. B. zum Handelsfachwirt oder zum Techniker, setzen neben der abgeschlossenen Ausbildung eine mehrjährige Berufserfahrung voraus.

Etwas anders verläuft der Aufstieg im *Handwerk*. Hier ist die Meisterprüfung für viele das Sprungbrett in die Selbstständigkeit: die Gründung eines eigenen Betriebs oder die Übernahme eines bestehenden Handwerksbetriebs. Daneben gibt es Möglichkeiten der Spezialisierung, z. B. durch Fortbildung auf dem Gebiet der Restaurierung oder als technisch-kaufmännische Fachkraft. Diese speziellen Qualifikationen sind vor allem in größeren Betrieben gefragt.

Einige Weiterbildungsmaßnahmen werden durch das Arbeitsamt oder den Staat gefördert, z. B. durch das Meister-BAFöG. Daneben gibt es in manchen Fällen bezahlten Bildungsurlaub. Außerdem bietet der »Zweite Bildungsweg« die Möglichkeit, versäumte Schulabschlüsse nachzuholen.

Lebenslanges Lernen gehört zu jedem Beruf. Darum sind den Betrieben die Schlüsselqualifikationen so wichtig. Viele Firmen bieten betriebliche Weiterbildung in Form von Kursen, Lehrgängen oder Seminaren für ihre Mitarbeiter an oder verpflichten sie zur Teilnahme. Weiterbildung ist heute zum festen Bestandteil des Berufslebens geworden.

Aufgaben:

1. »Dreimal im Leben einen neuen Beruf«. Stellen Sie die positiven und negativen Seiten dieser Entwicklung einander gegenüber.
2. Informieren Sie sich über die Fortbildungsmöglichkeiten in Ihrem Beruf.

Was bietet der Einzelhandel?

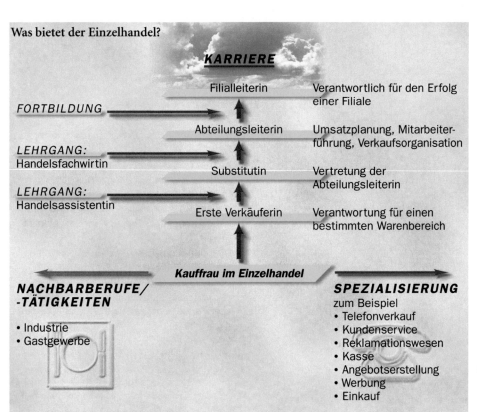

KARRIERE

Filialleiterin	Verantwortlich für den Erfolg einer Filiale
Abteilungsleiterin	Umsatzplanung, Mitarbeiterführung, Verkaufsorganisation
Substitutin	Vertretung der Abteilungsleiterin
Erste Verkäuferin	Verantwortung für einen bestimmten Warenbereich

FORTBILDUNG

LEHRGANG: Handelsfachwirtin

LEHRGANG: Handelsassistentin

Kauffrau im Einzelhandel

NACHBARBERUFE/ -TÄTIGKEITEN

- Industrie
- Gastgewerbe

SPEZIALISIERUNG
zum Beispiel
- Telefonverkauf
- Kundenservice
- Reklamationswesen
- Kasse
- Angebotserstellung
- Werbung
- Einkauf

Weiterbildung: Über 100 000 erfolgreiche Abschlüsse

Im Jahr 2002 haben 106 000 Prüflinge erfolgreich eine Weiterbildung abgeschlossen, davon knapp 35 % Frauen. Etwa die Hälfte der Absolventen kommt aus dem Handwerk. Während die Zahl der Fachwirte und Fachkaufleute stabil geblieben ist, sinkt die Zahl der neuen Meisterinnen und Meister im Handwerk und in der Industrie seit fast zehn Jahren. Besonders stark sind die Rückgänge im Bereich Bau und Ausbau. Den Meisterzwang gibt es seit 2004 nur noch in 41 Berufen.

Zahlen aus Berufsbildungsbericht 2004

Weiterbildung im Betrieb

Von je 100 Unternehmen bieten Lehrgänge, Kurse oder Seminare für ihre Mitarbeiter an:

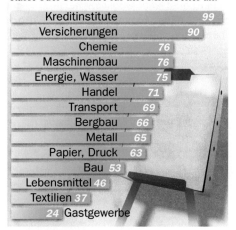

Kreditinstitute	99
Versicherungen	90
Chemie	76
Maschinenbau	76
Energie, Wasser	75
Handel	71
Transport	69
Bergbau	66
Metall	65
Papier, Druck	63
Bau	53
Lebensmittel	46
Textilien	37
Gastgewerbe	24

Wie lange im gleichen Betrieb?

(Angaben in Jahren)

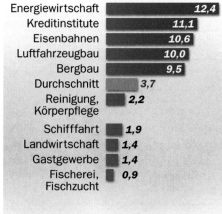

Energiewirtschaft	12,4
Kreditinstitute	11,1
Eisenbahnen	10,6
Luftfahrzeugbau	10,0
Bergbau	9,5
Durchschnitt	3,7
Reinigung, Körperpflege	2,2
Schifffahrt	1,9
Landwirtschaft	1,4
Gastgewerbe	1,4
Fischerei, Fischzucht	0,9

Formen der Weiterbildung
Fortbildung: Weiterbildung im erlernten Beruf.
Umschulung: Erlernen eines anderen Berufs.

Aufgaben:

3. Nennen Sie Branchen, in denen ein Zusammenhang zwischen betrieblicher Weiterbildung und Dauer des Arbeitsverhältnisses deutlich wird.

Sowas ist doch Männerarbeit!

geht um die Frage, warum das so ist und welche Gegenmaßnahmen sinnvoll sind.

In den Gesetzen und auch in ihren politischen Rechten sind Männer und Frauen gleichberechtigt. Daran kann es also nicht liegen.

Aus der Sicht des *Arbeitgebers* stellt eine Frau ein höheres Risiko dar: Sie kann schwanger werden, dann fällt sie aus und ist praktisch unkündbar. Wenn sie kleine Kinder hat, ist sie zeitlich eingeschränkt; wenn die Kinder krank sind, kann sie nicht kommen. – Trotzdem gibt es ganze Wirtschaftszweige, in denen Männer Seltenheitswert haben (vgl. M 1).

Es gibt eine immer größere Zahl von Frauen, die sich für den Beruf entscheiden und den Wunsch nach Kindern aufschieben oder ganz darauf verzichten.

Zwar ist die Schulbildung der Mädchen nicht mehr schlechter als die der Jungen. Aber die Frauen selbst konzentrieren sich in ihrer *Berufswahl* auf wenige Berufsfelder. Vielleicht haben sie oft andere Interessen und Berufsvorstellungen als die jungen Männer. Ein großer Teil der typischen Frauenberufe ist aber vergleichsweise schlecht bezahlt; daher kommt ein Teil der Einkommensunterschiede.

Zwischen Küche und Büro?

Die Berufstätigkeit des Mannes ist eine Selbstverständlichkeit, die Berufstätigkeit der Frau zumindest dann nicht, wenn sie verheiratet ist und Kinder hat. Frauen, die Karriere machen, werden kritischer unter die Lupe genommen als Männer – sogar ein Viertel der Frauen möchte keine Frau als Vorgesetzte haben.

Frauen verdienen im Durchschnitt weniger, machen seltener Karriere, sind stärker von Entlassung bedroht oder arbeiten überhaupt in ungesicherten Beschäftigungsverhältnissen – das zeigen alle Statistiken. Der Streit

Frauenverdienste in Prozent der Männerverdienste:

	Angestellte	Arbeiterinnen
1960	54,5 %	59,5 %
1970	58,5 %	61,5 %
1980	62,8 %	67,9 %
1990	64,6 %	70,3 %
2003	71,0 %	75,5 %

Statistisches Bundesamt, Fachserie 16, Reihe 2.1 und 2.2, laufende Verdiensterhebung, ergänzt (Produzierendes Gewerbe, bis 1990 nur alte Bundesländer)

1

Frauenberufe (2001)

	Frauen	Frauenanteil in diesen Berufen
Gesundheitsberufe	1,55 Mio.	87,7 %
Soziale Berufe	1,01 Mio.	82,9 %
Reinigungs- und Entsorgungsberufe	0,93 Mio.	82,7 %
Büroberufe	4,58 Mio.	73,2 %
Einzelhandel, Großhandel	1,99 Mio.	64,7 %
Hotel- und Gaststättenberufe	0,42 Mio.	61,6 %
Durchschnitt aller Berufe	*16,19 Mio.*	*44,0 %*

Zusammenstellung des Autors

In Umfragen erklären Männer wie Frauen, dass beruflicher Erfolg für beide Geschlechter gleich wichtig sein sollte. In der Praxis jedoch ist das Interesse an *beruflichem Aufstieg* häufiger ein Interesse der Männer oder der unverheirateten Frauen. Im Zweifelsfall ist es doch häufig die Frau, die auf Karriere verzichten muss.

Wiedereinstieg in den Beruf

Die finanzielle Unabhängigkeit vom Mann bleibt oft ein bloßer Wunschtraum, weil das Einkommen der Ehefrau nur ein *Zuverdienst* ist. Bei vielen Frauen mit Kindern sind die Unterbrechungen der Berufstätigkeit so lang, dass ihr eigener Rentenanspruch im Alter niedrig ist: etwa die Hälfte der Rentnerinnen erhielt im Jahr 2000 eine Rente von unter 500 Euro im Monat.

Verheiratete Frauen mit Kindern sind interessiert an regelmäßigen Arbeitszeiten und an *Teilzeitarbeit*. Auch das führt zur Konzentration auf die Berufe, die solche Arbeitsbedingungen anbieten, selbst wenn sie schlechter bezahlt sind.

Der berufliche Wiedereinstieg von Frauen nach der Babypause findet unter ungünstigen Bedingungen statt:

• Viele Familien sind auf ein Zusatzeinkommen angewiesen – genau zu dem Zeitpunkt, wo die Arbeitsbelastung innerhalb der Familie am größten ist. Oft sind die Frauen froh, überhaupt eine (Teilzeit-)Arbeit zu finden, auch unter ihrer bisherigen Qualifikation.

• Die Qualifikation hat an Wert verloren. Die Arbeit hat sich verändert, oft auch die Organisation. Andere Bewerberinnen und Bewerber kennen diese Neuerungen schon. Der Wiedereinstieg in den alten Beruf muss erkämpft werden.

So leistet sich Deutschland den Luxus, dass gut ausgebildete Frauen sich nach ein paar Jahren Berufstätigkeit wieder vom Arbeitsmarkt verabschieden und womöglich nie wieder in ihrem erlernten Beruf arbeiten.

Karriere – eine Männersache?

Von den 17 969 000 erwerbstätigen Männern sind:		Von den 14 669 000 erwerbstätigen Frauen sind:
19,7 %	**Führungskräfte** Direktoren, Amts- und Betriebsleiter, Abteilungsleiter, Prokuristen u.a.	11,2 %
20,7 %	**Besonders qualifizierte Kräfte** Sachgebietsleiter, Handlungsbevollmächtigte, Meister u.a.	29,9 %
31,7 %	**Ausgebildete Kräfte** Sachbearbeiter, Vorarbeiter, Facharbeiter, Verkäufer u.a.	24,3 %
24,7 %	**Angelernte, ungelernte Kräfte, mithelfende Familienangehörige, Auszubildende u.a.**	31,3 %

Zusammenstellung des Autors

Fast 50 % der verheirateten Väter haben Karriere gemacht, aber nur 27 % der verheirateten Frauen. Männer sind »die großen Profiteure von Ehe und Familie«.

Deutsches Jugend-Institut, Familien-Survey

Aufgaben:

1. Welche weiteren Hindernisse gibt es für die Berufstätigkeit der Frau?
2. Untersuchen Sie in Ihrem Betrieb (bzw. Ihrer Abteilung), welche Aufgaben von Männern und welche von Frauen übernommen werden. Suchen Sie nach Gründen für diese Aufteilung.
3. Inwiefern unterscheidet sich die Berufswahl der Frauen von der der Männer? Wie beurteilen Sie diese Unterschiede? (Vergleichen Sie mit Abschnitt 1.1.1.)

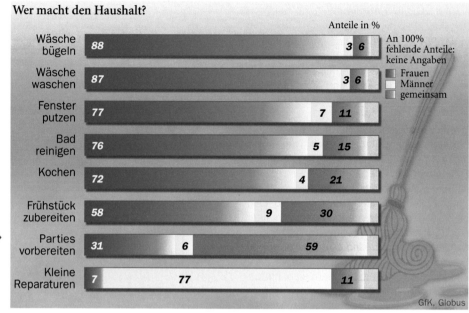

Wer macht den Haushalt?

Anteile in %

An 100% fehlende Anteile: keine Angaben
- Frauen
- Männer
- gemeinsam

	Frauen	Männer	gemeinsam
Wäsche bügeln	88	3	6
Wäsche waschen	87	3	6
Fenster putzen	77	7	11
Bad reinigen	76	5	15
Kochen	72	4	21
Frühstück zubereiten	58	9	30
Parties vorbereiten	31	6	59
Kleine Reparaturen	7	77	11

GfK, Globus

Quotenregelung

Bei der Besetzung von Stellen wird das Geschlecht der Bewerber berücksichtigt, z. B. so:
- Frauen müssen bevorzugt berücksichtigt werden, bis 50% der Stellen auf dieser Qualifikationsstufe mit Frauen besetzt sind. – Oder:
- 50 % der freiwerdenden Stellen müssen mit Frauen besetzt werden.

Anstelle eines starren Prozentsatzes gibt es auch die Besetzung der Stellen entsprechend dem Frauenanteil an den Beschäftigten.

Frauenförderung beginnt in der Familie

Wenn von Frauenarbeit die Rede ist, denken die meisten an bezahlte Arbeit, an Berufstätigkeit. Arbeit für die eigene Familie oder für Angehörige ist unbezahlte Arbeit, und die wird meistens von den Frauen erledigt, egal ob sie berufstätig sind oder nicht (vgl. M 1).

Die Folge ist, dass den berufstätigen Frauen nur wenig Freizeit bleibt. Zwei Drittel aller Frauen mit Kindern unter 12 Jahren sehen ihre Pflichten in der Familie als Hindernis bei ihrer Freizeitgestaltung.

Was der Staat tut

Mit einer Reihe von Maßnahmen versucht der Staat die Benachteiligung der Frauen auszugleichen:
- *Mutterschutz und Elternzeit* (diese auch für Männer) sichern die Frau beruflich ab, wenn die Kinder klein sind, und gleichen finanzielle Nachteile teilweise aus.
- *Gleichbehandlung am Arbeitsplatz:* Frauen dürfen für dieselbe Arbeit nicht schlechter bezahlt werden als Männer. Alle Stellen müssen grundsätzlich für Frauen und Männer ausgeschrieben werden. Wer wegen seines Geschlechts nicht zum Zug kommt, hat Anspruch auf Schadenersatz. Die Frage nach einer Schwangerschaft ist bei der Einstellung nicht erlaubt.
- Im öffentlichen Dienst (dort, wo der Staat selbst Arbeitgeber ist) werden *Gleichstellungs- oder Frauenbeauftragte* beschäftigt. Sie achten darauf, dass bei der Besetzung von Stellen, in den Dienstplänen, bei Überstunden usw. die Interessen der Frauen berücksichtigt werden.
- Einen Schritt weiter gehen *Quotenregelungen* bei der Besetzung von Stellen im Staatsdienst. Eine automatische Bevorzugung von Frauen zur Erfüllung der Quote ist jedoch nicht erlaubt. Quoten gibt es auch in Parteien bei der Kandidatenaufstellung oder der Besetzung von Parteiämtern. Dennoch ist der Frauenanteil in den meisten Parteien niedrig (vgl Abschnitt 3.2.8).

Teilzeitarbeit im internationalen Vergleich

Von jeweils 100 Beschäftigten sind Teilzeitarbeitskräfte

Land	Männer	Frauen
Niederlande	22	73
Großbritannien	9	44
Deutschland	5	39
Belgien	6	38
Österreich	4	34
Schweden	11	33
Dänemark	11	31
Irland	7	31
Frankreich	5	30
Luxemburg	2	26
Finnland	8	17
Spanien	3	17
Italien	4	17
Portugal	7	16
Griechenland	2	8

■ Männer
■ Frauen

Eurostat, Stand 2002

Aufgaben:

1. Welche Unterschiede zwischen den EU-Staaten zeigt die Tabelle?
2. In allen Staaten sind die meisten Teilzeitbeschäftigten Frauen. Wie erklären Sie sich diese Tatsache?

• Statt Quotenplänen oder in Verbindung mit ihnen gibt es *Frauenförderpläne.* Sie sollen gezielt die weiblichen Beschäftigten weiterbilden und auf Leitungsaufgaben vorbereiten. Bei der Besetzung von Leitungsstellen sollen Frauen besonders berücksichtigt werden. Auch Führungspositionen werden gelegentlich im Job-Sharing ausgeschrieben.

• *Sprachliche Neuregelung:* In Gesetzen und Erlassen wird nicht mehr ausschließlich die männliche Form verwendet. Früher hat eine Frau eine Ausbildung als Kaufmann gemacht, heute ist die Bezeichnung Kauffrau selbstverständlich.

Die meisten dieser Maßnahmen beziehen sich auf den Arbeitsplatz der Frauen. Woran es fehlt, ist eine Unterstützung bei den Aufgaben in der Familie – sprich: Es fehlen Plätze in Kinderkrippen und bezahlbaren Kindertagesstätten; es gibt wenig Ganztagsschulen; es gibt wenig Betreuungsangebote für Schulkinder.

Angebote der Wirtschaft

Ein Teil dieser Modelle ist auch in der Wirtschaft anwendbar. Eine Reihe von Großbetrieben geht mit gutem Beispiel voran. Speziell geht es um
• Kurse zur Wiedereinarbeitung nach der Babypause;
• Weiterbildungsmöglichkeiten für Frauen;
• mehr Teilzeitstellen und Angebote für Job-Sharing;
• mehr Flexibilität bei den Arbeitszeiten (z. B. Arbeitszeitkonten).
Die neuen Technologien können sich als Chance gerade für Frauen erweisen, weil die Arbeitsplätze hier mehr Freiheit bei der Einteilung der Arbeit bieten (vgl. Abschnitt 2.2.4).

Job-Sharing
Zwei Beschäftigte in Teilzeitarbeit teilen sich eine Ganztagsstelle. Sie teilen die Arbeit untereinander auf; oft vertreten sie sich gegenseitig bei Krankheit.

Aufgaben:

3. Stellen Sie fest, wer bei Ihnen zu Hause welche Arbeiten erledigt. Vergleichen Sie mit M 1.
4. Welche Probleme schaffen feste Frauenquoten bei der Besetzung von Stellen?
5. Überlegen Sie, ob eine Quotenregelung mit Art. 3 (3) des Grundgesetzes vereinbar ist: »Niemand darf wegen seines Geschlechtes benachteiligt oder bevorzugt werden.«

1.2 Zusammenleben mit anderen

Wie will ich leben?

Erwachsen werden heißt: Selbst seine Ziele im Leben zu bestimmen, selbst die Weichen für die Zukunft zu stellen. Wie soll Ihre Zukunft aussehen?

Bauen Sie mit an Ihrer Zukunft!

Bauen Sie aus den Bausteinen auf dieser Seite eine Pyramide! Ganz oben soll das Ziel stehen, das Ihnen besonders wichtig ist, unten, was Ihnen weniger wichtig ist. Oben steht nur ein Ziel; nach unten wird die Pyramide breiter. Den Joker können Sie für ein Ziel verwenden, das Ihnen wichtig ist, das Sie aber unter den Bausteinen nicht finden. Am einfachsten schreiben Sie sich jeden Baustein auf einen Zettel.

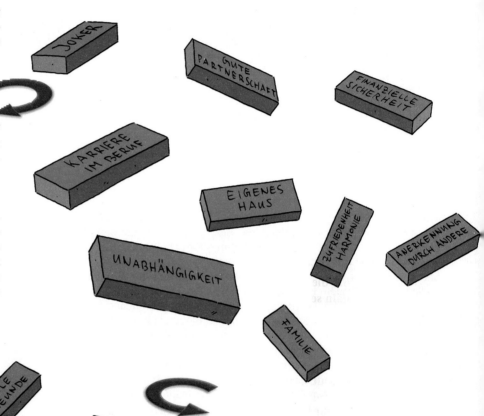

Wenn Ihre Pyramide fertig gebaut ist, führen Sie mit einer Mitschülerin oder einem Mitschüler ein Partnerinterview auf der Grundlage dieser Pyramide zu folgenden Fragen:
- Wie will ich in 10 Jahren leben?
- Welche Schwierigkeiten muss ich überwinden, um so leben zu können?
- Was kann ich tun, um wirklich so leben zu können?

Notieren Sie in Stichworten die Hauptaussagen des Interviewpartners. Vergleichen Sie gegenseitig Ihre Vorstellungen von der eigenen Zukunft.

DANACH

Es wird nach einem happy end
im Film jewöhnlich abjeblendt.
   Man sieht bloß noch in ihre Lippen
   den Helden seinen Schnurrbart stippen –
   da hat sie nu den Schentelmen.
      Na, un denn – ?

Denn jehn die beeden brav ins Bett.
Na ja … diß is ja auch janz nett.
   A manchmal möcht man doch jern wissn:
   Wat tun se, wenn se sich nich kissn?
   die könn ja doch nich imma penn …!
      Na, un denn – ?

Denn säuselt im Kamin der Wind.
Denn kricht det junge Paar 'n Kind.
   Denn kocht sie Milch. Die Milch looft üba.
   Denn macht er Krach. Denn weent sie drüba.
   Denn wolln sich beede jänzlich trenn …
      Na, un denn – ?

Denn is det Kind nich uffn Damm.
denn bleihm die beeden doch zesamm.
   Denn quäln se sich noch manche Jahre.
   Er will noch wat mit blonde Haare:
   vorn doof und hinten minorenn …
      Na, un denn – ?

Denn sind se alt.
      Der Sohn haut ab.
Der Olle macht nu ooch bald schlapp.
   Vajessen Kuß und Schnurrbartzeit –
   Ach, Menschenskind, wie liecht det weit!
   Wie der noch scharf uff Muttern war,
   det ist schon beinah nich mehr wahr!
   Der olle Mann denkt so zurück:
   wat hat er nu von seinen Jlück?
   Die Ehe war zum jrößten Teile
   vabrühte Milch un Langeweile.
Und darum wird beim happy end
im Film jewöhnlich abjeblendt.

Kurt Tucholsky, 1930 (Gesammelte Werke, Reinbek 1995, Bd. 8, S. 92)

Wie wollen Sie Ihr Leben gestalten, damit Sie am Ende zufrieden sind? Spielen Sie Alternativen durch!

Wann ist man wirklich erwachsen?

- Wenn man 18 Jahre alt ist?
- Wenn man von Zuhause auszieht?
- Wenn man die Berufsausbildung abgeschlossen hat?
- Wenn man genug Geld verdient, um für sich selbst sorgen zu können?
- Wenn man zum ersten Mal auf eigene Faust eine Urlaubsreise macht?

- Wenn man zum ersten Mal Mutter oder Vater wird?
- Wenn man mit einem Partner oder einer Partnerin zusammenlebt?
- Wenn man zum ersten Mal sehr verliebt ist?
- Wenn die Leute zu einem Sie sagen?
- Wenn man weggehen und heimkommen kann, wann man will?
- Wenn man heiratet?

Aufgaben:

1. Diskutieren Sie die Aussagen in der Gruppe. Stellen Sie das Ergebnis Ihrer Diskussion in Form eines Sketsches zwischen Eltern und ihren Kindern dar.

Jung und Alt – ein Zusammenleben mit Spannungen

»Unsere Jugend liebt den Luxus. Sie hat schlechte Manieren, missachtet die Autorität und hat keinen Respekt vor dem Alter.« Dieser Satz könnte aus der heutigen Zeit stammen. In Wirklichkeit wurde er um 400 v. Chr. vom griechischen Philosophen Sokrates gesagt. Die Unzufriedenheit der älteren Generation mit der Jugend ist also nicht neu; sie ist ein Stück Normalität. Die Jugendlichen lösen sich von ihrer Herkunftsfamilie, machen eigene Erfahrungen und bauen eigene, von der Familie unabhängige Beziehungen auf. Sie setzen sich eigene Lebensziele.

Spannungen und Konflikte zwischen den Generationen in der Familie entstehen aus den unterschiedlichen Vorstellungen der Familienmitglieder über ihre Rollen als Vater, Mutter, Erziehungsberechtigte(r), Auszubildende(r) usw. Ein weiterer Grund für Spannungen sind auch die unterschiedlichen Rollenerwartungen von außen, von Nachbarn, Freunden, Schule oder Betrieb. Die Frage ist, wie die Familie mit diesen unvermeidlichen Spannungen umgeht.

Wandel der Erziehungsziele

Rudolf Höss, der spätere Kommandant des Konzentrationslagers Auschwitz, beschreibt die Erziehungsgrundsätze seiner Eltern so: »Ganz besonders wurde ich immer darauf hingewiesen, dass ich Wünsche und Anordnungen der Eltern, der Lehrer, Pfarrer usw., ja aller Erwachsenen bis zum Dienstpersonal unverzüglich durchzuführen bzw. zu befolgen hätte und mich durch nichts davon abhalten lassen dürfe. Was diese sagten, sei immer richtig.« Konflikte werden in einer solchen Erziehung durch bedingungslosen Gehorsam der Kinder »gelöst« – das heißt nicht wirklich gelöst, sondern einseitig zu Lasten der Kinder entschieden.

Eine solche Erziehung kommt uns vor wie aus einer anderen Welt. Sie ist nicht nur durch bedingungslose Unterordnung, sondern auch durch Kälte charakterisiert. Wichtig war es früher hauptsächlich, dass Kinder ohne Widerspruch gehorchten. Wer sich gegen die Erwachsenen auflehnte, wurde bestraft. Heute versuchen immer mehr Eltern, ihre Kinder zu selbstständigen und verantwortungsbewussten Menschen zu erziehen.

Dies ist häufig schwieriger als Erziehung zum Gehorsam. Dabei wird die elterliche Autorität immer aufs Neue infrage gestellt, wenn Kinder als Partner mit eigenem Willen und eigenen Rechten akzeptiert werden. Es müssen Kompromisse geschlossen und Bedingungen ausgehandelt werden, wo früher befohlen wurde.

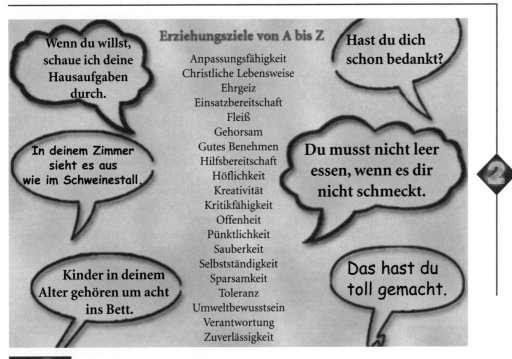

Aufgaben:

2. Bei der Erziehung kann man unterschiedliche Ziele verfolgen. Welche der genannten Ziele sind Ihnen besonders wichtig?
3. Vergleichen Sie die von Ihnen gewählten Ziele mit denen Ihrer Mitschülerinnen und Mitschüler.
4. Welche Erziehungsziele sind Ihren Eltern wohl besonders wichtig gewesen?
5. Entwerfen Sie ein Gegenbild zu den Erziehungsvorstellungen, wie sie in dem Text von Rudolf Höss vertreten werden.

1.2.2 Wie hat sich die Familie verändert?

Großfamilie auf dem Land (links)

Bürgerliche Familie im 19. Jahrhundert (rechts)

	Um 1750 (Schätzung)	Um 1900	2000
Lebenserwartung	55 Jahre	47 Jahre	78 Jahre
Heiratsalter	27 Jahre	27 Jahre	30 Jahre
Kinderzahl je Ehe	4 - 5 Kinder	4,1 Kinder	1,3 Kinder
Scheidungsrate *	———	1,6	23,9
Durchschnittliche Haushaltsgröße	4,7 Personen	4,5 Personen	2,1 Personen

*jährliche Ehescheidungen je 10 000 Einwohner

Familie früher

Wann haben Sie zum letzten Male in ein Familienalbum gesehen? Vielleicht gibt es das in Ihrer Familie gar nicht mehr. Früher waren diese Alben wichtig und gaben Auskunft über das ganze Leben. Die wichtigen Ereignisse in der Familie, Hochzeiten, Taufen, wichtige Geburtstage, wurden groß gefeiert. Die ganze Verwandtschaft kam zusammen. Und heute?

Schon dieser Vergleich zeigt den dauernden Wandel der Familie. Geht man noch weiter zurück, zeigen sich die verschiedensten Formen der Familie – beeinflusst z. B. von Religion, staatlichen Vorschriften, Traditionen, Beruf und wirtschaftlichen Verhältnissen. Auch die Wohnverhältnisse waren anders. Daraus entstanden unterschiedliche Rechte und Pflichten der Familienmitglieder, eine jeweils andere Aufteilung der Arbeit, die zusammen mit den Moralvorstellungen das Zusammenleben bestimmten. »Die Familie« hat es nie gegeben.

Aufgaben:

1. Beschreiben Sie an Hand der Bilder und des Zahlenmaterials die Lebensverhältnisse früher und heute:
   * Welche Rollen der Familienmitglieder sind erkennbar?
   * Welche Rückschlüsse auf die finanzielle Lage, den Beruf und die Wohnverhältnisse sind möglich?
   * Wer gehört jeweils zur Familie?

2. Welche Ursachen für den Wandel der Familie kennen Sie?
3. Befragen Sie Ihre Eltern und Großeltern nach ihren Kindheitserfahrungen in ihrem Elternhaus. Vielleicht gibt es auch ein Familienalbum, das weitere Einblicke erlaubt. Vergleichen Sie die Ergebnisse in der Gruppe und stellen Sie sie als Plakat dar.

Arbeiterfamilie um 1900

Familie heute

Haushalte mit … in %	1900	1956	1976	2001
einer Person	7	19	29	37
zwei Personen	15	26	28	34
drei Personen	17	23	18	14
vier Personen	17	16	15	11
fünf und mehr Personen	44	15	10	4
Personen je Haushalt	**4,5**	**3,0**	**2,6**	**2,1**

Wie sieht Familie heute aus?

Typisch für die Kleinfamilie von heute sind folgende Merkmale:

• *Zwei-Generationen-Familie:* Eltern und Kinder. Die Großeltern leben im eigenen Haushalt.

• *Geringere Kinderzahl:* Viele Kinder wachsen als Einzelkinder auf; viele kinderlose Ehepaare.

• *Berufstätigkeit der Frau.* Etwa gleicher Bildungsstand von Mann und Frau.

• *Späteres Heiratsalter.* Die Eltern sind für die Partnerwahl der Kinder nicht mehr zuständig.

• *Längerer Verbleib der Kinder in der Familie;* spätere finanzielle Selbstständigkeit der Kinder.

• *Traditionelle Aufgaben der Familie teilweise auf staatliche Einrichtungen verlagert:* Erziehung, Versorgung bei Krankheit und im Alter.

• *Mehr Freiheiten* für die einzelnen Familienmitglieder.

• Ehe und Familie sind nicht mehr die einzig anerkannten Formen des Zusammenlebens.

Aufgaben:

4. Man spricht heute von einem Funktionsverlust der Familie. Worin besteht er? – Stellen Sie positive und negative Folgen dieses Funktionsverlusts zusammen.

5. Hat die Familie auch Funktionen gewonnen? Begründen Sie.

6. Wie haben sich die Rollen von Vater und Mutter in der Familie verändert?

Formen des Zusammenlebens

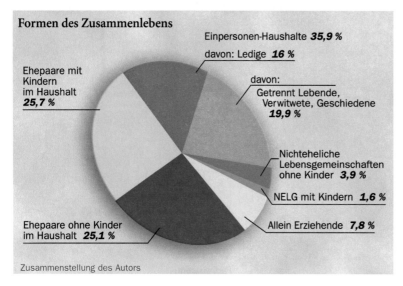

Einpersonen-Haushalte **35,9 %**
davon: Ledige **16 %**

davon:
Getrennt Lebende,
Verwitwete, Geschiedene
19,9 %

Ehepaare mit
Kindern
im Haushalt
25,7 %

Nichteheliche
Lebensgemeinschaften
ohne Kinder **3,9 %**

NELG mit Kindern **1,6 %**

Allein Erziehende **7,8 %**

Ehepaare ohne Kinder
im Haushalt **25,1 %**

Zusammenstellung des Autors

Was bedeutet mir Familie?

Nina (21): Ehe und Kinder kann ich mir auf jeden Fall gut vorstellen. Ich hoffe sehr, dass ich Kinder kriegen werde, das ist mir sehr wichtig. Ich hätte gern vier, schon immer.

Christoph (15): Ich würde gern allein leben, vielleicht mit 'ner Freundin, aber nicht heiraten. … Jahrelang nur mit einem Menschen zusammenzuleben kann ich mir nicht vorstellen.

Manuel (15): Ich will erst heiraten, wenn ich 'ne feste Arbeit hab. Wenn ich mir das auch leisten kann. Kommt drauf an, vielleicht in zehn Jahren … Wie ich ich mal meine Kinder erziehen werde? Weiß nicht – auf jeden Fall nicht so wie mich.

Shell Studie, Jugend 2000, Bd. 2, S. 213, 115, 231.

Das, was man die ‚neue Frau‘ nennt, ist ein etwas verwickeltes Wesen, sie besteht mindestens aus einer neuen Frau, einem neuen Mann, einem neuen Kind und einer neuen Gesellschaft.
Robert Musil, 1929

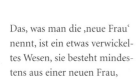

Mehr Staat – weniger Familie
Typische Aufgaben der Familie sind:
• Sie ist Lebens- und Wirtschaftsgemeinschaft.
• Sie ist Raum des Schutzes und der Geborgenheit. Sie gibt Rückhalt in schwierigen Lebenslagen.
• Sie sorgt für die Erziehung der Kinder. Sie vermittelt ihnen die Werte der Gesellschaft.
• Sie gibt soziale Sicherheit im Alter und bei Krankheit. Nach wie vor werden die meisten Pflegeleistungen durch die Familie erbracht. Wenn Familie und Verwandtschaft kleiner werden, verliert die Familie ein Stück ihrer Eigenständigkeit. Statt der Verwandten übernehmen staatliche Einrichtungen einen Teil ihrer Aufgaben.

Formen des Zusammenlebens
Heute bestehen vor oder neben der »Normalfamilie« andere Formen des Zusammenlebens, die nicht mehr als unmoralisch empfunden werden. Die Bereitschaft, sich ganz auf die Ehe zu verlassen, ist geringer geworden. Manche denken: Wenn ein Drittel der Ehen ohnehin geschieden wird – wozu dann noch heiraten?

Viele junge Menschen ziehen gar nicht mit ihrem Partner zusammen. Sie wollen ihre eigene Wohnung nicht aufgeben, wollen ihre Freiheit haben, einen Ort, an den sie sich zurückziehen können. Ein anderer Grund für das Leben als Single ist der Beruf. Wer in einer anderen Stadt eine Arbeitsstelle annimmt, kann sich nicht mehr darauf verlassen, dass der Partner (oder die Partnerin) mit umzieht.
Etwa die Hälfte der Singles sind ältere Menschen, oft Witwen oder Witwer. Sie leben nicht allein, weil sie diese Lebensform gewählt, sondern weil sie den Ehepartner verloren haben.
Andere junge Paare ziehen in eine gemeinsame Wohnung ohne den Gedanken an Heirat und rechtliche Verpflichtungen.
Oft unterscheidet sich ihre Form des Zusammenlebens nicht wesentlich von einer Ehe: Sie leben miteinander, sind sich treu, finanzieren den gemeinsamen Haushalt und teilen sich die Hausarbeit. Ob daraus irgendwann eine Ehe entsteht oder sich die beiden wieder trennen, ist offen. Manchmal ist erst eine Schwangerschaft der Grund dafür, doch zu heiraten.

Ehe – mit und ohne Kinder

Die hohe Zahl kinderloser Ehen weist auf die Freiheit hin, Kinder haben zu wollen oder nicht. Ob und wie viele Kinder ein Paar hat, ist heute meist eine bewusste Entscheidung der beiden Partner. Die meisten Ehepaare wollen nach wie vor Kinder haben, aber nicht gleich. Zuerst muss die Beziehung zum Partner gefestigt und die berufliche Situation sicher sein.

Der Wunsch nach Kindern konkurriert heute mit anderen Lebenszielen, z. B. mit beruflicher Karriere, mit Hobbys oder dem Wunsch nach den eigenen vier Wänden. Oft ist es die Entscheidung der Frauen, lieber auf Kinder zu verzichten: Selbstverwirklichung statt Dienst für andere. Die Biografien von Männern und Frauen gleichen sich an – auf Kosten der Familiengründung. Weil es Alternativen zur Familie gibt, haben auch Frauen mehr Freiheit bei der Planung ihres Lebens. Diese Entwicklung kann man in vielen anderen Industriestaaten beobachten. Die traditionellen Lebensstationen waren:

Bei Männern: Kindheit – Ausbildung – Beruf – Ehe – Kinder – Ruhestand.
Bei Frauen: Kindheit – Ehe – Kinder – Ruhestand.

Heute gibt es eine Vielzahl von Lebensverläufen und persönlichen Bindungen. Nach dem Vorbild anderer Staaten wurden 2001 auch in Deutschland gleichgeschlechtliche Lebensgemeinschaften vom Staat anerkannt.

Aufgaben:

1. Welche Aufgaben der Familie hat der Staat ganz oder teilweise übernommen? Welche Vor- und Nachteile sind damit für den Einzelnen und die Gemeinschaft verbunden?
2. Der Rückgang der Eheschließungen und der Kinderzahl gilt vielen als Zeichen einer mangelnden Bereitschaft, Bindungen und Verpflichtungen einzugehen. Wie sehen Sie das?
3. Diskutieren Sie, ob die staatliche Anerkennung von gleichgeschlechtlichen Lebensgemeinschaften richtig ist.

MEINE FAMILIE:

ICH

ICH, MEIN MANN, SEIN SOHN & UNSERE TOCHTER

ICH, MEIN BRUDER, MEINE MUTTER & IHR MANN

WIE STELLEN SIE SICH **IHRE** FAMILIE VOR?

Woran denken Sie bei Familie?

- Geborgenheit
- Menschen, auf die ich mich verlassen kann
- Für andere da sein
- Lieben und geliebt werden
- Geordnetes Leben
- Stolz auf die Kinder
- Kindergeschrei
- Viel Zeit für gemeinsame Aktivitäten
- Rücksicht auf andere nehmen
- Ort, wo ich neue Kraft schöpfen kann

Staatliche Hilfen für Familien

Finanzielle Hilfen
- Kindergeld, Steuerfreibeträge für Kinder
- Ausbildungsförderung
- Wohngeld/Förderung des Wohnungsbaus
- Sozialhilfe

Unterstützende Einrichtungen
- Kindergarten/Hort
- Ganztagsschulen
- soziale Dienste/Sozialstationen
- Rehabilitation für Behinderte

Beratungsangebote
- Schwangerschaftsberatung
- Erziehungs-/Familienberatung
- Schuldnerberatung
- Bildungsangebote

Hilfen für Mütter
- Mutterschutz/Mutterschaftsgeld
- Anerkennung von Erziehungszeiten bei der Rente
- Elternzeit/Erziehungsgeld

BGB
Bürgerliches Gesetzbuch
Regelt das alle Bürger betreffende Privatrecht, z. B. Schuldrecht, Familienrecht, Erbrecht.

Was ist Familienpolitik?

Für die meisten Menschen ist die Familie der Mittelpunkt des Privatlebens. In diesen Privatbereich greift der Staat ein, indem er Rechte und Pflichten der Familienmitglieder festlegt, Maßnahmen zum Schutz der Familie ergreift und ihr Hilfen bietet (vgl. M 1). Damit zeigt er sein Interesse an stabilen sozialen Beziehungen und trägt seinerseits dazu bei, dass die Familie als Gemeinschaft stark genug ist, die ihr übertragenen Aufgaben tatsächlich zu erfüllen. Im Grundgesetz und in den Landesverfassungen hat sich der Staat zum Schutz der Familie verpflichtet (vgl. M 2). Wie dieser Schutz der Familie konkret aussehen soll, darüber gehen die Ansichten der Parteien jedoch auseinander.

In jedem Fall müssen die besonderen finanziellen Belastungen durch Kinder wenigstens teilweise ausgeglichen werden. Dieser Ausgleich ist in den 80er- und 90er-Jahren vernachlässigt worden. Staatliche Sparmaßnahmen sind oft zu Lasten der Familie gegangen. Der Anteil der Familien und der allein Erziehenden an den Sozialhilfeempfängern ist stark angestiegen (vgl. Abschnitt 2.4.2).

Das Sorgerecht

Rechte und Pflichten gegenüber Kindern gelten nicht nur innerhalb der Ehe. Der Vater eines Kindes muss auch dann zum Unterhalt für das Kind beitragen, wenn er mit der Mutter nicht verheiratet ist. Die Eltern haben das Sorgerecht für die Kinder. Sind sie nicht verheiratet, hat nur die Mutter das Sorgerecht. Dann ist aber ein gemeinsames Sorgerecht auf Antrag möglich. Dadurch trägt der Staat der Tatsache Rechnung, dass immer mehr Kinder nur bei einem Elternteil aufwachsen. Auch im Erbrecht wurden die nicht-ehelichen Kinder den ehelichen gleichgestellt.

Neu aufgenommen in das Kindschaftsrecht wurde ein Züchtigungsverbot. »Körperliche Bestrafungen, seelische Verletzungen und andere entwürdigende Maßnahmen sind unzulässig« (§ 1631 BGB). Dadurch werden die Rechte der Kinder gegenüber ihren Eltern gestärkt. Härtere Strafen gibt es auch bei Kindesmissbrauch.

Wenn die Eltern ihren Pflichten gegenüber ihren Kindern nicht nachkommen, kann der Staat eingreifen. Er kann im äußersten Fall das Kind den Eltern auch gegen deren Willen entziehen.

Was sagt die Verfassung?

Artikel 6 Ehe, Familie, nichteheliche Kinder

(1) Ehe und Familie stehen unter dem besonderen Schutze der staatlichen Gemeinschaft.

(2) Pflege und Erziehung der Kinder sind das natürliche Recht der Eltern und die zuvörderst ihnen obliegende Pflicht …

(3) Gegen den Willen der Erziehungsberechtigten dürfen Kinder nur auf Grund eines Gesetzes von der Familie getrennt werden, wenn die Erziehungsberechtigten versagen oder wenn die Kinder aus anderen Gründen zu verwahrlosen drohen.

(4) Jede Mutter hat Anspruch auf den Schutz und die Fürsorge der Gemeinschaft.

(5) Den unehelichen Kindern sind durch die Gesetzgebung die gleichen Bedingungen für ihre leibliche und seelische Entwicklung und ihre Stellung in der Gesellschaft zu schaffen wie den ehelichen Kindern.

Wollt ihr euern König verhungern lassen?

Sorgerecht – § 1626 BGB

(1) Die Eltern haben die Pflicht und das Recht, für das minderjährige Kind zu sorgen (elterliche Sorge). Die elterliche Sorge umfasst die Sorge für die Person des Kindes (Personensorge) und das Vermögen des Kindes (Vermögenssorge).

(2) Bei der Pflege und Erziehung berücksichtigen die Eltern die wachsende Fähigkeit und das wachsende Bedürfnis des Kindes zu selbstständigem verantwortungsbewusstem Handeln. Sie besprechen mit dem Kind, soweit es nach dessen Entwicklungsstand angezeigt ist, Fragen der elterlichen Sorge und streben Einvernehmen an.

(3) Zum Wohl des Kindes gehört in der Regel der Umgang mit beiden Elternteilen.

Aufgaben:

1. Welche Rechte der Eltern und der Kinder ergeben sich aus § 1626 BGB? Was kann getan werden, um die Rechte der Kinder weiter zu stärken?

Gewalt in der Familie

Gewalt in der Familie ist ein Tabuthema: »Darüber spricht man nicht.« Wann wird aus der Macht der Eltern über die Kinder Gewalt? Wo hört die Liebe auf und fängt der sexuelle Missbrauch an? Wann soll der Staat eingreifen? Wie soll er es tun?

Im Jahr 2000 sind etwa 53 000 Sexualstraftaten bekannt geworden. Etwa ein Viertel der Fälle betraf Kinder unter 14 Jahren. Der größte Teil von ihnen waren Fälle des sexuellen Missbrauchs. Viele dieser Taten wurden von Familienangehörigen und Bekannten verübt.

Ein Fallbeispiel

Frau Pape (27) lebt mit ihren drei Töchtern, zehn, sechs und fünf Jahre alt, in einem Wohnblock. Sie ist nach elfjähriger Ehe geschieden. Sie ist nicht berufstätig und lebt vom Unterhalt ihres Ex-Mannes. Während der Zeit des Getrennt-Lebens vergeht sich der Vater an der fünfjährigen Susanne.

Der Mutter fällt zunächst nur das veränderte Verhalten der Tochter nach den Besuchen beim Vater auf. Sie schläft nur noch im Bett der Mutter ein, nässt das Bett ein und geht nur noch in Begleitung der Mutter auf die Toilette. Als die Mutter die Tochter befragt und die Wahrheit ahnt, weiß sie zunächst nicht, wie sie reagieren soll.

Vor Gericht erstreitet sie schließlich im Scheidungsverfahren unter Schwierigkeiten das alleinige Sorgerecht für die Kinder.

Nach Eva Breitenbach, Mütter missbrauchter Mädchen, Pfaffenweiler 1992

Aufgaben:

2. Welche Handlungsmöglichkeiten sehen Sie bei Gewalt in der Familie? Wer soll eingreifen?

Defekt wegen Vernachlässigung

DB   Mehr Zeit für Kinder.

§ 1353 BGB Eheliche Lebensgemeinschaft
(1) Die Ehe wird auf Lebenszeit geschlossen. Die Ehegatten sind einander zur ehelichen Lebensgemeinschaft verpflichtet; sie tragen füreinander Verantwortung.

§ 1356 BGB Haushaltsführung und Erwerbstätigkeit
(2) Beide Ehegatten sind berechtigt, erwerbstätig zu sein. Bei der Wahl und Ausübung einer Erwerbstätigkeit haben sie auf die Belange des anderen Ehegatten und der Familie die gebotene Rücksicht zu nehmen.

❶

Eherecht

Nach wie vor ist die Ehe die einzige vom Staat geschützte Gemeinschaft von Mann und Frau. Sie ist darum an besondere Regelungen gebunden. Der Grundsatz in Artikel 3(2) des Grundgesetzes »Männer und Frauen sind gleichberechtigt« gilt auch für die Stellung der Ehepartner zueinander. Wie die Ehepartner die Pflichten aufteilen, ist ihre Sache.

Auch im Namensrecht verfügen die Ehepartner über ein Höchstmaß an Freiheit. Ein gemeinsamer Familienname ist seit 1993 nicht mehr vorgeschrieben (M 2).

Die Ehe wird vor dem Standesbeamten geschlossen. Dieser prüft, ob die Brautleute ehemündig (das heißt volljährig) sind. In Ausnahmefällen kann eine Ehe auch geschlossen werden, wenn ein Partner volljährig und der andere mindestens 16 Jahre alt ist. Allerdings braucht der minderjährige Partner dann die Zustimmung des Vormundschaftsgerichts.

Das Namensrecht

Die Ehepartner Stefanie Schmidt und Andreas Müller können sich für eine dieser Möglichkeiten entscheiden…	und dann folgende Namen führen:	
1 Ehename: *Geburtsname der Frau*	Stefanie **Schmidt**	Andreas **Schmidt** Andreas Müller-**Schmidt** Andreas **Schmidt**-Müller
2 Ehename: *Geburtsname des Mannes*	Stefanie **Müller** Stefanie Schmidt-**Müller** Stefanie **Müller**-Schmidt	Andreas **Müller**
3 Ehename: *Kein gemeinsamer Ehename*	Stefanie **Schmidt**	Andreas **Müller**

Zahlenbilder

Die Kinder erhalten den Ehenamen der Eltern oder den Namen der Mutter oder des Vaters.

Das Eherecht schützt vor allem den wirtschaftlich Schwächeren. In den meisten Fällen ist dies die Frau. Es ist jedoch möglich, auch innerhalb einer Ehe durch einen Ehevertrag andere Regelungen zu vereinbaren, z. B. was den Güterstand (M 3), Unterhaltszahlungen oder den Versorgungsausgleich im Fall einer Scheidung angeht. Ein solcher Ehevertrag muss zwischen den Partnern ausgehandelt und von einem Notar beurkundet werden.

Ehe mit ausländischem Partner
Bereits bei 16 Prozent der Heiraten hat ein Partner eine andere Staatsangehörigkeit. In solchen Ehen gelten manchmal andere Rechte und Pflichten, und sie haben auch Folgen für die Staatsangehörigkeit der Kinder und das Erbrecht. Über diese Folgen muss man sich vorher informieren.
In vielen Fällen ist eine solche Ehe »schwieriger« – vor den Leuten und auch im Verhältnis zum Partner. Alltagssituationen werden

anders erlebt; die Verwandtschaft hat oft andere Vorstellungen von einer »guten Ehe« und erwartet z. B., dass sich die Frau der Aufsicht der Verwandtschaft oder dem Mann unterordnet. Probleme kann es auch bei der religiösen Erziehung geben.

Aufgaben:

1. Warum ist es meist die Frau, die durch das Eherecht geschützt werden muss?
2. Wie würden Ihre Eltern und Ihr Freundeskreis reagieren, wenn Sie einen ausländischen Partner heiraten wollten? Welche Bedeutung hätte dabei das Herkunftsland?

Wir haben geheiratet

Wolf-Jürgen Patzelt

Somkhuan Patzelt
mit Annika

3

Güterstände in der Ehe

Gesetzlicher Güterstand
(gilt automatisch, wenn nichts anderes vereinbart ist)

Zugewinngemeinschaft
Jeder Ehepartner hat eigenes Vermögen. Einspruchsrecht des Ehepartners bei wichtigen Vermögensentscheidungen.

Das während der Ehe hinzugekommene Vermögen heißt Zugewinn. Dieser wird bei einer Scheidung zwischen den Ehepartnern geteilt.

Vereinbarte Güterstände
(durch Ehevertrag vor dem Notar)

Gütertrennung
Jeder Ehepartner hat eigenes Vermögen. Kein Einspruchsrecht des Ehegatten.

Gütergemeinschaft
Nur gemeinsame Verfügung über das Vermögen.

Bei Scheidung kein Ausgleich des Zugewinns, keine Aufteilung des Vermögens.

Bei Scheidung Aufteilung des Vermögens. Die Gütergemeinschaft ist heute selten.

Dunkelrot und dunkelblau: eigenes Vermögen.

Hellblau und hellrot: Zugewinn.

Grün: gemeinsames Vermögen

Aufgaben:

3. Ähnelt die Zugewinngemeinschaft eher der Gütertrennung oder der Gütergemeinschaft? Begründen Sie.
4. Wann ist ein Ehevertrag sinnvoll?

Rechtliche Folgen einer Scheidung

Versorgungsausgleich: Die während der Ehe erworbenen Anrechte auf Invaliditäts- und Altersversorgung werden gleichmäßig auf die Ehepartner verteilt.

Unterhalt: Jeder Ehepartner ist grundsätzlich verpflichtet, seinen Lebensunterhalt selbst zu bestreiten. In folgenden Fällen besteht ein Anspruch auf Unterhalt vom geschiedenen Partner:
- Bei Betreuung von Kindern unter 8 Jahren
- Wenn wegen Alter, Krankheit usw. eine eigene Berufstätigkeit nicht möglich ist
- Vor Beendigung einer Ausbildung
- Bei Arbeitslosigkeit.

Sorgerecht für die Kinder: Gemeinsames Sorgerecht für beide Ehepartner. Nur bei Konflikten greift das Familiengericht ein.

Umgangsrecht: Das Kind hat ein Recht auf Kontakt zu beiden Elternteilen. Beide sind zum Umgang mit dem Kind verpflichtet.

Ehescheidung

Jede dritte Ehe wird geschieden. Ein Grund für Scheidungen ist, dass Männer und Frauen hohe Erwartungen aneinander haben und bei Krisen schneller bereit sind, den Partner – ob mit oder ohne Kinder – zu verlassen. Für eine Scheidung muss mindestens ein Ehepartner einen Scheidungsantrag beim Amtsgericht stellen. Der Familienrichter prüft dann, ob die Ehe gescheitert ist. Dies ist der Fall, wenn die Partner ein Jahr lang unabhängig voneinander gelebt haben und beide mit der Scheidung einverstanden sind. In Härtefällen kann die Ehe früher geschieden werden (z. B. bei Alkoholismus oder Gewaltanwendung). Nach drei Jahren Trennung muss eine Ehe jedoch geschieden werden, auch wenn ein Partner nicht einverstanden ist.

Die finanziellen Folgen einer Scheidung sind erheblich. Dabei geht es nicht nur um die Prozesskosten. Vielmehr wird im Scheidungsverfahren auch über die Höhe der Unterhaltszahlungen für die Kinder und für den schwächeren Ehepartner entschieden. Wenn die Ehepartner in Zugewinngemeinschaft gelebt haben, wird der Vermögenszuwachs aufgeteilt.

Und was ist mit den Kindern?

Die Scheidung ist das Ende der Ehe, nicht der Familie. Am schwersten verkraften meist die Kinder die Folgen. Auch wenn inzwischen das gemeinsame Sorgerecht beider Elternteile vom Gesetz her der Regelfall ist, geraten die Kinder leicht zwischen die Fronten – zwischen einem »Werktags-Elternteil« und einem »Wochenend-Elternteil«. Manchmal bewegen sie sich wie zwischen feindlichen Lagern. Jede Seite versucht sie zu Bündnispartnern zu machen. Im Streitfall kann das Gericht entscheiden, wo die Kinder leben dürfen.

Der Elternteil, bei dem die Kinder leben (meist ist es die Mutter), muss den Alltag neu organisieren. Berufstätigkeit und Versorgung der Kinder sind noch schwerer unter einen Hut zu bringen als in der Ehe. Die finanzielle Situation verschlechtert sich drastisch. Häufig steht auch ein Wohnungswechsel an. Es verwundert nicht, dass allein erziehende Mütter und Väter oft Sozialhilfe beziehen und dann lange von dieser abhängig bleiben.

> Scheidungen geben den Weg frei für neue Lebensentwürfe.

> Scheidungen sind ein Zeichen für gewandelte Rollen von Mann und Frau.

Ein Scheidungskind

Oliver war fünf, als die Eltern sich trennten. Seine kleine Schwester war erst zwei und bekam von der Scheidung nicht viel mit. Die Kinder leben beim Vater. Die Mutter wohnt im gleichen Ort, hat inzwischen wieder geheiratet und aus der zweiten Ehe zwei Kinder. Oliver musste in den Hort, damit der Vater zur Arbeit gehen konnte. Manchmal am Wochenende und wenn der Vater beruflich über Nacht weg ist, sind die Kinder bei der Mutter, aber das klappt nicht immer. Der Vater ist mit seinen Kräften ziemlich am Ende. Auch finanziell kommt er kaum über die Runden, weil er nicht voll arbeiten kann. Oliver hat auf die Scheidung mit einem völligen Rückzug und mit Misstrauen und Aggressionen gegenüber anderen Menschen reagiert. Seine Unsicherheit war unübersehbar. Als er sechs war, kam er zunächst in eine Förderklasse. Nur langsam fasste er in der Schule Fuß und wurde ausgeglichener. Jetzt ist er elf und in der 4. Klasse der Grundschule. Seine Schulleistungen sind nach wie vor nicht gut. Er traut sich nichts zu und gibt schnell auf. Auch findet er schwer Anschluss und hat kaum Freunde.

> Die moralische Kraft der Familie ist verloren gegangen. Eine Ehe wird leider nicht mehr als eine Bindung angesehen, die gilt, »bis der Tod euch scheidet«.

> Die lebenslange [Eh]e ist eine überholte Lebensform.

> Die Erwartungen der Ehepartner aneinander sind zu hoch.

> Die Familien sind überlastet und zerbrechen.

Hohe Scheidungszahlen – ein Alarmsignal?

Die Scheidungsraten werden in der Öffentlichkeit unterschiedlich beurteilt. Einige typische Aussagen finden Sie links.

Familie auf dem Rückzug

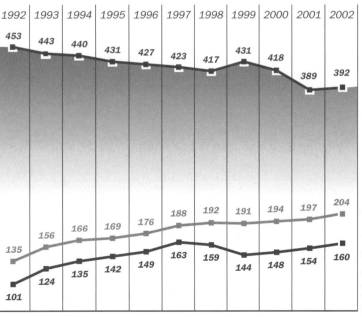

Zahl der Eheschließungen
Zahl der Ehescheidungen
Zahl der betroffenen minderjährigen Kinder (in 1.000)

Statistisches Bundesamt

	1992	1993	1994	1995	1996	1997	1998	1999	2000	2001	2002
Eheschließungen	453	443	440	431	427	423	417	431	418	389	392
Ehescheidungen	135	156	166	169	176	188	192	191	194	197	204
betroffene Kinder	101	124	135	142	149	163	159	144	148	154	160

Aufgaben:

1. Welchen dieser Äußerungen in den Sprechblasen können Sie zustimmen? Welchen nicht? Begründen Sie!

Eine Umfrage zum Freizeitverhalten

Meinungsforschung ist aus unserer Gesellschaft nicht wegzudenken. Firmen und Verbände lassen die Einstellung zu ihren Produkten erfragen, den Verbrauch bestimmter Waren oder das Konsumverhalten überhaupt. Zeitschriften geben Umfragen über alle möglichen Themen in Auftrag – von der Beliebtheit der Parteien bis hin zur Treue in der Ehe.

Damit eine Umfrage ein Spiegelbild der Meinungen der Gesamtbevölkerung liefert, muss sie *repräsentativ* sein. Das heißt, die befragten Menschen müssen so ausgewählt werden, dass sie einem Querschnitt der Bevölkerung entsprechen, nach Alter, Geschlecht, Beruf, Einkommen und anderen Merkmalen. Für eine repräsentative Umfrage braucht man in Deutschland etwa 2000 Personen.

Manchmal geht es bei Umfragen auch gar nicht um genaue Zahlen, sondern nur um ein Stimmungsbild: Was halten die Leute auf der Straße von einer Lehrstellenabgabe für Betriebe, die nicht ausbilden? – Welche Erfahrungen haben andere Klassen unserer Schule mit Projektunterricht gemacht? – Warum ist gerade diese Disko bei Berufsschülern hip?

Wem es nur um ein Stimmungsbild geht, der macht sich am besten mit einer Videokamera auf den Weg und befragt die Leute, die bereit sind zu antworten. Bei solchen Interviews können Sie nur wenige Fragen stellen.

Besonders geeignet sind Fragen, die den Interviewpartner dazu bringen, etwas zu erzählen. Anschließend müssen Sie auswählen: Welche Antworten waren originell? Welche waren typisch? – Daraus können Sie dann einen kurzen Videofilm schneiden.

Eine kleine Umfrage zum Freizeitverhalten wollen auch wir machen – in der Klasse oder bei anderen Gleichaltrigen. Die Fragen auf der folgenden Seite sind als Anregung gedacht. Natürlich können Sie auch andere Fragen stellen oder einige dieser Fragen für Interviews mit der Kamera verwenden.

Wenn die Umfrage abgeschlossen ist, geht es an die Auswertung. Der erste Schritt ist die *quantitative* Analyse, das Addieren der Zahlenangaben zu den einzelnen Fragen. Schwieriger ist die *qualitative* Analyse, die nach Querverbindungen und Zusammenhängen zwischen den Antworten auf die Fragen sucht und daraus Schlussfolgerungen zieht. Z. B. kann es sein, dass die Beliebtheit von Freizeitbeschäftigungen abhängig ist vom Geschlecht oder vom Schulabschluss. Zur qualitativen Analyse gehört auch das Auswerten der offenen Fragen, d. h. der Fragen, die nicht durch Ankreuzen beantwortet werden.

Am Ende soll ein Plakat stehen, das als Grafik die wichtigsten Ergebnisse der Umfrage darstellt, z. B. in Form von Säulendiagrammen oder Kreisdiagrammen.

Zur Erstellung und Auswertung von Umfragen kann das Programm GrafStat kostenlos unter www.grafstat.de aus dem Internet heruntergeladen werden.

links:
Beispiel eines
Säulendiagramms

rechts:
Beispiel eines
Kreisdiagramms

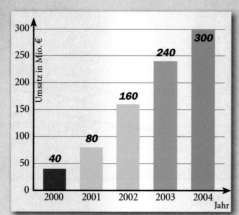

Fragebogen

1. Mit wem verbringen Sie Ihre Freizeit am häufigsten?

o Allein

o Im Freundeskreis / in der Clique

o Mit ....

o Mit den Eltern / den Geschwistern

o Mit dem Freund / der Freundin

2. Welche der folgenden Freizeitbeschäftigungen üben Sie häufig aus? (Höchstens 4 Felder ankreuzen)

o Aktiv Sport treiben, nämlich

....

o Fahrrad / Moped / Auto fahren

o Bücher oder Zeitschriften lesen

o Musik hören

o Ein Instrument spielen / Musik machen

o Zeichnen, malen, fotografieren, filmen

o Fernsehen

o Videofilme sehen

o Ins Kino gehen

o In die Disko / auf Feste gehen

o In die Kneipe / ins Café gehen

o Einkaufsbummel / Schaufensterbummel machen

o Hobbys (Basteln, Briefmarken sammeln...)

o Computer spielen

o Mitarbeit in Verein, Kirche, Partei

o Ausspannen, nichts Besonderes tun

o Etwas anderes, nämlich

....

3. Manchmal ist es so: Man würde gerne in seiner Freizeit etwas Bestimmtes machen, aber es gibt Hindernisse. Was sind für Sie solche Hindernisse?

o Keine Mitfahrgelegenheit / kein Bus

o Zu wenig Geld

o Die Eltern erlauben es nicht

o Es fehlt an Leuten, die mitmachen

o Etwas anderes, nämlich

....

4. Wenn Sie eine Stunde mehr Freizeit am Tag hätten, was würden Sie in dieser Zeit tun?

o Eine der in Frage 2 genannten Aktivitäten, nämlich ....

o Einen Job annehmen

o Etwas anderes, nämlich..

5. Wenn Sie 100 € mehr im Monat hätten, für welche Freizeitbeschäftigungen würden Sie sie ausgeben?

o Für eine oder mehrere der in Frage 2 genannten Aktivitäten, nämlich ....

o Für etwas anderes, nämlich ....

o Ich würde sie gar nicht für die Freizeit ausgeben

6. Wie fühlen Sie sich in Ihrer Freizeit?

o Ich habe viel zu wenig Freizeit!

o Ich bin voll ausgelastet

o Mir ist manchmal langweilig

7. Bitte bewerten Sie das Freizeitangebot Ihres Wohnorts mit einer der Schulnoten 1–6:

o 1   o 2   o 3   o 4   o 5   o 6

8. Welche Freizeitangebote vermissen Sie besonders an Ihrem Wohnort?

....

....

9. Einige Angaben zu Ihrer Person

Ich bin   o männlich

Ich bin   o Schülerin/Schüler

           o Arbeitnehmerin/Arbeitnehmer

           o Sonstiges

Mein Schulabschluss:

o weiblich

o Auszubildende/Auszubildender

o Studentin/Student

o Hauptschule   o Mittlerer Bildungsabschluss

o Fachhochschulreife   o Abitur

Ich habe einen Führerschein: o ja   o nein

Ich bin ...... Jahre alt.

1.3 Freizeit

1.3.1 Freizeit – freie Zeit?

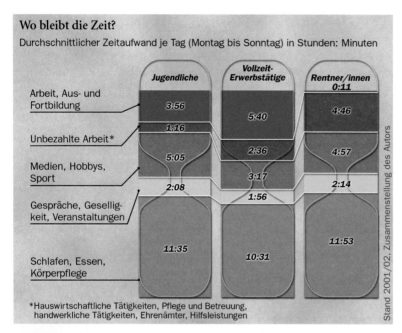

Wo bleibt die Zeit?
Durchschnittlicher Zeitaufwand je Tag (Montag bis Sonntag) in Stunden: Minuten

	Jugendliche	Vollzeit-Erwerbstätige	Rentner/innen
Arbeit, Aus- und Fortbildung	3:56	5:40	0:11 / 4:46
Unbezahlte Arbeit*	1:16	2:36	4:57
Medien, Hobbys, Sport	5:05	3:17	2:14
Gespräche, Geselligkeit, Veranstaltungen	2:08	1:56	
Schlafen, Essen, Körperpflege	11:35	10:31	11:53

*Hauswirtschaftliche Tätigkeiten, Pflege und Betreuung, handwerkliche Tätigkeiten, Ehrenämter, Hilfsleistungen

Stand 2001/02, Zusammenstellung des Autors

Aufgaben:

1. Wie erklären Sie sich die unterschiedliche Zeitverwendung in den drei Gruppen?
2. Stellen Sie anhand einer Zeitleiste fest, wie viel Zeit Sie selbst für die verschiedenen Tätigkeiten verwenden.
3. Welche Tätigkeiten lassen sich nur schwer einem der Bereiche zuordnen?

> Die Arbeit wird sich künftig nicht mehr, wie bisher, um die Freizeit herum konstruieren lassen, es wird vielmehr anders herum laufen müssen: Die Freizeit wird um die neue Arbeit herum konstruiert werden; Freizeit ist nicht mehr das Wichtigste.
>
> Werner Stumpfe, ehemaliger Präsident der Metall-Arbeitgeber

Mehr Freizeit – mehr Freiheit?

Vor 40 Jahren: 48 Stunden in der Woche wurde gearbeitet, 4 Wochen Urlaub im Jahr waren normal. Heute gibt es in vielen Betrieben die 35-Stunden-Woche und 6 Wochen Jahresurlaub. Trotzdem besteht die viele Freizeit nicht nur aus Sonnenschein, und viele haben den Eindruck, dass es ihnen an Freizeit fehlt. Das hat mehrere Gründe:

1. Freizeit dient verschiedenen Bedürfnissen. Ein Teil steht uns nicht zur freien Verfügung, sondern ist fest verplant. Dazu gehören:

- Fahrten zur Arbeitsstelle
- Kochen, Betreuung der Kinder, Heimwerkertätigkeit, Behördengänge (unbezahlte Arbeit; Erfüllung von Alltagsaufgaben)
- Essen, Schlafen, Körperpflege (regenerieren; Kräfte sammeln)

2. Wer im Beruf weiterkommen und mehr verdienen will oder wem er einfach Spaß macht, wird auch einen Teil seiner Freizeit dafür opfern: Überstunden im Betrieb oder zu Hause, Weiterbildung, Erwerb von Zusatzqualifikationen usw. (Freizeit im Dienste der Arbeit)

3. Manche Leute leben so für die Freizeit, dass sie sich unter Druck setzen, von einem »Event« zum nächsten hetzen. Dann ist ihre Freizeit immer zu knapp (Freizeit als Lebensmittelpunkt).

4. Besonders bei Jüngeren spielt der Nebenjob eine Rolle: Pizza ausfahren, Bedienen und … und … und… Man hat ihn, um unabhängiger von den Eltern zu sein, um das Lehrlingsgehalt aufzubessern und sich mehr leisten zu können: Kleidung, Auto, teure Hobbys.

Freizeit – zwischen Ausspannen und Action

Was Leute in ihrer Freizeit tatsächlich tun, unterscheidet sich oft von dem, was sie in ihr am liebsten täten. Wonach richten sich die Freizeitaktivitäten?

- Freizeit ist eine Frage der Finanzen. Oft ist es so: Wer genügend Geld hat, hat wenig Freizeit. Wer viel Freizeit hat, hat wenig Geld.
- Freizeit ist abhängig von der Verteilung der Arbeitszeit über die Woche: Wochenendarbeit, Schichtarbeit, Arbeit auf Abruf und ähnliche Arbeitsformen schränken die Freizeitmöglichkeiten ein.
- Freizeit ist eine Frage der Gelegenheiten. Wer auf dem Land lebt, womöglich ohne eigenes Auto, hat ein geringeres Freizeitangebot als ein Städter.
- Freizeit ist eine Frage des Alters und des Geschlechts.

»Wieso war uns früher nie lang- weilig...?«

• Freizeit ist eine Frage der Freundschaften, der Gruppe, zu der man gehört, und ihrer Lebensstile.
• Freizeit ist eine Frage der familiären Verpflichtungen.
• Freizeit ist eine Frage der Zufriedenheit mit sich und der eigenen Lebenssituation.

Freizeitstress
Wer jedem Trend folgen will, ist bald pleite. Außerdem lässt er sich – ausgerechnet in seiner Freizeit! – unter den Druck setzen, alles richtig zu machen, Leistung zu bringen, nichts zu verpassen, in zu sein. Nervosität und Aggressivität können die Folge sein, wenn man sich zu viel vorgenommen hat.
Zeit und Geld reichen nie, um sich alle Wünsche zu erfüllen. Und wer bei jedem erfüllten Wunsch schon an das denkt, was er verpasst, ist selber schuld. Wenn wir Frei- zeitstress abbauen wollen, kommen wir um folgende Entscheidungen nicht herum:
• Was (und wer) ist für mich wichtig und warum?
• Woher nehme ich das Geld, das zu tun, was mir wichtig ist? Worauf kann ich verzichten?
• Woher nehme ich den Mut, auch einmal Nein zu sagen?

Aufgaben:

4. In einer Untersuchung wurden folgende sieben Typen des Freizeitverhaltens unterschieden:
   • Action-Typ • Häuslicher Typ • Sportlicher Typ • Kontra-Typ (macht
   • Kritischer Typ • Fashion-Typ • Fan-Typ alles anders)
   Charakterisieren Sie diese Freizeittypen. Überlegen Sie, zu welchem Typ Sie selbst am ehesten gehören.

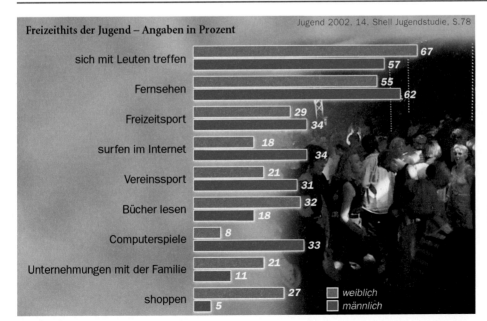

Freizeithits der Jugend – Angaben in Prozent

Jugend 2002, 14. Shell Jugendstudie, S.78

	weiblich	männlich
sich mit Leuten treffen	67	57
Fernsehen	55	62
Freizeitsport	29	34
surfen im Internet	18	34
Vereinssport	21	31
Bücher lesen	32	18
Computerspiele	8	33
Unternehmungen mit der Familie	21	11
shoppen	27	5

Aufgaben:

5. Vergleichen Sie Ihr Freizeitverhalten mit den Aussagen der Tabelle. Welche Gemeinsamkeiten und Unterschiede fallen Ihnen auf?

1.3.2 Das Geschäft mit der Freizeit – ohne Moos nix los?

Vor 50 Jahren war es eine beliebte Freizeitbeschäftigung, aus dem Fenster zu schauen und zu beobachten, was draußen so passiert. Heute sind wir in Sachen Freizeit anspruchsvoller geworden; wir wollen etwas leisten oder etwas Besseres erleben (und sei es nur im Fernsehen). Eine ganze Freizeitindustrie mit 4 Millionen Arbeitsplätzen ist entstanden, aus deren Angeboten wir auswählen können.

Aufgaben:

1. Welche Vorstellungen von Familie und Freizeit zeigen die beiden Illustrationen?
2. Welche Wirtschaftszweige leben ganz oder teilweise von der Freizeit?

Privatfernsehen
Privat-TV läuft nur durch Werbung. Von Werbung animieren lassen sich aber nur die jungen Leute. Also richtet sich erfolgreiches TV vorrangig an die Jungen: Von den Erstverwendern von Kukident kann kein Sender leben.
Helmut Thoma, ehemaliger RTL-Chef

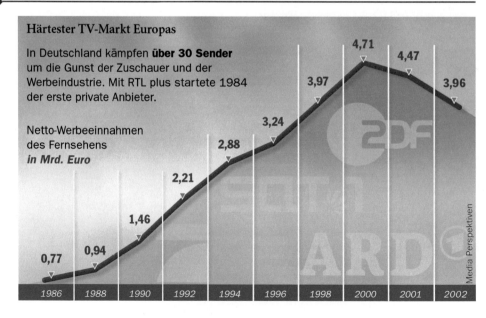

Härtester TV-Markt Europas

In Deutschland kämpfen **über 30 Sender** um die Gunst der Zuschauer und der Werbeindustrie. Mit RTL plus startete 1984 der erste private Anbieter.

Netto-Werbeeinnahmen des Fernsehens *in Mrd. Euro*

1986	1988	1990	1992	1994	1996	1998	2000	2001	2002
0,77	0,94	1,46	2,21	2,88	3,24	3,97	4,71	4,47	3,96

Media Perspektiven

Freizeitwelt ist Medienwelt.
Medienwelt ist Konsumwelt

Bei den Freizeittätigkeiten steht die Mediennutzung an erster Stelle: Fernsehen, Musik hören, mit dem Computer spielen oder im Internet surfen, Zeitschriften und Zeitungen lesen. Die Spitzenposition des Fernsehens ist kein Wunder bei dem Angebot an Sendern und Sendungen für alle Altersgruppen rund um die Uhr. Die Hauptanbieter, die Privatsender (z. B. RTL, SAT.1, Pro 7), finanzieren sich aus den Werbeeinnahmen. Darum kommt es für sie darauf an Quote zu machen, d. h. für eine Sendung möglichst viele Zuschauer zu gewinnen. Die Werbung präsentiert Produkte. Die Sendungen im Umfeld der Werbung zeigen den passenden Lebensstil und neue Freizeittrends. Man erfährt, was in und was out ist.

Freizeitwelt ist Erlebniswelt.
Erlebniswelt ist Konsumwelt

Den Medien und der Werbung entkommt keiner. Sie zeigen ein Konsumleben in einer Freizeit, die alle Freiheiten bietet und in der alle Herausforderungen gemeistert werden können. Ein Leben voller Angebote und Abenteuer, ohne lästige Verpflichtungen gegenüber Partner, Kindern, Arbeitgeber. Ein Leben, das vom Alltag der meisten von uns weit entfernt und deswegen verlockend ist. Vor allem junge Leute bis 25, konsumfreudige Singles und Paare ohne Kinder sind als Zielgruppe interessant.

In den Szenetreffs und Discos lässt die Industrie die neuesten Trends ausspionieren, um daraus eine Mode zu machen. Jeder Lebensstil ist zugleich ein Geschäft. Die Vielfalt der Stile und Freizeitbeschäftigungen gibt der Industrie die Chance, für alle diese Bedürfnisse Waren anzubieten – mehr noch: den Verbrauchern zu zeigen, dass sie diese Waren brauchen, wenn sie dazugehören wollen. Wer heute Rad fährt, steigt nicht auf einen x-beliebigen Drahtesel und fährt los, sondern er lädt ein hoch technisiertes Bike auf den Fahrradträger seines Autos, fährt 40 km auf den Wanderparkplatz, zieht die Radlerkleidung an, versorgt sich mit speziellen Durstlöschern und einer Radwanderkarte – und dann kann's losgehen. Die Radlerkleidung ist bei Hitze gut und der

Helm verringert die Verletzungsgefahr; aber das Radfahren ist von einem Fortbewegungsmittel für Schüler und arme Leute zu einer High-Tech-Sportart geworden, in der unter 800 € nichts zu haben ist.

Aufgabe:

4. Überlegen Sie, inwieweit diese Aussagen über das Fernsehen auch für Zeitschriften gelten.
5. Suchen Sie in Ihrem Wohnort nach Freizeitmöglichkeiten, die nicht viel kosten.

Freizeitausgaben
Monatliche Ausgaben einer Familie mit zwei Kindern (Westdeutschland) mit mittlerem Einkommen in €

verfügbares Einkommen:	2 927,06 €
davon Freizeitgüter insges.:	433,24 € = 14,8 %

Urlaub	103,88
Auto für Freizeitzwecke	61,78
Sport, Camping	60,79
Computer, Elektronik u.a.	52,82
Radio, TV	46,74
Bücher, Zeitungen, Zeitschriften	33,53
Garten, Tierhaltung	27,75
Spiele, Spielwaren	19,63
Theater, Kino	11,60
Foto, Film	10,70
Heimwerken	4,01

Aufgabe:

3. Wie sehen Ihre Freizeitausgaben aus? Suchen Sie nach Gründen für die Unterschiede in den Ausgaben im Vergleich zur Grafik.

Wie rettet man die eigenen Maßstäbe über den Tag? Ein paar Pfosten muss man einschlagen in dieser Welt, die einem weismachen will, dass man nur mit Hakle feucht ein vollkommener Mensch sei. »Ich will alles«, fordert die Frau auf dem Plakat am Bahnhof, und ich weiß nicht, ob sie Zigaretten, Tampons oder schlicht das Lebensglück will.
Anja Jardine, 27 Jahre

Worauf es mir ankommt

a) Im Kontakt mit Menschen ist mir Vertrauen am wichtigsten. Sie sollten zumindest ähnliche Interessen haben und auf jeden Fall tolerant sein.   (16-Jährige)

b) Bei meinen Freunden lege ich Wert darauf, dass sie ehrlich und direkt sind, dass nicht hinter meinem Rücken was erzählt wird. Dass man sich gegenseitig hilft, wenn man Probleme hat. Dass man gemeinsam darüber redet, was

man machen kann. Geldprobleme oder Probleme mit der Freundin.   (22-Jähriger)

c) Was wir in unserer Clique absolut nicht mögen, sind arrogante Leute, die das Geld raushängen lassen, großkotzig tun. Gewalt ist bei uns fehl am Platz. Wenn man erst mal mit Köpfe-Einschlagen anfängt, setzt sich das immer wieder fort. Das bringt nichts. Man muss Kompromisse finden.   (18-Jährige)

Jugend '97. 12. Shell-Jugendstudie, S. 66–68; Jugend 2000, 13. Shell-Jugendstudie, Bd. 2, S. 27

Aufgaben:

1. In den Äußerungen werden verschiedene Ideale genannt. Welche davon halten Sie für besonders wichtig? Mit welchen sind Sie nicht einverstanden? Welche fehlen?

Ideal:
1) Traumbild, vollkommenes Vorbild;
2) Idee, die man verwirklichen will.

Idol:
1) Abgott, Götzenbild;
2) Gegenstand schwärmerischer und übertriebener Verehrung.

Nichts gegen Ideale!

Jeder Mensch hat Ideale. Das muss nicht heißen, dass man andere nachahmt, aber in Teilbereichen unseres Lebens sieht man sie als Vorbild: eine Figur haben wie ..., cool sein wie ..., tanzen können wie ..., erfolgreich sein wie ... Nicht immer sind es einzelne Menschen, an denen wir uns messen. Es kann auch ein politisches, religiöses, gesellschaftliches Ziel oder eine sportliche, geistige, technische Herausforderung sein.

• Ideale können sinnvoll sein – als Richtungsangabe und Entscheidung, was einem wichtig ist. Sie erleichtern einem die Orientierung im Leben. Sie sind das beste Mittel gegen Alltagstrott und Langeweile.

• Ideale können aber auch schaden – wenn wir ihre Verwirklichung erzwingen wollen. Wir müssen unsere Stärken und Schwächen sehen, sonst machen wir uns lächerlich. Der Weg vom Schönheitsideal zur Magersucht ist nicht weit.

• Ideale können schließlich moralisch verkehrt sein. Wer seine Ziele auf Kosten anderer und zum Schaden anderer erreichen will, muss sich über Kritik und Gegnerschaft nicht wundern.

Auch Ideale und Idole unterliegen einem Wandel. Sie brauchen bloß Ihre Eltern nach ihren Idealen zu fragen: Albert Schweitzer, Uwe Seeler, Gina Lollobrigida sind Legenden, aber keine Vorbilder mehr.

Fankulturen und die Suche nach dem ultimativen Kick

Gemeinsame Ziele verbinden. Das beginnt bei den Teenies, die ihre Boy-Group anhimmeln. Bei jungen Leuten gibt es eine Vielzahl von Fankulturen und Lebensformen, mit denen sie sich voneinander auch abgrenzen: Computer-Freaks, Fans verschiedener Musikstile, Skater, Fußballfans, Fans bestimmter Fernsehsendungen. Wer zur Fangemeinschaft gehören will, muss bestimmte Regeln beachten, bis hin zur Kleidung.

LEBENS WERT

1 mittags in der Sonne lesen **2 die Rampe** 3 Lieder Leuten zuordnen

4 Gewitter ohne Regen 5 traumlos schlafen

6 Feuerzeugkreislauf **7 die Zeit, in der man nicht weiß, was man will**

8 Janis Joplin 9 endlich mal mit dem Taschengeld auskommen

10 Nacktschwimmer **11 die andere Sichtweise erfahren**

12 Zimmer **13 Äpfel rollen**

14 mit Luftmatratzen Quallen überlisten 15 TOP

Ich war mit meiner Schwester im Freibad. Wir saßen auf einem Hügel, und einer unserer mitgebrachten Äpfel verselbständigte sich und rollte den Hang hinunter – auf ein Baby zu, das er glücklicherweise verfehlte. Mir war das Ganze schon etwas peinlich, ich holte den Apfel und ging wieder zurück an meinen Platz. Dort stieß ich meine Schwester drei Minuten später aus Versehen wieder an, und diesmal rollte der Apfel auf einen Mann, der im Gras schlief. Den Apfel ließen wir diesmal lieber liegen. **NICOLA UND LEA GÜPFE, DARMSTADT**

Lebenswert-Liste von Jetzt, Jugendmagazin der Süddeutschen Zeitung (Auszug). Diese Liste erschien jede Woche.

Aufgaben:

2. Wie sieht Ihre persönliche Lebenswert-Liste aus?

In der Gruppe bin ich stark. Die Gruppe ist der Ort, wo »Mutproben« anerkannt oder sogar gefordert werden. Die Gruppe gibt mir die Macht, mich über Regeln und Gesetze hinwegzusetzen. Auch dies kann man in Fankulturen finden. Gewaltkriminalität bei Jugendlichen hat zugenommen – und am stärksten hat die Gewalt zugenommen, die Jugendliche gegeneinander richten (vgl. Abschnitt 5.2.2).

Sekten – die falsche Gewissheit

Viele Menschen suchen Gemeinschaft, Geborgenheit, Wahrheit, Sinn und sind mit dem Leben, das sie führen, unzufrieden. Schon immer waren Religionen und andere Weltbilder in dieser Situation für viele eine Hilfe. Heute haben alle möglichen religiösen Vereinigungen, Sekten und Psychogruppen Antworten parat.

Nicht alle diese Gruppen sind gefährlich oder haben finstere Absichten. Gefährlich werden sie für den Einzelnen, wenn sie ihren Mitgliedern die Vision einer heilen, »idealen« Welt vorspiegeln, die durch Selbstaufgabe und Unterordnung erreicht werden kann. Dann werden die Mitglieder nicht frei, sondern unfrei. Nur in der geschlossenen Gemeinschaft der Sekte mit ihren Idealen und Moralmaßstäben haben sie eine trügerische Sicherheit, die der Wirklichkeit nicht standhält und ihnen dadurch schadet und nicht nützt.

Woran man Sekten erkennen kann …
Checkliste für unbekannte Gruppen –
Vorsicht bei einem Ja!

- Das Weltbild der Gruppe ist verblüffend einfach und erklärt jedes Problem.
- Es ist schwer, sich ein genaues Bild von der Gruppe zu machen. Du sollst nicht nachdenken und prüfen. Deine neuen Freunde sagen: »Das kann man nicht erklären, das musst du erleben – komm doch gleich mit in unser Zentrum.«
- Die Gruppe hat einen Meister, ein Medium, einen Führer oder Guru, der allein im Besitz der Wahrheit ist.
- Die Welt treibt auf eine Katastrophe zu, und nur die Gruppe weiß, wie man die Welt retten kann.
- Deine Gruppe ist die Elite und die übrige Menschheit ist krank und verloren – solange sie nicht mitmacht beziehungsweise sich retten lässt.
- Die Gruppe will, dass du alle »alten« Beziehungen abbrichst, weil sie deine Entwicklung behindern.

Broschüre der Stadt Stuttgart, Jugendamt

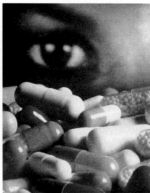

1.3.4 Sucht – worin besteht die Gefahr?

Drogen
Rauschmittel / Rauschgifte, die durch ihre Wirkung auf das Zentralnervensystem einen Erregungs-, Rausch- oder ähnlichen Ausnahmezustand herbeiführen. Dessen Kennzeichen sind z.B. gehobene Stimmung, körperliches Wohlgefühl und Vergessen der Realität.

Politik aktuell
Mehr Information bei der Bundeszentrale für gesundheitliche Aufklärung
(im Internet: www.bzga.de)

Suchtentwicklung

Einleitungsphase:
Genuss
⚡

Kritische Phase:
Missbrauch, Gewöhnung, Flucht
⚡

Chronische Phase:
Gewöhnung, Abhängigkeit, Wesensveränderung

Sucht ist alltäglich

Sucht gibt es in allen Altersgruppen und allen Gesellschaftsschichten. Manche sind gesellschaftlich anerkannt und werden gar nicht mehr als Sucht erlebt. Nicht nur Drogen führen zu Sucht. Man kann verschiedene Formen von Sucht unterscheiden:

- illegale Drogen (verbotene Drogen, z. B. die harten Drogen Heroin, Kokain; Designerdrogen, z. B. Ecstasy)
- Alltagsdrogen (erlaubte Drogen, z. B. Zigaretten, Alkohol, Medikamente)
- Suchttätigkeiten: Esssucht, Arbeitssucht, Spielsucht u. ä.

Aufgaben:

1. Was macht die oben gezeigten Drogen so interessant für Jugendliche?
2. Beurteilen Sie jeweils ihre Gefährlichkeit.
3. Gestalten Sie mithilfe der Materialien ein Plakat, das vor Suchtgefahren warnt.

Der Weg in die Sucht

»Ein Glas Bier hat noch keinem geschadet.« – »Ich rauche gern.« An Einladungen zum Konsum von Alltagsdrogen fehlt es nicht. Bei bestimmten Gelegenheiten gehören sie dazu und heben die Stimmung. Am Anfang der Sucht steht oft der Wunsch, aus den Alltagsproblemen zu fliehen, oder die Sehnsucht nach einer besseren Welt. Wir möchten die glückliche Stimmung wieder erleben, in der wir unter dem Einfluss der Droge waren.

Gefährlich ist, dass nur schwer zu erkennen ist, wann die Grenze zwischen harmlosem Genuss und Sucht überschritten wird. Anderen Menschen gegenüber sind wir kritischer; selber bilden wir uns ein, dass wir jederzeit aufhören könnten. Deutlich sichtbar sind die meisten Süchte erst, wenn eine Abhängigkeit besteht, d. h. wenn die Umkehr auf Schwierigkeiten stößt.

- *Körperliche Abhängigkeit* bedeutet, dass Entzugserscheinungen auftreten, wenn der Konsum der Droge verringert oder ganz eingestellt wird: Einem Alkoholiker zittern die Hände, ein Heroinabhängiger bekommt Durchfall, Erbrechen, Rückenschmerzen, Hitze- oder Kälteschauer.
- *Seelische Abhängigkeit* bedeutet, dass wir abhängig sind von den Stimmungen, in die uns die Sucht versetzt. Der Bezug zur Wirklichkeit ist gestört; der Süchtige hält die Realität nicht mehr aus.

Am Ende steht oft der körperliche Verfall und der gesellschaftliche Abstieg. Die Süchtigen zerstören ihr Leben in der Wirklichkeit, um ihre Scheinwelt zu erhalten. Häufig leben sie ohne soziale Kontakte zu anderen Menschen, ohne Arbeit, ohne geregeltes Einkommen.

Bei illegalen Drogen ist die Sucht verbunden mit dem Abgleiten in das Drogenmilieu. Drogenabhängige haben die Brücken hinter sich abgebrochen. Ihr ganzes Leben dreht sich um die Beschaffung von Stoff. Und weil der teuer ist, kommt zur Sucht oft die so genannte Beschaffungskriminalität oder die Prostitution.

Der Weg zurück ist schwer

»Hast du durchgehalten?« – um diese Frage dreht sich alles bei Suchtkranken, die auf Entzug sind. Ihre Betreuung ist aufwändig; die Zahl derer ist hoch, die den Entzug nicht durchstehen. Da Sucht die verschiedensten Ursachen haben kann, braucht es unterschiedliche Therapien. Dabei kann die medizinische Behandlung in Kliniken nur ein Teil sein. In fast allen Städten gibt es inzwischen Selbsthilfeeinrichtungen und Arbeitskreise, in denen Suchtkranke und Angehörige zusammen mit Betroffenen einen Weg aus der Sucht finden können.

Umstritten ist vor allem, welche Wege der Staat in der Drogenpolitik gehen soll. Dabei geht es neben der Bekämpfung des illegalen Drogenhandels vor allem um die Überlegung, ob durch die Abgabe von Ersatzdrogen an Süchtige die Beschaffungskriminalität eingedämmt und der Gesundheitszustand der Süchtigen verbessert werden kann.

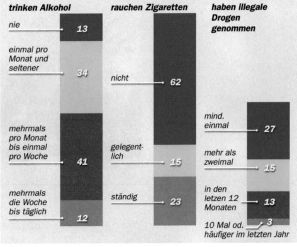

Drogenkonsum der Jugendlichen

von je hundert 12- bis 25-Jährigen in Deutschland ...

BZgA, Stand 2001, Globus

trinken Alkohol		rauchen Zigaretten		haben illegale Drogen genommen	
nie	13				
einmal pro Monat und seltener	34	nicht	62		
				mind. einmal	27
mehrmals pro Monat bis einmal pro Woche	41	gelegentlich	15	mehr als zweimal	15
mehrmals die Woche bis täglich	12	ständig	23	in den letzten 12 Monaten	13
				10 Mal od. häufiger im letzten Jahr	3

Nach dem 12. Biere ...

... ähneln sich alle Tiere.

»Nur rechtzeitig aufhören« – Bericht eines Alkoholabhängigen

Jahrelang habe ich bei jeder Entgiftung nach dem Punkt gesucht, an dem ich hätte »rechtzeitig aufhören« müssen. Jahrelang war ich auf der Suche nach der Schwelle, von der an »normales Trinken« gefährlich wird. Vor dieser Schwelle, so dachte ich, würde man sich hüten können wie vor einem Felsabsturz neben einem Gebirgswanderweg: Man braucht ja nur nicht weiterzugehen. ... Und genau deswegen habe ich immer wieder mit dem Trinken angefangen – in der festen Überzeugung, es diesmal kontrolliert zu tun.

Ganz abgesehen davon, dass es nach einer Entgiftung Anlässe genug gibt, um sich zu besaufen. ... Die Beziehung ist zumindest angeknackst, wenn schon nicht ganz am Ende, die Arbeit ist nicht mehr 100-prozentig sicher und das Ansehen schwer lädiert. All das erfährt man nun Stück für Stück. ... Es ist ja nicht so, dass so ein soziales Netz, das Netz der Beziehungen, nur hält. Es schränkt auch ein, fesselt, lähmt. Viele haben ja aus irgendwelchen Zwängen heraus angefangen, sich nach einem Trostmittel umzusehen.

Jonathan Hömes: Das Gift des Scheiterns. In Süddeutsche Zeitung vom 23.03.1996

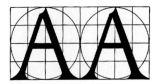

Emblem der Anonymen Alkoholiker, einer Selbsthilfeorganisation von Alkoholkranken

Wem vertraut die Jugend?

Welche der folgenden Organisationen und Persönlichkeiten halten Sie für glaubwürdig?

Gerichte	Rang 1
Polizei	Rang 2
Menschenrechtsgruppen	Rang 3
Umweltschutzgruppen	Rang 4
Bundeswehr	Rang 5
Bürgerinitiativen	Rang 6
Gewerkschaften	Rang 7

Shell-Studie, Jugend 2002, S. 105

Jeder weiß, was nicht stimmt, und niemand kann den wirklich Schuldigen finden. Deshalb geschieht gar nichts.
Hanin Elias, Sängerin

Wie will ich mich engagieren?

Keine Generation ist mit so viel Wissen über das aufgewachsen, was alles nicht in Ordnung ist in der Welt: Drogen, Krieg, Ungerechtigkeit, Verstöße gegen Menschenrechte, Umweltverschmutzung, atomare Risiken. Jeder kann eine lange Liste an Missständen, Skandalen, Benachteiligungen aufzählen. Und gleichzeitig gibt es die Klage, dass das Engagement der Jüngeren in den Vereinen, Verbänden, Parteien und gemeinnützigen Organisationen zu wünschen übrig lässt. Die jungen Leute – so lautet der Vorwurf – würden nur an sich, an ihr Vergnügen denken und seien nicht bereit, für andere etwas zu tun. Wie passt das zusammen? Sicher ist, dass es ein großes Misstrauen der Jüngeren gegen jedes befohlene Engagement gibt. Sicher ist auch, dass sich die Art des Engagements geändert hat. Nicht mehr die jahrzehntelange Treue zu einem Verein oder zu einer Partei ist die Regel,

Aktiv im Sportverein – ein Interview

Wo bist du im Verein aktiv?
Ich spiele im Handball in der B-Jugend des TSV. Seit einem Jahr trainiere ich außerdem zusammen mit einer Freundin die E-Jugend (das sind 8- bis 10-jährige Mädchen). Ich habe dafür den Trainerschein gemacht – die D-Lizenz.

Wie viel Zeit verbringst du im Verein?
Das Training mit den Kleinen, das ist immer am Dienstagabend. Alle paar Wochen am Wochenende hat die E-Jugend Spiele gegen andere Mannschaften – da bin ich natürlich dabei. Und dann muss ich das Training auch vorbereiten; da hilft mir eine Trainerin, die die B-Lizenz hat.
In der B-Jugend habe ich zweimal die Woche abends Training, Mittwoch und Freitag. Außerdem gehen wir am Montagabend oft joggen. Und alle zwei oder drei Wochen am Wochenende ist ein Spieltag.

Hast du nicht zu wenig Zeit für andere Dinge in der Freizeit?
Wieso? Das macht doch Spaß! Wenn man Erfolg haben will mit der Mannschaft, muss man auch trainieren.

Und die Freunde?
Viele Freunde spielen auch Handball. Oder sie machen anderen Sport und akzeptieren das. Man lernt über den Sport auch viele Leute kennen.

sondern das spontane Mitmachen bei Aktionen und in Gruppen, deren Ziele man hier und heute für richtig hält; und in einem Jahr kann das schon ganz anders aussehen. Manche Organisationen, z. B. Greenpeace, haben sich darauf eingestellt. Ihre Tätigkeit besteht zu einem großen Teil in spektakulären Aktionen, die im Fernsehen berichtet werden. Diese Organisationen bauen auf einen schnellen Erfolg und können große Massen, gerade auch jüngere Bürger, in kurzer Zeit mobilisieren.

Engagement lässt sich nicht befehlen

Außerdem sind Einsatz für andere und eigenes Vergnügen keine Gegensätze. Wenn ich etwas für richtig halte, dann soll es mir auch Spaß machen und dann investiere ich gern Zeit dafür. Das heißt nicht, dass es mein einziger Lebensinhalt ist und dass ich mir die Form vorschreiben lassen will, in der ich mitmache.

Engagement hat seinen Ausgangspunkt meist in der Umgebung, in der ich lebe und in der ich gern besser leben möchte. Das geht oft nur zusammen mit anderen: Ich will erreichen, dass das eigene Wohngebiet zu einer verkehrsberuhigten Zone gemacht wird. Dazu brauche ich Ideen, Mitstreiter,

Sich engagieren? Ehrensache!

In rund 1200 Initiativen, Gruppen und Vereinen sind Münchner aktiv – zusammen rund 25 000, knapp 2 % der Bevölkerung. Sie schmieren Brote für Schulkinder, übernehmen Patenschaften für Stadtbäche, räumen Abfall aus Parks weg, melden sich am Kinder-Nottelefon, betreuen gefährdete Jugendliche, kochen für Obdachlose. Freiwillig, ohne Bezahlung, ehrenamtlich. Und ihre Zahl steigt. Sie werden vermittelt durch die städtische »Helfer-Information«, die von der Stadt München finanziert wird. … Das klassische Bild der Ehrenamtlichen – ältere Frauen, deren Kinder aus dem Haus sind – stimmt nicht mehr: Der neue Helfer-Typ ist 19 bis 29, studierender oder berufstätiger Single, sucht Kontakte, Lebenssinn, Ausgleich zum Beruf. … Während das religiös-motivierte Engagement in traditionellen Bereichen zurückgeht, engagieren sich die Münchner zunehmend dort, wo sie mitbestimmen können und Spaß haben.

Andrea Surka, in Süddeutsche Zeitung vom 15.04.1998; ergänzt

Verbindungen zum Gemeinderat – und am Ende muss ich bereit sein, die Geschwindigkeitsbegrenzung auch selbst einzuhalten. Es gibt kein besseres Leben zum Nulltarif oder mit dem Hinweis darauf, dass dafür andere Leute zuständig wären.

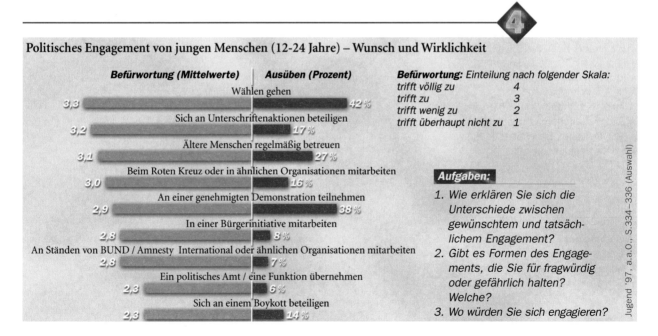

Politisches Engagement von jungen Menschen (12-24 Jahre) – Wunsch und Wirklichkeit

Befürwortung (Mittelwerte) | *Ausüben (Prozent)*

	Befürwortung (Mittelwerte)	Ausüben (Prozent)
Wählen gehen	3,3	42 %
Sich an Unterschriftenaktionen beteiligen	3,2	17 %
Ältere Menschen regelmäßig betreuen	3,1	27 %
Beim Roten Kreuz oder in ähnlichen Organisationen mitarbeiten	3,0	16 %
An einer genehmigten Demonstration teilnehmen	2,9	38 %
In einer Bürgerinitiative mitarbeiten	2,8	8 %
An Ständen von BUND / Amnesty International oder ähnlichen Organisationen mitarbeiten	2,8	7 %
Ein politisches Amt / eine Funktion übernehmen	2,3	6 %
Sich an einem Boykott beteiligen	2,3	14 %

Befürwortung: Einteilung nach folgender Skala:
trifft völlig zu	4
trifft zu	3
trifft wenig zu	2
trifft überhaupt nicht zu	1

Jugend '97, a.a.O., S.334–336 (Auswahl)

Aufgaben:

1. Wie erklären Sie sich die Unterschiede zwischen gewünschtem und tatsächlichem Engagement?
2. Gibt es Formen des Engagements, die Sie für fragwürdig oder gefährlich halten? Welche?
3. Wo würden Sie sich engagieren?

Stichpunkte für die Wiederholung

Teil 1.1 Ausbildung und Beruf

Duale Ausbildung
- Ausbildungsordnung legt Inhalte fest
- Lernorte: Betrieb und Schule.

Anforderungen des Betriebs
- Vorkenntnisse (z. B. Rechnen, Allgemeinbildung, EDV-Kenntnisse)
- Berufsbezogene Fähigkeiten (z. B. handwerkliches Geschick, Fähigkeit zu planen)
- Arbeitstugenden (z. B. Pünktlichkeit, Gehorsam, Zuverlässigkeit)
- Umgangsformen (z. B. Verhalten in Konflikten, gegenüber Vorgesetzten; Sozialkompetenz).

Schlüsselqualifikationen (berufsunabhängige Anforderungen)
- Lernen lernen: neue Lernformen, auftragsorientiertes Lernen, Übungsfirmen
- Sich einstellen auf veränderte Abläufe der Arbeit, Veränderungen im Beruf, Aufstieg im Beruf, neue Berufe.

Weiterbildung
- Berufsbegleitend oder als Unterbrechung der Berufstätigkeit
- Fortbildung, Umschulung
- Zweiter Bildungsweg
- Spezielle Weiterbildungsangebote für Frauen.

Benachteiligung von Frauen im Beruf
- Geschlechtsspezifische Berufswahl
- Frauen als Kostenrisiko des Betriebs
- Familie als Karriere-Hindernis
- Problem der Teilzeitarbeit.

Staatliche Fördermaßnahmen für Frauen
- Gleichstellung am Arbeitsplatz
- Mutterschutz, Erziehungsurlaub
- Quotenregelungen.

Teil 1.2 Familie

Zusammenleben mit anderen
- Arbeiten im Team
- Gemeinsame Freizeitgestaltung
- Gemeinsam leben in der Familie.

Verschiedene Formen des Zusammenlebens
- Gründe; praktische Folgen
- Unterschiedliche Rollen je nach Art des Zusammenlebens: Rangordnung in der Familie, Alter u. a.

Zusammenleben in der Familie
- Wandel von der Groß- zur Kleinfamilie
- Wandel der Erziehungsziele
- Rollenwandel der Familienmitglieder (Berufstätigkeit der Frau; Erziehung außerhalb der Familie)
- Funktionswandel der Familie.

Staatlicher Schutz der Familie
- Besonderer Schutz durch Art. 6 GG
- Finanzielle Hilfe, unterstützende Einrichtungen, Beratungsangebote.

Regelung der Rechte und Pflichten der Familienmitglieder
- Eherecht:
  - Güterstände: gesetzlicher Güterstand, vereinbarte Güterstände
  - Namensrecht
- Sorgerecht
- Scheidungsrecht und Scheidungsfolgen:
  - unterschiedliche finanzielle Folgen je nach Güterstand
  - Unterhalt für den schwächeren Ehepartner
  - Situation der Scheidungskinder.

Teil 1.3 Freizeit

Umfang der Freizeit
- Rückgang der tariflichen Arbeitszeit
- Verplante Freizeit: Nebenjobs, unbezahlte Arbeit, Fortbildung, Regeneration.

Möglichkeiten der Freizeitgestaltung
- Freizeitgestaltung mit anderen (Vereine, Parteien, politisches und soziales Engagement)
- Massenmedien als Freizeitfaktor
- Konsum.

Gefahren
- Stress: Überlastung durch Freizeitaktivitäten
- Suchtverhalten (Alkohol, illegale Drogen)
- Sekten.

**Wie verändert sich
die Arbeitswelt?**

2 Gesellschaft im Wandel

**Weltweiter
Wettbewerb und
seine Folgen**

**Für die Zukunft
sorgen: Sozialstaat**

**Umwelt aktiv
gestalten –
warum und wie?**

2.1 Auf dem Weg zur Informationsgesellschaft

2.1.1 Fortbewegung, Reisen, Transport – was hat sich geändert?

Zwei Fußgänger: Ötzi in den Alpen vor 5000 Jahren; Neil Armstrong 1969 auf dem Mond.

Warum reisen?

Reisen, Ortswechsel oder Transporte werden aus vielfältigen Gründen unternommen. Ein heute häufiges Reisemotiv kam noch vor wenigen Jahrzehnten selten vor: die touristische Urlaubsreise. Nur wenige konnten sich das früher leisten. Und je weiter die Reise, umso beschwerlicher war und umso länger dauerte sie. Unbekannte und nicht selten unsichere Gebiete mussten durchquert werden. Noch vor 150 bis 200 Jahren waren Fernreisen selbst innerhalb Europas mit Abenteuer verbunden. Die »Bildungsreise« – vorwiegend nach Italien und Griechenland – war meist denen vorbehalten, die nicht von täglicher Erwerbsarbeit leben mussten, z. B. Gelehrte oder Künstler.

Früher und noch heute überwiegen wirtschaftliche und berufliche Zwecke, z. B.

• Suche nach neuem Land als Nahrungsquelle (auch verbunden mit kriegerischen Eroberungen), später die Suche nach Bodenschätzen, heute ganz allgemein die Suche nach günstigen Wirtschaftsstandorten;
• Ein- und Verkauf und Transport von Handelswaren;
• Suche nach Arbeitsmöglichkeiten.

Techniken der Fortbewegung

Erfindungen vom Rad bis zur Rakete revolutionierten die Fortbewegungsmöglichkeiten und Transportmittel. Die Bildleiste zeigt Stationen dieser Entwicklung. Am stürmischsten waren die Veränderungen seit der industriellen Revolution im 19. Jahrhundert. Völlig neue Transportsysteme wurden erfunden, aber auch bereits bestehende fortentwickelt. Das gilt z. B. für die Entwicklung

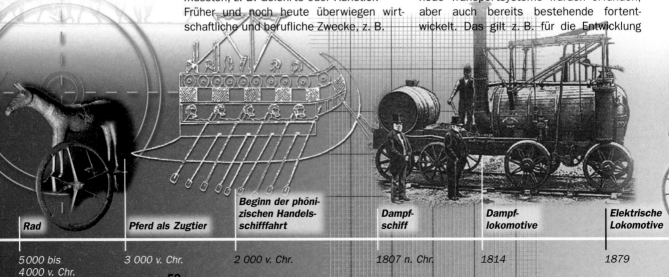

Rad	Pferd als Zugtier	Beginn der phönizischen Handelsschifffahrt	Dampfschiff	Dampflokomotive	Elektrische Lokomotive
5000 bis 4000 v. Chr.	3 000 v. Chr.	2 000 v. Chr.	1807 n. Chr.	1814	1879

des Boots- und Schiffbaus vom Ruderboot über das Segel- zum Motorschiff.

Dieser technische Wandel brachte viele Veränderungen. Direkt auf die Transportleistungen bezogen waren das vor allem
- immer schnellere Fortbewegung;
- die Möglichkeit größere Entfernungen zu überwinden;
- die Steigerung der Transportkapazität;
- eine zunehmend bequeme, sichere und – gemessen am Transportangebot – preisgünstigere Fortbewegung.

Voraussetzungen und Folgen

Mit neuen Transporttechniken wurde Zug um Zug die Welt erschlossen und wurden die Wirtschaftsräume miteinander verbunden oder »vernetzt«. Ohne moderne Transportmittel wären weder das heutige Ausmaß des Welthandels noch die arbeitsteilige Produktion über Ländergrenzen hinweg oder auch der Massentourismus vorstellbar. Die Welt ist zwar kein »globales Dorf« geworden, aber Transport- und Informationstechniken haben die Orte auf dem Erdball näher aneinander gerückt.

Das Funktionieren der Verkehrsnetze ist jedoch an viele *Voraussetzungen* gebunden. Mit einem Schiff, einem Zug, einem Auto oder Flugzeug allein ist es noch nicht getan. Eine bestimmte *Infrastruktur* muss vorhanden sein, damit sie funktionieren können. So werden z. B. Straßen, Schienen- und Wasserwege benötigt. Flugrouten müssen vereinbart und überwacht werden. Bahnhöfe, Parkmöglichkeiten, Häfen und Flughäfen werden gebraucht, ebenso Zugangswege zu ihnen. Regeln für das gleichzeitige Benutzen der vielen Transportmittel sind zu entwerfen und durchzusetzen, nicht zuletzt um Sicherheit und Pünktlichkeit zu gewährleisten.

Außerdem: Die Benutzung dieser Transportmittel erfordert bestimmte Fähigkeiten, Fertigkeiten und die nötigen finanziellen Mittel.

Eine Reise nach Amerika im 18. Jahrhundert

Man rechnet aus dem Württembergischen bis nach Holland an die offene See gegen 200 Stunden, von da übers Meer nach Alt-England bis nach Kaupp, wo die Schiffe Anker werfen, ehe sie vollends die große Seereise antreten, 150 Stunden, von da an, bis man England ganz aus dem Gesicht verliert, über 100 Stunden und dann über das große Weltmeer, nämlich von Land zu Land, wie die Schiffleute sagen, 1 200 Stunden, endlich von dem ersten Land in Pennsylvanien bis nach Philadelphia über 40 Stunden. Welches zusammen eine Reise von 1 700 Stunden ausmacht.

Gottlieb Mittelberger: Reise nach Pennsylvanien im Jahre 1750 und Rückreise nach Deutschland im Jahr 1754, Sigmaringen 1997, S. 74

Aufgaben:

1. Rechnen Sie aus, wie lange Sie von Ihrem Wohnort benötigen würden um bis nach Philadelphia zu gelangen. Ziehen Sie einen Atlas heran und holen Sie Informationen im Reisebüro und im Internet ein.

Man muss gelernt haben, sich in den verschiedenen Systemen zurechtzufinden und sie – wie das Auto – auch bedienen zu können. Nicht jeder kann sich die vielfältigen Angebote leisten, auch wenn sie in Reichweite sind. Und es gibt viele Gebiete auf der Erde – insbesondere in der Dritten Welt –, in denen Verkehrssysteme im modernen Sinn nur an wenigen Stellen zur Verfügung stehen.

Infrastruktur
Der Allgemeinheit dienende Einrichtungen für Verkehr, Kommunikation, Energieversorgung, Bildung, Kultur und Gesundheitswesen.

Aufgaben:

2. Überlegen Sie, was alles vorhanden sein muss und was auch die Nutzer wissen müssen, damit Züge, Schiffe, Autos oder Flugzeuge als Transportmittel zuverlässig und flächendeckend funktionieren können.

3. Vergleichen Sie mit den Transportmöglichkeiten früher: Überlegen Sie, warum die Nutzung der Transportmittel immer mehr Infrastruktur voraussetzt. Nehmen Sie dazu die Bilderleiste als Denkanstoß.

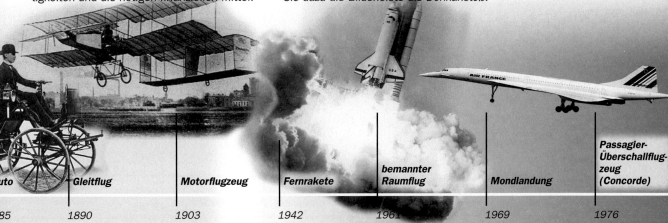

Auto — 1885

Gleitflug — 1890

Motorflugzeug — 1903

Fernrakete — 1942

bemannter Raumflug — 1961

Mondlandung — 1969

Passagier-Überschallflugzeug (Concorde) — 1976

Mikroelektronik
Entwicklung und Einsatz elektronischer Schaltungen. Der technische Fortschritt machte den Bau immer kleinerer, leistungsfähigerer und billigerer Schaltungen (Mikrochips) möglich. Heute sind Mikrochips nicht nur in Computern, sondern in fast allen technischen Geräten zu finden.

Datenverarbeitung am Computer gehört zum Alltag, zu Hause und im Beruf. Umgang mit den berufsbezogenen Programmen wird fast an jedem Arbeitsplatz gefordert und ist Teil der Ausbildung. Entsprechend sind auch die Tätigkeiten anders organisiert als noch vor zwanzig Jahren. Zur Datenverarbeitung kommt heute der *Datenaustausch*, d. h. die Vernetzung der einzelnen Computer innerhalb des Betriebs und über den Betrieb hinaus zu Lieferanten und Kunden. Der weltweite Datenaustausch, z. B. über das Internet, verändert die Organisation der Unternehmen und erschließt neue Absatzmärkte. Im privaten Bereich verläuft die Entwicklung ähnlich. Telefon, Computer und Fernsehen lassen sich zu *Multimedia* verbinden.

Wir stehen heute mitten in diesem Prozess. Er verändert das Zusammenleben der Menschen in fast allen Lebensbereichen. Ein Blick zurück zeigt das: Noch vor 200 Jahren waren Nachrichten nur so schnell wie die zur Verfügung stehenden Transportmittel. Das größte Hindernis waren die Meere. Feuerzeichen und Brieftauben waren unzulängliche Versuche, die Nachrichtenübermittlung zu beschleunigen. Information war teuer, lange unterwegs, oft unzuverlässig und bruchstückhaft.

Heute ist es eine Selbstverständlichkeit, Worte, Texte, Daten, Bilder, ja ganze Filme in Sekundenschnelle um die Welt zu schicken. Dies gilt nicht nur für Nachrichten von allgemeinem Interesse, sondern genauso für geschäftliche und private Mitteilungen.

Datenleitungen, Nachrichtensatelliten und Empfangsstationen sorgen für die weltweite Übertragung. Wer will, kann praktisch überall und immer erreichbar sein – über Telefon, Fax oder E-Mail.

Gleichzeitig sind durch die Mikroelektronik die Kosten für die Nachrichtenübermittlung

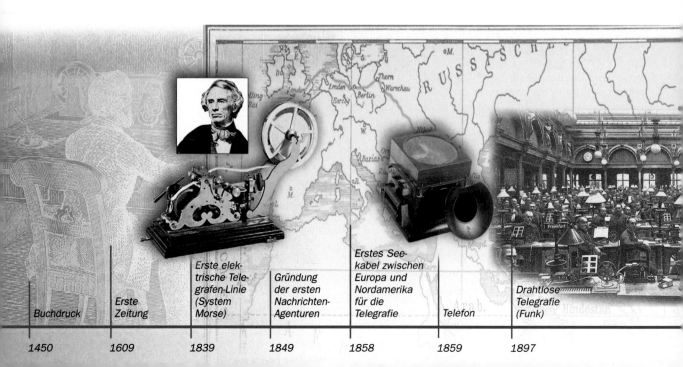

Buchdruck	Erste Zeitung	Erste elektrische Telegrafen-Linie (System Morse)	Gründung der ersten Nachrichten-Agenturen	Erstes Seekabel zwischen Europa und Nordamerika für die Telegrafie	Telefon	Drahtlose Telegrafie (Funk)
1450	1609	1839	1849	1858	1859	1897

Was ist, wenn das Datennetz ausfällt?

Am 1. August 1998, einem Samstag, legte ein Brand in einer Vermittlungsstelle der Telekom 54 000 Telefonanschlüsse in Reutlingen lahm. In den ersten Stunden ging nichts mehr: Polizei, Feuerwehr, Notarzt und andere Notdienste waren nicht erreichbar; Geldautomaten funktionierten nicht; die Datenübertragung zwischen Firmen war unterbrochen; manche Läden mussten schließen, weil die Kassensysteme keine Verbindung mehr zum zentralen Rechner hatten; nicht einmal Lotto spielen war möglich. Selbst die Information, dass das Telefon nicht funktionierte, musste mit Lautsprecherwagen und über den Rundfunk verbreitet werden. Plötzlich herrschte Kommunikations-Steinzeit bei den meisten, denn Handys waren damals noch selten.

Haushalte am Info-Netz

Von je 100 Haushalten sind ausgestattet mit:

Telefon (Festnetz)	96
Mobiltelefon	70
PC	57
Anrufbeantworter	44
Internet- oder Online-Dienste	36
Modem	29
Faxgerät	16
ISDN-Anschluss	14

Stand 2002, Quelle Statistisches Bundesamt

Aufgaben:

1. Stellen Sie fest, für welche Zwecke und wie oft Sie direkt oder indirekt auf das Telefonnetz angewiesen sind. Welche Veränderungen würde ein Ausfall für Sie mit sich bringen?
2. Überlegen Sie, welche Berufe und Bevölkerungsgruppen ein Ausfall des Telefonnetzes in besonderem Maße trifft.

drastisch gesunken. Auch die Datenmenge ist kein Hindernis mehr. Informationen sind nicht mehr knapp, sie sind meist leicht zugänglich. Heute ist das größte Problem, aus der Informationsflut die wichtigen und korrekten Mitteilungen herauszufinden. Das Zusammenwachsen der Märkte, die *Globalisierung*, ist ein Ergebnis der Beschleunigung und Verbilligung des Transports von Waren und Informationen.

Aufgaben:

3. Beschreiben Sie, wo Sie in Ihrem Beruf Umgang mit Datenverarbeitung haben und wie Sie diese nutzen.
4. Interviewen Sie ältere Kolleginnen und Kollegen im Betrieb, wie die Arbeit vor Einführung der Datenverarbeitung organisiert war. Stellen Sie alte und neue Arbeitsorganisation in einer Tabelle einander gegenüber.

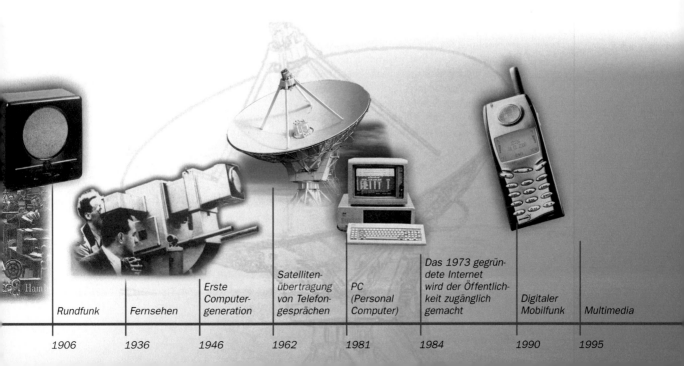

Rundfunk	Fernsehen	Erste Computergeneration	Satellitenübertragung von Telefongesprächen	PC (Personal Computer)	Das 1973 gegründete Internet wird der Öffentlichkeit zugänglich gemacht	Digitaler Mobilfunk	Multimedia
1906	1936	1946	1962	1981	1984	1990	1995

Wofür kann man das Internet nutzen?

Standard heute

- Elektronische Post (E-Mail)
- Versand von Zeitungen, Zeitschriften und Werbung über das Netz
- Meinungsaustausch mit anderen Nutzern in News-Groups und Chat-Rooms
- Weltweite Suche nach Daten, Texten, Bildern und Tondokumenten in Datenbanken
- Datenverbund zwischen Firmen zur Organisation von Produktion, Verwaltung und Verkauf
- Musik, interaktive Spiele und Videos per Netz
- Einkaufen, Buchung von Reisen, Auktionen
- Überweisungen, Bank- und Börsengeschäfte

Im Kommen

- Gemeinsame Projektarbeit von verschiedenen Orten aus
- Videokonferenzen
- Verkehr mit Behörden (Anträge, Steuererklärung)
- E-Learning (Lernen im Netz)
- Fernsehen, Spielfilme, Konzerte übers Netz

Das Internet als Informationsquelle

Das Internet – ein neues Kommunikationsmittel

In den letzten Jahren hat sich sehr schnell das Internet durchgesetzt. Es verbindet Millionen von Computern in allen Staaten der Erde über das Telefonnetz. Zwischen allen Teilnehmern ist Kommunikation von Computer zu Computer und Austausch von Daten möglich. Während in den Anfangsjahren die meisten Informationen kostenlos zur Verfügung standen, geht der Trend dahin, dass spezialisierte Datenbanken Gebühren verlangen. Zunehmend können auch Informationen vom Handy aus genutzt werden: Das Internet wird mobil.

E-Mail
Elektronische Post, das Versenden und Empfangen von Briefen über das Internet. Vorteile sind die Schnelligkeit der Übertragung und die geringen Kosten. Auch Daten, z. B. von Fotos, Musik usw., können so übertragen werden.

Informationsbeschaffung – was bietet das Internet?

Durch das Internet sind ungeheure Mengen an Informationen weltweit abrufbar. Das Problem ist nur, die Nadel im Heuhaufen zu finden. Es gibt im Internet keine Zentrale, die die Informationen kontrolliert und ordnet. Manche Informationen sind darum nicht seriös oder völlig veraltet.

Hilfe im Datendschungel bieten

- *automatische Suchmaschinen*, die alle im www (World Wide Web) abgelegten Informationen (Texte, Grafiken, geschäftliche Mitteilungen, Werbung usw.) nach Suchbegriffen (Wörtern oder Wortkombinationen) durchkämmen;
- *Kataloge*, in denen von Menschen eine Vorsortierung und Auswahl der Informationen nach Sachgebieten vorgenommen wurde. Zunehmende Bedeutung haben spezialisierte Themen-Portale, die z. T. von Firmen betrieben werden.

Je nach Fragestellung kann es sein, dass Sie von einer Suchmaschine 50 000 Informationen bekommen oder gar keine. Im ersten Fall haben Sie die Frage zu allgemein gestellt, im zweiten sollten Sie andere Suchmaschinen beauftragen oder die Frage über ein thematisches Verzeichnis angehen. Erste Hinweise für die Suche finden Sie auf der nächsten Seite.

Im Unterschied zu Zeitungen und Zeitschriften finde ich im Internet auch Informationen zu weiter zurückliegenden Ereignissen oder zu Fragen, die gerade nicht aktuell sind. Das Internet ersetzt damit teilweise eine Bücherei. Allerdings ist es bei speziellen Fragen mehr oder weniger Zufall, ob jemand die gesuchte Information ins Internet gestellt hat.

1. Suchen Sie in Gruppen nach Informationen über Ihren Ausbildungsberuf im Internet. Jede Gruppe sucht mit einer anderen Suchmaschine oder Katalog.
2. Protokollieren Sie die einzelnen Schritte Ihrer Suche. Halten Sie fest, welche Suchbegriffe und welcher Weg zum gewünschten Ergebnis geführt haben. Ermitteln Sie Ihren Zeitaufwand.
3. Bewerten Sie die gefundenen Informationen nach:
   • Richtigkeit   • Vollständigkeit   • Aktualität   • Verständlichkeit.
   Versuchen Sie festzustellen, von wem diese Informationen stammen.
4. Stellen Sie die E-Mail-Adresse des Verfassers fest und schicken Sie ihm eine E-Mail mit Anregungen und Kommentaren.

So nutzen Sie
eine Suchmaschine

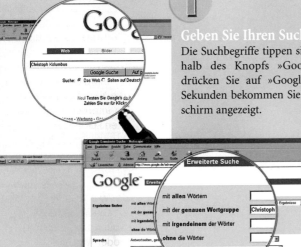

1

Geben Sie Ihren Suchbegriff ein.

Die Suchbegriffe tippen sie in das leere Feld oberhalb des Knopfs »Google-Suche« ein. Dann drücken Sie auf »Google-Suche«. Nach einigen Sekunden bekommen Sie die Ergebnisse am Bildschirm angezeigt.

2

Verfeinern Sie die Suche

Der eigentliche Trick ist die Wahl der Suchbegriffe. Die Option »erweiterte Suche« bietet die Möglichkeit, unerwünschte Ergebnisse herauszufiltern, z. B.
• durch Festlegung der Wortfolge;
• durch Ausschließen bestimmter Wörter,
• durch Begrenzung auf neue Seiten;
• durch Festlegung auf bestimmte Sprachen, auf Seiten aus bestimmten Ländern und/oder mit bestimmten Adress-Endungen.

3

Blättern Sie in den Ergebnissen

Die Fundstellen werden aufgelistet, die wichtigsten zuerst. Am Anfang der Seite steht, wie viele Ergebnisse Google gefunden hat. Zu jedem Ergebnis finden Sie kurze Texte, die Sie über den Inhalt informieren. Das erleichtert Ihnen die Entscheidung, welche Ergebnisse Sie aufrufen wollen. Zu den folgenden Seiten (und zurück) kommen Sie über die Schaltflächen unten auf der Seite.

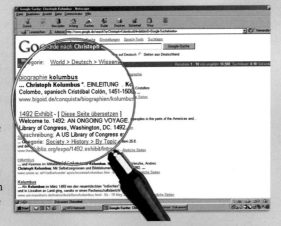

4

Schauen Sie an, was Sie interessiert

Die Überschrift und die letzte Zeile jeder Fundstelle haben eine andere Farbe als der zweizeilige Beschreibungstext. Die letzte Zeile zeigt die Adresse (URL) der gefundenen Seite im WWW. Ein Klick auf die erste oder letzte Zeile verbindet Sie mit dieser Adresse. Wenn Sie feststellen, dass Sie nicht ergiebig ist, klicken Sie auf den »Zurück«-Knopf oben links auf dem Monitor. So kommen Sie zurück zu Ihrer Seite mit den Ergebnissen.

Deutschsprachige Suchmaschinen*

www.google.de
www.vivisimo.com
www.metaspinner.de

Deutschsprachige Kataloge*

www.yahoo.de
www.web.de
www.msn.de

Deutschsprachige Themenportale

www.klug-suchen.de *(Verzeichnis von Datenbanken)*
www.paperball.de *(Zeitungen, Zeitschriften)*
www.tvspielfilm.de *(Fernsehen, Kino)*
www.bildungsserver.de
www.games.de *(Spiele)*
www.chefkoch.de *(Rezepte)*
www.travel-channel.de *(Reisen)*

* Reihenfolge nach Test, H.2, 2003

2.1.3 Berufe gestern, heute, morgen – wohin geht die Entwicklung?

Auszug aus dem Reutlinger Adressbuch von 1890

Metzgerstraße

1 Bertsch, August, Bäcker
Bertsch, Magdalene, ledig
Hauser, Gottlob, Tuchmacher
Raff, Gottlieb, Maurers-Witwe
Wucherer, Jakob, Schmied
Walz, Johann Georg, Malers-Witwe
Spanagel, Erhard, Schreiner
Vollmer, Ulrike Friedrike, Näherin
Honold, Max, Dienstknecht
3 Becker, Philipp, Schirmfabrikanten-Witwe
Schauwecker, Lene, ledig
4 Röhm, Wilhelm, Weingärtner
Kohberger, Philipp Jakob, Gärtner
5 Braun, Robert, Flaschner
Braun, Georg, Schmied
Eitel, Michael, Weingärtner
Walz, Johannes, Schuhmachers-Witwe
Walz, Julie, Spulerin
Hecht, Louise, Näherin
Bauer, Otto, Goldarbeiter
Butterstein, Marie, Näherin
Schwaigerer, Katharine, Näherin

Mack, Johannes, Zimmermann
7 Klein, Karl, Landwirt
Klein, Martin, Messerschmieds-Witwe
Hohloch, Christian Gottlob, Weingärtner
8 Buck, Conrad, Fuhrmann
Gneiting, Karl Friedrich,
    Fabrikarbeiters-Witwe
9 Bihler, Johannes, Metzger
Steinlen, Johannes, Fabrikwächter
Huber, Heinrich, Modellschreiner
Klein, Josef, Schuhmacher
Wurst, Johann Martin, Bahnhof-Taglöhner
Geiger, Wilhelm, Strumpfweber
Kromer, Christian, Bleicher
Wurst, Sofie, Fabrikarbeiterin
10 Hecht, Christian Gottlob, Tuchmacher
Jäger, Albert, Gießer
Kopeczek, Alois, Schreiner
11 Vogel, Johannes, Schmied
Fallmann, Bernhard, Schneider
Schneider, Bernhard, Musikers-Witwe
Häring, Samuel, Taglöhner

Frauen wurden nur aufgeführt, wenn sie berufstätig oder unverheiratet (ledig) waren. Witwen wurden mit dem Vornamen und dem früheren Beruf ihres Mannes aufgenommen. Bei jedem Haus wurde der Hausbesitzer an erster Stelle genannt.

Taglöhner: ungelernte Arbeiter, die nur für wenige Tage eingestellt und täglich bezahlt wurden.
Weingärtner: Winzer

Aufgaben:

1. Welche Berufszweige und Tätigkeiten waren in dieser Straße besonders häufig vertreten?
2. Welche der Berufe sind heute ausgestorben oder selten? Suchen Sie nach Gründen.

Neue Ausbildungsberufe im Bereich Informations- und Telekommunikation (IT):
• IT-System-Elektroniker(in)
• Fachinformatiker(in)
• IT-System-Kaufmann/ Kauffrau
• Informatik-Kaufmann/ Kauffrau

Berufswelt früher und heute

Welche Berufe gab es früher? Der Blick in ein altes Adressbuch (M 1) zeigt die ersten Unterschiede:
• Berufe, die ausgestorben oder selten geworden sind;
• eine andere Verteilung der Bevölkerung auf die verschiedenen Berufszweige;
• Unterschiede in der Berufstätigkeit der Frau.
Mit der Entwicklung immer neuer Produkte und Produktionsverfahren wurden die Berufe vielfältiger und spezialisierter. Die Anforderungen an die Qualifikation veränderten sich. Neue Berufe entstanden, alte traten in den Hintergrund oder starben ganz aus. Die Entstehung neuer Berufsbilder und der Wandel von Berufsinhalten lässt sich insbesondere mit drei Entwicklungen in Verbindung bringen:
• dem technischen Fortschritt, der neue Produkte ermöglicht und neue Produktionsverfahren hervorbringt;
• dem wachsenden Bedarf an persönlichen Dienstleistungen und informierenden Tätigkeiten, ohne die eine moderne Gesellschaft nicht mehr funktionieren kann – z. B. in den Bereichen Ausbildung, Informationsvermittlung, Beratung, Hilfe bei Krankheit oder im Alter;
• der Abhängigkeit von Infrastruktur-Leistungen wie z. B. Verkehr und Kommunikation, Energie- und Wasserversorgung, Entsorgung von Abwasser und Abfällen.

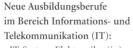

Trends für das nächste Jahrhundert

Die industrielle Produktion hat vor mehr als 100 Jahren die Landwirtschaft als Motor der Entwicklung abgelöst. Dann kamen die Dienstleistungen, z. B. im Handels- und Finanzwesen, im Gesundheits- und Bildungsbereich. Heute sind es vor allem informierende Tätigkeiten, die die Berufswelt bestimmen (vgl. M 2). Einige dieser Tätigkeiten hat es immer schon gegeben: den Postboten, den Lehrer, den Journalisten.

Neueren Datums ist die allgemeine Verbreitung von Fernsehen, Telefon, Computer. Rund um diese Kommunikationsmedien ist ein neuer Bereich von Dienstleistungen in Beruf und Freizeit entstanden.

Neu ist der Aufbau großer Netzwerke, in denen Informationen verschiedenster Art ausgetauscht und verarbeitet werden. Auch hier entstehen neue Berufe mit eigenen Qualifikationsanforderungen. Diese neuen Informationsleistungen und Techniken finden gleichzeitig Eingang in traditionelle Wirtschaftsbereiche und Berufsfelder. Ein Beispiel: Landwirte setzen heute PCs ein – nicht nur für die Buchhaltung, sondern auch um die Betriebsabläufe zu planen oder Fütterung und Düngung zu optimieren.

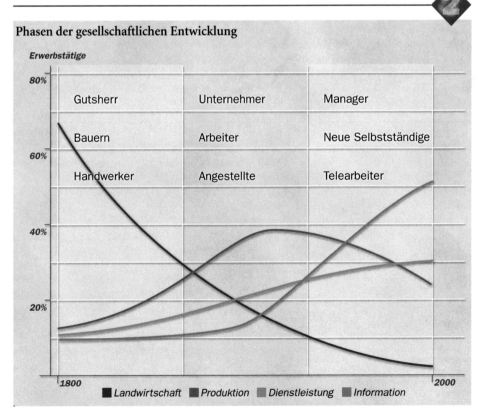

Phasen der gesellschaftlichen Entwicklung

Erwerbstätige

Gutsherr	Unternehmer	Manager
Bauern	Arbeiter	Neue Selbstständige
Handwerker	Angestellte	Telearbeiter

1800 — 2000

■ Landwirtschaft ■ Produktion ■ Dienstleistung ■ Information

Aufgaben:

3. Vergleichen Sie die Bilder und beschreiben Sie, was sie über den Wandel von Berufen aussagen.

4. Wie verteilen sich die Berufe der Bildleiste auf die Bereiche in M 2?

5. Stellen Sie die Berufe Ihrer Vorfahren in den letzten 100 Jahren fest. Erstellen Sie in der Klasse für die verschiedenen Generationen eine Statistik. Stellen Sie grafisch dar, wie sich die Berufe auf die vier Bereiche in M 2 (Landwirtschaft, Produktion, Dienstleistungen, Information) verteilen.

6. Charakterisieren Sie jede der drei Entwicklungsphasen in M 2. Geben Sie jeder Phase einen Namen.

7. Wie wirkt sich die Veränderung zur Informationsgesellschaft auf die »alten« Berufe aus? Welche Berufe entstehen neu? (Vergleichen Sie auch mit Abschnitt 2.2.4.)

2.1.4 Neue Techniken – wie verändern sie die Wirtschaft?

Technische Neuerungen als Motor der Wirtschaftsentwicklung

Wenn technische Erfindungen in neue oder veränderte Produkte, in neue Arbeits- und Produktionsweisen sowie neue Konsumgewohnheiten münden, dann verändern sich Wirtschaftssysteme, ja ganze Gesellschaften. Wissenschaftliche Entdeckungen und technische Neuerungen werden so zu einem wesentlichen Motor der Entwicklung.

Bahnbrechende Neuerungen, *Basisinnovationen*, leiten lange Zeiten des wirtschaftlichen Aufschwungs ein. Sie bewirken eine Umorganisation der gesamten Gesellschaft und verschaffen den Staaten, die in ihnen führend sind, einen Vorsprung im Welthandel. Neue Märkte mit hohen Umsätzen entstehen und tragen damit das Wirtschaftswachstum.

Sind ihre Möglichkeiten ausgeschöpft und werden sie nicht rechtzeitig durch neue Basisinnovationen abgelöst, droht ein wirtschaftlicher Abschwung. (Vgl. M 1)

Technik und Arbeitsprozess

Der Einsatz von Werkzeugen und Maschinen, von computergesteuerten Anlagen, von Bürocomputern und neuen Kommunikationstechniken hat die Art und Weise des Arbeitens ständig verändert. Folgende Auswirkungen können – je nach Bereich und Tätigkeit unterschiedlich stark ausgeprägt – beobachtet werden:

Basisinnovationen
Technische Neuerungen, die umfassendes Neuland erschließen und einen Schub weiterer Neuerungen in älteren Branchen und schließlich in allen Bereichen auslösen. Sie sind Motor des Wirtschaftswachstums und gesellschaftlicher Veränderungen.

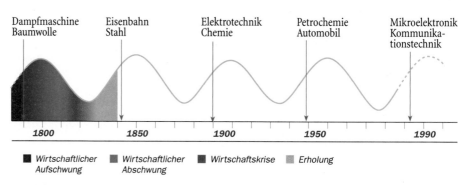

Basisinnovationen und Wirtschaftswachstum

1

Dampfmaschine Baumwolle — Eisenbahn Stahl — Elektrotechnik Chemie — Petrochemie Automobil — Mikroelektronik Kommunikationstechnik

1800   1850   1900   1950   1990

■ Wirtschaftlicher Aufschwung   ■ Wirtschaftlicher Abschwung   ■ Wirtschaftskrise   ■ Erholung

Aufgaben:

1. Überlegen Sie, mit welchen weiteren Neuerungen und Produkten diese Basisinnovationen in Verbindung gebracht werden können.

- **Rationalisierung:** Eine höhere Arbeitsproduktivität, weil mit gleichem Arbeitseinsatz mehr hergestellt werden kann;
- **Arbeitserleichterung:** Besonders schwere Tätigkeiten (z. B. Heben schwerer Arbeitsteile) werden von Werkzeugen und Maschinen unterstützt; besonders gesundheitsgefährdende Arbeiten (z. B. Arbeit mit chemischen Substanzen) können ohne menschliche Berührung durchgeführt werden;
- **Qualitätssteigerung:** Präziseres Arbeiten, weil Werkzeuge und Maschinen eingesetzt und z. T. durch Computerprogramme gesteuert werden;
- **Ortsunabhängigkeit:** Arbeitsteilung und Arbeitskoordination zwischen weit voneinander entfernten Orten durch schnelle Transport- und Telekommunikationsverbindungen.

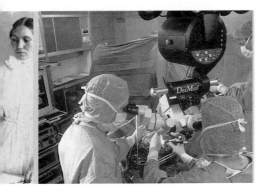

Entwicklungsschritte der Biotechnologie

9000 v. Chr. – 1865	Nutzung der biologischen Eigenschaften von Mikroorganismen, z. B. bei der Vergärung oder der Käseherstellung.
Pasteur-Periode (1865–1940)	Erforschung und bewusste Anwendung dieser biologischen Prozesse, zuerst durch Pasteur. Beginn der Lebensmittelindustrie.
Antibiotika-Periode (1940–1960)	Großtechnische Produktion von Penizillin und anderen Arzneimitteln.
Enzymtechnik (1960–1975)	Großtechnischer Einsatz von Enzymen als natürlichen Katalysatoren für biochemische Reaktionen.
Gentechnik (seit 1975)	Neukombination von Erbanlagen in der Pflanzenzucht, bei der Herstellung von Arzneimitteln (z. B. Insulin), von Enzymen und in der Chemie (z. B. organische Kunststoffe).
2001	Entschlüsselung des menschlichen Genoms

Louis Pasteur

Gentechnik – die nächste Basisinnovation?

»Eine Zukunft ohne Krankheiten« verspricht der Genforscher Craig Venter, wenn das menschliche Erbgut entschlüsselt ist. Gene – so seine Vorstellung – werden zu einem kostbaren Rohstoff, der industriell nutzbar gemacht werden kann. Der Mediziner Jens Reich geht davon aus, »dass in Zukunft Menschen nicht gezeugt, sondern mit erwünschten Erbeigenschaften ›entworfen‹ werden«. Ein Traum oder ein Albtraum?

Gentechnisch veränderte Produkte sind bereits Realität, z. B. in der Arzneimittelherstellung und im Pflanzenbau, ebenso in der Lebensmittelindustrie. Fast alle Lebensmittel enthalten in Spuren gentechnisch veränderte Bestandteile. In der Europäischen Union und einigen anderen Staaten müssen Lebensmittel gekennzeichnet werden, wenn der gentechnisch veränderte Anteil einen bestimmten Grenzwert überschreitet, weil gesundheitlich schädliche Wirkungen nicht ausgeschlossen werden können.

Aufgaben:

2. Schauen Sie sich die Bildleisten der Seiten 58 bis 61 an. Notieren Sie, welche Veränderungen Sie feststellen können.
3. Was beurteilen Sie an den Veränderungen positiv, was negativ? Begründen Sie Ihre Einschätzung.
4. Warum müssen gentechnisch veränderte Produkte gekennzeichnet werden? Warum geschieht dies trotzdem nicht immer?
5. In der Öffentlichkeit wird Gentechnik in der Medizin überwiegend befürwortet, in Nahrungsmitteln von den meisten abgelehnt. Ist dies ein Widerspruch?

2.1.5 Neue Technologien – steigende Konsummöglichkeiten, weniger Arbeit?

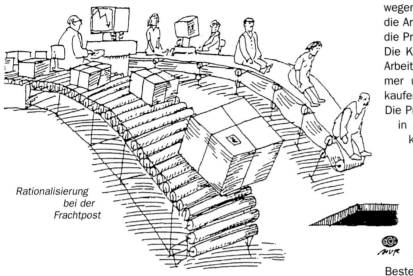

Rationalisierung bei der Frachtpost

kreise erschwinglich. Gleichzeitig konnten wegen der Produktivitätssteigerungen auch die Arbeitseinkommen steigen – stärker als die Preise der Waren und Dienstleistungen. Die Konsequenz: Für den Gegenwert einer Arbeitsstunde konnten sich die Arbeitnehmer und Arbeitnehmerinnen immer mehr kaufen.

Die Produktivität steigt jedoch nicht überall in gleicher Weise. Informierende Tätigkeiten wie Unterricht, Ausbildung und Beratung, Gesundheitsdienste oder handwerkliche Dienstleistungen bedürfen in der Regel der persönlichen Arbeitsleistung vor Ort. Im Bereich von Handel, Banken und Versicherungen gibt es dagegen viele Rationalisierungsmöglichkeiten durch den Einsatz der EDV oder durch Bestellung und Datenaustausch über das Internet.

Die zwei Seiten der Rationalisierung

Die Rationalisierung der Arbeitsprozesse – in der Warenproduktion wie im Dienstleistungsbereich – hat die Produktionskosten verringert. Die Massenproduktion machte Kühlschränke und Autos, Telefone und Computer für immer größere Bevölkerungs-

Innovationen als Arbeitsplatz-Killer?

In innovativen Bereichen sind neue Arbeitsplätze entstanden – dort, wo Kommunikationstechnik hergestellt und gewartet wird, wo Programme geschrieben oder diese neuen Techniken für neuartige Angebote genutzt werden. Das geht vom Einbau digitaler

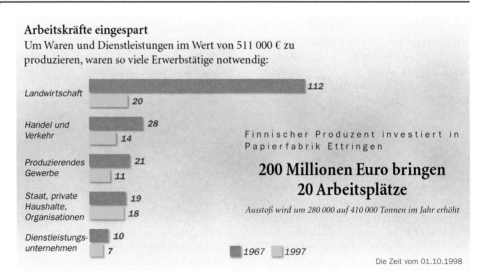

Arbeitskräfte eingespart
Um Waren und Dienstleistungen im Wert von 511 000 € zu produzieren, waren so viele Erwerbstätige notwendig:

Landwirtschaft: 112 / 20
Handel und Verkehr: 28 / 14
Produzierendes Gewerbe: 21 / 11
Staat, private Haushalte, Organisationen: 19 / 18
Dienstleistungsunternehmen: 10 / 7

1967 | 1997

Finnischer Produzent investiert in Papierfabrik Ettringen

200 Millionen Euro bringen 20 Arbeitsplätze

Ausstoß wird um 280 000 auf 410 000 Tonnen im Jahr erhöht

Die Zeit vom 01.10.1998

Steuerungselektronik in Fahrzeuge oder Haushaltsgeräte bis hin zur Entwicklung von Dienstleistungen im Internet. Gerade im Bereich der Kommunikationstechnologie konnte der zunehmende Bedarf an qualifizierten Arbeitskräften zunächst kaum befriedigt werden.

Trotzdem: Alles in allem konnten die neu entstandenen Arbeitsmöglichkeiten nicht die verloren gegangenen ausgleichen.

Mikroelektronik und Kommunikationstechnologie zeigen das Problem der meisten Basisinnovationen: Sie schaffen Arbeitsplätze in ihrem Bereich. Aber sie werden eingeführt, weil sie woanders Arbeitskräfte einsparen. Nur wenn sie einen allgemeinen Wirtschaftsaufschwung und eine Ausweitung der Märkte bewirken oder wenn sie einem Staat einen Vorsprung in der internationalen Konkurrenz verschaffen, entstehen mehr Arbeitsplätze als verloren gehen. Darum stehen die meisten Industrieländer heute vor der schwierigen Situation: Es gibt wirtschaftlichen Aufschwung bei gleichzeitiger Verminderung des Arbeitsplatzangebots und damit hoher Arbeitslosigkeit (vgl. die Arbeitslosenzahlen in Abschnitt 4.4.2, M 2).

Aufgaben:

1. *Überlegen Sie, welche Faktoren in den verschiedenen Wirtschaftsbereichen beim Anstieg der Arbeitsproduktivität vermutlich eine Rolle gespielt haben (vgl. M 1).*
2. *In welchen Bereichen erwarten Sie für die Zukunft einen hohen Zuwachs der Produktivität? Begründen Sie Ihre Einschätzung!*

Die Kaufkraft der Arbeitszeit

So lange musste ein Industriearbeiter für diese Waren arbeiten:

	1949	1998
1 kg Roggenbrot	20 Minuten	9 Min.
1 kg Rindfleisch	2 Std. 41 Min.	43 Min.
1 Damenkleid	27 Std. 11 Min.	7 Std. 18 Min.
1 Herrenanzug	97 Std. 4 Min.	13 Std. 38 Min.

1949 = 100%

Nach Globus

2.2 Globalisierung – das Ende der nationalen Eigenständigkeit?

2.2.1 Was bedeutet Globalisierung?

Bereiche und Beispiele der Globalisierung

Politische Globalisierung	• Die Weltkriege des 20. Jahrhunderts; • Gründung der Vereinten Nationen, um die Achtung der Menschenrechte und die friedliche Beilegung von Konflikten zum weltweit anerkannten Grundsatz zu machen.
Wirtschaftliche Globalisierung	• Ausweitung des internationalen Handels, der internationalen Finanzströme und der Investitionen im Ausland; • internationale Arbeitsteilung innerhalb von Unternehmen bei Forschung und Entwicklung, Produktion, Werbung und Vertrieb; • zunehmende gegenseitige Abhängigkeit der Volkswirtschaften hinsichtlich des Wirtschaftswachstums (Konjunktur), der Wechselkurse der Währungen usw.
Ökologische Globalisierung	• Luftverschmutzung, Strahlungsbelastung, Gewässerverunreinigung und Treibhausgase; • weltweite Ausbreitung von Krankheitserregern (Grippeviren, Aids).
Kulturelle Globalisierung	• Verbreitung von Wissen, Kunst, Musik, Filmen; • Verbreitung von Konsumgewohnheiten, Moden, Lebensstilen; • Nachrichten gehen zeitgleich um die Welt.

Aufgaben:

1. Finden Sie weitere Beispiele für die verschiedenen Bereiche der Globalisierung.
2. Wo geht es in diesen Beispielen um bewusste Einflussnahme, wo eher um nicht geplante Auswirkungen?
3. Wann heißt bei den Beispielen »global« wirklich weltweit, wann sind nur einzelne Staaten betroffen?
4. Kann man Gewinner und Verlierer der Globalisierung feststellen (vgl. S. 65)?

Globalisierung – Modewort und Realität

Das Wort Globalisierung ist zum Modewort geworden und zur Allzweck-Waffe in der politischen Auseinandersetzung. Die einen erwarten neue Herausforderungen und Chancen; andere sehen die Selbstbestimmung der Nationen gefährdet, befürchten das Ende des Sozialstaats westeuropäischer Prägung und die zunehmende Übermacht der Wirtschaft gegenüber der Politik.

Unter Globalisierung kann man grob zweierlei verstehen:
• einerseits bewusste Versuche – etwa von Staaten oder Unternehmen – sich international gegen andere durchzusetzen;
• andererseits gegenseitige Abhängigkeiten, die ihre Ursache in der internationalen Arbeitsteilung und dem Welthandel haben.

Internationale Verflechtungen, Beeinflussungen und Abhängigkeiten gibt es nicht erst seit heute. Neu an der heutigen Globalisierung ist
• das Ausmaß, in dem unser Leben von solchen Einflüssen erfasst wird,
• die Geschwindigkeit, mit der verschiedenste Lebensbereiche berührt werden, und
• die offensichtliche Ohnmacht der meisten Staaten, sich gegen internationale Einflüsse dauerhaft abzuschotten bzw. die Globalisierungsprozesse im eigenen Interesse zu beeinflussen.

Werbung in China

Globalisierung – nicht für alle und nicht für alle gut

Oft wird so getan, als beträfe die Globalisierung tatsächlich alle Staaten und Menschen in gleicher Weise. Das ist nicht so. Zwei Beispiele:

• *Das Märchen vom globalen Dorf:* Häufig ist vom »globalen Dorf« die Rede, in dem alle alles erfahren und alle miteinander Kontakt aufnehmen können. Aber nur wer sich die entsprechenden technischen Hilfsmittel leisten kann, wer entsprechend gebildet ist und die notwendigen Sprachen beherrscht, kann auch von den modernen Informations- und Kommunikationsmöglichkeiten Gebrauch machen. Das sind selbst in den Industriegesellschaften längst nicht alle.

• *Gewinner und Verlierer:* Ob sich die Globalisierung auch für alle vorteilhaft auswirken wird, ist fraglich. Einerseits sind es die wirtschaftlich und politisch starken Länder sowie die international ausgerichteten Großkonzerne, die den Ton angeben – gegebenenfalls im Wettbewerb untereinander. Die Schwächeren, vor allem die Dritte-Welt-Länder und deren Unternehmen, drohen auf der Strecke zu bleiben (vgl. Kapitel 7.3).

Betrachtet man die einzelnen Menschen, dann werden am ehesten die in der globalisierten Welt mithalten können, die eine gute berufliche Qualifikation mitbringen, die zeitlich und örtlich nicht gebunden sind und deren Einsatzfähigkeit nicht durch Krankheit oder Armut eingeschränkt ist.

Abdankung der Politik?

Auch auf das Regieren wirkt sich die Globalisierung aus – in welcher Weise ist umstritten. Häufig wird eine Einengung des Handlungsspielraums der Staaten befürchtet. Sie können, so das Argument, Entwicklungen, Abhängigkeiten und Einflüssen nicht mehr als Einzelstaaten begegnen, selbst wenn sie es wollen. Gleichzeitig finde zwischen den Staaten, Regionen und auch Gemeinden ein Wettbewerb um Industrieansiedlungen und andere Investitionen der Wirtschaft statt. Die Folge: Die Politik komme den Wünschen der Investoren immer mehr entgegen.

Politik kontrovers
Globalisierung
Die Globalisierung schwächt nicht die … Staaten, sondern stärkt sie. Der Markt öffnet sich nicht, sondern er wird geöffnet (und gegebenenfalls beschränkt) durch die Staaten!
Die Politik der Staaten hat einen Bedeutungszuwachs erfahren – intern und international.
Werner Link, nach: Informationen zur politischen Bildung 263, 1999, S. 62

Der Staat als Beute
Wer die Wirtschaft nach Belieben schalten und walten lässt, der gilt als guter Politiker. Die Politik hat sich untergeordnet. Nicht sie zimmert den Rahmen, in dem sich die Wirtschaft bewegt, sondern die Wirtschaftsführer weisen der Politik den Rahmen zu, in dem sie sich zu bewegen hat.
Heribert Prantl, in Süddeutscher Zeitung vom 11.07.1997

Globale Wirtschaft braucht globale Gesellschaft

Peres: Der Markt kann Mauern niederreißen, Wohlstand produzieren, aber er kann nicht Stabilität sichern. Und der globale Kapitalismus kann nicht für die Gesundheitsvorsorge der Kinder oder die Renten der Alten in Verantwortung genommen werden. Weltweit läuft die Entwicklung dahin, dass die öffentlichen Einrichtungen nicht mehr in der Lage sind, ihre sozialen Leistungen bezahlen zu können. Wo bleibt die soziale Gerechtigkeit?

Soros: Ich liebe das kapitalistische System, aber ich weiß, dass es unvollkommen ist. Mich beunruhigt die globale Freizügigkeit des Kapitals, das erschwert seine Besteuerung. Dies beeinträchtigt die Fähigkeit der Staaten soziale Leistungen anzubieten. Die Armen müssen mehr zahlen, weil die Reichen abhauen.

Peres: Wenn die Staaten nicht wahrnehmen, dass es soziale Herausforderungen gibt, die gemeinsames Handeln verlangen, sind sie verloren.

Soros: Die Herausforderung für die Demokratien besteht darin, einen Raum zu schaffen, in dem die Bürger über Werte und Ziele diskutieren und das gesellschaftliche Interesse formulieren. Doch dies ist im Zeichen der Globalisierung auf nationaler Ebene schwieriger geworden. Bestimmte Dinge können nur international geregelt werden. Wir können keine globale Wirtschaft haben ohne eine globale Gesellschaft einzurichten.

Der Spiegel, Nr.15/1998, S. 121
Simon Peres war Ministerpräsident von Israel, Georg Soros ist Finanzspekulant in den USA.

Global Players

Firmen, die weltweit produzieren und Handel treiben und ihre Finanz- und Investitionspläne weltweit vorteilhaft gestalten. Das Interesse, die ganze Welt als Markt nutzen zu können, führt zu großen Firmenzusammenschlüssen.

Internationalisierung der Wirtschaft

Mit Globalisierung ist meist die Internationalisierung der Wirtschaft gemeint. Übersicht M 1 gibt einen Einblick in diese Entwicklung und ihre Hintergründe. Sie zeigt unter anderem, welche wirtschaflichen Aktivitäten hinter dieser zunehmenden internationalen Verflechtung stehen. Und sie belegt, wie sehr der wirtschaftliche Wohlstand – das jährlich erwirtschaftete Bruttoinlandsprodukt – vom internationalen Wirtschaftsaustausch abhängt.

Der Wert der jährlichen, weltweiten Produktion (BIP) hat sich seit 1950 bis 2001 versiebenfacht. Im gleichen Zeitraum hat der weltweite Export um das 24fache zugenommen. Die linke Tabelle M 1 macht deutlich, wie stark der Anteil der Weltproduktion gestiegen ist, der in den Welthandel geht. Gerade auch die deutsche Wirtschaft hängt in hohem Maße von ihren Exportmöglichkeiten ab: 2002 wurden rund 31 % der Wirtschaftsleistung für den Export produziert. Beim internationalen Kapitalverkehr kann man einen Anstieg um fast das Zehnfache verzeichnen. Zu diesem weltweiten Kapitalverkehr gehören z. B. internationale Aktiengeschäfte, internationale Anleihen und Kredite oder direkte ausländische Investitionen (z. B. für den Bau einer Fabrik im Ausland).

a) Verflechtung der Weltwirtschaft – Indexentwicklung

Anteil des Welthandels (Exporte) an der Welt-Produktion

1950: 7,1 %
1970: 11,7 %
1985: 14,5 %
1990: 17,1 %
1995: 21,0 %
2000: 25,6 %
2001: 29,9 %
(IWF; Weltbank)

1985		2000
100	**Welt-Produktion**	266
100	Weltexporte	336
100	Globale Kapitalströme,	992
100	davon grenzüberschreitende Aktiengeschäfte	2694
100	Direktinvestitionen	2504
100	Anleihen	578
100	andere Bankgeschäfte	471

Nach: Jürgen Matthes, IW

b) Voraussetzungen und Motive der Globalisierung

Bereiche wirtschaftlicher Globalisierung	Politische Voraussetzungen	Motive der Unternehmen und Investoren
Finanzen	• politische Liberalisierung der Finanzmärkte • technische Unmöglichkeit der Kontrolle von Kapitalströmen	• weltweite Suche nach höchstmöglicher Rendite
Handel	• Abbau von Handelshemmnissen (Zölle, Mengenbeschränkungen usw.)	• weltweite Suche nach profitablen Absatzmärkten
Produktion	• Öffnung nationaler Volkswirtschaften für ausländische Unternehmen	• weltweite Suche nach kostengünstigen und kundennahen Produktionsstandorten

Wirtschaftsstandorte im Wettbewerb

Wirtschaftliche Globalisierung geschieht nicht von selbst. Letztlich sind es die Unternehmen, die entscheiden, welche Waren importiert oder exportiert werden oder wo investiert und produziert wird – und die Staaten, die dies erlauben müssen.

Investoren haben mehr Freiheit bekommen, dort ihr Kapital anzulegen, wo es die höchsten Renditen verspricht. Unternehmensmanager können frei entscheiden, Produktionsstätten dort zu errichten, wo es für ihr Unternehmen am günstigsten ist. Dies setzt die Politiker unter Druck. Der eigene Standort muss fit gemacht werden für den Wettbewerb mit anderen Standorten.

Standortwettbewerb ist prinzipiell nichts Neues. Er fand schon immer innerhalb der Volkswirtschaft statt: zwischen den Bundesländern und den einzelnen Gemeinden. Das Neue an der Globalisierung ist, dass Standorte in immer stärkerem Maße weltweit miteinander konkurrieren.

Wie fallen Entscheidungen über den Standort?

Von internationalen Wirtschaftsinstituten werden jährlich Ranglisten erstellt, in denen die einzelnen Staaten als Wirtschaftsstandorte nach verschiedensten Maßstäben eingestuft werden. Je nachdem, welches Institut die Beurteilung vornimmt, fallen die Ergebnisse jedoch unterschiedlich aus.

Welche Standortfaktoren bei den Investitions-Entscheidungen von Unternehmen eine Rolle spielen können, ist in M 2 aufgelistet. Die Bedeutung der einzelnen Faktoren ist unterschiedlich, je nachdem, um welche Branche, welches Unternehmen und welches Investitionsziel es geht.

Diese Vielfalt der in Standortentscheidungen eingehenden Faktoren macht deutlich, dass es nicht allein die Höhe der Produktionskosten, die Höhe von Steuern und Sozialabgaben sind, die Unternehmen bei der Auswahl von Wirtschaftsstandorten berücksichtigen. Gerade diese Punkte werden jedoch insbesondere von den Unternehmen und Unternehmerverbänden immer wieder herausgestellt – nicht zuletzt auch aus strategischen Gründen. Damit sollen Gewerkschaften vor zu hohen Lohnforderungen gewarnt und der Staat zur Senkung von Steuern und Sozialabgaben ermuntert werden.

DEUTSCHE WIRTSCHAFT

Wichtige Faktoren für Standort-Entscheidungen

Staat und Verwaltung	⊙ Einschränkung der unternehmerischen Handlungsfreiheit (z. B. Arbeitsrecht) ⊙ Objektivität und Dauer von Genehmigungsverfahren ⊙ Berechenbarkeit und Qualität der Verwaltung
Situation in der Gesellschaft	⊙ Sozialer Friede (Sicherheit des Eigentums, politische Stabilität) ⊙ Einstellungen der Bevölkerung zur Wirtschaft (z. B. Aufgeschlossenheit für neue technische Verfahren)
Verhältnis der Sozialpartner	⊙ Häufigkeit von Streiks und betrieblichen Konflikten ⊙ Rechte von Arbeitnehmern im Betrieb
Infrastruktur am Standort	⊙ Qualität von Transportwegen, Energieversorgung, Informations- und Kommunikationstechnik ⊙ Qualifikation und Verfügbarkeit von Arbeitskräften; Ausbildungssystem ⊙ Technologisches Niveau / Nähe von Forschungseinrichtungen ⊙ Nähe zu Zulieferbetrieben
Kosten	⊙ Arbeitsproduktivität ⊙ Höhe der Löhne ⊙ Preise für Energie, Rohstoffe, Rohprodukte ⊙ Grundstückspreise und Mieten ⊙ Höhe und Berechenbarkeit von Steuern und Abgaben ⊙ Höhe und Bedingungen für Subventionen
Markt	⊙ Kundennähe / Marktnähe

Computerarbeit in Indien für Firmen in Europa

Aufgaben:

1. Bei welchen dieser Standortfaktoren schneidet Deutschland vermutlich günstig ab, bei welchen ungünstig?
2. Überlegen Sie, warum Firmen bei der Standortwahl zu unterschiedlichen Ergebnissen kommen. Vergleichen Sie verschiedene Branchen und ordnen Sie jeweils die Standortfaktoren nach Wichtigkeit.

Alle wollen weniger Arbeitslose. Die Vorstellungen von Regierung und Opposition, von Arbeitgebern, Gewerkschaften und Arbeitsmarkt-Experten gehen jedoch weit auseinander. Keiner der Vorschläge garantiert den Erfolg, alle sind mit Nachteilen verbunden und können nicht mit allgemeiner Zustimmung rechnen. Und sicher ist auch, dass es ein ganzes Bündel sich gegenseitig ergänzender Maßnahmen sein müsste. Wir können folgende grundlegende Standpunkte unterscheiden:

Alterssicherung mit Steuern finanzieren!

Löhne an die Gewinne koppeln!

Schlankheitskur für den öffentlichen Dienst!

Gemeinnützige Arbeit statt Arbeitslosigkeit finanzieren!

1 Angebotsorientierte Arbeitsmarktpolitik
Die Arbeitskosten der Betriebe sollen gesenkt werden, um die Produkte wettbewerbsfähiger zu machen. Die Unternehmen sollen weniger Steuern und Abgaben zahlen. Das schafft Investitionsanreize.

2 Nachfrageorientierte Politik
Dieser Standpunkt geht davon aus, dass es vor allem an Kaufkraft im Inland fehlt. Wenn die Menschen mehr Geld zum Ausgeben haben (z. B. durch Steuererleichterungen) und der Staat mehr ausgibt (z. B. für Straßenbau oder soziale Dienste), dann, so diese Theorie, folgen die Investitionen der Unternehmen dieser gestiegenen Nachfrage.

3 Investitionsfreundliches Umfeld
Staatliche Eingriffe in das Wirtschaftsleben sollen verringert werden. Die Unternehmen sollen größere Freiheiten bei ihren Investitions- und Produktionsentscheidungen bekommen (z. B. durch geringere Anforderungen bei Genehmigungen, weniger Umwelt- und Arbeitsschutz). Zum investitionsfreundlichen Umfeld gehört auch mehr Aufgeschlossen-

DEUTSCHE ARBEITGEBERSCHAFT

ARBEITSPLATZ-AUTOMAT

LOHNVERZICHT

HIER EINWERFEN

»Hätt' ich mir auch denken können, dass das Ding nicht funktioniert!«

Leipzig neuer Standort für BMW
Ein Grundstück mit perfekter Verkehrsanbindung, Subventionen in Höhe von 280 Mio. €, die Nähe zu den anderen BMW-Werken und die gute Verfügbarkeit von Fachkräften entschieden letztlich das Rennen – trotz der im Vergleich zum Mitbewerber Kolín (Tschechien) um 110 Mio. € höheren Personalkosten im Jahr. BMW hatte sich für die Entscheidung ein Jahr Zeit gelassen und zwischen 250 Standorten entschieden.

Nach Süddeutsche Zeitung vom 19.07.2001

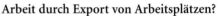

Arbeit durch Export von Arbeitsplätzen?
Die Leoni AG, ein Zulieferer der Automobilindustrie, hat 1996 von ihren damals 2 100 Arbeitsplätzen in Deutschland 1700 abgebaut und knapp 1400 in der Slowakei geschaffen. Die verbliebenen 400 deutschen Arbeitskräfte erbrachten im Wesentlichen Dienstleistungen für die ausländischen Werke. Die Firma sah angesichts der Lohnkosten keine Alternative: »Deutschland als Hochlohnland kann seine Wettbewerbsfähigkeit nur aufrechterhalten, wenn es die ›Hongkongs vor der Haustür‹ als Wettbewerbsvorteil ausnutzt.« Wer Industriearbeit exportiere, schaffe neue Märkte und sichere dadurch wieder deutsche Arbeitsplätze, vor allem neue, hochwertige Expertenarbeitsplätze in Dienstleistungsbereichen wie zum Beispiel Marketing, Entwicklung, Konstruktion, Logistik, Management.
Im Jahr 2003 beschäftigte Leoni über 20 000 Mitarbeiter, davon knapp 3 000 in Deutschland.

Nach Süddeutsche Zeitung vom 06.05.1996, ergänzt

heit der Bevölkerung gegenüber wissenschaftlichen und technischen Neuerungen (z. B. Atomenergie, Gentechnik und anderen Risikotechniken).

4 Qualifizierung und Flexibilisierung der Arbeit

Die Lohnkosten in Deutschland sind im internationalen Vergleich sehr hoch. Dieser Nachteil kann nur ausgeglichen werden, wenn die angebotene Arbeit hoch qualifiziert und sehr produktiv ist. Für die Firmen bedeutet dies großes Engagement in Forschung und Entwicklung, für die Arbeitnehmer lebenslange Lernbereitschaft und Flexibilität. Zu dieser Flexibilisierung gehört nach Auffassung der Arbeitgeber auch ein anderes Arbeitsrecht, das Kündigungen erleichtert. Wenn Arbeitnehmer leichter entlassen werden könnten, dann würden sie auch eher eingestellt.

5 Lohnpolitik

Bei Lohnabschlüssen sollen die Tarifpartner auf die Erhaltung oder Schaffung von Arbeitsplätzen achten. Arbeitgeber und Gewerkschaften sehen das allerdings unterschiedlich: Die Unternehmer fordern niedrige Lohnabschlüsse, um die Arbeitskosten nicht zu erhöhen und Entlassungen zu vermeiden. Die Gewerkschaften fordern höhere Löhne, um die Nachfrage zu stärken.

Zunehmend wird in den Betrieben eine niedrigere Bezahlung oder eine längere Arbeitszeit vereinbart, als die Tarifverträge vorsehen.

Bei den Arbeitszeitregelungen versuchen die Unternehmen ein höheres Maß an Flexibilität einzuführen, um Arbeitskräfte nach Arbeitsanfall einsetzen zu können. Die Gewerkschaften wollen Extreme vermeiden und fordern eine gerechtere Verteilung der Arbeit.

6 Aktive Arbeitsmarktpolitik

Von einer aktiven staatlichen Arbeitsmarktpolitik wird erwartet, dass sie arbeitslosen Arbeitnehmern wieder zu Arbeit verhilft. Sie soll nicht das Nichtstun finanzieren, sondern die Arbeit. Gedacht ist an finanzielle Unterstützung bei Qualifizierungsmaßnahmen und die Schaffung spezieller Arbeits- und Berufsausbildungsplätze durch den Staat. Die staatliche Aufbesserung von Niedriglöhnen gehört ebenfalls zu diesen Vorschlägen.

7 Sozialpolitische Reformen

Hier geht es zunächst darum, die Unternehmen von Sozialabgaben und damit bei den Arbeitskosten zu entlasten. Darüber hinaus wird diskutiert, wie die soziale Sicherung der Arbeitnehmer angesichts der raschen Veränderungen in der Arbeitswelt anders gestaltet werden kann. (Vgl. hierzu das Kapitel 2.4 »Soziale Sicherheit«.)

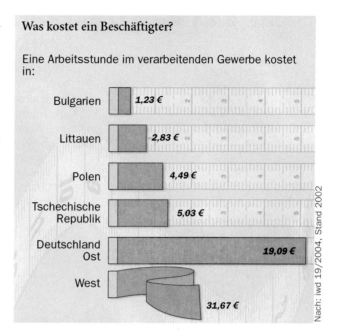

Was kostet ein Beschäftigter?

Eine Arbeitsstunde im verarbeitenden Gewerbe kostet in:

Bulgarien	1,23 €
Littauen	2,83 €
Polen	4,49 €
Tschechische Republik	5,03 €
Deutschland Ost	19,09 €
West	31,67 €

Nach: iwd 19/2004, Stand 2002

ÜBER-STUNDEN

ARBEITSLOS

»Nur Geduld, bald klappt er zusammen und dann ist einer von uns dran.«

Aufgaben:

1. Ordnen Sie die Bilder und Materialien den verschiedenen Vorschlägen zu. Begründen Sie Ihre Zuordnung.
2. Welche der Maßnahmen halten Sie für besonders sinnvoll? Warum?
3. Überlegen Sie, worin jeweils die Lasten der Maßnahmen bestehen und wer sie trägt.

Sie sind jetzt alle selbstständige Unternehmerinnen, die ihre Milch über das Internet selbst vermarkten!

Arbeiten morgen

1. Die selbstständige Arbeit wird an Bedeutung zunehmen. Sie wird einzeln oder in Gruppen (Netzwerken) geleistet.
2. Die neuen Selbstständigen können Arbeitsort und Arbeitszeit weit gehend frei wählen, müssen sich aber nach dem Bedarf richten. Arbeitspakete können auf Subunternehmer verlagert werden.
3. Erwerbsarbeit wird zunehmend aufgabenbezogen und befristet geleistet. Sie wird von Phase zu Phase neu vertraglich vereinbart.
4. Arbeiten und Lernen sollten sich immer wieder abwechseln. Ein Umsteigen in andere Aufgaben und Tätigkeiten ist möglich und wird auch oft verwirklicht.

Bernhard Jagoda, bis 2002 Präsident der Bundesagentur für Arbeit

Der Schnelle frisst den Langsamen

Es sind nicht bloß technische Neuerungen, die die Arbeit verändern. Nur die Unternehmen werden Erfolg haben, die die Kosten im Griff haben und gleichzeitig auf Veränderungen des Marktes rasch reagieren – oder besser: Veränderungen selbst bewirken, Trendsetter sind. Für das Ziel »Mehr Flexibilität« geben große Betriebe den Abteilungen mehr Entscheidungsfreiheit oder teilen die ganze Firma in Profit-Center auf, die selbstständig entscheiden, auf welche Weise sie möglichst viel Gewinn machen. Die Verantwortung für Qualität, Einhaltung der Zeitvorgaben und des Kostenrahmens, für Einkauf, Personalplanung usw. wird zunehmend nach unten verlagert (vgl. M 2).

Die Arbeitnehmer müssen sich darum an rasch wechselnde Arbeitsbedingungen anpassen. Das betrifft die Arbeitsinhalte, die Arbeitszeit, die Organisation der Arbeit und die Verantwortung für den Erfolg. Nicht alle Arbeitskräfte sind diesen Anforderungen gewachsen; Ältere, schlechter Ausgebildete, weniger Belastbare bleiben auf der Strecke oder müssen mit den schlechter bezahlten Jobs vorlieb nehmen. Auch hier verdrängt der Schnelle den Langsamen. Einen Überblick über die Trends gibt M 1.

Arbeitsplatz-Revolution bei Philips?

Ein moderner Arbeitnehmer muss künftig sein eigener Unternehmer sein und sich selbst managen. Er investiert in sich selber, indem er sich laufend weiterbildet. Er ist superflexibel und multifunktional einsetzbar. Und er unterschreibt nur noch Zeitarbeitsverträge. Eine Anstellung auf Lebenszeit ist ihm ein Gräuel.

So etwa soll er aussehen, der Modell-Arbeitnehmer, wie ihn sich die niederländische Philips Electronics NV wünscht. Das zumindest geht aus einer firmeninternen Philips-Studie hervor. Die Studie hat eine klare Aussage: Eine unbefristete Anstellung auf Lebenszeit wird es künftig bei Philips nicht mehr geben. Alle 40 000 Philips-Mitarbeiter in den Niederlanden müssen sich mit dem Gedanken vertraut machen, dass sie künftig »Flexwerker«, also flexible Arbeitnehmer, sein werden. Sie sollen nur noch befristete Zeitarbeitsverträge erhalten, durch Lehrgänge ständig weitergebildet werden und multifunktional einsetzbar sein.

Helmut Hetzel in: Die Welt vom 10.10.1997, Internet-Ausgabe, gekürzt

Das Ende des Normalarbeitsverhältnisses?

Die neuen Anforderungen der Betriebe führen auch zu neuen Arbeitsformen. Vielfach handelt es sich nicht um Vollzeit-Arbeitsplätze mit geregelten Arbeitszeiten und einem Normalarbeitsplatz beim Arbeitgeber:

- **Telearbeit**

Darunter versteht man Arbeiten am vernetzten Computer zu Hause, von unterwegs oder in einer Außenstelle des Betriebs. Die Möglichkeiten, die Telearbeit bietet, sind in kaum einem Land bisher ausgeschöpft worden, obwohl sich (im Unterschied zur traditionellen Heimarbeit) auch anspruchsvolle Tätigkeiten dafür eignen.

In Deutschland gab es Ende 2002 bereits 2,5 Millionen Arbeitsplätze für Telearbeit.

- **Arbeit in Call-Centern**

Über 200 000 Menschen arbeiten in Call-Centern – Tendenz steigend. Dort sitzen rund um die Uhr Mitarbeiter am Telefon. Sie sollen Kunden Auskünfte geben, sie beraten, Bestellungen aufnehmen, Reklamationen entgegennehmen oder Telefonmarketing betreiben. Auch beim Handel über das Internet werden die Bestellungen meist rund um die Uhr bearbeitet.

- **Zeitarbeit, befristete Arbeitsverträge, Subunternehmer, neue Selbstständige**

Viele Betriebe reagieren auf eine höhere Nachfrage nicht durch eine Erhöhung der Stammbelegschaft. Sie fangen Arbeitsspitzen durch Überstunden, Einstellung von Leiharbeitern und durch befristete Arbeitsverträge ab. Darüber hinaus werden immer häufiger Arbeitsvorgänge ausgelagert, das heißt an spezialisierte Firmen oder an Selbstständige vergeben. Dies findet in allen Bereichen statt: bei der Entwicklung neuer Produkte, in der Produktion, im Servicebereich, im Transportwesen als Subunternehmer, oder beim Auffüllen von Regalen im Handel.

- **Geringfügige Beschäftigungsverhältnisse**

Auch hier können die Arbeitskräfte flexibel nach den betrieblichen Erfordernissen eingesetzt werden. Manche Betriebe (im Reinigungsbereich und im Hotel- und Gaststättengewerbe) arbeiten fast nur mit solchen Beschäftigten.

Staat, Arbeitgeber und Gewerkschaften haben Rechte und Pflichten bei den Normalarbeitsverhältnissen genau geregelt. Anders sieht es bei vielen dieser neuen Arbeitsformen aus. Arbeitsbedingungen und Bezahlung werden individuell ausgehandelt. Nicht selten werden auch Regelungen vereinbart, die für die Arbeitskräfte nachteilig sind, z. B. bei Krankheit oder bei Arbeitsunfällen.

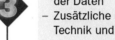

Telearbeit: Vor- und Nachteile

Für Arbeitgeber	Für Arbeitnehmer
+ Höhere Arbeitsproduktivität + Geringere Ausfallzeiten + Flexibleres Arbeiten	− Hohe Arbeitsbelastung, lange Arbeitszeiten − Schlechter Einbezug in den Informationsfluss in der Firma − Fehlende Kontakte zu Kollegen
− Schlechte Überwachung der Mitarbeiter − Mangelhafte Sicherheit der Daten − Zusätzliche Kosten für Technik und Logistik	+ Mehr Eigenverantwortlichkeit + Flexiblere Zeiteinteilung + Bessere Vereinbarkeit mit Pflichten in der Familie

Eigene Zusammenstellung nach Bundesanstalt für Arbeitsschutz und Arbeitsmedizin; Computerwoche vom 08.08.2003

Aufgaben:

1. Welche Entwicklung der Arbeit erwarten die Experten? Welche Hindernisse stehen dem entgegen?
2. Wo sehen Sie Vor- und Nachteile der Telearbeit für Arbeitnehmer und Arbeitgeber? Überlegen Sie auch, welche Kosten zusätzlich entstehen und welche Kosten eingespart werden können.
3. Wo finden Sie in Ihrem Betrieb neuartige Arbeitsverhältnisse? Wie stehen Sie selbst dazu?

Normalarbeitsverhältnis
Unbefristete Vollzeit-Arbeitsverhältnisse mit geregelter Arbeitszeit, Bezahlung nach Tarif und arbeitsrechtlichen Schutzvorschriften.

Subunternehmer
Arbeitskräfte, die als Selbstständige für andere Unternehmen Leistungen erbringen. Viele Subunternehmen sind Ein-Mann-Betriebe, die abhängig sind von den Aufträgen nur einer Firma oder weniger Arbeitgeber.

Brandinferno in Nigeria

B ei einer der schlimmsten Katastrophen in der Geschic[ht]e
Erdölindustrie kommen mehr als 700 Menschen um. A[ls]
nahe der Stadt Warri im Ölfördergebiet Nigerias eine riesig[e]
[e]inlache entzündet, die durch Lecks in einer Pipeline ents[t]
war, gibt es für viele Einheimische kein Entrinnen mehr. S[ie]
[ve]rennen in dem Inferno oder ziehen sich tödliche Verletzu[ngen]

Atomwirtschaft gab Informationen
über verstrahlte Behälter nicht weiter

Ozonalarr

Pannen

Ufer von
Nationalpa
verseucht

Beim „Pallas"-Unglück
versagte die Küstenwache.

2.3 Umweltpolitik im Zeichen der Globalisierung

2.3.1 Wie nutzen wir die Umwelt?

Kein Jahr ohne Umweltkatastrophen und Umweltskandale. Sie bewegen ein paar Wochen die Öffentlichkeit, werden vergessen, von der nächsten Katastrophe abgelöst. Diese Extremfälle zeigen, wie gründlich der Mensch die Natur zerstören kann. Genau so folgenschwer kann jedoch auch unser alltäglicher Umgang mit der Natur sein, der Raubbau an Rohstoffen, die Belastung von Luft, Wasser, Boden mit Schadstoffen, die Schädigung der Erdatmosphäre. Diese Belastungen fallen auf den Menschen zurück, sie sind für ihn eine Gefahr. Woher kommen sie? Wie können wir sie verringern?

Wirtschaft und Umwelt
Wirtschaftliches Handeln – Produzieren und Konsumieren – ist nicht möglich, ohne die Umwelt zu benutzen und zu belasten.
Die Nutzung der Umwelt geschieht auf unterschiedliche Weise:
• Umwelt wird wie ein *Konsumgut* gebraucht oder ver-

braucht. Im Winter treiben z. B. die alpinen Skifahrer Sport, ohne zu bedenken, dass sie damit den Boden zerstören.
• Die Wirtschaft benötigt Platz, z. B. für Fabriken, Läden, Verkehrsverbindungen usw. Die Umwelt wird als *Standort* benutzt.
• Die Umwelt ist *Auffangbecken für* alle möglichen *Schadstoffe*, die bei der Produktion und beim Konsum anfallen. Der Hausmüll gehört hier ebenso dazu wie der Rauch aus den Schloten der Stahlwerke.
• Nicht zuletzt ist die Umwelt *Lieferant der Rohstoffe* für die Produktion und *der Energieträger*.

Die Kosten von Umweltschäden
Solange die Umwelt kostenlos genutzt werden kann oder die Nutzung zumindest nicht teuer kommt, werden sich alle dieses billigen oder gar kostenlosen Produktionsfaktors im Übermaß bedienen. Das entspricht dem *Wirtschaftlichkeitsprinzip:*
Wenn es nichts kostet, ungereinigte Abgase einfach in die Luft zu blasen, dann werden in den Fabriken und in den Fahrzeugen keine Abgasfilter eingebaut. Dies ist für den Produzenten billiger. Die Folge: Die Umwelt

Schema der Umweltbelastungen

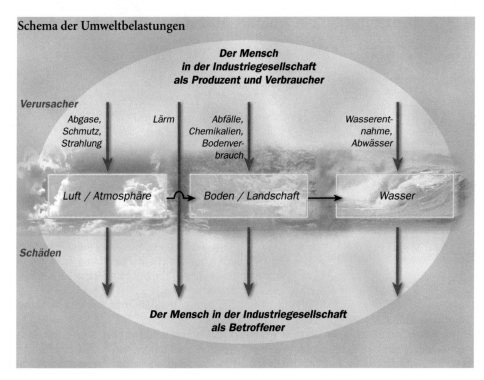

**Der Mensch
in der Industriegesellschaft
als Produzent und Verbraucher**

Verursacher

| Abgase, Schmutz, Strahlung | Lärm | Abfälle, Chemikalien, Bodenverbrauch | Wasserentnahme, Abwässer |

Luft / Atmosphäre → Boden / Landschaft → Wasser

Schäden

**Der Mensch in der Industriegesellschaft
als Betroffener**

Aufgaben:

1. Überlegen Sie: Was sind
a) die Hauptverursacher der jeweiligen Umweltschäden (z. B. Autoverkehr)?
b) die jeweils entstehenden Umweltschäden?
c) mögliche Gegenmaßnahmen? Welche Maßnahmen halten Sie für besonders dringend, welche für besonders Erfolg versprechend?

Man spricht deshalb auch von *sozialen Kosten*. Damit ist gemeint, dass sie nicht von denen getragen werden, die sie verursacht haben – nämlich den Produzenten und den Verbrauchern.

Vorschriften, die den Umgang mit der Umwelt regeln, sind darum nicht neu. Sie sollen die Schäden und Kosten begrenzen, die durch die Belastung der Natur entstehen. Und sie sollen dazu beitragen, dass wirtschaftliches Wachstum nicht mit wachsender Zerstörung der Natur erkauft wird.

wird belastet. Diese Belastung trägt aber nicht der Produzent.

Umweltschäden verursachen Kosten. Sie zeigen sich z. B. am Zustand unserer Wälder: Kranke Bäume verringern den wirtschaftlichen Ertrag der Waldbesitzer. In den Bergen nimmt die Erosion des Bodens zu; an kahlen Hängen muss teurer Lawinenschutz gebaut werden. Saurer, durch Abgase belasteter Regen schadet den Böden; die Landwirte ernten weniger. Abgase in der Luft tragen zur Erkrankung der Atemwege bei … Solche Kosten werden nach außen, auf andere oder die Allgemeinheit abgeschoben.

Aufgaben:

2. Welche Möglichkeiten der Nutzung der Umwelt werden im Text genannt? Ordnen Sie die Abbildungen diesen Möglichkeiten zu.
3. Inwiefern ist die Nutzung der Umwelt mit Schäden verbunden? Vergleichen Sie mit M 1.
4. Suchen Sie weitere Beispiele für soziale Kosten. Beschreiben Sie jeweils, wer die Kosten verursacht hat und wer für den Schaden aufkommt.

Erneuerbare Energie-quellen

Schornsteinfeger ergeben, dass ziemlich viel Ruß und Kohlendioxid durch den Schornstein entweichen. Experten sagen ihm, er könne mit einem neuen Brenner und einem modernen Kessel bis zu 20 % Energie sparen. In seiner privaten Rechnung kommt er jedoch zu dem Ergebnis, dass ihn der Betrieb der alten Anlage dennoch billiger kommt. In ein paar Jahren wird er weiter sehen …

Der Staat kann hier in unterschiedlicher Weise eingreifen:

1. Er kann *niedrigere Grenzwerte* (vgl. M 2) für Ruß und Kohlendioxid und einen höheren Wirkungsgrad der Heizung vorschreiben.

2. Er kann eine *Abgabe* erheben, wenn Menge und Schädlichkeit der austretenden Abgase einen bestimmten Grenzwert überschreiten.

Auszug aus dem Grundgesetz
Art. 20a: Der Staat schützt auch in Verantwortung für die künftigen Generationen die natürlichen Lebensgrundlagen …
1994 eingefügt

Staatliche Maßnahmen

Es wäre naiv, den Schutz der Umwelt allein dem guten Willen des Einzelnen zu überlassen. Ohne gesetzliche Vorschriften oder wirtschaftliche Anreize geschieht zu wenig. Ein Beispiel soll dies verdeutlichen: Der Hausbesitzer A weiß, dass seine Heizung nicht mehr dem neuesten Stand der Technik entspricht. Die jährlichen Prüfungen durch den

Aufkleber der CDU

Ökosteuer – ein sinnvoller Weg?

Wie funktioniert die Ökosteuer?

Beim Energieverbrauch wird seit 1999 eine Sondersteuer auf nicht erneuerbare Energieträger erhoben. Die Abgaben wurden stufenweise bis 2003 erhöht. Die Ökosteuer erfasst Benzin, Diesel, Heizöl, Gas, Kohle, Strom. Sie soll Anreize schaffen, den Energieverbrauch zu senken. In Deutschland werden die Einnahmen zur Finanzierung der Renten verwendet. Um die Wettbewerbsfähigkeit der Wirtschaft nicht zu gefährden, zahlen Betriebe eine niedrigere Steuer.

9 von 15 EU-Staaten erhoben 1999 bereits eine Ökosteuer; der Versuch, EU-weit einheitliche Ökosteuern zu erheben, ist bisher gescheitert.

Ökosteuer ist kein Sonderweg

»Mit dem Einstieg in die Ökosteuer … schließen wir uns einer europaweit längst verbreiteten Einsicht an: Dass es nämlich nicht angeht und nicht zukunftsfähig ist, wenn das

knappe Gut Natur billig ist und die im Übermaß vorhandene Arbeit teuer.«

Gerhard Schröder, Bundeskanzler (SPD)

Ökosteuer ist kein Beinbruch

»Wenn ein Unternehmer behauptet, es sei jetzt schwieriger geworden und darum müsse er Kosten abbauen, hat er bereits zugegeben, dass er ein furchtbarer Versager ist – denn in guten Zeiten Kosten zu haben, die man einsparen kann, das heißt, dass man bisher Geld zum Fenster rausgeschmissen hat.«

Wolfgang Grupp, Unternehmer (Trigema)

Aufgaben:

1. Stellen Sie die Standpunkte einander gegenüber.
2. Halten Sie die Ökosteuer für einen sinnvollen Weg, den Energieverbrauch zu senken? Welche Alternativen gibt es zu ihr?

3. Er kann *Steuererleichterungen* oder *Zuschüsse* für die Erneuerung alter Heizanlagen geben.
4. Er kann die Energiekosten durch eine *Sondersteuer* verteuern (vgl. M 1).

Im ersten Fall ist unser Hausbesitzer gezwungen seine Anlage zu ersetzen. In den anderen Fällen ändert sich seine Kalkulationsgrundlage. Wahrscheinlich ist es nun rentabel, die alte Heizung zu ersetzen. Gesetzesänderungen und nachträgliche Anordnungen können für den Einzelnen hohe Kosten verursachen, z. B. bei der Nachrüstung von Kraftwerken oder wenn belastetes Abwasser nicht mehr in einen Fluss eingeleitet werden darf. Im Extremfall müssen sogar Anlagen stillgelegt werden. Umstritten sind auch neue Grenzwerte oder die Fristen für die Umstellung alter Anlagen. Der Staat setzt darum lieber auf die Freiwilligkeit der Beteiligten.

Grenzen des Verursacherprinzips

Auch in der Umweltpolitik gilt der Grundsatz, dass derjenige, der die Umwelt belastet, für den entstandenen Schaden aufkommen muss. Man nennt dies das *Verursacherprinzip*. Seine praktische Umsetzung stößt jedoch an Grenzen:

• Meist lässt sich der Schaden nicht genau beziffern. Umweltschäden entstehen über einen längeren Zeitraum, im Zusammenwirken mehrerer Verursacher, in einem größeren Gebiet.

• Manche Schadstoffe haben globale Auswirkungen, etwa die Schädigung der Ozonhülle der Erde durch chlorierte Kohlenwasserstoffe. Sie können nicht »repariert«, sondern nur für die Zukunft vermieden werden.

• Längerfristig geht es darum, Schäden zu vermeiden und nicht die Kosten bereits entstandener Schäden zu verteilen. Darum kann es sinnvoller sein, mit dem Verursacher Maßnahmen für die Zukunft zu verein-

Wie kommt ein Grenzwert zustande?

Stand der Technik: Möglichkeiten zur Begrenzung und Vermeidung

Kosten der technischen Maßnahmen

G R E N Z W E R T

Kenntnisse über entstehende Schäden

Annahmen über Gesamtbelastung bei Mensch und Umwelt

baren als ihn für bisherige Schäden zur Kasse zu bitten.

• Manchmal steht der Verursacher fest, aber der Staat will ihn aus wirtschaftlichen Gründen mit den Kosten nicht oder nur teilweise belasten, z. B. wenn dadurch Konkurrenznachteile gegenüber ausländischen Firmen entstehen.

• In einer Reihe von Fällen ist der Verursacher nicht feststellbar oder nicht mehr greifbar, etwa wenn es sich um so genannte Altlasten einer längst in Konkurs gegangenen Firma handelt oder der Verursacher im Ausland sitzt. Die Schäden müssen trotzdem beseitigt werden – auf Kosten der Allgemeinheit. In diesem Fall gilt das *Gemeinlastprinzip*.

Grenzwert
Höchste erlaubte Konzentration eines Stoffes, die Menschen, Tiere oder Pflanzen nicht schädigen soll.

Nachhaltige Entwicklung
Staat und Wirtschaft müssen sich bei der Nutzung der Umwelt Beschränkungen auferlegen, damit sie auch künftigen Generationen zur Verfügung steht. Grundsätze dafür wurden erstmals 1992 auf dem UNO-Umweltgipfel in Rio de Janeiro beschlossen (vgl. Abschnitt 7.2.4).

Aufgaben:

3. Erklären Sie unter Einbezug von M 2, warum nicht in allen Staaten dieselben Grenzwerte gelten.
4. Welcher Zusammenhang besteht zwischen der Ökosteuer und dem Ziel einer »nachhaltigen Entwicklung«?

Aktuelle Informationen erhalten Sie z. B. vom Umweltbundesamt (Internet-Adresse auf S. 269).

Ökologie

Lehre von den Beziehungen zwischen den Lebewesen und ihrer Umwelt.

Lebensqualität oder Standortqualität?

Strenge Umweltvorschriften bedeuten für die Bürger ein Stück Lebensqualität – deutlich zu sehen am Beispiel der früheren DDR, wo rücksichtslos gegenüber der Umwelt produziert wurde und in einigen Gebieten sogar die Lebenserwartung niedriger war.

Dieses Stück Lebensqualität ist nicht zum Nulltarif zu bekommen. Der vergleichsweise hohe Standard Deutschlands im Umweltschutz verursacht hohe Kosten, die Staat, Bürger und Wirtschaft tragen müssen.

Die Verteilung dieser Lasten innerhalb der Gesellschaft ist zu einem Streitpunkt geworden. Vor allem die Unternehmen klagen über eine Belastung, die sie im Vergleich zu ihren ausländischen Konkurrenten benachteilige. Sie führen z. B. an:

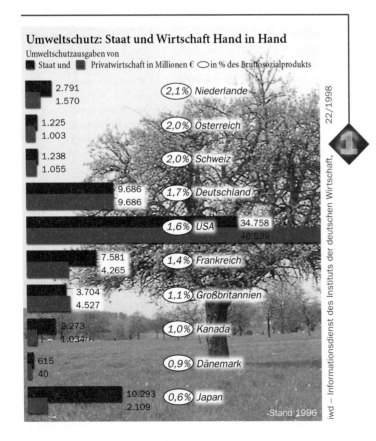

Umweltschutz: Staat und Wirtschaft Hand in Hand

Umweltschutzausgaben von
■ Staat und ■ Privatwirtschaft in Millionen € ○ in % des Bruttosozialprodukts

		Staat	Privatwirtschaft
2,1% Niederlande		2.791	1.570
2,0% Österreich		1.225	1.003
2,0% Schweiz		1.238	1.055
1,7% Deutschland		9.686	9.686
1,6% USA		34.758	46.539
1,4% Frankreich		7.581	4.265
1,1% Großbritannien		3.704	4.527
1,0% Kanada		3.273	1.034
0,9% Dänemark		615	40
0,6% Japan		10.293	2.109

Stand 1996

iwd – Informationsdienst des Instituts der deutschen Wirtschaft, 22/1998

• Hohe Kosten für die Umrüstung alter Anlagen; manchmal sogar Notwendigkeit von Stilllegungen;

• komplizierte Verfahren bei der Genehmigung neuer Anlagen, die den Bau verzögern und verteuern (z. B. Umweltverträglichkeitsprüfung);

• unrealistisch niedrige Grenzwerte für Schadstoffe;

• zu hohe Kosten für die Abfallbeseitigung;

• überzogene Vorschriften für solche Betriebe, von denen – besonders bei Störfällen – erhebliche Gefahren ausgehen können, z. B. in der chemischen Industrie, der Gentechnik, bei Atomkraftwerken.

Umweltschutz schafft auch Arbeitsplätze

Der Streit »Umweltschutz oder Arbeitsplätze?« muss jedoch nicht zwangsläufig zulasten der Umwelt entschieden werden:

• Umweltschutz kostet Arbeitsplätze, wenn Betriebe oder Teile davon wegen Umweltschutz-Auflagen geschlossen werden.

• Umweltschutz führt nicht in jedem Fall zur Erhöhung der Produktionskosten. Manchmal sind härtere Umweltauflagen der Motor

Arbeitsplätze durch Umweltschutz

Herstellung von Umweltschutzgütern:	**370 000**
z. B. Katalysatoren, Luftfilter, Anlagen zur Abwasserreinigung, Abfalltechnik, Lärmvermeidungstechnik, Messgeräte	
Umweltschutz-Dienstleistungen:	**906 000**
davon	
Dienstleistungen für Unternehmen	168 800
Entsorgungsunternehmen	167 300
Industrie, Bergbau	144 000
Handel	86 000
Verkehr, Nachrichtenübermittlung	75 500
Sonstige	260 400
Arbeitsbeschaffungsmaßnahmen	**93 500**
Insgesamt:	**1 370 000**

Nach: Globus 7776

Politik und Unterricht, H. 2, 1997, S. 44

---

für technologische Neuerungen. Dies hängt wesentlich davon ab, ob ein Betrieb auf Vorschriften nur reagiert oder ob er sie zugleich als Chance für neue Herstellungsverfahren und neue Produkte begreift und sich dadurch einen Konkurrenzvorteil verschafft.

• Umweltschutz schafft auch Arbeitsplätze (vgl. M 2). 1997 betrug der deutsche Weltmarktanteil in der Umwelttechnologie knapp 17 %.

Internationale Zusammenarbeit ist gefragt

Umweltzerstörungen machen nicht an Ländergrenzen Halt. Klimaschutz, Gewässerschutz und Luftreinhaltung erfordern ein gemeinsames Vorgehen der Staaten, ein Teilen der Kosten und eine Abstimmung der Maßnahmen. Dies geschieht z. T. zwischen den Staaten der Europäischen Union, z. T. weltweit. Außerdem ist geplant, internationale Mindeststandards im Umweltschutz festzulegen, um Konkurrenzvorteile auf Kosten der Umwelt zu begrenzen.

Beides gelingt jedoch nicht im nötigen Umfang. So ist der Plan gescheitert, die schädlichen Kohlendioxid-Emissionen bis zum Jahr 2050 zu halbieren. Gerade Staaten mit großem Nachholbedarf im Umweltschutz haben Schwierigkeiten, die dafür notwendigen Kosten aufzubringen, so z. B. in Osteuropa und in der Dritten Welt.

Aufgaben:

1. Führen Sie in der Klasse eine Kontroversendiskussion: Ist eine Entlastung der Unternehmen von Kosten des Umweltschutzes nötig? Bereiten Sie die Diskussion in Gruppen vor.
2. Erkundigen Sie sich in Ihrem Ausbildungsbetrieb, welche Umweltschutzgesetze beachtet werden müssen. Beurteilen Sie, ob diese Vorschriften zweckmäßig sind.

Welche Unternehmensziele fördert der Umweltschutz?

87 % Ansehen in der Öffentlichkeit
72 % Motivation der Mitarbeiter
63 % Kunden- und Marktorientierung
60 % Existenz
58 % Angebotsqualität
52 % Wettbewerbsfähigkeit
51 % Konkurrenzsituation
46 % Unternehmenswachstum
44 % Marktanteil
44 % Umsatz
28 % Gewinn

Umfrage unter Unternehmen, nach Globus (Mehrfachnennungen möglich)

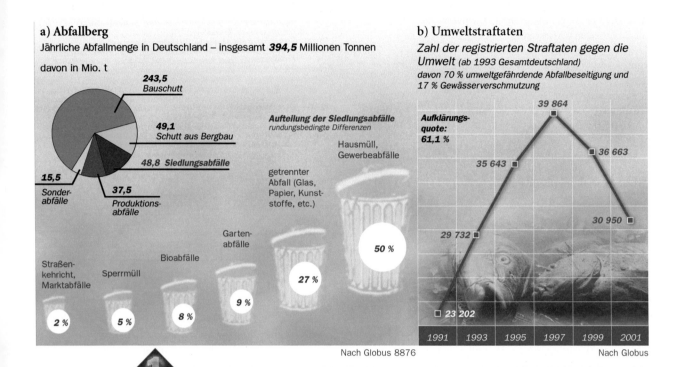

a) Abfallberg

Jährliche Abfallmenge in Deutschland – insgesamt **394,5** Millionen Tonnen

davon in Mio. t

243,5
Bauschutt

49,1
Schutt aus Bergbau

48,8 Siedlungsabfälle

15,5
Sonder-
abfälle

37,5
*Produktions-
abfälle*

Aufteilung der Siedlungsabfälle
rundungsbedingte Differenzen

Hausmüll,
Gewerbeabfälle

getrennter
Abfall (Glas,
Papier, Kunst-
stoffe, etc.)

Garten-
abfälle

Straßen-
kehricht,
Marktabfälle

Sperrmüll

Bioabfälle

50 %

27 %

9 %

2 %   **5 %**   **8 %**

Nach Globus 8876

b) Umweltstraftaten

Zahl der registrierten Straftaten gegen die Umwelt (ab 1993 Gesamtdeutschland)
davon 70 % umweltgefährdende Abfallbeseitigung und 17 % Gewässerverschmutzung

**Aufklärungs-
quote:
61,1 %**

39 864

36 663

35 643

30 950

29 732

23 202

| 1991 | 1993 | 1995 | 1997 | 1999 | 2001 |

Nach Globus

Der Blaue Engel
wird seit 1978 von einer
unabhängigen Kommission
vergeben, wenn ein Produkt
umweltfreundlicher ist als
andere. Produkte, die generell
umweltfreundlich sind, wie
z. B. Fahrräder, können den
Blauen Engel nicht bekom-
men. 3 700 Produkte von 780
Herstellern tragen heute den
Blauen Engel. Damit ist er das
erfolgreichste Umwelt-Güte-
siegel.

Umweltbewusstes Verhalten

Die Art und Weise, wie wir uns alltäglich verhalten, was wir an Nahrungsmitteln ver-brauchen, wie wir uns kleiden, was wir ein-kaufen, wie wir zur Arbeit kommen, nicht zu-letzt: was wir in unserer Freizeit tun – all dies zusammen hat Auswirkungen auf un-sere eigene Umwelt und die der anderen.

Der Verbraucher trägt zur Belastung der Um-welt gleich mehrfach bei: Wer sein Bier aus Einwegflaschen oder Dosen trinkt, füllt da-durch meist die Müllhalden. Zur Produktion der Dosen und Flaschen waren große Men-gen an Energie und Rohstoffen erforderlich, die – falls sie nicht wieder verwertet wer-den – verloren sind. So ist zur Herstellung von Getränkedosen ein doppelt so hoher Energieaufwand notwendig wie für Pfandfla-schen, die mehrmals verwendet werden.

Umweltbewusstes Verhalten wird uns heute leichter gemacht als früher. Die Industrie hat erkannt, dass es einen Markt für Pro-dukte gibt, die die Umwelt weniger belas-ten, bei Farben oder Autos genauso wie bei Textilien oder im Warenhauskatalog. Firmen werben mit dem »Blauen Engel« und der Umweltfreundlichkeit ihrer Produkte. Es gibt inzwischen mehr als 1 000 Warenzeichen, die auf eine umweltschonende Produktions-weise, schadstoffarme Qualität oder kon-trollierte Herkunft der Ware hinweisen sol-len.

Wer seinen Müll nicht sortiert, den bestraft die Gemeinde mit hohen Müllgebühren; wer Getränke in Dosen kauft, muss Pfand zahlen; wer Energiesparlampen kauft, bekommt von manchen Stromlieferanten sogar einen Zuschuss.

Trotzdem: Zwischen Wollen und Tun ist ein großer Unterschied.

Aufgaben:

1. *Welche Möglichkeiten umweltbewussten Verhaltens ergeben sich für Sie als Ver-braucher? Erstellen Sie eine Liste und schätzen Sie den zusätzlichen Aufwand an Zeit und Geld.*
2. *Umweltfreundliche Produkte sind meist teurer. Wie erklären Sie sich das?*

Konfliktbereich Verkehr / Umwelt
a) Verkehrsmittel im ökologischen Vergleich

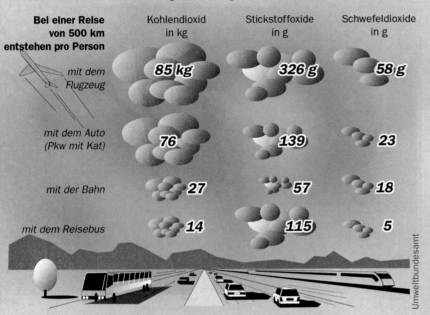

Bei einer Reise von 500 km entstehen pro Person	Kohlendioxid in kg	Stickstoffoxide in g	Schwefeldioxide in g
mit dem Flugzeug	85 kg	326 g	58 g
mit dem Auto (Pkw mit Kat)	76	139	23
mit der Bahn	27	57	18
mit dem Reisebus	14	115	5

Umweltbundesamt

Führen Sie ein Expertenhearing zum Thema »Mobilität« unter folgenden Beteiligten durch:
- *Autoindustrie*
- *Umweltschutzorgansiation*
- *Car-Sharing-Gesellschaft*
- *Verband deutscher Verkehrsunternehmen*
- *Einzelhandel*
- *Bundesregierung*
- *Opposition im Bundestag*

Bereiten Sie die Positionen in Arbeitsgruppen vor und holen Sie dazu weitere Informationen ein.

b) Ein Schüler berichtet:
Mein Weg in die Berufsschule

Die Verkehrsverbindungen in den Betrieb sind okay, aber die zur Berufsschule sind ein Skandal. Mit dem Bus bin ich für 12 km über eine Stunde unterwegs, weil er an jeder Milchkanne hält und lauter Umwege fährt. Zurück ist es ganz schlimm. Manchmal fährt 2 Stunden kein Bus und ich muss warten oder die letzten 2 km zu Fuß gehen. Es ist unglaublich, wie viel Zeit unterwegs verloren geht. Dabei wohne ich gar nicht auf dem flachen Land. Die Busse sind immer überfüllt – lauter Schüler! Erwachsene fahren fast keine mit dem Bus. Mit dem Auto wäre ich in einer Viertelstunde in der Schule. Manchmal habe ich eine Mitfahrgelegenheit; aber ich warte nur darauf, dass ich 18 werde und selber mit dem Auto fahren kann.

c) Wie legen wir Entfernungen zurück?
Anteil der Verkehrsmittel an den zurückgelegten Kilometern, Schätzung für 2002

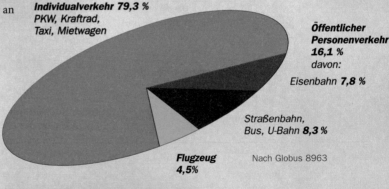

Individualverkehr 79,3 %
PKW, Kraftrad, Taxi, Mietwagen

Öffentlicher Personenverkehr 16,1 %
davon:

Eisenbahn **7,8 %**

Straßenbahn, Bus, U-Bahn **8,3 %**

Flugzeug 4,5%

Nach Globus 8963

»Wir verkaufen Mobilität«
(Daimler-Chrysler)

d) Eine berufstätige Frau berichtet:
Ohne eigenes Auto geht es auch

Als mein Sohn in die Schule kam, habe ich mein Auto verkauft. Es war nicht mehr nötig, ihn mit dem Auto zum Kindergarten zu fahren. Ich fahre mit dem Fahrrad zur Arbeit. Es sind nur 2 km; bei schlechtem Wetter kann man zu Fuß gehen. Dafür bin ich Mitglied bei Stadt-Auto geworden. Wenn ich ein Auto haben will, rufe ich an und sage, welche Größe ich brauche. Es gibt vier Übergabestationen in meiner Nähe, wo ich das Auto gleich holen kann. Nur am Wochenende muss ich mich einen Tag vorher anmelden.

Ich muss allerdings sagen, dass ich mitten in Berlin wohne – mit der U-Bahn in der Nähe und der Bushaltestelle vor der Tür. Auch die meisten Einkäufe kann ich zu Fuß erledigen. Ein Auto nehme ich, wenn ich viel schleppen muss, für Fahrten ins Umland, weil dort die Busverbindungen schlecht sind, oder am Abend, weil ich als Frau nicht in der Dunkelheit zu Fuß gehen will.

2.4 Soziale Sicherheit

2.4.1 Sozialpolitik – warum?

Wer ist arm? Verschiedene Definitionen

a) Weltbank

Arm ist, wer weniger als 2 US-Dollar am Tag zur Verfügung hat.

b) Europäische Union

Arm ist, wer weniger als die Hälfte des Durchschnittseinkommens im jeweiligen Land zur Verfügung hat.

c) UNDP (Entwicklungsprogramm der Vereinten Nationen)

Folgende Merkmale bezeichnen den Anteil der Armen in einer Industriegesellschaft:

• Weniger als die Hälfte des Durchschnittseinkommens

• Lebenserwartung von unter 60 Jahren
• Länger als 1 Jahr ohne Arbeit
• Schwierigkeiten beim Lesen einfacher Alltagstexte (»funktionaler Analphabetismus«).

d) Bundessozialhilfegesetz

Jeder hat einen Anspruch auf Sozialhilfe, wenn sein Einkommen niedriger ist als die gesetzliche Armutsgrenze. Diese wird vom Staat festgelegt und berücksichtigt die Lebenshaltungskosten und das Einkommen in den unteren Lohngruppen (2005 für Alleinstehende je nach Bundesland 331 – 345 € im Monat).

Aufgaben:

1. Vergleichen Sie die verschiedenen Definitionen und beurteilen Sie sie.
2. Welche Vorstellung von Reichtum hat Fürstin Gloria? Könnte man auch zwischen absolutem und relativem Reichtum unterscheiden?

Absolute Armut

Armut, die die körperliche Existenz, das Überleben bedroht.

Relative Armut/Einkommensarmut

Geringes Einkommen im Vergleich zum Rest der Bevölkerung.

Arm oder arm dran?

Auch in einer Wohlstandsgesellschaft gibt es Menschen, die arm sind: Arbeitslose, Familien mit vielen Kindern, allein Erziehende, Rentner – viele müssen von einem deutlich niedrigeren Einkommen leben als der Durchschnitt. Persönliche Schicksalsschläge wie Scheidung, Krankheit, Arbeitslosigkeit führen leicht in die Armut oder in die Verschuldung.

In solchen Fällen greift der Staat ein. Der moderne Sozialstaat hilft Menschen, die nicht oder nur eingeschränkt in der Lage sind ihre Existenz aus eigener Kraft zu sichern. Er gleicht Benachteiligungen aus. Staatliche Sozialleistungen sind heute kein Gnadenbrot für eine Minderheit. Die meisten profitieren von ihnen – als Kindergeld, Wohngeld, Sozialhilfe, Steuerfreibetrag, Erziehungsgeld,

BAFöG usw. Wenn hierzulande von Armut die Rede ist, dann geht es nicht um Verhungern, sondern um ein menschenwürdiges Leben.

Aufgaben des Sozialstaats
Die Bundesrepublik bezeichnet sich in ihrer Verfassung ausdrücklich als Sozialstaat. Der Staat hat sich verpflichtet, in seiner Politik soziale Gerechtigkeit, soziale Sicherheit und soziale Teilhabe zu verwirklichen (M 2).
Dies kostet viel Geld. Woher kommt es? In Deutschland und den meisten anderen Industriestaaten werden drei Grundprinzipien angewendet:
• *Versicherungsprinzip:* Leistungen erhält, wer als Pflichtversicherter Beiträge einbezahlt hat. Dieses Prinzip gilt für die gesetzli-che Sozialversicherung. Die Leistungen werden aus den Beiträgen finanziert.
• *Versorgungsprinzip:* Leistungen erhält, wer besondere Leistungen oder Opfer für die Gemeinschaft erbringt. Beispiel: Kindergeld. Die Leistungen werden aus Steuermitteln finanziert.
• *Fürsorgeprinzip:* Leistungen erhält, wer in einer finanziellen Notlage steckt. Beispiel: Sozialhilfe. Die Leistungen werden aus Steuermitteln finanziert. Dabei gilt der Grundsatz der *Subsidiarität*.

Niemand bezweifelt, dass der Staat soziale Nachteile ausgleichen muss, um den sozialen Frieden zu erhalten. Umstritten ist allerdings, wer diese Hilfe finanzieren muss, ob Art und der Umfang der Hilfe richtig sind und ob die Hilfe die Richtigen erreicht.

Art. 20(1) GG:
Die Bundesrepublik Deutschland ist ein demokratischer und sozialer Bundesstaat.

Subsidiarität
Staatliche Leistungen gibt es nur, wenn der Einzelne bzw. dessen Familie nicht in der Lage ist, die Belastungen aus dem eigenen Einkommen zu tragen.

Aufgaben:

3. Ordnen Sie die Ziele des Sozialstaats (M 2) den drei Grundprinzipien der Finanzierung zu. Wo stößt diese Zuordnung auf Schwierigkeiten?

Ziele des Sozialstaats

Soziale Gerechtigkeit	Soziale Sicherheit	Soziale Teilhabe der Arbeitnehmer
Steuerpolitik • Steuersätze nach Einkommen gestaffelt • Steuerfreies Existenzminimum *Familienpolitik* • Lastenausgleich (z. B. durch Kindergeld, steuerliche Entlastung) • Erziehungsgeld • Wohngeld *Bildungspolitik* • Lernmittelfreiheit • Ausbildungsförderung • Hilfen bei Umschulung *Vermögenspolitik* • Sparprämien • Steuerbefreiung für Vorsorgeaufwendungen • Sozialer Wohnungsbau	*Schutz vor gesundheitlichen und wirtschaftlichen Risiken* • Rentenversicherung • Krankenversicherung • Unfallversicherung • Arbeitslosenversicherung • Pflegeversicherung *Arbeitnehmerschutz* • Kündigungsschutz • Arbeitsschutz • Mutterschutz *Hilfe in finanziellen Notlagen* • Sozialhilfe *Hilfe für Behinderte* • Eingliederungshilfen • Hilfen zum Lebensunterhalt	*Regelung der Arbeitsbeziehungen* • Recht des Zusammenschlusses in Gewerkschaften (vgl. Art. 9, Abs. 3 Grundgesetz) • Streikrecht • Tarifautonomie • Mitwirkung und Mitbestimmung im Betrieb (vgl. Abschnitt 5.3.2) *Soziale Selbstverwaltung* • Mitwirkung in Einrichtungen der sozialen Sicherung *Sozialrecht, Arbeitsrecht* • Mitwirkung in Arbeits- und Sozialgerichten

2.4.2 Wie viel Sozialstaat soll es sein?

Meilensteine der Sozialpolitik

1839 Erste Einschränkungen der Kinderarbeit (Preußen)
1883 Krankenversicherung für Arbeiter
1884 Unfallversicherung
1889 Rentenversicherung für Arbeiter
1891 Arbeiterschutzgesetz
1911 Sozialversicherung für alle Arbeitnehmer
1920 Betriebsrätegesetz
     Tarifautonomie

Beitrags-nachweis der Barmer Ersatzkasse von 1923

Arbeitslose in der Weimarer Republik

Eine kaiserliche Botschaft von 1881 steht am Anfang der Sozialversicherung

1924 Anfänge der Sozialhilfe
1927 Arbeitslosenversicherung
     Erste Regelungen zum Mutterschutz
1934 Abschaffung der Gewerkschaften und der Selbstverwaltung der Sozialversicherung (bis 1945)
1951 Kündigungsschutzgesetz
1952 Wohnungsbauprämie
     Betriebsverfassungsgesetz
     Mitbestimmung
1954 Kindergeld
1957 Koppelung der Rentenhöhe an die Lohnentwicklung (dynamische Rente)

1960 Jugendarbeitsschutzgesetz
1961 Bundessozialhilfegesetz
1971 Ausbildungsförderung (BAFöG)
1985 Erziehungsgeld, Erziehungsurlaub
1994 Pflegeversicherung
2002 Private Altersvorsorge
2005 Neuordnung der Arbeitslosenunterstützung

Aufgaben:

1. Ordnen Sie die Gesetze den verschiedenen Zielen des Sozialstaats zu (M 2 in Abschnitt 2.4.1). Welche Entwicklung können Sie feststellen?

Tarifautonomie
Recht der Arbeitgeberverbände und Gewerkschaften, Löhne und Arbeitsbedingungen frei auszuhandeln.

Das soziale Netz

Der heutige Sozialstaat ist das Ergebnis einer über 120-jährigen Entwicklung. Ursprünglich umfasste er nur eine Versicherung und Schutzrechte für Arbeiter. Inzwischen ist er zu einem umfassenden, aber auch unübersichtlichen System mit vielen verschiedenen Leistungen, Finanzierungswegen und Zuständigkeiten geworden. Für die Gesamtheit dieser Leistungen hat sich der Begriff *soziales Netz* eingebürgert.

Dieses soziale Netz verursacht hohe Kosten – entweder direkt beim Staat, der es durch Steuern finanzieren muss, bei den Versicherten oder den Arbeitgebern. Die Sozialausgaben sind mittlerweile zum größten staatlichen Haushaltsposten geworden. Auch die Wiedervereinigung hat dem Sozialstaat neue Lasten gebracht.

Tut der Sozialstaat genug für die Familien?

Die Leistungen des Sozialstaats sind überwiegend auf Arbeitnehmer zugeschnitten. Im Vergleich zu früher ist diese Gruppe gut abgesichert. Die heutigen Problemgruppen sind andere:

• kinderreiche Familien

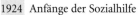

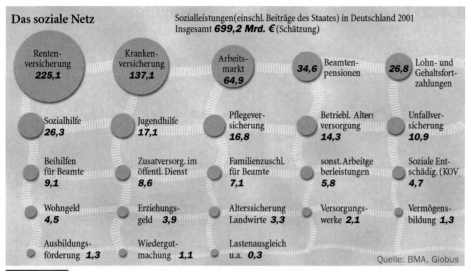

Das soziale Netz

Sozialleistungen(einschl. Beiträge des Staates) in Deutschland 2001
Insgesamt **699,2 Mrd. €** (Schätzung)

Renten-versicherung **225,1**	Kranken-versicherung **137,1**	Arbeits-markt **64,9**	**34,6** Beamten-pensionen	**26,8** Lohn- und Gehaltsfort-zahlungen
Sozialhilfe **26,3**	Jugendhilfe **17,1**	Pflegever-sicherung **16,8**	Betriebl. Altersversorgung **14,3**	Unfallver-sicherung **10,9**
Beihilfen für Beamte **9,1**	Zusatversorg. im öffentl. Dienst **8,6**	Familienzuschl. für Beamte **7,1**	sonst. Arbeitgeberleistungen **5,8**	Soziale Ent-schädig. (KOV) **4,7**
Wohngeld **4,5**	Erziehungs-geld **3,9**	Alterssicherung Landwirte **3,3**	Versorgungs-werke **2,1**	Vermögens-bildung **1,3**
Ausbildungs-förderung **1,3**	Wiedergut-machung **1,1**	Lastenausgleich u.a. **0,3**		

Quelle: BMA, Globus

Aufgaben:

2. Ordnen Sie die einzelnen Ausgabenposten den drei Prinzipien der Finanzierung in Abschnitt 2.4.1 zu (Versicherungsprinzip, Fürsorgeprinzip, Versorgungsprinzip) und addieren Sie.

- allein erziehende Mütter oder Väter
- Menschen ohne geregelte sozialversicherungspflichtige Beschäftigung.

Vor allem die finanzielle Situation der Familien hat sich in den letzten 25 Jahren verschlechtert. Hier steigt der Anteil der Sozialhilfeempfänger deutlich – teilweise als Folge der zunehmenden Scheidungen, die die Restfamilie finanziell oft überfordern (vgl. M 3 und Abschnitt 1.2.6).

Auch durch die hohe Arbeitslosigkeit ist das Leitbild der Sozialversicherung fragwürdig geworden. Der Arbeitnehmer, der nach 40 Jahren ununterbrochener Berufstätigkeit in die Rente geht, ist inzwischen eine Ausnahme. Der Situation der Frauen hat dieses Leitbild noch nie entsprochen.

Wer finanziert den Sozialstaat?

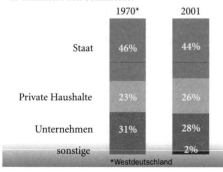

	1970*	2001
Staat	46%	44%
Private Haushalte	23%	26%
Unternehmen	31%	28%
sonstige		2%

*Westdeutschland

Familien wird das Geld knapp

Bericht: Jedes zehnte Kind im Westen lebt in Armut. Eine halbe Million Väter verweigern Unterhaltszahlungen

Die Altersarmut der sechziger Jahre in der Bundesrepublik ist von einer Armut junger Menschen im vereinten Deutschland abgelöst worden. Das geht aus dem zehnten Kinder- und Jugendbericht für die Bundesregierung hervor. Hinzu kommt, dass immer mehr Väter ihren Unterhaltsverpflichtungen nicht nachkommen.

Es sei ein gesellschaftspolitischer Skandal, dass der finanzielle Spielraum von Familien durch die Reformen des Einkommens- und Steuersystems ... eingeengt statt erweitert wurde, heißt es in der Studie einer Sachverständigenkommission. Dabei sind Kinder, die mit einem allein erziehenden Elternteil aufwachsen, viermal so oft von Armut betroffen wie Kinder in vollständigen Familien. Die Kommission forderte einen Ausgleich der Kinderkosten zwischen Menschen mit und ohne Kindern.

Der Bericht kritisiert insbesondere, dass Familien nicht nur wegen Unfähigkeit der Eltern, durch Krankheiten oder wirtschaftliche Krisen in Not geraten können. Unter den gegenwärtigen Bedingungen des Familienlastenausgleichs könnten Familien mit geringen und selbst mittleren Einkommen bei zwei und mehr Kindern deutlich unter die Armutsgrenze abrutschen.

Reutlinger General-Anzeiger vom 15.08.1998, gekürzt

Alterspyramiden

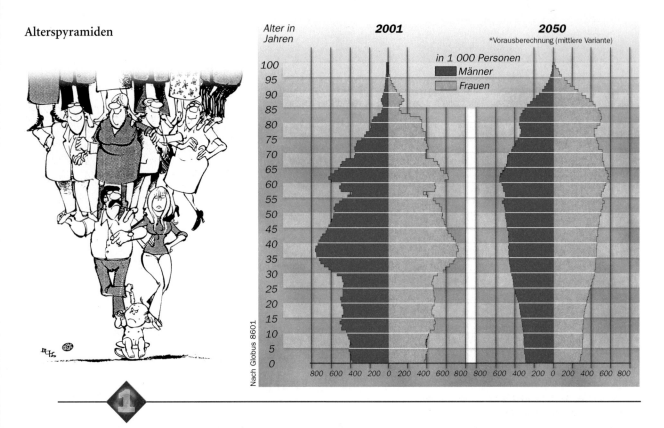

Nach Globus 8601

Sozialversicherung an der Grenze der Belastbarkeit

Innerhalb des sozialen Netzes besteht die Besonderheit der Sozialversicherungen darin, dass sie aus Pflichtbeiträgen der Arbeitgeber und Arbeitnehmer finanziert werden. Jede Erhöhung der Ausgaben führt deswegen zu einer Erhöhung der Lohnkosten und zu einer Senkung des ausbezahlten Lohns.

Arbeitgeber- und Arbeitnehmeranteil zusammen betragen heute über 40% des Bruttolohns. Eine weitere Erhöhung ist kaum durchsetzbar. Alle Reformen der Sozialversicherung in den letzten 25 Jahren hatten darum das Ziel, die Kosten zu senken. Die Bedingungen dafür sind jedoch schlecht:

• **Die Rentenversicherung** kämpft mit dem Problem, dass durch die gestiegene Lebenserwartung immer mehr Rentner einer immer kleineren Zahl von Arbeitnehmern gegenüberstehen, die die notwendigen Beiträge zahlen. Dieses Verhältnis wird sich in den kommenden Jahren weiter zu Ungunsten der Beitragszahler verschieben (vgl. M 1). Um die Belastung der arbeitenden Generation zu begrenzen, werden künftige Rentner-Generationen deutlich weniger Rente bekommen. Wer vorzeitig in Rente geht, muss grössere Abschläge in Kauf nehmen. Seit 2002 fördert darum der Staat die private Altersvorsorge (so genannte Riester-Rente).

• **Die Krankenversicherung** dämpft seit Jahren die steigenden Kosten durch die Begrenzung der Krankenhauskosten und Arzthonorare und der Ausgaben für Arzneimittel. Außerdem ist der Eigenanteil, den die Patienten selbst bezahlen müssen (z. B. bei Arzneimitteln oder im Krankenhaus), immer wieder erhöht worden. Nun fallen auch Leistungen komplett weg: 2005 der Zahnersatz, 2007 das Krankengeld. Sie müssen von den Bürgern gesondert versichert werden. In der Debatte ist auch die Umstellung auf ein völlig anderes Finanzierungsmodell (vgl. Abschnitt 2.4.5, M 2).

• **Die Pflegeversicherung** wurde erst 1994 eingerichtet. Sie übernimmt Kosten der Pflege zu Hause oder im Heim und entlastet Angehörige und die Sozialhilfe. Nach Überschüssen in den ersten Jahren macht auch sie seit Jahren Verluste.

• **Die Arbeitslosenversicherung** hat hohe Ausgaben durch die schon lange andauernde Massenarbeitslosigkeit und benötigt staatliche Zuschüsse. Eine weitere Senkung der

Arbeitslosenunterstützung ist kaum möglich, weil sie auf der anderen Seite höhere Ausgaben für Sozialhilfe und Wohngeld mit sich bringen. Reformen des Arbeitsmarkts und der Vermittlung sollen hier zu mehr Beschäftigung führen.

In allen Bereichen der Sozialversicherung führt die Arbeitslosigkeit zu einem Rückgang der Beitragseinnahmen.

Aufgaben:

2. Warum stößt das Sozialversicherungssystem an seine Grenzen?

Aufgaben:

1. An welchen Stellen würden Sie eingreifen, um die Krise des Sozialstaats abzuwenden?

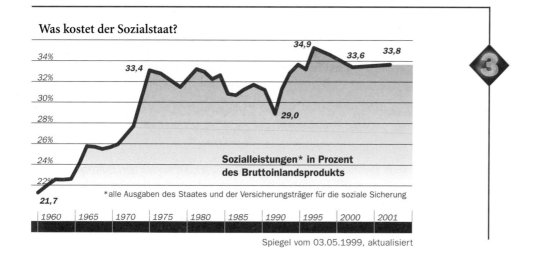

Was kostet der Sozialstaat?

Sozialleistungen* in Prozent des Bruttoinlandsprodukts

*alle Ausgaben des Staates und der Versicherungsträger für die soziale Sicherung

Spiegel vom 03.05.1999, aktualisiert

Die Finanzen von Arbeitslosen – ein Beispiel

Ingrid Hansen aus Neuruppin, allein erziehend, ein Kind, Diplom-Ingenieurin, arbeitslos seit sieben Jahren, empfindet sich selbst als arm. Ihre Bilanz sieht so aus:

Feste Ausgaben	566,17
Miete	271,46 €
Kabelfernsehen	9,88 €
Hausratversicherung	32,72 €
Unfallversicherung	17,86 €
Risikolebensversicherung	10,33 €
Autoversicherung	52,71 €
Rentenvorsorge	51,13 €
ADAC und Rechtsschutz	7,02 €
Zeitung	15,90 €
Telefon	ca. 33,– €
Rundfunk/Fernsehen	16,15 €
Strom	15,34 €
Gewerkschaft	1,53 €
Vereine	6,14 €
Sparen	25,– €

Einnahmen	1.058,21 €
Arbeitslosenunterstützung	856,73 €
Kindergeld	154,– €
Wohngeld	39,– €
Fahrgeld	8,48 €

Bleiben rund 500 € im Monat für Kleidung, Lebensmittel und Freizeit.

Nach Süddeutsche Zeitung vom 30.07.1998, aktualisiert

Aufgaben:

1. Ingrid Hansen sagt, sie sei arm. Untersuchen Sie ihre Ausgaben genauer und überlegen Sie, ob Frau Hansen wirklich arm ist.

Wie lange sind sie arbeitslos?
Arbeitslos gemeldete Sozialhilfeempfänger

bis 6 Monate:	22 %
6–12 Monate:	15 %
1–3 Jahre:	31 %
3–5 Jahre:	12 %
über 5 Jahre	19 %

Stand: Ende 2002 – Statistisches Bundesamt: Sozialhilfe in Deutschland, 2003, S. 19

Arbeitslosengeld II
Ersetzt ab 2005 für arbeitsfähige Erwachsene die Arbeitslosenhilfe oder die Sozialhilfe. Die Leistungen entsprechen der Sozialhilfe, deren Regelsätze je nach Familiengröße festgelegt werden (vgl. Abschnitt 2.4.1, M 1d). Wer vorher Arbeitslosengeld I bekommen hat, bekommt in den ersten Jahren einen Zuschlag. Sozialhilfe bekommt nur noch, wer nicht arbeiten kann.

Sozialhilfe als Dauerzustand

Das Hauptproblem des Sozialstaats ist heute, dass Leistungen über lange Zeit gewährt werden müssen, die eigentlich nur als Überbrückung für einen kurzen Zeitraum gedacht waren. Die Krise am Arbeitsmarkt hat dazu geführt, dass etwa ein Drittel der Arbeitslosen schon länger als ein Jahr ohne Arbeit ist. Die Rückkehr in den früheren Beruf ist für viele unmöglich geworden; sie werden zu Sozialfällen. Auffallend ist der lange Zeitraum, in dem die meisten Sozialhilfeempfänger von der »Hilfe zum Lebensunterhalt« abhängig sind. Dies zeigt, dass für viele der Bezug von Sozialhilfe oder Arbeitslosengeld II zum Dauerzustand geworden ist.

Kritik am Sozialstaat

Die steigende Zahl von Menschen, die ausschließlich oder überwiegend von Sozialleistungen leben, hat zu einer doppelten Kritik am Sozialstaat geführt:

1. In vielen Fällen wären die Leute durchaus in der Lage sich selbst zu helfen (z. B. durch Annahme eines Jobs). Sie werden dazu aber nicht gezwungen. Sie setzen vielmehr alle Hebel in Bewegung, möglichst viele Sozialleistungen für sich zu ergattern, weil sie nichts kosten und den eigenen Geldbeutel schonen. Das soziale Netz sei eine Hängematte für die Faulen.

2. Der Sozialstaat gibt Geld, aber er gibt zu wenig Hilfestellung, um den Zustand zu beenden, der die Hilfe überhaupt nötig gemacht hat. Er verwalte die Armut und mache die Bürgerinnen und Bürger von sich abhängig, statt in ihre Lebensbedingungen einzugreifen.

Ein erster Schritt wurde bereits gemacht: Wer arbeiten kann und bisher Sozialhilfe oder Arbeitslosenhilfe bekam, bekommt seit 2005 Arbeitslosengeld II. Für ihn ist in jedem Fall die Agentur für Arbeit (früherer Name: Arbeitsamt) zuständig, die sich verstärkt um die Vermittlung kümmern soll.

Aufgaben:

3. Stellen Sie fest, welche Leistungen der Sozialstaat für Sie und Ihre Familie erbringt. Vergleichen Sie mit M 1.
4. Halten Sie die Kritik am Sozialstaat für berechtigt? Beziehen Sie M 2 und 3 in Ihre Überlegungen ein.

a) Wer erhält Sozialhilfe?

1, 4 Millionen Haushalte bezogen Ende 2002 Sozialhilfe
(laufende Hilfe zum Lebensunterhalt außerhalb von Einrichtungen)

Darunter:		ø Gesamt-bedarf	ø Dauer des Leistungsbezugs[**]
311 300	allein stehende Frauen	626 €	22,8 Monate
339 600	allein erziehende Mütter*	1,137 €	17,4 Monate
299 600	allein stehende Männer	565 €	15,5 Monate
139 700	Ehepaare mit Kindern*	1,416 €	12,2 Monate

* Kinder unter 18 Jahre
** Bei den aus der Sozialhilfe ausgeschiedenen Haushalten

Statistisches Bundesamt, Wiesbaden 2003

Aufgaben:

2. Welche Gruppen sind besonders häufig von Sozialhilfe abhängig? Suchen Sie nach Gründen.

b) Arbeit statt Sozialhilfe?

Arbeit statt Sozialhilfe?

*Von **2 757 000** Sozialhilfeempfängern in Deutschland...*

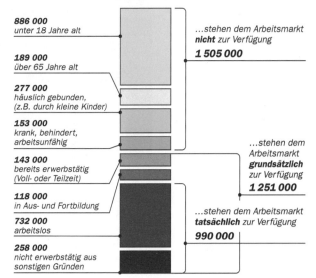

886 000
unter 18 Jahre alt

189 000
über 65 Jahre alt

277 000
häuslich gebunden,
(z.B. durch kleine Kinder)

153 000
krank, behindert,
arbeitsunfähig

143 000
bereits erwerbstätig
(Voll- oder Teilzeit)

118 000
in Aus- und Fortbildung

732 000
arbeitslos

258 000
nicht erwerbstätig aus
sonstigen Gründen

...stehen dem Arbeitsmarkt
nicht zur Verfügung
1 505 000

...stehen dem
Arbeitsmarkt
grundsätzlich
zur Verfügung
1 251 000

...stehen dem Arbeitsmarkt
tatsächlich zur Verfügung
990 000

Statistisches Bundesamt: Presseexemplar Sozialhilfe in
Deutschland, Entwicklung, Umfang, Strukturen, 2003. S. 19.

Arbeitslose als Erntehelfer?

Im Frühjahr 1998 wurden versuchsweise Arbeitslose zum Spargelstechen eingesetzt, Bruttolohn: etwa 5 € pro Stunde.
Bisher wurden dafür zum selben Lohn Saisonarbeiter aus Osteuropa angeworben. Die Landwirte durften nur 85 % ihrer 1996 beschäftigten Fremdarbeiter wieder einstellen. Von den Arbeitslosen erschien jedoch nur ein Teil. Unzufrieden waren am Ende alle.
Die Landwirte: »Die Leistung stimmt nur bei ausländischen Arbeitskräften.« – »Wenn ich 10 Euro die Stunde zahle, mache ich zu, und wenn die Leute nur 3 Kilo pro Stunde stechen, lege ich druff.«– »Ein Spargelstecher ist optimal, wenn er auf dem Hof wohnt und, wenn der Spargel schnell wächst, eine Sonderschicht einlegen kann.« – »Ein Arbeitsloser kostet mich mehr Nerven als 50 Kroaten.«
Die neuen Erntehelfer:
»Die Arbeit auf dem Hof war nicht schlecht, aber ich kann damit meine Frau und meine vier Kinder nicht ernähren.« – »Zwei Monate ackern, um dann wieder stempeln zu gehen – da fehlt die Perspektive.« – »Das geht in den Rücken, das kann man sich nicht vorstellen.«
Die Erntehelfer aus Osteuropa:
»Der soll sich schämen, der keine Arbeit hat. Ich schäme mich nicht.« – »Für einen Deutschen ist das wenig, für uns viel Geld.«
Nach Süddeutsche Zeitung vom 23. und 25.05.1998

Osteuropäische Erntehelfer

GESCHLOSSEN

vom 8.7 bis 19.7

wegen Personalmangel

*für Termine ab d. 22.7
und in ganz wichtigen Fällen*

bitte 58 57 72 anrufen.

zahlung bei Krankheit) so in die Höhe getrieben, dass die Firmen ihre Produktion ins Ausland verlagern müssten. Wegen des zu weit gehenden Kündigungsschutzes unterblieben auch Neueinstellungen. Dies verursache neue Arbeitslosigkeit.

Um Arbeitsplätze zu erhalten und neue zu schaffen, müsse der Preis der Arbeitsstunde sinken. Darum sollten Tarifverträge nicht mehr bindend sein. Niedrigere Bezahlung, Verlängerung der Arbeitszeit ohne Lohnausgleich oder Arbeitszeitverkürzung zur Verhinderung von Entlassungen sollen auf Betriebsebene vereinbart werden können.

Der Arbeitgeberbeitrag zur Sozialversicherung sollle sinken, entweder durch Abschaffung der Mitfinanzierung durch den Arbeitgeber oder durch Absenkung der Leistungen. Angesichts des erreichten Wohlstands müsse die Sozialversicherung keine Vollversorgung mehr bieten. Sie müsse ergänzt werden durch Eigenvorsorge für das Alter und bei Krankheit.

Unser Sozialstaat bestrafe Leistung, so die Arbeitgeber. Deutlich sei dies bei den Arbeitslosen. Die Betriebe hätten Schwierigkeiten, freie Stellen zu besetzen, obwohl es in der Statistik Millionen von Arbeitslosen gibt.

Früher waren die meisten Deutschen stolz auf ihren Sozialstaat und sahen in ihm ein Modell auch für andere Länder. Heute überwiegt die Kritik, der Sozialstaat sei zu teuer geworden. In Wirtschaft und Politik herrscht jedoch Uneinigkeit über die Zukunft des Sozialsystems. Auch die Bevölkerung lehnt größere Einschnitte ab. Zwei Standpunkte sollen vorgestellt werden.

Der Standpunkt der Arbeitgeber

Die Kosten der Arbeit in Deutschland würden durch überhöhte Sozialabgaben und andere Lohnnebenkosten (z. B. Lohnfort-

1

Sozialsysteme vor dem Zusammenbruch? Ergebnisse einer Umfrage

Die aus Beiträgen finanzierten Versicherungssysteme ...

3 %
... sind im Großen und Ganzen in Ordnung

53 %
... stehen vor größeren Problemen

42 %
... stehen kurz vor dem Zusammenbruch

Eine Erhöhung der Selbstbeteiligung bei den Krankheitskosten in Verbindung mit einem niedrigeren Beitragssatz ...

27 %
... finden gut

70 %
... lehnen ab

Eine Absenkung des Rentenniveaus zu Gunsten privater Vorsorge und bei niedrigerem Beitragssatz...

49 %
... finden gut

47 %
... lehnen ab

Eine Erhöhung des Rentenalters auf 67 Jahre...

12 %
... finden gut

87 %
... lehnen ab

An 100 % fehlende: Unentschieden / keine Meinung

ZDF Politbarometer, März 2003, zit. nach SZ vom 15.03.2003

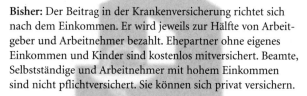

Neue Wege im Gesundheitswesen?

Bisher: Der Beitrag in der Krankenversicherung richtet sich nach dem Einkommen. Er wird jeweils zur Hälfte von Arbeitgeber und Arbeitnehmer bezahlt. Ehepartner ohne eigenes Einkommen und Kinder sind kostenlos mitversichert. Beamte, Selbstständige und Arbeitnehmer mit hohem Einkommen sind nicht pflichtversichert. Sie können sich privat versichern.

Der Vorschlag der Herzog-Kommission: Alle erwachsenen Bürgerinnen und Bürger bezahlen für ihre Gesundheitsversorgung einen einheitlichen Betrag, etwa 210 €. (Bei Bedürftigen übernimmt der Staat auf Antrag die Kosten ganz oder teilweise. Diese Kosten werden durch einen Zuschlag auf die Einkommensteuer finanziert.)

Vorgeschlagen wird eine Sozialpolitik, die den Druck auf die Arbeitslosen erhöht. Der Grundgedanke: Wer arbeiten kann, darf nicht so viel bekommen wie ein Sozialhilfeempfänger, der nicht arbeiten kann. Mit dem eingesparten Geld sollen Zuschüsse für die neu Eingestellten bezahlt werden. Dies erhöhe den Abstand zwischen staatlicher Unterstützung und ausbezahltem Lohn und mache das Arbeiten attraktiver. Für neu eingestellte Mitarbeiter solle es keinen Kündigungsschutz mehr geben.

Nicht nur Arbeitgeber, sondern auch der »Sachverständigenrat zur Begutachtung der gesamtwirtschaftlichen Entwicklung« und der Internationale Währungs-Fonds (IWF) vertreten diese Position.

Der Standpunkt der Gewerkschaften

Für die hohen Kosten des Sozialstaats seien nicht die Empfänger von Leistungen verantwortlich. Gründe seien z. B. die Bevölkerungsentwicklung und die Belastung durch den Aufbau in den neuen Bundesländern. Außerdem werde die Last des Sozialstaats in steigendem Maße von den Arbeitnehmern getragen.

Aus Sicht der Gewerkschaften gibt es nicht zu viele Sozialleistungen, aber sie sind teilweise falsch verteilt. Der Missbrauch sei die Ausnahme. Die steigenden Aufwendungen für Sozialhilfe würden vielmehr zeigen, dass die Leistungen der Sozialversicherung in vielen Fällen, z. B. für Arbeitslose, nicht ausreichen.

Darum wehren sich die Gewerkschaften gegen eine einseitige Belastung nur der Arbeitnehmer und gegen sozial unausgewogene Kürzungen. Der soziale Friede dürfe nicht leichtfertig aufs Spiel gesetzt werden. Soziale Unsicherheit sei kein Anreiz zur Leistung.

Arbeitslosigkeit müsse durch politische Maßnahmen bekämpft werden, nicht durch die Abschaffung von Arbeitnehmerrechten oder Eingriffe in die Tarifautonomie. Die Gewerkschaften seien bereit, an Modellen mitzuarbeiten, die die Arbeit anders in der Gesellschaft verteilen: Verzicht auf Überstunden, Arbeitszeitverkürzung zur Vermeidung von Arbeitslosigkeit, Erweiterung der Möglichkeit zur Teilzeitarbeit.

Politik aktuell
Genauere Informationen erhalten Sie beim Bundesministerium für Wirtschaft und Arbeit, dem Bundesministerium für Gesundheit und soziale Sicherung, den Arbeitgeberverbänden und den Gewerkschaften. Die Internet-Adressen finden Sie auf S. 269.

Aufgaben:

1. Wie stellen Sie sich die Zukunft des Sozialstaats vor? Vergleichen Sie mit M 1.
2. Vergleichen Sie die Standpunkte der Arbeitgeber und der Gewerkschaften zum Sozialstaat. Nehmen Sie aus Ihrer eigenen Erfahrung dazu Stellung.
3. Können Sie sich einen Kompromiss zwischen diesen Standpunkten vorstellen? Begründen Sie.

Ein Tag in der Hölle

Der wildeste Stadtteil Chicagos: Armut, Hoffnungslosigkeit, Gewalt

Die Taylor Homes sind das größte Sozialbauprojekt der USA. Es sind die Ärmsten der Armen, die hier ein Zuhause gefunden haben: alle schwarz, alle Sozialhilfeempfänger. Jeden Tag wird hier durchschnittlich ein Mensch umgebracht, doch wieviele Leute auf Taylor nocht leben, verrät die Statistik nicht.

Süddeutsche Zeitung vom 13.04.1996, gekürzt

Jobwunder USA: die längsten Arbeitszeiten, die schlechteste Absicherung und 17 Jahre lang sinkende Löhne. Spiegel 39/1997, S. 106

Streit in den USA über die Sozialpolitik
Die Welt vom 29.04.1997

USA stehen vor großer Gesundheitsreform
Süddeutsche Zeitung vom 24.11.2003

USA: Sozialhilfereform wird fortgesetzt
iwd, 20.02.2003

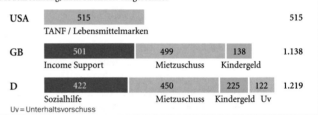

Sozialhilfe: In Deutschland am Höchsten

Monatliche Sozialhilfe für Alleinerziehende mit zwei Kindern 1998 in €
Modellrechnung, nach Kaufkraft umgerechnet

USA	515				515
	TANF / Lebensmittelmarken				
GB	501	499		138	1.138
	Income Support	Mietzuschuss		Kindergeld	
D	422	450	225	122	1.219
	Sozialhilfe	Mietzuschuss	Kindergeld	Uv	

Uv = Unterhaltsvorschuss

Sozialhilfe in den USA: Zweite Chance, kein Lebensstil
iwd, 11.09.1997

Modelle des Sozialstaats

Die Diskussion um die Zukunft des Sozialstaats ist eine Diskussion über seine Kosten. Der Sozialstaat schafft nicht Reichtum, sondern verteilt den durch Arbeit geschaffenen Reichtum innerhalb der Gesellschaft um. Der Sozialstaat hat nur Bestand, wenn die Reicheren bereit sind, diese Umverteilung zu akzeptieren, und wenn genug Reichtum geschaffen wird.

Die Frage ist: Gibt es anderswo Modelle des Sozialstaats, die weniger Kosten verursachen und den sozialen Frieden nicht gefährden? Wie kommen diese Modelle mit der zunehmenden Zahl alter oder arbeitsloser Menschen zurecht? – Wir können folgende Typen unterscheiden (vgl. M 2):

• das steuerfinanzierte Modell (früher v. a. in Nordeuropa verbreitet);

• das privatwirtschaftliche Modell (z. B. in den USA und in Großbritannien);

• das Versicherungsmodell, dessen Leistungen überwiegend abhängig sind vom Arbeitseinkommen (in Deutschland und anderen mitteleuropäischen Staaten).

Daneben gibt es Staaten, die kein ausgebautes System der sozialen Sicherung haben, und das schweizerische »Drei-Säulen-Modell«.

Das amerikanische Modell – ein Weg zu mehr Arbeit?

In den USA wurde die Sozialhilfe durch zwei Maßnahmen reformiert:

• Sozialhilfeempfänger werden zu Gemeinschaftsarbeiten verpflichtet. Spätestens nach 2 Jahren müssen sie eine Arbeit angenommen haben.

• Für Niedrig-Verdiener gibt es eine negative Einkommensteuer, d. h. sie bekommen ein zweites Einkommen vom Staat, sodass sie

Drei Sozialstaaten im Vergleich

	USA (privatwirtschaftliches Modell)	Schweden (steuerfinanziertes Modell)	Schweiz (Drei-Säulen-Modell)
Leistungen	Sozialversicherung (Rente, Arbeitslosigkeit, Unfall) für Arbeitnehmer. Krankenversicherung meist privat. Sozialhilfe und Familienhilfe nur ergänzend und zeitlich begrenzt. außerdem Netz privater Hilfsorganisationen.	Soziale Sicherung ist ein Bürgerrecht. Im Grundsatz Leistungen für alle Bürger; Garantierte Mindestrente für alle. Selbstbeteiligung bei Krankheit. Arbeitslosenversicherung freiwillig, Grundsicherung auch für Nicht-Versicherte.	Sozialversicherung umfasst Renten- und Arbeitslosenversicherung. Krankenversicherung nur privat (keine Arbeitgeberleistungen). Garantierte Mindestrente für alle als Grundsicherung; Betriebsrenten. Sozialhilfe in begrenztem Umfang.
Finanzierung	Überwiegend durch Arbeitgeber- und Arbeitnehmerbeiträge und freiwillige Versicherung. Sozialhilfe, Familienhilfe aus Steuergeldern.	Früher im Wesentlichen durch Staat oder Arbeitgeber. Bei Rente Umstellung auf Sozialversicherung (Arbeitgeber/Arbeitnehmer).	Drei-Säulen-Modell der Altersvorsorge: 1. Einkommensabhängige Beiträge aller Bürger; 2. Versicherungsbeiträge (Arbeitgeber/Arbeitnehmer); 3. private Vorsorge.
Probleme	Versicherung meist an den Arbeitsplatz gebunden. Arme und Arbeitslose oft unzureichend versichert. Niedrige Leistungen. Krankenversicherung unzureichend.	Hohe Staatsverschuldung. Hoher Krankenstand.	Mindestrente nicht ausreichend (jedoch hohe Durchschnittsrente auch für Frauen). Rentenreform bei Volksentscheid gescheitert.
Aktuelle Reformen	Arbeitsverpflichtung für Sozialhilfeempfänger. Förderung der privaten Vorsorge.	Einschränkungen beim Kündigungsschutz. Umstellung auf einkommensabhängige Rente (bis 2015).	Änderungen nur möglich bei Bewilligung durch das Volk (Volksentscheid).

Aufgaben:

1. Stellen Sie nach dem gleichen Muster die Merkmale des Versicherungsmodells am Beispiel Deutschlands zusammen.

2. Beschreiben Sie die Unterschiede der drei Modelle. Worin sehen Sie Vor- und Nachteile?

in jedem Fall besser gestellt sind als mit Sozialhilfe. Dieses zweite Einkommen ist abhängig von der Kinderzahl.

Zunächst entstanden so neue Arbeitsplätze; das Ziel einer dauerhaften Senkung der Arbeitslosigkeit wurde jedoch nicht erreicht. Dennoch könnte dieses Modell eine Antwort auf einen von Arbeitgebern beklagten Missstand sein: Sozialhilfe und Lohn richten sich nach unterschiedlichen Maßstäben, die Sozialhilfe nach der Bedürftigkeit, der Lohn nach der geleisteten Arbeit. Dies kann dazu führen, dass das Einkommen bei Berufstätigkeit nicht höher ist als beim Bezug von Sozialhilfe. Warum sollte zu solchen Bedingungen jemand freiwillig arbeiten?

Individualversicherung
Versicherungen, die der Einzelne freiwillig durch einen Versicherungsvertrag abschließt. Sie schließen Lücken, die durch gesetzliche Versicherungen nicht abgedeckt sind. Man unterscheidet Personenversicherungen, Sachversicherungen und Vermögensversicherungen.

Haben Sie reiche Eltern? Erben Sie ein paar Miethäuser oder ein Aktienpaket? Nein? Dann müssen Sie selbst vorsorgen und Geld auf die Seite legen für Anschaffungen, für unvorhergesehene Ausgaben, für den Fall der Berufsunfähigkeit, fürs Alter.

Die Sozialversicherung deckt nämlich nicht alle Risiken und Schäden ab. Es ist verkehrt, sich darauf zu verlassen, dass Sozialversicherung oder Sozialhilfe im Notfall schon für das nötige Geld sorgen werden. Die Rentenreformen der letzten Jahre etwa führen im Jahr 2030 zu einem um 20-25 Prozent niedrigeren Rentenniveau. Die eigene Vorsorge sollte darum auf drei Säulen ruhen:

• der gesetzlichen Sozialversicherung (Arbeitsunfälle, Alter, Krankheit, Pflege, Arbeitslosigkeit);
• Individualversicherungen;
• Vermögensbildung.

Individualversicherungen
Die meisten Risiken kann man gegen Geld versichern. Allerdings sind nicht alle Versicherungen nötig. Manche sind nur für wenige Menschen wichtig. Eine Versicherung ist dann notwendig, wenn die Kosten eines Schadens so hoch sind, dass ich sie aus eigener Tasche nicht bezahlen kann. Eine Reisegepäckversicherung ist darum nicht unbedingt nötig; schlimmstenfalls muss ich die abhanden gekommenen Sachen neu kaufen. Eine Berufsunfähigkeitsversicherung ist wichtig, weil ich sonst vor allem in jüngeren Jahren nur wenig Rente bekomme, wenn ich wegen Krankheit oder nach einem Unfall im Privatbereich nicht mehr arbeiten kann.

Wer Familie hat, braucht mehr Versicherungen. Dann geht es auch um die Vorsorge für die Familienmitglieder. Zusätzliche Versicherungen brauchen Sie als Autofahrer (dort

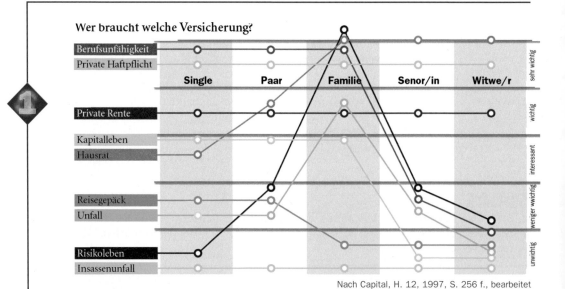

Nach Capital, H. 12, 1997, S. 256 f., bearbeitet

Aufgaben:

1. Klären Sie mithilfe des Wirtschaftskundebuchs oder eines Lexikons, für welche Schäden die einzelnen Versicherungen aufkommen.
2. Verfolgen Sie die Bedeutung der einzelnen Versicherungen im Verlauf eines Menschenlebens.
3. Welche wichtigen Versicherungen fehlen Ihnen? Welche weniger wichtigen Versicherungen haben Sie abgeschlossen? Stellen Sie fest, wann Sie diese Versicherungen kündigen können.

Hilfe bei Selbsttötungsgefahr und Lebenskrisen

ARBEITSKREIS LEBEN E.V. (AKL)

sind sie sogar gesetzlich vorgeschrieben), als Hausbesitzer oder in bestimmten Berufen.

Vermögensbildung

Ein wichtiger Baustein für die Altersvorsorge und die finanzielle Absicherung der Familie ist eine private Rentenversicherung. Auch andere Geldanlagen, z. B. Aktien und Sparpläne, dienen diesem Zweck. Für bestimmte Formen der privaten Altersvorsorge (Riester-Rente) gibt es staatliche Zuschüsse. Auch für Wohnungseigentum schießt der Staat Geld zu.

Für staatlich geförderte Sparformen wie Arbeitnehmersparzulage und Wohnungsbauprämie gibt es Einkommensgrenzen. Über das Geld können Sie erst nach einigen Jahren verfügen. Als zusätzliche Vorsorge fürs Alter sind die so gesparten Beträge aber nicht ausreichend.

Selbsthilfe-Einrichtungen

Manche Notstände in der Gesellschaft werden durch den Sozialstaat nicht bewältigt oder sie lassen sich mit Geld nicht regeln: z. B. die Benachteiligung von Frauen oder Ausländern, die Einsamkeit alter, kranker oder behinderter Menschen. Vor allem hier sind Selbsthilfe-Einrichtungen wichtig. Hier haben Männer und Frauen damit begonnen, die Lebensbedingungen für sich und andere Menschen zu verbessern: im Umweltschutz, bei der Modernisierung alter Wohnungen, Selbsthilfegruppen im Therapie- und Gesundheitswesen, Projekte der Jugend- und Altenarbeit, Hilfen für Asylbewerber und Straffällige, Arbeitslosenselbsthilfen (vgl. M 2). Außerdem gibt es Verbraucherschutzorganisationen, Mieterschutzvereinigungen, Beratungsdienste in Rechts- und Steuerfragen. Manche dieser Selbsthilfegruppen haben sich zu Verbänden zusammengeschlossen. Selbsthilfe-Einrichtungen können staatliche Hilfen nicht ersetzen, sondern nur ergänzen, vor allem im zwischenmenschlichen Bereich. Darum ist es wichtig, dass der Staat diese Arbeit finanziell und personell unterstützt.

Aktionsbereiche sozialer Selbsthilfe-Gruppen
In Deutschland gibt es 40 000 soziale Selbsthilfe-Gruppen:

in der Lebenswelt	• im Umweltbereich • im Stadtteil • im Wohnbereich
im Freizeit-, Bildungs- und Kulturbereich	• selbst organisierte Freizeit • sozialkulturelle Zentren • alternative Öffentlichkeit • Freie Schulen
für Benachteiligte	• Selbsthilfe von Frauen für Frauen • Kinderläden und Jugendzentren • Alten-Selbsthilfe
in der Arbeitswelt	• Arbeitslosen-Selbsthilfe • Beschäftigungsgesellschaften • selbst organisierte Ausbildung
für Behinderte und Kranke	• Therapiegruppen, Treffs und Wohngemeinschaften • Gesundheits-Initiativen
für Randgruppen und Minderheiten	• Selbsthilfe für Ausländer • Obdachlosen-Selbsthilfe • Selbsthilfe für Homosexuelle • Straffälligenhilfe • Dritte-Welt-Initiativen

Aufgaben:

4. Welche Selbsthilfegruppen gibt es in Ihrer näheren Umgebung? Überlegen Sie, wer darüber Auskunft erteilen kann.

Aufgaben:

5. »Selbsthilfe ist der Weg, auf dem sich der Staat aus seiner Verantwortung stehlen will.« – »Selbsthilfe ist der richtige Weg zur Lösung der Krise der Sozialpolitik.« Nehmen Sie zu den beiden Aussagen Stellung.

Teil 2.1 Entwicklung zur Informationsgesellschaft

Zusammenwachsen der Welt
Zunehmende Ortsunabhängigkeit der Produktion durch
* wachsende Mobilität (Verbesserung der Transportmittel)
* bessere, schnellere und billigere Kommunikationstechniken.

Wirkung von Basisinnovationen
* Neuerungen auf anderen Gebieten
* Langfristiges Wirtschaftswachstum
* Verbilligung der Produkte
* Veränderungen von Warenangebot und Konsum
* Gesellschaftliche Veränderungen.

Veränderungen der Arbeitswelt
* Bedeutung der Wirtschaftssektoren (geschichtliche Entwicklung: Agrargesellschaft, Industriegesellschaft, Dienstleistungsgesellschaft, Informationsgesellschaft)
* Veränderungen im Arbeitsprozess: Rationalisierung, Arbeitserleichterung, Qualitätssteigerung
* Neue Arbeitsformen
* Problem Arbeitslosigkeit.

Teil 2.2 Globalisierung der Wirtschaft

Zwei Seiten der Globalisierung
* Bewusste weltweite Einflussnahme von Firmen oder Staaten
* Gegenseitige Abhängigkeit aufgrund von internationaler Arbeitsteilung, politischen und wirtschaftlichen Verflechtungen.

Wettbewerb der Standorte
* Firmen: Weltweiter Vergleich des staatlichen Preis-Leistungs-Verhältnisses
* Staaten: Konkurrenz um günstige Produktions- und Absatzbedingungen für die Wirtschaft.

Wirkung auf die Arbeit
* Rückgang gesicherter Arbeitsverhältnisse
* Mögliche Gegenmaßnahmen (Auswahl):
  – Angebotsorientierte Arbeitsmarktpolitik
  – Nachfrageorientierte Arbeitsmarktpolitik
  – Investitionsfreundliches Umfeld
  – Qualifizierung der Arbeitskräfte
  – Lohnverzicht / Umverteilung der Arbeit
  – Sozialpolitische Maßnahmen (siehe Teil 2.4).

Teil 2.3 Umweltpolitik

Nutzung der Umwelt verursacht Schäden
* Schadensverursacher: Industrie/Energieversorger, Landwirtschaft, Verkehr, Haushalte
* Schadensbereiche: Luft/Atmosphäre, Boden/Landschaft, Wasser
* Verteilung der Kosten: Verursacherprinzip; Gemeinlastprinzip.

Staatliche Eingriffsmöglichkeiten
* Festlegung von Grenzwerten
* Erhebung von Abgaben und Steuern auf Umweltbelastungen
* Anreize für Umweltinvestitionen.

Spannungsverhältnis zwischen Ökonomie und Ökologie
* Umweltschutz als Standortnachteil
* Umweltschutz als gesellschaftliche und persönliche Aufgabe
* Umweltschutz als Zukunftstechnologie
* Wachsender Markt für umweltfreundliche Produkte.

Teil 2.4 Soziale Sicherheit

Ziele des Sozialstaats
* Soziale Sicherheit
* Soziale Gerechtigkeit
* Soziale Teilhabe der Arbeitnehmer.

Finanzierungsgrundsätze
* Versicherungsprinzip; Versorgungsprinzip; Fürsorgeprinzip.

Probleme des Sozialstaats (Auswahl)
* Demographischer Wandel
* Finanzierbarkeit der Sozialversicherung
* Ausufern der Sozialhilfe.

Abhilfevorschläge
* Änderung der Höhe und der Bedingungen für Leistungen
* Andere Verteilung der Arbeit in der Gesellschaft
* Alternative Modelle des Sozialstaats:
  – Steuerfinanzierung (Schweden)
  – privatwirtschaftliche Modelle (USA)
* Notwendigkeit privater Vorsorge: Individualversicherungen; Vermögensbildung; Riester-Rente; Selbsthilfegruppen.

Politik vor Ort –
gesellschaftliche und politische
Probleme vor der Haustür

Politik im Land und in der
Gemeinde

Reichstag in Berlin vor dem Zweiten Weltkrieg

*Bundestag
in Bonn*

Aktiv werden: Formen der
politschen Beteiligung

Grundrechte – eine Voraussetzung
für Demokratie

Die Massenmedien: die
Informations- und
Meinungsfreiheit in der Politik

3 Parlamentarische Demokratie – Willensbildung und Entscheidung

Repräsentative Demokratie –
parlamentarische Demokratie:
Grundsätze der politischen
Ordnung

Wer entscheidet? –
Entscheidungswege der
Demokratie

Politik machen, Probleme lösen
in der Demokratie

ndestag in Berlin heute

Sei kein IDIOT !

– sich einmischen und mitmachen!

»Spring'
endlich!«

Ganz privat – ohne Politik leben?

»Sei kein Idiot« – das ist der Titel eines Buches, dessen Autor, der Spanier Fernando Savater, darin etwas sagen will über »Politik für die Erwachsenen von morgen« (1994). Mit diesem Titel will er seine Leserinnen und Leser provozieren, dass sie sich auf die Frage einlassen: »Warum soll ich mich überhaupt mit Politik beschäftigen, einer Sache, die ziemlich weit weg von dem ist, was mich betrifft?« Doch der Autor meint, es sei ganz sinnvoll, sich auf diese Frage einzulassen.

Denn:
»Die alten Griechen ... nannten den, der sich nicht um Politik kümmerte, idiótes. Ein Wort, das eine isoliert le-

Jetzt habe ich meine Ausbildung und unser Betrieb geht ins Ausland.

bende Person bezeichnet, die den anderen nichts zu bieten hat, die nur den häuslichen Kleinkram im Kopf hat und am Ende von allen manipuliert wird.«

Niemand sagt wohl gerne von sich, er sei ein Idiot. Aber nicht wenige gestehen offen, mit Politik »wenig am Hut zu haben«. Zwar können wir mit den »alten Griechen« nicht mehr die Politik von heute erklären, ihr Grundgedanke von »demokratischer Politik« macht aber immer noch Sinn: Die Menschen müssen ihre Dinge selber in die Hand nehmen, damit man überhaupt von einer "Herrschaft des Volkes" (Demokratie) reden kann.

EINIGKEIT MACHT STARK !

PROBLEME PROBLEME PROBLEME

PROBLEME

WIR PACKEN ES GEMEINSAM

Darum geht es auf den folgenden Seiten: wie Politik gemacht wird und wie wir dabei selber mitmachen können. Mit anderen Worten: wie wir uns einmischen können in den Streit um die politischen Themen, bei uns vor Ort und darüber hinaus ...

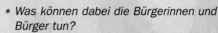

- Was können dabei die Bürgerinnen und Bürger tun?
- Welche Vorteile sind mit der von Ihnen vorgeschlagenen Lösung verbunden – und welche Nachteile?
- Und schließlich: Was hat unser Fall mit Politik zu tun?
Wer bei Ihrem Beispiel jeweils was zu entscheiden und zu tun hat, müssen Sie an dieser Stelle nicht bis ins letzte Detail klären. Weitere Informationen finden Sie auch in den folgenden Abschnitten.

1. Ein solches »politisches Thema vor Ort«, also eine offene Frage aus Ihrer eigenen Umgebung sollten Sie zum Einstieg in dieses Kapitel bearbeiten. Tipps zum weiteren Vorgehen finden Sie unten. Was bietet sich dafür an?
2. An Ihrem Beispiel sollten Sie Antworten auf diese fünf Fragen suchen:
- Wie könnte eine Entscheidung in unserer Sache aussehen?
- Welche Behörden oder Gremien müssen zur Lösung dieser Aufgabe aktiv werden?

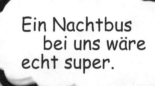

Ein Nachtbus bei uns wäre echt super.

Die »Fünf-Wörter-Methode«
– oder: Wie wir herausfinden können, was bei uns vor Ort auf die politische Tagesordnung kommen soll

Tipps für eine politische Ortserkundung

1. Schritt:
Schreiben Sie die fünf Wörter auf, die für »offene Fragen«, für Aufgaben in der Politik Ihrer Gemeinde (Ihrem Kreis usw.) Ihrer Meinung nach am wichtigsten sind.

2. Schritt:
Sprechen Sie darüber in Ihrer Gruppe/Klasse mit dem Ziel, dass Sie sich auf eine gemeinsame Fünfer-Liste einigen.

3. Schritt:
Falls Sie in Gruppen arbeiten: Aus den Fünfer-Listen der Gruppen muss nun noch eine Fünfer-Liste der Klasse werden.

4. Schritt:
Einigen Sie sich, welches Thema Sie aus der gemeinsamen Fünfer-Liste auswählen um es anschließend zu bearbeiten.

Was Sie bei den einzelnen Schritten beachten sollten:

Damit Ihre Entscheidung für eine der politischen Aufgaben auch den anderen einleuchtet, sollten Sie kurz schildern:

◎ Worum geht es bei diesen fünf Themen? Was soll entschieden werden?

◎ Um welche Interessen geht es dabei jeweils?

◎ Warum ist es meiner Meinung nach wichtig, dass gerade diese Aufgaben bei uns angegangen werden?

◎ Welche Interessenkonflikte können entstehen, wenn diese offenen Fragen gelöst werden – aber auch: wenn sie nicht gelöst werden?

3.1 Zum Greifen nahe – gesellschaftliche und politische Probleme im eigenen Umfeld

3.1.1 Politik machen – was können wir tun?

Im gemeinsamen Boot?

Was wir können, wenn wir wollen

Wenn es um Politik geht, muss es nicht langweilig sein. Und es muss dabei nicht immer um große Staatsaktionen gehen, die die meisten von uns nur aus der Ferne zu Gesicht bekommen, in der Regel über die Medien, allen voran über das Fernsehen.

Eine Umfrage unter den Jugendlichen einer südbadischen Gemeinde ergab: Sie wollen etwas tun, nicht nur für sich selber, sondern auch für ihre Umgebung. Aber: Gleichzeitig klagen viele von ihnen, sie hätten dazu kaum Möglichkeiten, die »eigentlichen Macher« seien andere, vor allem die Alten. Gefragt, was sie denn tatsächlich tun könnten, waren sie etwas ratlos: Viel machen könne man doch nicht. Dies muss nicht so sein ...

Wörter – und was mir dabei einfällt

»Politik«
P...............
O..............
L...............
I...............
T...............
I...............
K...............

»Demokratie«
D...............
E...............
M...............
O...............
K...............
R...............
A...............
T...............
I...............
E...............

Jugendgemeinderäte – eine Chance für mehr Einfluss auf die Gemeindepolitik?

§ 41 a Gemeindeordnung Baden Württemberg
(1) Die Gemeinde kann einen Jugendgemeinderat einrichten.
(2) Durch die Geschäftsordnung [des Gemeinderats] kann die Beteiligung von Jugendgemeinderäten an den Sitzungen des Gemeinderats in Jugendangelegenheiten geregelt werden; insbesondere können ein Vorschlagsrecht und ein Anhörungsrecht vorgesehen werden.

Unterschiedliche Modelle – delegierte oder direkt gewählte Jugendgemeinderäte		
	JGR – Delegierte der Organisationen	**JGR – von Schülern gewählt**	**JGR – durch Urwahl**
Wer wählt? aktives Wahlrecht	die örtlichen Jugendorganisationen, Vereine, kirchliche Gruppen, SMVs ...	beim ersten Mal: Schüler ab den 8. Klassen aufwärts; danach: jeweils die 8. Klassen	alle Jugendlichen der Gemeinde – einschließlich ausländischer Jugendlicher – im Alter von etwa 14 bis 18 Jahren
Wer kann gewählt werden? passives Wahlrecht	Mitglieder der Organisationen und Vereine ...	Schüler der genannten Altersstufen	alle Jugendliche der genannten Altersstufen

Anmerkung: Einzelne Grundsätze – z. B. über die Altersbegrenzung nach unten und oben – können vom Gemeinderat in Absprache mit den Jugendlichen festgelegt werden.

Nicht nur das Kreuz machen – aktiv sein auf unterschiedliche Weise
Eine Liste ohne Anspruch auf Vollständigkeit

1

Sich informieren

- mit anderen über Politik sprechen
- eine Tageszeitung lesen
- in Rundfunk und Fernsehen die Nachrichten verfolgen
- die Bürgerfragestunde in öffentlichen Gemeinderatssitzungen nutzen
- Auskunft bei Behörden holen
- bei Parteien, Bürgerinitiativen und von Verbänden Informationsmaterial besorgen
- politische Versammlungen – z. B. Bürgerversammlungen – besuchen
- Experten befragen
- Befragungen vor Ort durchführen: Umfragen, Erhebungen, Beobachtungen
- aus dem Internet Informationen holen

2

Die eigene Meinung zum Ausdruck bringen

- Leserbriefe an Zeitungen schreiben
- das Gespräch mit Gemeinderäten suchen
- an Abgeordnete schreiben
- in Versammlungen seine Meinung sagen, auch durch Beifall oder Protest
- die Öffentlichkeit über Zeitungen, Rundfunk, Fernsehen auf Missstände aufmerksam machen
- sich an Unterschriftensammlungen beteiligen
- Eingaben und Beschwerden an Behörden schicken
- Petitionen bei den Parlamenten im Land, im Bund und in der Europäischen Union vorbringen

Sich organisieren

3

- in Jugendgruppen eintreten
- gemeinsam mit anderen Aktionen vor Ort, etwa eine Demonstration, organisieren
- eine Bürgerinitiative gründen oder in einer Initiative mitarbeiten
- Mitglied in einer Gewerkschaft werden
- in einer Partei mitarbeiten oder in sie eintreten

Politische Verantwortung übernehmen

4

öffentlich zu einer Sache stehen, z. B. bei Demonstrationen
- sich bei Wahlen als Kandidat aufstellen lassen: für den Jugendgemeinderat, den Gemeinderat, den Kreistag, usw.
- in öffentlichen Ausschüssen und Beiräten, z. B. des Gemeinderats mitarbeiten
- ein Ehrenamt übernehmen (Betriebsrat, Elternvertreter usw.)

Mitmachrechte im Grundgesetz – mehr als nur zur Wahl gehen

Art. 5 (1): Informations- und Meinungsfreiheit
Art. 8 (1): Versammlungsfreiheit
Art. 9 (1): Vereinigungsfreiheit
Art. 9 (3): Koalitionsfreiheit
Art. 17: Petitionsrecht
Art. 21 (1): Recht, in Parteien aktiv zu sein und Parteien zu gründen
Art. 33 (1): Garantie gleicher staatsbürgerlicher Rechte und Pflichten
Art. 33 (2): Recht auf gleichen Zugang zu öffentlichen Ämtern
Art. 38 (1): passives Wahlrecht
Art. 38 (2): aktives Wahlrecht

Aufgaben:

1. Jugendgemeinderäte – manchmal auch Jugendräte genannt – wurden in letzter Zeit in vielen Gemeinden Baden-Württembergs eingerichtet. Seit 1986 waren es rund 80. Sammeln Sie Informationen. Sie können dazu das Internet nutzen und dabei nach folgendem Muster vorgehen:
- Wo gibt es sie in Ihrer Gegend?
- Interviewen Sie Gemeinderäte und Bürgermeister: Was halten diese von einer solchen Einrichtung?
- Fragen Sie Jugendgemeinderäte nach positiven und kritischen Erfahrungen: Wo sehen diese die Chancen, wo die Grenzen der Jugendgemeinderäte in der Kommunalpolitik? Wo liegen Chancen und Grenzen aus der Sicht der »alten Kommunalpolitiker«?

Internet-Adresse:
www.jugendgemeinderat.de

3.1.2 Politik in der Gemeinde – politische Mitwirkung vor Ort

Grundgesetz
Art. 28 (1):
Demokratische Wahlen
... In den Ländern, Kreisen
und Gemeinden muss das
Volk eine Vertretung haben,
die aus allgemeinen, unmittelbaren, freien, gleichen und
geheimen Wahlen hervorge-
gangen ist. Bei Wahlen in
Kreisen und Gemeinden sind
auch Personen, die die Staatsangehörigkeit eines Mitglieds-
landes der Europäischen
Gemeinschaft besitzen, ...
wahlberechtigt und wählbar.
...

Art. 28 (2):
Kommunale Selbstverwaltung
Den Gemeinden muss das
Recht gewährleistet sein, alle
Angelegenheiten der örtlichen
Gemeinschaft im Rahmen der
Gesetze in eigener Verantwor-
tung zu regeln. ...

Vom Grundgesetz garantiert – die kommunale Selbstverwaltung

Die meisten Möglichkeiten politisch aktiv zu werden haben wir in der Gemeinde. Dabei können wir auf unterschiedliche Weise »Politik machen«. In der Gemeindeordnung Baden-Württembergs und in der Hauptsatzung, die jede Gemeinde als ihre »Verfassung vor Ort« haben muss, sind die dafür wichtigen Regeln und Grundsätze festgelegt.

Grundlage für diese politische Mitwirkung der Bürgerinnen und Bürger ist das Recht der Gemeinden, ihre Angelegenheiten selber zu regeln und sich selber zu verwalten: Diese *kommunale Selbstverwaltung* ist ein Verfassungsgrundsatz, der im Grundgesetz für die Bundesrepulik Deutschland einen besonderen Stellenwert hat: Er darf nicht abgeschafft werden, auch nicht durch eine Zwei-Drittel-Mehrheit im Bundestag und Bundesrat.

Gemeinderäte wählen

Die Gemeinderäte werden nach den Regeln der *Verhältniswahl* gewählt. Das heißt: Die Parteien oder Wählergruppen bilden Listen mit ihren Kandidatinnen und Kandidaten. Bei der Wahl haben wir so viele Stimmen, wie Mitglieder des Gemeinderats zu wählen sind. Dabei gibt es drei Möglichkeiten:

• Wer sich insgesamt für einen Wahlvorschlag entscheidet, kreuzt diese Liste als ganze an.

• Wer einzelne Bewerber besonders unterstützen will, kann ihnen bis zu drei Stimmen geben – er kann kumulieren, das heißt die Stimmen »häufen«.

• Die Stimmen können auf Bewerber aus mehreren Listen verteilt werden – auf diese Weise können wir panaschieren, das heißt Stimmen »bunt mischen«.

Neben *politischen Parteien* beteiligen sich auch Wählergruppen. Das sind zum einen Vereinigungen, in denen sich bei Kommunalwahlen für eine bestimmte Wahl Bürgerinnen und Bürger einer Gemeinde zusammenschließen um eine Kandidatenliste aufzustellen. Zum andern gibt es die »Freie Wählervereinigung«, eine ständige Organisation, die wie die Parteien feste Mitglieder hat.

Wahlverfahren
• Mehrheitswahl
• Verhältniswahl
mehr dazu in
Abschnitt 3.2.11.

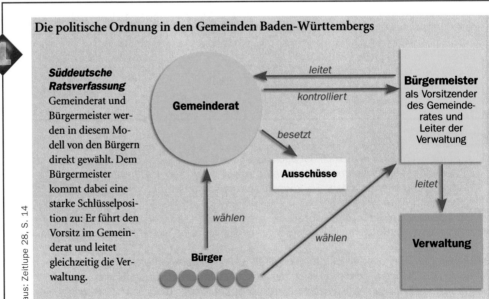

Die politische Ordnung in den Gemeinden Baden-Württembergs

Süddeutsche Ratsverfassung
Gemeinderat und Bürgermeister werden in diesem Modell von den Bürgern direkt gewählt. Dem Bürgermeister kommt dabei eine starke Schlüsselposition zu: Er führt den Vorsitz im Gemeinderat und leitet gleichzeitig die Verwaltung.

aus: Zeitlupe 28, S. 14

Gemeinderat

Bürgermeister als Vorsitzender des Gemeinderates und Leiter der Verwaltung

leitet

kontrolliert

besetzt

Ausschüsse

leitet

wählen

wählen

Bürger

Verwaltung

Den Bürgermeister wählen

Außer in den drei Stadtstaaten Berlin, Bremen und Hamburg wird er überall direkt vom Volk gewählt. Dabei gilt das *Mehrheitswahlsystem*: Erreicht ein Bewerber die absolute Mehrheit der abgegebenen Stimmen, ist er gewählt. Im anderen Fall wird ein zweiter Wahlgang erforderlich. Dann ist gewählt, wer die einfache Mehrheit, also die meisten Stimmen unter allen Bewerbern erhalten hat.

Aufgaben:

1. *In Art. 28 GG werden die Wahlgrundsätze genannt, die bei Kommunalwahlen gelten. Stellen Sie diese zusammen und umschreiben Sie ihre Bedeutung mit eigenen Worten.*
2. *Um die Bestimmungen des kommunalen Wahlrechts im Einzelnen anschaulicher verstehen zu können, sollten Sie sich auf dem Rathaus Stimmzettel der letzten Wahl besorgen. Betrachten Sie dabei auch die Anordnung der Listen und die Reihenfolge auf den einzelnen Listen.*
3. *Man sagt, Wahlen in den Gemeinden, vor allem in kleinen und mittleren, seien in erster Linie Persönlichkeitswahlen. Wie kommt dies im Wahlverfahren zum Ausdruck?*

Direkte Mitwirkung in der Kommunalpolitik
Bürgerbegehren und Bürgerentscheid in Baden-Württemberg

Gemeindeordnung Baden-Württemberg (GO), Artikel 21

(1) Bürgerentscheid
Der Gemeinderat kann mit einer Mehrheit von zwei Dritteln der Stimmen aller Mitglieder beschließen, dass eine wichtige Gemeindeangelegenheit der Entscheidung der Bürger unterstellt wird (Bürgerentscheid).
Wichtige Angelegenheiten sind:
1. Die Errichtung, wesentliche Erweiterung und Aufhebung einer öffentlichen Einrichtung, die der Gesamtheit der Einwohner zu dienen bestimmt ist,
2. die Änderung der Gemeindegrenzen und Landkreisgrenzen, ...
3. die Einführung und ... Aufhebung der Bezirksverfassung und der Ortsverfassung.

Durch die Hauptsatzung kann bestimmt werden, was darüber hinaus als wichtige Gemeindeangelegenheit gilt.

(3) Bürgerbegehren
Über eine wichtige Gemeindeangelegenheit kann die Bürgerschaft einen Bürgerentscheid beantragen (Bürgerbegehren). ... Das Bürgerbegehren muss schriftlich eingereicht werden; richtet es sich gegen einen Beschluss des Gemeinderats, muss es innerhalb von vier Wochen nach der Bekanntgabe des Beschlusses eingereicht sein ...

(4) Zulässigkeit
Über die Zulässigkeit eines Bürgerbegehrens entscheidet der Gemeinderat ...

Spruch an einem Haus, Ende 19. Jahrhundert

Aufgaben:

4. *Für welche offenen Fragen und Probleme würden sich Ihrer Meinung nach diese direkten Formen der Bürgerbeteiligung in Ihrer Gemeinde eignen?*

3.2 Mitmachen und mitwirken – politische Beteiligung in der Demokratie

Der durchsichtige Mensch?

Artikel 1 GG

(1) Die Würde des Menschen ist unantastbar. Sie zu achten und zu schützen ist Verpflichtung aller staatlichen Gewalt.

…

(3) Die nachfolgenden Grundrechte binden Gesetzgebung, vollziehende Gewalt und Rechtsprechung als unmittelbar geltendes Recht.

Aufgaben:

1. Welcher Zusammenhang besteht zwischen der Karikatur und dem Artikel 1 des Grundgesetzes? Betrachten Sie auch die Titelzeile dieses Abschnitts und versuchen Sie auf die folgenden Fragen Antworten zu finden:
   • Wen schützen die Grundrechte?
   • Wer muss sie beachten?

3.2.1 Grundrechte – eine Voraussetzung der Demokratie

Am Anfang: die Würde des Menschen

Der Abschnitt über die Grundrechte wird mit Art. 1 eröffnet: Die Würde des Menschen soll oberste Richtlinie sein: »Sie zu achten und zu schützen ist Verpflichtung aller staatlichen Gewalt.« Dieser Satz am Anfang der Verfassung sagt: Der Staat und alle seine Behörden sind verpflichtet jeden einzelnen Menschen zu achten und zu respektieren. Und wenn jemand mit dem Gesetz in Konflikt geraten ist, so ist es Sache unabhängiger Gerichte, darüber zu urteilen.

Die Mitglieder des Parlamentarischen Rates, die dies im Grundgesetz 1949 so beschlossen haben, hatten noch die Zeit der nationalsozialistischen Diktatur zwischen 1933 und 1945 erlebt. Millionen von Menschen waren damals der Gewaltherrschaft der Nazis ausgeliefert, wurden gequält, gefoltert und umgebracht – wegen ihrer Herkunft, ihres Glaubens, ihrer politischen Ziele…

Grundrechte – persönliche Rechte

Jeder Mensch hat Rechte. Das ist heute so selbstverständlich, dass es uns oft erst bewusst wird, wenn wir uns ungerecht behandelt fühlen, gegen Angriffe verteidigen müssen … Das Fundament dieser Rechte bilden die Grundrechte, die im Grundgesetz für die Bundesrepublik Deutschland formuliert sind.

Unsere Verfassung enthält die Grundrechte im engeren Sinne im ersten Abschnitt, in den Artikeln 1 bis 19. Darüber hinaus finden sich auch in anderen Abschnitten des Grundgesetzes Grundrechte im weiteren Sinne – z. B. in Artikel 38: das aktive und passive Wahlrecht.

Grundrechte stehen nicht nur als Absichtserklärungen auf dem Papier. Sie können eingeklagt werden. Das heißt: Fühlt sich jemand in einem Grundrecht verletzt, kann er vor den Gerichten, zuletzt vor dem Bundesverfassungsgericht, klagen (vgl. dazu Abschnitt 3.3.7).

Für wen gelten die Grundrechte?

Werfen wir einen Blick in den Text des Grundgesetzes. Da heißt es: »Alle Deutschen haben das Recht ...« Aber auch: »Jeder hat das Recht ...« Diese Unterscheidung ist nicht willkürlich. Sie besagt vielmehr: Es gibt Bürgerrechte; auf die können sich nur deutsche Staatsbürger berufen. Und es gibt Grundrechte, die allen zustehen, die sich in Deutschland aufhalten.

Unterschiedliche Rechte

Die Reihe der Grundrechte können wir in drei Gruppen einteilen. In jeder Gruppe geht es um ein anderes Rechtsgut, das geschützt werden soll. Wir unterscheiden:

• *Abwehr- oder Unverletzlichkeitsrechte:* Das Leben der Menschen oder einzelne Bereiche ihres Privatlebens sind vor dem willkürlichen Zugriff durch staatliche Behörden geschützt. Etwa: Niemand darf ohne Grund verhaftet werden. Ohne dringenden Tatverdacht darf die Polizei nicht in eine Wohnung eindringen...

• *Freiheitsrechte:* Andere Grundrechte bestimmen, dass jeder Mensch frei ist und sein Leben im Rahmen der Gesetze selber gestalten kann. Zu diesen Freiheitsrechten zählen unter anderem die freie Berufswahl und die Meinungsfreiheit.

• *Gleichheits- und Teilhaberechte:* Niemand darf von staatlichen Behörden bevorzugt oder benachteiligt werden. Dies gilt vor allem vor Gericht: Jeder Beschuldigte hat einen Anspruch auf ein Gerichtsverfahren, unabhängig von seiner Herkunft, seinem Geschlecht, seiner Rasse oder seinem Glauben. Und für deutsche Staatsbürger gilt: Sie haben gleiche politische Rechte, etwa das Recht sich an Wahlen zu beteiligen.

Grundrechte – Schranken für den Staat

»Ihr Ausweis ist seit zwei Jahren abgelaufen. Wer waren Sie in der Zwischenzeit?«

Aufgaben:

2. Die Obrigkeit in Gestalt eines Polizeibeamten: Ich habe meinen Ausweis nicht verlängert. Darf die Polizei deshalb z. B. kontrollieren, wo ich in den letzten zwei Jahren war?

Politik aktuell

Verfolgen Sie in den folgenden Wochen die Berichterstattung in den Medien. Wo finden Sie Berichte, in denen es um einzelne Grundrechte geht – vor Gericht, in der politischen Debatte...?

Aufgaben:

3. Die Einteilung der Grundrechte in Abwehr-, Freiheits- und Gleichheitsrechte können Sie mit Beispielen selber belegen. Suchen Sie für jede Gruppe die entsprechenden Artikel des Grundgesetzes heraus. Klären Sie dann:
• Was wird in diesen Artikeln jeweils geschützt oder zugesichert?
• Wer kann dieses Grundrecht in Anspruch nehmen?
• Wer muss diese Rechte beachten? Anders formuliert: Wen verpflichten die Grundrechte?
Anschließend können Sie Ihre Antworten, die Sie zu M 1 gefunden haben, überprüfen.

Heiß begehrt: Informationen aus erster Hand

Informationen – wahr und echt?

»Seit man entdeckt hat, dass Information eine Ware ist, mit der sich Geld machen lässt, sind die traditionellen Kriterien ‚wahr‘ und ‚verlogen‘ nicht mehr wichtig – die Information ist nun völlig abhängig von anderen Regeln: denen des Markts, des maximalen Profits ...«

Ryszard Kapuscinski: Die große Reporterarmee. Frankfurter Allgemeine Zeitung vom 13.02.1999

Demokratische Politik – keine Geheimdiplomatie

Das Recht, sich frei und umfassend zu informieren, sich eine eigene Meinung zu bilden und diese in der Öffentlichkeit zu vertreten, musste in der Vergangenheit gegen viele Widerstände erkämpft werden. Im 17. Jahr-

hundert wetterten die Regierungen gegen das »unnötige, mit unersättlicher Begierde getriebene Zeitungslesen«. Heute dagegen steht dieses Grundrecht in den Verfassungen der meisten Staaten.

Auch in internationalen *Erklärungen der Menschenrechte* gehören die Informations- und Meinungsfreiheit und die Pressefreiheit zu den grundlegenden Forderungen. So heißt es in der »Allgemeinen Erklärung der Menschenrechte« der Vereinten Nationen von 1948:

»Jedermann hat das Recht auf Freiheit der Meinung und der Meinungsäußerung; dieses Recht umfasst die unbehinderte Meinungsfreiheit und die Freiheit, ohne Rücksicht auf Staatsgrenzen Informationen und Gedankengut durch Mittel jeder Art sich zu beschaffen, zu empfangen und weiterzugeben.« (Art. 19)

»Gemachte Informationen« – sortierte Wirklichkeit frei Haus?

Elektronik und Satelliten machen es möglich: Was irgendwo in der Welt geschieht, kann zur gleichen Zeit von uns gesehen und gehört werden. Das Gefühl, »Augenzeuge« zu sein, macht Nachrichten interessant und spannend. Doch das bedeutet noch lange nicht, dass wir »die Wirklichkeit« erfahren. Das hat seine Gründe:

Ein Grundrecht: drei Freiheiten und ein Verbot

Artikel 5 (1) GG

Jeder hat das Recht, seine Meinung in Wort, Schrift und Bild frei zu äußern und zu verbreiten und sich aus allgemein zugänglichen Quellen ungehindert zu unterrichten. Die Pressefreiheit und die Freiheit der Berichterstattung durch Rundfunk und Film werden gewährleistet. Eine Zensur findet nicht statt.

 Meinungsfreiheit ...

 Informationsfreiheit ...

 Pressefreiheit ...

Zensurverbot ...

Aufgaben:

1. Beschreiben Sie mit eigenen Worten die drei Freiheiten und das Zensurverbot in Art. 5 GG. Sie können unter »Pressefreiheit« alle Medien, nicht nur die Druckmedien zusammenfassen.

2. Art. 5 GG ist dem Wortlaut nach nicht mehr ganz auf der Höhe der Zeit. Wie müsste der Text ergänzt werden, damit er exakt den heutigen technischen Möglichkeiten entsprechen würde?

Frei sein, seine Meinung sagen können – auch wenn's andere ärgert

Ich hab's schließlich im Fernsehen gesehen! Wenn zwei sich streiten, und der eine sagt: »Hör mal, da irrst du dich – was du da sagst, das ist in Wirklichkeit überhaupt nicht so«, dann hören wir den anderen erwidern: »Was soll das heißen: Ich irre mich? Ich hab's im Fernsehen gesehen.«
R. Kapuscinski, Frankfurter Allgemeine Zeitung vom 13.02.1999

Aufgaben:

3. Schildern Sie, was auf dem Bild passiert: die Personen und was sie tun, was sie wollen, worauf ihre Forderungen zielen ... Was hat das Foto mit Artikel 5 GG (M 2) zu tun?

• Vor allem Fernsehsender richten ihre Kameras auf spektakuläre Ereignisse, gewaltsame Konflikte und Bilder von Katastrophen. Anderes blenden sie aus. So sichern sie hohe Einschaltquoten und damit hohe Werbeeinnahmen. Ein Beispiel: 1991 wurden in den USA bei der Berichterstattung über militärische Aktionen im ersten Golfkrieg, an dem auch US-Truppen beteiligt waren, die höchsten Werbeeinnahmen erzielt (Globale Trends 1998, S. 389).

• Moderne technische Mittel machen es möglich, Informationen in jeder Form zu bearbeiten um die eigene Politik darzustellen. Nicht selten beschäftigen Regierungen zu diesem Zweck Medienagenturen, die ihre Politik ins richtige Licht rücken sollen.

Das Internet als politische Informationsquelle. Chancen und Gefahren – für wen?

Das Internet als neues Medium, um Informationen und Meinungen zu verbreiten, aber auch als Propaganda-Instrument. Dazu gibt es viele Beispiele:

• In China benutzen demokratische Oppositionelle das elektronische Netz, um mit anderen Gruppen im Land und weltweit Kontakte aufzunehmen.

• Rechtsradikale Hetze im Internet: Das Internet ist weitgehend frei zugänglich – auch für Menschen, die rechtsradikale, fremdenfeindliche und verfassungsfeindliche Propaganda verbreiten wollen.

Politik aktuell
Eine wichtige Adresse für den Politikunterricht:
www.politische-bildung.de

Internetseiten eines chinesischen Oppositionellen

WEI'S STORY

WEI'S ESSAYS AND ARTICLES

WEI JINGSHENG: THE SPIRIT OF CHINESE DEMOCRACY

Wei Jingsheng's dissident life began with a precipitous suddenness. In just under four months, during the 19... Wei did not actually go to Democracy Wall until several weeks after poster-writers in Beijing had started to ... *Modernization-Democracy."* With virtually no revisions, it was posted on Democracy Wall by a friend at 2 ... his initial arguments and responding to critics who had written their comments on and around the poster. In ... He published and distributed four issues of the journal, Exploration, which he founded and which consisted ... Public Security Bureau stations about imprisoned fellow activist, Fu Yuehua. He also met with foreign diplo...

3.2.3 Informieren und kontrollieren – welche Rolle spielen die Massenmedien in der Politik?

Politik – nichts geht ohne die Medien

Die Presse im weitesten Sinne ist zu einem wichtigen *Informationsträger* für das politische Geschehen geworden. Ohne sie käme die Politik nicht zu den Bürgerinnen und Bürgern. Indem sie über die nationale und internationale Politik, die Arbeit der Regierung, der Parteien und der Verbände informiert, macht sie das »politische Geschäft« öffentlich.

Damit hängt auch eine zweite Rolle eng zusammen, die die Medien in der Politik spielen: Wenn sie Missstände kritisieren, übernehmen sie die Aufgabe, Politik und diejenigen, die sie machen, öffentlich zu *kontrollieren.*

Erst dadurch können wir uns ein Bild machen, können beurteilen, ob wir mit der Politik einverstanden sind oder ob wir uns bei den nächsten Wahlen anders entscheiden sollen. So gesehen sind wir, die Bürgerinnen und Bürger, auf die Medien angewiesen, wenn wir *politisch aktiv* werden und die Politik mitgestalten wollen.

Infotainment statt politische Nachrichen?

Weil Politik heute nicht mehr wie im alten Griechenland von allen direkt auf dem Marktplatz ausgehandelt wird, brauchen die Politikerinnen und Politiker die Medien, damit das »rüberkommt«, was sie tun. Wer von ihnen »eine gute Presse hat«, hat schon mal »die halbe Miete« eingefahren.

Das ist nicht nur ein deutsches Problem. In allen Gesellschaften, in denen die Medien zu einem wichtigen wirtschaftlichen Faktor geworden sind, wird die Berichterstattung über Politik immer stärker an Personen festgemacht. Sie wecken die Neugierde des Publikums. Für Regierungen und Parteien wird es immer wichtiger, wie sie in den Medien ankommen. Sie richten sich danach – mit der Art, wie sie in der Öffentlichkeit auftreten, welche Politikertypen sie präsentieren. Zugleich soll Politik auch einen »Unterhaltungswert« bekommen. Fragen, die dahinter stecken, die wichtig sind für das Verständnis der Ereignisse, werden eher ausgeklammert.

PR- und Medienagenturen machen Politik

PR-Agenturen beraten Politiker, wie sie in der Öffentlichkeit auftreten, welche Themen sie ansprechen sollen und welche Kontakte für sie wichtig sind. So die Frankfurter Agentur Hunziger. 2001 und 2002 wurde bekannt, dass mehrere Bundespolitiker von dieser Agentur „betreut" wurden. Einige Politiker waren auch im Aufsichtsrat der Hunziger Agentur.

Süddeutsche Zeitung, 20.07.2002

Keine Massenmedien – was dann?

Stellen wir uns vor: Keine Zeitungen, kein Radio und kein Fernsehen, auch kein Internet – wir würden nichts von der Politik lesen, sehen und hören, ausgenommen vielleicht ein bisschen über Politik in unserer Gemeinde oder Stadt. Was dann?

Anstöße, um darüber zu sprechen, welche Rolle die Medien in der Politik spielen können – vielleicht auch spielen sollen:

» Das wär' ganz gut, dann müsste ich mich schon weniger ärgern.« » Das mag ja sein, aber das ist zu kurz gedacht. Wer nichts von der Politik erfährt, weiß auch nicht, was andere über ihn, über sein Leben beschließen. Du gibst ein Stück Selbstbestimmung her.« » Vielleicht würde die Politik besser, wenn die Politikerinnen und Politiker nicht so oft in den Medien wären. Die schielen doch nur darauf, wie sie in den Medien und bei der breiten Masse ankommen.« » Wenn über die Politik und die Politiker nichts an die Öffentlichkeit dringt, machen diese, was sie wollen. Es ist gut, dass ihnen die Presse auf die Finger schaut.« » Wer nichts von der Politik weiß, kann sich nicht selber in die Politik einmischen. Selbst bei der Kommunalpolitik kann keiner von uns immer vor Ort sein. Ohne Informationen bleibst du machtlos.« » Vor allem das Fernsehen versaut die Politik. Die Parteien wollen sich und ihre Spitzenleute möglichst gut verkaufen. Es geht nur ums Image, nicht mehr darum, was die konkret machen wollen.« » Da mag was dran sein. Aber wenn Politiker in den Fernseh-Nachrichten zu Wort kommen, dann heißt es: Bitte kurz fassen! In 30 Sekunden können die nur Leerformeln von sich geben.«

**Infotainment –
Nachrichten oder was?
Selber schuld?**

◎ »Wir leben heute in einer Medien-Demokratie. Politik wird zur Show. Gut ankommen ist alles, Inhalte sind zweitrangig!«

◎ »Das mag ja sein. Doch bei wem wollen die Politiker gut ankommen? Doch bei uns. Wer von uns hat denn Lust, sich genau zu informieren? Also müssen sie schauen, wie sie uns erreichen.«

◎ »Die Medien machen selber handfeste Politik. Und nicht zuletzt machen sie die Politiker, die sie haben wollen!«

EINE MINUTE VOR ACHT UHR, LIEBE HÖRER, DIE NACHRICHTEN AUF IHREM PRIVATSENDER! BONN! KANZLER BESTREITET! PARIS! MODE KURZ! MOSKAU! FLUGZEUG RUNTER! LONDON! KÖNIGIN REIST! UND JETZT ENDLICH WEITER MIT MUSIK!!

Neuer Job: helfen, die Botschaften rüberzubringen
Was haben Heineken-Bier, Alka-Seltzer und Bill Clinton gemeinsam? In allen Fällen handelt es sich um ein Produkt, das James Carville vermarktet …
James Carville hat schon viele Politiker an die Macht gebracht: Bill Clinton, Tony Blair, Nelson Mandela und Gerhard Schröder. Der Vermarktungskünstler hilft seinen Klienten die Botschaften an die Wähler klar und knapp zu machen …
Die Zeit Nr. 20 vom 12.05.1999, S. 12

Pressefreiheit wird nicht eingeschränkt

Innenministerium rückt von Entwurf für neues Datenschutzgesetz ab

Bundesverfassungsgericht rügt Regierung
Gesetz widerspricht Verfassung

Eine freie Presse und die Demokratie
Aus einem Urteil des Bundesverfassungsgerichts:
»Ein freie, nicht von der öffentlichen Gewalt gelenkte, keiner Zensur unterworfene Presse ist ein Wesenselement des freiheitlichen Staates; insbesondere ist eine freie, regelmäßig erscheinende Presse für die moderne Demokratie unentbehrlich.
Soll der Bürger politische Entscheidungen treffen, muss er umfassend informiert sein, aber auch die Meinungen kennen und gegeneinander abwägen können, die andere sich gebildet haben. Die Presse hält diese ständige Diskussion in Gang, sie beschafft die Informationen, nimmt selbst dazu Stellung und wirkt dazu als orientierende Kraft in der öffentlichen Auseinandersetzung. …
In der repräsentativen Demokratie steht die Presse zugleich als ständiges Verbindungs- und Kontrollorgan zwischen dem Volk und seinen gewählten Vertretern in Parlament und Regierung.«

Urteil im Verfahren über die Verfassungsbeschwerde des Spiegel-Verlags vom 05.08.1966; BVerfGE 20, S. 163 ff.

Aufgaben

1. In diesem Auszug aus einem Urteil des Bundesverfassungsgerichts stecken einige Hinweise, warum Politik in einem demokratischen Staat nicht ohne freie Medien möglich ist. Suchen Sie diese Hinweise heraus.

2. Versuchen Sie, die Argumente des Gerichts den Meinungen in M 1 zuzuordnen: Welche Äußerungen in M 1 werden durch das Urteil bestätigt, welche nicht?

3.2.4 Verhindern, anstoßen, selber tun? – Politik machen in Bürgerinitiativen

Anti-Atom-Protest bei Gorleben

Politik kontrovers
Bürgerinitiativen – kritische Argumente
• Bürgerinitiativen haben die Parteien verändert. Die haben gemerkt, dass sie nicht in ihrem lahmen Trott weitermachen können. Ein Beispiel: Keine Partei kann es sich heute noch leisten, nichts zum Thema »Ökologie« zu sagen.
• Im Parlament und in den Parteien wurde schon manches wichtige Thema verschlafen. Bürgerinitiativen sind viel schneller und empfindlicher. Sie warnen zur rechten Zeit, wenn etwas faul ist.

Bürgerinitiativen – Gefahr für die Parteien?

Die politischen Parteien bekamen in den späten Sechzigerjahren zunehmend Konkurrenz. Mehr und mehr entstanden in der Bevölkerung Initiativen, die selber und vor der eigenen Haustür etwas erreichen wollten – durch Protest, durch Informationen und Demonstrationen, manchmal auch, indem sie die Dinge selbst in die Hand nahmen. Heute gehören *Bürgerinitiativen* zum politischen Alltag. Dabei begegnen uns spontane, zeitlich begrenzte und lockere Zusammenschlüsse von Bürgern, neben solchen, die sich wie ein Verein auf Dauer organisiert haben.

Viele Gruppen haben sich bundesweit zusammengeschlossen – etwa im Bund für Umwelt und Naturschutz (BUND). Rund 350 solcher Umweltorganisationen bilden zusammen den *Bundesverband Bürgerinitiativen Umweltschutz.* Damit geben sich

Aktion der Umwelt-organisation Robin Wood

Bürgerinitiativen eine feste und dauerhafte Organisation. Sie arbeiten dann »professionell« wie die großen Interessenverbände (vgl. Abschnitt 3.2.5).

Neue soziale Bewegungen

Die Vielzahl der Initiativen, die aus der Gesellschaft heraus entstanden sind, sind keine vorübergehenden Erscheinungen. Sie sind in den unterschiedlichen Bereichen des öffentlichen Lebens tätig,
• in der sozialen Arbeit,
• im Umweltschutz,
• in der Friedensbewegung,
• im Kampf gegen Atomkraft,
• beim Schutz der Menschenrechte,
• in der Frauenbewegung.

Organisationen wie Greenpeace, Amnesty International, Human Rights Watch sind heute global tätig. Als »neue« Bewegungen sollten sie von älteren sozialen Bewegungen unterschieden werden – etwa der Arbeiterbewegung, die mit der Industrialisierung im 19. Jahrhundert und der damit verbundenen »sozialen Frage« entstanden ist.

Druck von unten auf die »offizielle« Politik – ein Fall aus Südbaden und seine Wirkungen

1975 in Südbaden: In Wyhl am Kaiserstuhl, nahe der französischen Grenze. Die Landesregierung will dort ein Atomkraftwerk, ein »AKW« errichten. Doch der Plan wird nie verwirklicht werden.

In der ganzen Region, auf dem Land und in der nahen Stadt Freiburg, regt sich Protest. Kaiserstühler Weinbauern fürchten die mächtigen Dampfwolken, die über den Kühltürmen von AKWs stehen. Sie würden die Sonne verdecken, die ihre Weinreben brauchen. Andere, Bewohner der Dörfer und aus dem nahen Freiburg, sehen in der Atomenergie ein Technik, die gefährlich ist und ihr Leben bedroht.

Aus dem Protest organisiert sich Widerstand, denn die Regierung will an ihrem Plan festhalten. Auch der massive Einsatz von Polizei kann diesen Widerstand nicht brechen. Das Gelände, auf dem das AKW gebaut werden soll, wird besetzt. Die Demonstranten harren auf dem Platz aus, bauen gar ein »Freundschaftshaus Wyhler Wald«. Es wird zum Informationszentrum und zum Treffpunkt für die ganze Region.

Heute ist davon nichts mehr zu sehen – der Wyhler Wald ist nach wie vor Wald; die Regierung verzichtete im Laufe der Jahre auf ihren Plan. Doch: »Wyhl gab den Startschuss für

Freundschaftshaus von Wyhl (1975)

Anti-Atom-Proteste an vielen Orten der Bundesrepublik.« Und: »Wyhl ist mehr: Der Wald hat am Rhein alle Spuren früherer Kämpfe überwuchert – doch die politischen Spuren sind nicht zu übersehen.«

Nach: Badische Zeitung vom 29.12.1987

Initiativen global
Gegner der zunehmenden Globalisierung sind international aktiv in Attac.
Dazu www. attac.de

Aufgaben:

1. *Die politischen Spuren des Protests im Wyhler Wald Mitte der Siebzigerjahre seien nicht zu übersehen, schrieb die Zeitung. Dies gilt unseres Erachtens auch heute noch. Gehen Sie dieser These nach: Welche Spuren können Sie heute ausmachen*
   * *bezogen auf den Protest gegen die Atomenergie,*
   * *aber auch weiter gefasst: hinsichtlich der Bedeutung der Bürgerinitiativen in der Politik?*

Aufgaben:

2. *Das Thema »Bürgerinitiativen« wird in der Gesellschaft kontrovers diskutiert. Die Aussagen auf dem Rand geben dazu einige Anstöße. Sie können die Pro- und Kontra-Debatte mit eigenen Gedanken weiterführen.*
3. *Die Bürgerinitiativen – eine Gefahr für die Parteien? Vielleicht gibt es eine sinnvolle Arbeitsteilung zwischen den neuen sozialen Bewegungen außerhalb der Parlamente und den Parteien und Abgeordneten. Wie könnte diese Arbeitsteilung aussehen?*

Politik kontrovers
• Die wichtigen politischen Entscheidungen sollten im Parlament fallen und nicht auf der Straße.
• Welcher Schaden entsteht, wenn wichtige Projekte verzögert oder gar gestoppt werden – darüber müssten wir nachdenken.

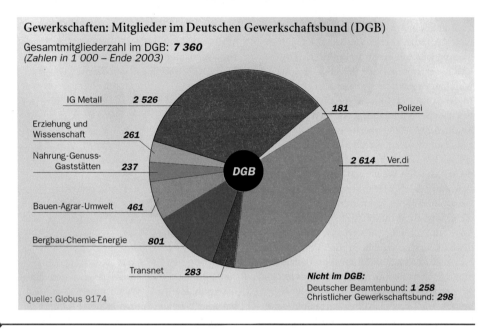

Gewerkschaften: Mitglieder im Deutschen Gewerkschaftsbund (DGB)

Gesamtmitgliederzahl im DGB: **7 360**
(Zahlen in 1 000 – Ende 2003)

IG Metall **2 526**

Polizei **181**

Erziehung und Wissenschaft **261**

Nahrung-Genuss-Gaststätten **237**

DGB

Ver.di **2 614**

Bauen-Agrar-Umwelt **461**

Bergbau-Chemie-Energie **801**

Transnet **283**

Nicht im DGB:
Deutscher Beamtenbund: **1 258**
Christlicher Gewerkschaftsbund: **298**

Quelle: Globus 9174

Interessen organisieren – ein Grundrecht
Art. 9 GG
(1) Alle Deutschen haben das Recht, Vereine und Gesellschaften zu bilden.
(3) Das Recht, zur Wahrung und Förderung der Arbeits- und Wirtschaftsbedingungen Vereinigungen zu bilden, ist für jedermann und für alle Berufe gewährleistet. …

Lobby
Eingangshalle eines Gebäudes. Heute bezeichnet der Begriff im übertragenen Sinne die Interessenvertreter, die in der Politik Einfluss haben wollen.

Interessenverbände – ein breites Spektrum

In Deutschland gibt es heute mehr als viertausend Verbände mit unterschiedlichen Zielsetzungen. Sie wollen Einfluss haben – in der Öffentlichkeit, gegenüber anderen Organisationen, aber vor allem in der Politik. Man sagt auch, sie bilden »eine Lobby«, und meint damit, dass sie sich dort aufhalten, wo »die Macht« anzutreffen ist – etwa in den Räumen des Bundestages und der Ministerien.

Handfester Protest: Demonstration der Bauern gegen die Landwirtschaftspolitik der Europäischen Union

● **Wirtschaftsverbände:** Besondere Bedeutung und weit reichenden Einfluss haben in der Politik die Verbände, die wirtschaftliche Interessen ihrer Mitglieder vertreten. Das sind einmal die Organisationen der Unternehmen und der Arbeitgeber. Ihre Verbände sind auf Bundesebene im *Bundesverband der Deutschen Industrie* und in der *Bundesvereinigung Deutscher Arbeitgeberverbände* zusammengefasst.

Zu den Arbeitnehmerorganisationen gehören die *Gewerkschaften*. Die meisten sind auf Bundesebene im Deutschen Gewerkschaftsbund (DGB) zusammengeschlossen. Daneben gibt es den Christlichen Gewerkschaftsbund (CGB). Auch wenn der Verbandsname nicht darauf verweist, so ist auch der Beamtenbund eine Gewerkschaft. Gewerkschaften und Arbeitgeberverbände haben die Aufgabe, Arbeitsbedingungen der Arbeitnehmer für bestimmte Branchen auszuhandeln. In diesen Tarifverträgen werden z. B. Lohn und Arbeitszeiten festgelegt. Für die Verhandlungen gilt der Grundsatz der *Tarifautonomie*: Die Tarifpartner können die Verträge selbstständig – ohne dass der

Staat sich einmischt – abschließen. Als Druckmittel stehen den Gewerkschaften Streiks und den Arbeitgebern Aussperrungen zur Verfügung. Die Ergebnisse der Tarifverhandlungen sind Kompromisse, weil die Interessen der Tarifparteien weit auseinander liegen.

• **Soziale und kulturelle Verbände:** In jeder Gemeinde gibt es unterschiedliche Vereine. Viele von ihnen gehören einem übergeordneten Verband an, der ihre Interessen vertritt. Ein Beispiel: Im Deutschen Sportbund (DSB) sind rund 90 000 Turn- und Sportvereine mit mehr als 24 Millionen Mitgliedern zusammengeschlossen. Auch bei solchen Organisationen geht es um Politik: Von den Abgeordneten, den Regierungen und den Gemeinden erwarten die Sport-Lobbyisten z. B., dass

• sie die Arbeit der Vereine durch Zuschüsse fördern – etwa beim Bau von Sportstätten und bei der Ausbildung ihrer Trainer;

• die Vereine die Einnahmen, die sie bei ihren Festen erwirtschaften, nicht versteuern müssen …

Solche Forderungen leuchten aus der Sicht der Vereine und Verbände ein. Sie werden jedoch keinesfalls von allen mitgetragen. Im Gegenteil: Für die Gastwirte sind die steuerfreien Vereinsfeste ein Dorn im Auge. Sie würden ihnen – so ihr Argument – immer mehr Kundschaft entziehen.

Verbandsvertreter im Bundestag
Ein Beispiel:
Otto Regenspurger, Postinspektor a. D. und stellvertretender Vorsitzender des Beamtenbundes, war bis 1998 24 Jahre lang im Bundestag.
Er hatte es neben seinem Mandat auf »knapp ein Dutzend wichtige Positionen in allerlei Ämtern gebracht«.
Die Zeit Nr. 42 vom 08.10.1998

15. Deutscher Bundestag 2002–2006:
21 % der Abgeordneten sind Angestellte von Unternehmens- und Arbeitgeberverbänden, Gewerkschaften und Parteien.

Aufgaben:

1. Verbände zielen nicht immer direkt auf die Politik und die Politiker. Welche anderen Möglichkeiten haben sie, sich ins Spiel zu bringen (vgl. auch M 2)?
2. Zur Diskussion: Zu viele Verbandsvertreter im Bundestag?
• Wo können die Probleme liegen für die Arbeit im Parlament?
• Der frühere sächsische Ministerpräsident Biedenkopf sieht darin auch ein Problem mit der Verfassung, wenn Verbandsangestellte Abgeordnete werden. Sie sollten dazu die Informationen über das »freie Mandat« in Abschnitt 3.3.2 heranziehen, um das Problem herauszuarbeiten.

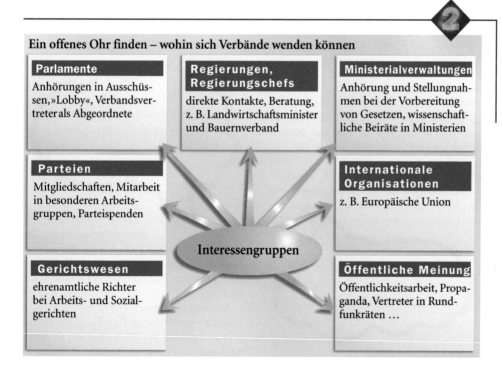

Ein offenes Ohr finden – wohin sich Verbände wenden können

Parlamente
Anhörungen in Ausschüssen, »Lobby«, Verbandsvertreter als Abgeordnete

Regierungen, Regierungschefs
direkte Kontakte, Beratung, z. B. Landwirtschaftsminister und Bauernverband

Ministerialverwaltungen
Anhörung und Stellungnahmen bei der Vorbereitung von Gesetzen, wissenschaftliche Beiräte in Ministerien

Parteien
Mitgliedschaften, Mitarbeit in besonderen Arbeitsgruppen, Parteispenden

Internationale Organisationen
z. B. Europäische Union

Interessengruppen

Gerichtswesen
ehrenamtliche Richter bei Arbeits- und Sozialgerichten

Öffentliche Meinung
Öffentlichkeitsarbeit, Propaganda, Vertreter in Rundfunkräten …

Politik kontrovers
Wie kann man die Macht der Verbände begrenzen?
Ein Vorschlag des früheren sächsischen Ministerpräsidenten Kurt Biedenkopf (CDU):
»Hauptamtliche bezahlte Funktionäre eines Interessenverbandes sollten nicht Abgeordnete sein. Der Vorsitzende eines Interessenverbandes ist schon durch seinen Arbeitsvertrag verpflichtet die Interessen seines Verbandes zu vertreten. Als Abgeordneter darf er nicht an Aufträge und Weisungen gebunden sein – das genau verlangt die Verfassung. Seine Unabhängigkeit ist Voraussetzung dafür, dass die Bürger auf die Gerechtigkeit der Gesetze vertrauen können.«
Der Spiegel Nr. 43/1993, S. 67 f.

3.2.6 Vergleichen und prüfen – was wollen die Parteien?

Anschriften der Parteien

Bündnis 90/Die Grünen
Platz vor dem Neuen Tor 1
10115 Berlin
Tel.: 030/28442-0
www.gruene.de

Christlich Demokratische
Union Deutschlands
Klingelhöferstraße 8
10785 Berlin
Tel.: 030/22070-0
www.cdu.de

Christlich-Soziale Union
in Bayern
Franz-Josef-Strauß-Haus
Nymphenburger Str. 64
80335 München
Tel.: 089/1243-0
www.csu.de

Freie Demokratische Partei
Thomas-Dehler-Haus
Reinhardtstr. 14
10117 Berlin
Tel.: 030/284958-0
www.fdp.de

Partei des Demokratischen
Sozialismus
Karl-Liebknecht-Haus
Kleine Alexanderstr. 28
10178 Berlin
Tel.: 030/24009-0
www.pds-online.de

Sozialdemokratische Partei
Deutschlands
Willy-Brandt-Haus
Wilhelmstr. 140
10963 Berlin
Tel.: 030/25991-0
www.spd.de

Auf hohem Podest?

Spielräume – Sachzwänge?

Parteien im Bundestag heute

1949 waren im Bundestag 12 Parteien vertreten, heute sind es nur noch sechs (einschließlich der CSU). Kleine Parteien waren an der Fünf-Prozent-Hürde gescheitert oder hatten sich mit größeren Parteien zusammengeschlossen. Neu hinzugekommen sind die Grünen in den Achtzigerjahren, die sich aus der Umwelt- und Friedensbewegung entwickelt haben, und die PDS nach der Wiedervereinigung, die vor allem im Osten Deutschlands viele Wähler hat.

Programme – Ziele: immer das Gleiche?

Noch zu Beginn der Bundesrepublik kamen die Wählerinnen und Wähler der einzelnen Parteien

> Die Abschaltung der Atomkraftwerke sollte besser heute als morgen geschehen.

deutlich erkennbar aus bestimmten gesellschaftlichen Gruppen. Die SPD galt als Arbeiterpartei. Die CDU sammelte vor allem ihre Stimmen bei Katholiken und

> Die Steuerbelastung der Wirtschaft muss gesenkt werden, damit wir international bestehen können.

aktiven Protestanten. Die FDP war eine Partei der Selbstständigen und der höheren Angestellten und Beamten. Die Parteien verstanden sich weit gehend als *Klassen-* oder *Weltanschauungsparteien.*
Eine solche eindeutige Zuordnung der Parteien zu einzelnen gesellschaftlichen Gruppen ist heute nicht mehr möglich. Die soziale

Lage der Menschen führt nicht mehr automatisch zu einer festen Bindung an eine bestimmte Partei. Deshalb ist es für die Parteien auch nicht mehr möglich, mit einem Programm, das nur auf einzelne Gruppen oder Schichten ausgerichtet ist, die politische Mehrheit zu gewinnen. Vor allem die großen Parteien versuchen alle Schichten der Bevölkerung mit ihren Vorstellungen anzusprechen. Sie bezeichnen sich als Volksparteien.
Nahezu die Hälfte der Bevölkerung ist der Meinung, die Parteien würden sich in ihren politischen Zielen nicht wesentlich unterscheiden. Wenn wir aber die konkreten Auseinandersetzungen zwischen den Parteien, den Streit um politische Weichenstellungen in der aktuellen Politik genauer betrachten, treten die Unterschiede deutlicher hervor.

> Unser Ziel ist es, eine sozial gerechte Gesellschaftsordnung zu schaffen.

> Die Kriminalität muss energisch bekämpft werden. Dafür ist es auch notwendig, Privatwohnungen abzuhören.

> Wir wollen die Arbeitslosigkeit bekämpfen – deshalb müssen die Steuern der Unternehmen runter!

Aufgaben:

1. Zu den Programmen wie auch zu aktuellen politischen Streitfragen können Sie Unterlagen bei den Geschäftsstellen der Parteien (in der Gemeinde, im Kreis, Land, Bund) und über das Internet bekommen. Wichtig ist: Die Fragen oder Interessensgebiete konkret formulieren.
2. Politikerinnen und Politiker weisen häufig auf den »Sachzwang« hin, wenn sie erklären, warum manches »gerade jetzt nicht geht«. Die Karikatur (M 1) spricht nur ein Beispiel dafür an. Andere können Sie selber finden. Faule Ausreden oder ein Argument mit einem wahren Kern?
3. Ordnen Sie die Sprechblasen bestimmten Parteien zu. Dabei ist es auch möglich, dass eine Aussage verschiedenen Parteien zugeordnet werden kann. Um welchen Politikbereich handelt es sich jeweils bei den Aussagen (z. B. Wirtschaft, Umwelt, Kriminalität)?
4. Eine zwiespältige Geschichte:
   • Einerseits erwarten wir von den Parteien, dass sie durch unterschiedliche Vorstellungen und Programme miteinander um unsere Stimmen konkurrieren.
   • Andererseits: Mit den Bezeichnungen »parteilich« oder gar »parteiisch« verbinden die meisten von uns nichts Positives. Und oft wird in politischen Debatten »mehr Sachorientierung« und weniger »Partei« verlangt.
   Eine gespaltene oder gar widersprüchliche Perspektive? Lässt sich beides zusammenbringen?

> Eine Ökosteuer hilft nicht nur der Umwelt, sie schafft auch neue Arbeitsplätze!

Über den Wolken? – Nachdenken, wozu Parteien gut sein können

Jugendlicher, 25 Jahre, Mitglied einer Partei
»Wenn man den Politikern vorwirft, sie seien schlecht, kann man das Argument auch zurückgeben und sagen: ›Nehmt die Besten, die sich zur Verfügung stellen, und wenn es keine Besseren gibt, kann sich jeder an die eigene Nase greifen.‹ Eine Partei ist eine Institution, wo man sich für die Gemeinschaft einsetzen kann, wo man von Nutzen ist.«

Jugendliche, 19 Jahre, parteilos
»Zwischen verschiedenen Parteien auszuwählen heißt ja eigentlich nicht, zwischen verschiedenen Formen der Politik auszuwählen. Die Unterschiede zwischen den Partei-

en sind meiner Meinung nach derart gering … . Mein Gang an die Wahlurne bewirkt nix, was mein Leben jetzt wirklich konkret beeinflussen würde.«
Jugend ’97, S. 49 und S. 175

Jugendliche, 17 Jahre, aktiv bei Greenpeace
»Es gibt Parteien, die ich gar nicht mag und die ich ganz schlecht finde … Dann finde ich, es gibt Parteien, die sind das kleinere Übel. Aber selbst, wenn ich jetzt mal Politiker wäre, wäre ich wahrscheinlich nicht mal zufrieden mit mir, denn man ist immer in einem Riesenmachtfeld drin und da kannst du einfach nicht den perfekten Politiker machen.«
Jugend 2000, S. 280

Parteien in der parlamentarischen Demokratie

Das Grundgesetz enthält eine wichtige Aussage über die Parteien und ihre Rolle in der Politik:
»Die Parteien wirken bei der politischen Willensbildung des Volkes mit.« (Art. 21,1 GG) Diese allgemeine Feststellung wird im »Gesetz über die politischen Parteien (Parteiengesetz)« noch genauer beschrieben. Dabei hat dieses Gesetz die Formulierung des Grundgesetzes ausgeweitet.
Im Einzelnen heißt dies, dass die Parteien
• Ziele und Programme zur Lösung der politischen Aufgaben vorschlagen und vertreten,
• Einfluss auf die öffentliche Meinung nehmen und die politische Bildung fördern,
• Bürgerinnen und Bürger aktiv an der Politik beteiligen und zur Übernahme von öffentlicher Verantwortung anregen,
• sich an Wahlen beteiligen und dafür Kandidatinnen und Kandidaten aufstellen,
• Einfluss auf die Politik in den Parlamenten nehmen,
• zwischen der Politik im Staat und der Bevölkerung vermitteln.

Kennen Jugendliche die Parteien im Bundestag?
31 % der Jugendlichen zwischen 12 und 24 Jahren konnten alle Bundestagsparteien nennen. Bei den weiblichen Jugendlichen waren es 26 %, bei den männlichen 36 %.
12. Shell-Jugendstudie:Jugend ’97. Opladen 1997, S. 306

Aufgaben:

1. Parteien stehen bei vielen Leuten nicht in gutem Ruf. Sie können zu den drei Äußerungen in M 1 weitere Meinungen sammeln.
2. Gestalten Sie mit diesen Meinungen zwei große Plakate: die Sicht der Kritiker auf dem einen Plakat; Argumente oder Gedanken, die wir dabei trotz aller Kritik auch noch bedenken könnten, auf dem anderen Plakat. Zum Beispiel: dass das »politische Geschäft« auch ganz schön kompliziert sein kann, weil es manchmal keine einfachen Antworten gibt.

Politikerschelte – Volksbeschimpfung?

Politische Karikaturen interpretieren

Karikaturen wollen »anstößig« sein. Politische Karikaturen stellen Menschen, politische Probleme und Zustände bewusst überspitzt, manchmal auch verzerrt dar.

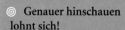

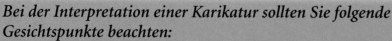

Wenden Sie diese Gesichtspunkte auf beide Karikaturen in diesem Abschnitt an:
- Wie werden die Parteien, wie die Bürgerinnen und Bürger dargestellt?
- Welche Merkmale bzw. Verhaltensweisen werden besonders »aufgespießt«?

Bei der Interpretation einer Karikatur sollten Sie folgende Gesichtspunkte beachten:

◎ **Genauer hinschauen lohnt sich!**

- Welche Personen oder Sachverhalte werden dargestellt?
- Wer oder was springt ins Auge? Auf welches Ereignis spielt die Karikatur an?
- Was kritisiert der Karikaturist?

◎ **Die Botschaft der Karikatur auf den Punkt bringen!**

- Auf den ersten Blick: Welche Gedanken fallen mir beim Betrachten spontan ein?
- Auf den zweiten Blick: Welche Gedanken treffen das Thema der Karikatur besonders?
- In einem Satz: Was sagt der Karikaturist aus?

◎ **Karikaturen fordern zur Stellungnahme auf!**

- Welche Ansichten gibt es zum Thema der Karikatur in der öffentlichen Meinung?
- Wie könnte eine Gegenkarikatur aussehen?
- Was wird ausgeblendet: Ist der Karikaturist auf einem Auge blind?
- Wie sehe ich die Sache?

3.2.8 Wer hat das Sagen? – Innerparteiliche Demokratie

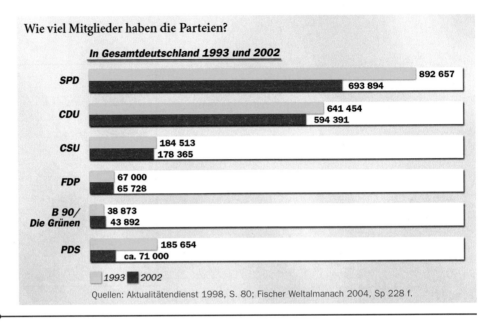

Wie viel Mitglieder haben die Parteien?

In Gesamtdeutschland 1993 und 2002

Partei	1993	2002
SPD	892 657	693 894
CDU	641 454	594 391
CSU	184 513	178 365
FDP	67 000	65 728
B 90/ Die Grünen	38 873	43 892
PDS	185 654	ca. 71 000

☐ 1993 ■ 2002

Quellen: Aktualitätendienst 1998, S. 80; Fischer Weltalmanach 2004, Sp 228 f.

Parteimitglieder genauer betrachtet

Rund 1,7 Millionen Deutsche sind Mitglieder einer Partei. Das sind knapp drei Prozent der wahlberechtigten Bevölkerung.

Man kann die Mitglieder der einzelnen Parteien danach untersuchen, ob bestimmte soziale Gruppen besonders stark vertreten sind. Allerdings haben wir heute keine Partei mehr, die sich ausschließlich als Organisation einer bestimmten sozialen Gruppe oder Klasse versteht (vgl. Abschnitt 3.2.7). So wie die großen Parteien mit ihren Programmen den Anspruch erheben, Volksparteien zu sein, so zeichnet sich dies auch bei ihren Mitgliedern ab.

Wer hat das Sagen in den Parteien?

• **Innerparteiliche Demokratie:** Die »innere Ordnung« der Parteien »muss demokratischen Grundsätzen entsprechen« – so schreibt es das Grundgesetz vor (Art. 21). Die Mitglieder müssen die Möglichkeit haben den Kurs der Partei mitzubestimmen. Dies gilt für die Festlegung der Programme wie auch für die Auswahl der Führungspersonen. Das bedeutet: Parteien müssen so aufgebaut sein, dass die Willensbildung von unten nach oben funktionieren kann – von den Ortsvereinen und den Kreisverbänden über die Landesverbände zum Bundesverband.

Allerdings: In aller Regel arbeiten nur etwa ein Viertel der Mitglieder tatsächlich aktiv in der Partei mit (siehe dazu M 4).

Parteimitglieder – nach sozialen Merkmalen betrachtet

Von 100 Mitgliedern der Partei ... sind ...

soziale Merkmale	CDU	SPD	Durchschnitt der Bevölkerung
Fach-/Arbeiter	13	25	22
Angestellte	29	28	19
Beamte	11	11	4
Selbstständige/Bauern	22	5	10

Fischer Weltalmanach 1998; Sp. 212 f.

Aufgaben:

1. *Obwohl eine eindeutige Zuordnung der Parteien zu sozialen Gruppen nicht möglich ist, können Sie doch ein eigenes soziales Profil für die Mitglieder der Parteien erstellen. Vergleichen Sie die sozialen Gruppen und ihre Anteile unter den Parteimitgliedern mit den durchschnittlichen Anteilen in der gesamten Bevölkerung.*

Frauen in den Parteien

Von 100 Mitgliedern der Partei ... sind ... Frauen:

Partei	Anteil Frauen
CDU	25
CSU	17
SPD	29
FDP	24
B 90/Grüne	38
PDS	45

Datenreport 2002, S 164 f.

Aufgaben:

2. Erstellen Sie – wie in M 2 – ein »Frauenprofil« der Parteien. Der Anteil der Frauen an der Gesamtbevölkerung entspricht ca. 51 %.
3. Streitgespräch in der Klasse: Mehr Frauen in die Führung der Parteien? Dazu können Sie in der Klasse eine Podiumsdiskussion zu diesem Thema organisieren. Die kontroversen Argumente sollten Sie in Gruppen erarbeiten.

Politik aktuell
„Führungspersönlichkeiten"
• Sie können Ihr politisches Wissen gemeinsam auffrischen: Nennen Sie jeweils vier Führungspersönlichkeiten der Parteien auf Bundesebene.
– In welchen Ämtern in der Partei bzw. im Staat sind diese Personen aktiv?
– Wie beurteilen Sie deren Einfluss in der Partei bzw. in der Politik insgesamt?
– Welche politischen Richtungen innerhalb der Partei können Sie diesen Personen zuordnen?

• **Direkte Demokratie in den Parteien:** In den letzten Jahren gingen einige Parteien dazu über, ihre Mitglieder direkt an wichtigen Entscheidungen zu beteiligen – sowohl bei Personalentscheidungen als auch bei Programmentscheidungen. So wählten im Januar 1999 die Berliner SPD-Mitglieder den Spitzenkandidaten der Partei für die Berliner Senatswahlen 1999 (entspricht in anderen Bundesländern den Landtagswahlen). Und die FDP ließ im Dezember 1995 ihre Mitglieder darüber abstimmen, ob Art. 13 GG geändert und das Grundrecht der »Unverletzlichkeit der Wohnung« eingeschränkt werden solle, um organisierte Verbrechen besser bekämpfen zu können.
Die CDU diskutierte Anfang 2000 auf Regionalkonferenzen mit ihren Mitgliedern darüber, welche Personen nach dem Rücktritt ihres Vorsitzenden Wolfgang Schäuble die Partei führen sollen. Der Bundesparteitag wählte danach im April 2000 Angela Merkel zur neuen CDU-Bundesvorsitzenden.

Aktive, passive Mitglieder und die Profis

Nach Wolfgang Rudzio: Das politische System der Bundesrepublik Deutschland. 3. Aufl. Opladen 1990, S. 107

3.2.9 Repräsentative Demokratie –
Volksherrschaft auf unterschiedlichen Ebenen

Demokratie – was gehört Ihrer Meinung nach unbedingt dazu?

Demokratie ist, wenn ...

- wir unsere politischen Ansichten frei äußern können
- jeder von uns seinen Interessen nachgehen kann
- alle Bürger vor dem Gesetz gleich sind
- wir zwischen mehreren Parteien wählen können
- derjenige, der Erfolg hat, diesen auch ungehindert genießen kann
- unabhängige Gerichte nur nach Gesetz und Recht urteilen
- eine starke Opposition die Regierung kontrolliert

- es viele Zeitungen und Fernsehsender gibt
- die Schwächeren in der Gesellschaft von den Stärkeren unterstützt werden
- die Bürger an vielen Entscheidungen mitwirken können
- der Staat sich aus der Wirtschaft raushält
- wir an Demonstrationen teilnehmen können
- die Bürger selber etwas für die Allgemeinheit tun
- Fachleute entscheiden, was richtig ist
- Parteien tun, was die Bürger wollen

IVAN STEIGER

Aufgaben:

1. *Prüfen Sie diese Liste – zunächst allein: Was gehört Ihrer Meinung nach zur Demokratie, was nicht? Sie können die Liste auch ergänzen.*
2. *Verschiedene Meinungen – durch das Gespräch können Sie zum Konsens kommen: Stellen Sie in Gruppen eine gemeinsame Rangfolge her. Begründen Sie Ihre Entscheidung gegenüber den anderen Gruppen.*

Gefesselte Macht
Wenn es um Macht geht, darf man keinem Menschen trauen, sondern muss allen die Fesseln der Verfassung anlegen.
Thomas Jefferson, 3. Präsident der USA (1743–1826)

Demokratie – Politik »vom Volke aus«
»Alle Staatsgewalt geht vom Volke aus.« Mit diesem Satz ist im Grundgesetz (Art. 20) die Demokratie als Staatsform für die Bundesrepublik Deutschland festgelegt. Das Wort kommt aus dem Griechischen und bedeutet: Herrschaft des Volkes. Nicht ein Einzelner – z. B. ein König – soll die politischen Entscheidungen treffen, sondern das Volk. Es ist der eigentliche Souverän. Bei ihm liegt das Recht zu entscheiden, wie das Zusammenleben im Staat geregelt werden soll. Deshalb konnte der irische Dichter George Bernhard Shaw zugespitzt sagen, dass wir letztlich selber schuld seien, wenn etwas schief gehe in unserem Staat.

Repräsentative Demokratie – indirekte politische Beteiligung
Politik »vom Volke aus« könnte bedeuten: Wir müssen selber und direkt entscheiden, was wir in unserer Gesellschaft wollen. In größeren Staaten lässt sich dies jedoch nicht in jedem einzelnen Fall praktizieren. Das Grundgesetz hat daher für die Bundespolitik einen anderen, einen indirekten Weg festgelegt: In der *repräsentativen Demokratie* entscheiden die Bürgerinnen und Bürger in Wahlen, durch wen sie in den Parlamenten vertreten sein wollen. Abgeordnete werden als »Volksvertreter« auf Zeit gewählt. Über sie wirken wir an den politischen Entscheidungen der Parlamente mit. Dieser Grund-

satz gilt auf allen drei Ebenen unserer politischen Ordnung: im Bund, in den Ländern und in den Gemeinden. Genau genommen gilt er auch auf einer vierten Ebene, der Europäischen Union: durch die Wahl der Abgeordneten zum Europäischen Parlament (vgl. Abschnitt 6.2.2). Allerdings: Nicht immer sind Vertreter, Repräsentanten notwendig, wenn Politik gemacht wird. So können die Bürgerinnen und Bürger in den meisten Bundesländern und in ihren Gemeinden auch direkt bei den Sach- und Personalentscheidungen mitmachen – in Volks- und Bürgerentscheiden.

Demokratie ist
die Regierung des Volkes durch das Volk und für das Volk.
Abraham Lincoln, 16. Präsident der USA (1809–1865)

Demokratie ist
ein Verfahren, das garantiert, dass wir nicht besser regiert werden, als wir es verdienen.
George Bernhard Shaw, irischer Dichter (1856–1950)

Aufgaben:

3. Am Rand finden Sie drei Texte. Worum geht es darin? Welche besonderen Gesichtspunkte der Politik sprechen Sie persönlich an?
4. Formulieren Sie dann zu diesen Aussagen jeweils eine eigene Begründung. Ist es möglich, dazu jeweils Gegenargumente zu finden?
5. Unterstellt, die drei Aussagen haben auch heute noch ihr Gewicht: Welche Folgerungen würden Sie für die Politik bei uns ziehen?

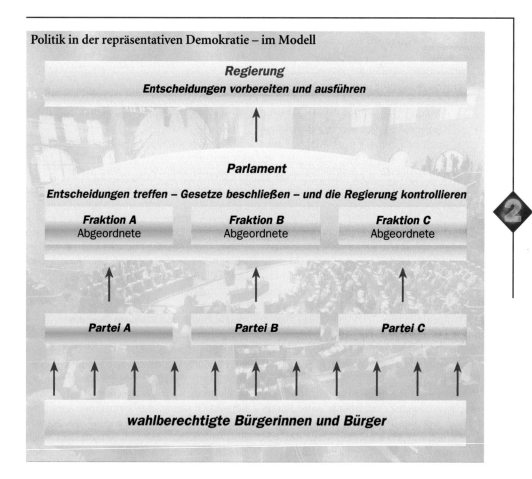

Politik in der repräsentativen Demokratie – im Modell

Regierung
Entscheidungen vorbereiten und ausführen

Parlament
Entscheidungen treffen – Gesetze beschließen – und die Regierung kontrollieren

Fraktion A
Abgeordnete

Fraktion B
Abgeordnete

Fraktion C
Abgeordnete

Partei A

Partei B

Partei C

wahlberechtigte Bürgerinnen und Bürger

3.2.10 Zur Wahl gehen – warum?

Wählerinnen und Wähler – und solche, die nicht wollen

Mark 29: Wir Selbstständigen brauchen eine Partei im Bundestag und in der Regierung. Das bleibt für mich auch diesmal wieder die FDP.

Sonja 24: Das letzte Mal war's CDU! Aber jetzt reicht's, da kommt nichts Neues mehr von denen. Diesmal die Grünen!

Lorenzo 21: Ich würd' schon, wenn man mich lassen würde. Bin zwar hier geboren und spreche besser deutsch als italienisch.

Tanja 16: Eigentlich hab' ich Lust, da mitzumischen. Schließlich kann man in meinem Alter ganz gut kapieren, wo's langgehen soll. Doch man lässt uns ja nicht.

Thomas 27: Für mich als aktiven IG-Metaller steht auch diesmal fest, wen ich wieder wähle.

Stefan 19: Was soll's – mich geht das nichts an. Da ändert sich eh nichts, egal wer in Berlin am Ruder ist.

Yvonne 21: Ich gehe zur Wahl, weil ich verhindern will, dass die Rechtsradikalen kommen.

Aufgaben:

1. Hier äußern sich einige Jugendliche,
   * die sich traditionell mit einer Partei identifizieren,
   * die bewusst ihre Stimme einsetzen um etwas zu erreichen oder zu verhindern,
   * die mit ihrer Stimme ihrer Verärgerung Ausdruck geben, gegen etwas protestieren,
   * auch solche, die gar nicht zur Wahl gehen ...
   Geben Sie diesen unterschiedlichen Wählertypen jeweils einen Namen.
2. Es sind auch zwei Jugendliche dabei, die wählen wollten, wenn sie dürften. Was hindert sie daran? Wie könnten Alternativen dazu aussehen?

Die Wahl – eine Qual!

Vor einem halben Jahr dachte ich noch, ich würde einer der kleinen Parteien meine Stimme geben. Aber: Ich sehe mich schon in der Wahlkabine stehen, die Schlange hinter mir wird länger und länger, der Wahlhelfer sagt durch den Vorhang »Brauchen Sie Hilfe, Fräulein?«, und ich kreuze blind irgendwas an. Furchtbare Vorstellung.

Jetzt – Jugendmagazin der Süddeutschen Zeitung vom 21.10.1998

Wählertypen – unterschiedliche Motive

Von den rund 82 Millionen Einwohnern Deutschlands sind etwas mehr als 60 Millionen wahlberechtigt. Von diesen wiederum gehen nur rund 48 bis 50 Millionen bei einer Bundestagswahl zur Wahl. 2002 betrug die Wahlbeteiligung 79,1 % und lag damit um 3,1 % niedriger als 1998. Trotzdem: Deutschland zählt zu den Staaten, in denen relativ viele von ihrem Wahlrecht Gebrauch machen.

Meistens sind für eine Stimmabgabe mehrere Gründe ausschlaggebend – die Kandidatinnen und Kandidaten, konkrete politische Aussagen im Wahlkampf, die Arbeit der Parteien in den zurückliegenden Jahren, die politischen Einstellungen in der eigenen Umgebung, die Zugehörigkeit zu einer bestimmten sozialen Gruppe, traditionelle Bindungen an eine politische Partei, aber auch kurzfristige Stimmungen und Ereignisse ...

Wählerinnen und Wählern über die Schultern schauen?

Das ist natürlich nicht erlaubt und würde gegen den Grundsatz der geheimen Wahl verstoßen. Trotzdem gibt es mehrere Möglichkeiten, das Wahlverhalten zu erforschen:

* *Die amtliche Wahlstatistik:* Für ausgewählte Wahlbezirke werden Stimmzettel nach *Geschlecht* und nach *Alter* gekennzeichnet.

Bei der Auszählung kann dann z. B. ermittelt werden, welche Parteien Jugendliche im Alter zwischen 18 und 24 gewählt haben. Zudem können wir so erfahren, wie sich das Wahlergebnis zwischen Frauen und Männern aufteilt.

• **Die Wahl-Nachfrage:** Die Wahllokale sind gerade geschlossen, und schon bringen Rundfunk und Fernsehen *Prognosen* über das erwartete Ergebnis. Nicht selten entsprechen sie dem Endergebnis ziemlich genau. Sie werden mit Computerprogrammen errechnet. Die notwendigen Daten werden von rund 20 000 Wählerinnen und Wählern *erfragt*, wenn sie die Wahlkabine verlassen haben. Dabei können auch noch weitere Angaben festgehalten werden – soziale Merkmale wie Alter, Geschlecht, Beruf. Damit wird das Wahlverhalten unterschiedlicher sozialer Gruppen ermittelt.

• **Hochrechnungen:** Diese vorläufigen Ergebnisse beruhen schon auf echten *Stimmauszählungen* in ausgewählten Wahlbezirken.
Auf ihrer Grundlage wird mit Computerprogrammen das Gesamtergebnis »hochgerechnet«. Je mehr Auszählungen vorliegen, umso genauer wird das vorläufige Ergebnis.

• **Die Sonntagsfrage:** Regelmäßig werden von *Meinungsforschungsinstituten* zwischen 1 000 und 2 000 Wahlberechtigte befragt, welcher Partei sie ihre Stimme geben würden, »wenn am kommenden Sonntag Wahlen wären«. Es wird dann eine *Wahlvorhersage* mit dem Computer errechnet.

»Aufgrund der großen Anzahl noch Unentschlossener kann es hier und da zu Verzögerungen beim Urnengang kommen.«

Wie verschiedene Altersgruppen wählen – Bundestagswahl 2002

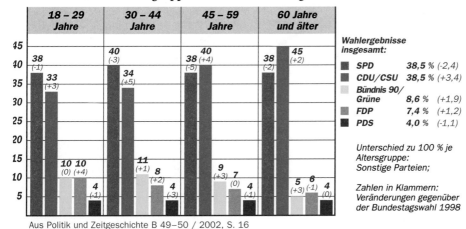

Aus Politik und Zeitgeschichte B 49–50 / 2002, S. 16

Aufgaben:

3. Aus dieser Übersicht können Sie dreierlei entnehmen:
• Gibt es eine oder mehrere Altersgruppe(n), die für die einzelnen Parteien besonders wichtig war(en) bei der Wahl 2002?
• Welche Partei hat in welchen Altersgruppen die Mehrheit?
• In welchen Altersgruppen haben die einzelnen Parteien Stimmen verloren, in welchen gewonnen?
4. Vorschlag für ein kleines Projekt: Erst- und Jungwähler sind eine umworbene Zielgruppe der Parteien. Ob das Ergebnis von 2002 auch noch heute für Ihre Klasse/Schule zutrifft, können Sie herausfinden, wenn Sie eine "Probewahl" organisieren und durchführen. Welche Motive die Wählerinnen und Wähler für ihre aktuelle Entscheidung haben, können Sie mit einer Wahl-Nachfrage (siehe oben) ermitteln.

Wahlgrundsätze

- *allgemein:* alle Wahlberechtigten
- *unmittelbar:* direkt, ohne Zwischenwahl
- *frei:* ohne Zwang und Kontrolle
- *gleich:* jede Stimme zählt gleich viel
- *geheim:* verdeckte Stimmabgabe ohne Kontrolle

Art. 38 (1) GG

Wahlrecht für Jugendliche unter 18?

Wählen – die »Staatsgewalt ausüben«

So sieht es das Grundgesetz: »Alle Staatsgewalt geht vom Volke aus. Sie wird vom Volke in Wahlen und Abstimmungen und durch besondere Organe der Gesetzgebung, der vollziehenden Gewalt und der Rechtsprechung ausgeübt.« (Art. 20, Abs. 2 GG) Zugespitzt heißt dies, das Parlament und die Bundesregierung können nur dann aktiv werden, wenn sie in Wahlen dazu beauftragt worden sind. Sie erhalten ihre *demokratische Legitimation*, also ihre Berechtigung zum Handeln erst durch freie und demokratische Wahlen. Nach der Bundestagswahl wählen die Abgeordneten den Bundeskanzler. Erst dann kann dieser »seine« Regierung bilden.

Das Wahlrecht: Mehrheit oder Stimmenanteil?

Es gibt verschiedene Wahlverfahren, nach denen gewählt werden kann. Die beiden Grundformen sind das Mehrheitswahlrecht und das Verhältniswahlrecht.

- *Mehrheitswahlrecht:* Danach ist gewählt, wer in seinem Wahlkreis die meisten Stimmen erhalten hat. Die Stimmen für die anderen Kandidaten bleiben bei der Zusammensetzung des Parlaments unberücksichtigt. Nach diesem Verfahren wird z.B. in Großbritannien gewählt.
- *Verhältniswahlrecht:* Hier gilt der Grundsatz, dass jede Partei entsprechend ihrem Anteil an der Gesamtzahl der abgegebenen Wählerstimmen Abgeordnete ins Parlament schickt. Nach diesem Wahlrecht wurde der Deutsche Reichstag in der Weimarer Republik gewählt (1919–1933).
- *Personalisiertes Verhältniswahlrecht:* Bei der Wahl des Deutschen Bundestages hat jeder Bürger zwei Stimmen: eine Erststimme und eine Zweitstimme.

Eine Betroffene:
Politiker vertreten die Interessen der Jugendlichen nicht. Das wäre anders, wenn wir schon ab 16 wählen dürften.

Ein Erwachsener:
Die 14- bis 16-Jährigen sind noch auf der Suche nach sich selbst. Für politische Entscheidungen muss auch Verantwortung getragen werden. Besser wäre es, die Jugendlichen früh in den Familien, Schulen, Betrieben, Vereinen, Jugendhäusern mitbestimmen zu lassen.

Nach Anhörung einiger Politiker-Talkrunden bereitet sich Wahlbürger M. auf seine Weise für seinen Einsatz als Souverän vor.

HENNIGER

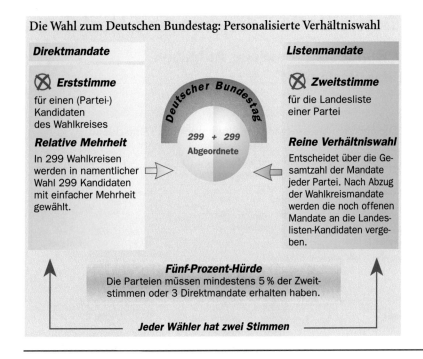

Die Wahl zum Deutschen Bundestag: Personalisierte Verhältniswahl

Direktmandate

⊗ **Erststimme**
für einen (Partei-) Kandidaten des Wahlkreises

Relative Mehrheit
In 299 Wahlkreisen werden in namentlicher Wahl 299 Kandidaten mit einfacher Mehrheit gewählt.

Deutscher Bundestag
299 + 299 Abgeordnete

Listenmandate

⊗ **Zweitstimme**
für die Landesliste einer Partei

Reine Verhältniswahl
Entscheidet über die Gesamtzahl der Mandate jeder Partei. Nach Abzug der Wahlkreismandate werden die noch offenen Mandate an die Landeslisten-Kandidaten vergeben.

Fünf-Prozent-Hürde
Die Parteien müssen mindestens 5 % der Zweitstimmen oder 3 Direktmandate erhalten haben.

Jeder Wähler hat zwei Stimmen

Aktives Wahlrecht
Wahlberechtigt sind alle Deutschen im Sinne des Art. 116 (1) GG, die am Wahltag
• das 18. Lebensjahr vollendet haben,
• seit mindestens 3 Monaten im Wahlgebiet wohnen.
Art. 38 (2) GG und § 12 Bundeswahlgesetz

Passives Wahlrecht
Wählbar ist jeder Wahlberechtigte, der am Wahltag
• das 18. Lebensjahr vollendet hat,
• seit mindestens 1 Jahr Deutscher nach Art. 116 (1) GG ist.
Art. 38 (2) GG und § 15 Bundeswahlgesetz

– Das gesamte Wahlgebiet ist in 299 Wahlkreise eingeteilt. Es ist jeweils der Kandidat direkt gewählt, der die meisten Stimmen erhält (Stichwort: Mehrheitswahl).
– Mit der Zweitstimme wird eine Partei und nicht ein einzelner Kandidat gewählt. Die Anzahl der Sitze für jede Partei richtet sich nach ihrem Anteil an der Gesamtzahl der Zweitstimmen (Stichwort: Verhältniswahl). Um in den Bundestag einziehen zu können, muss eine Partei mindestens 5 % der Zweitstimmen im Bund oder drei Direktmandate gewonnen haben.

Aufgaben:

1. Überprüfen Sie die Aussage in diesem Abschnitt: Das Wahlrecht zum Bundestag verbindet die Vorteile des Mehrheits- und des Verhältniswahlrechts. Bei Ihrer Abwägung können Sie nach folgenden Gesichtspunkten vorgehen:
• Chancengleichheit aller Parteien,
• politisches Meinungsspektrum in der Wählerschaft und die Zusammensetzung des Parlaments,
• Entstehung von sicheren Mehrheiten im Parlament und Bildung einer stabilen Regierung...
2. Ein Blick zurück in die Geschichte des Wahlrechts: Für die Wahl zum Deutschen Reichstag galt seit 1871 das Mehrheitswahlrecht. In dieser Zeit organisierte sich die Arbeiterbewegung in der Sozialdemokratischen Partei. Zu den sozialdemokratischen Forderungen gehörte die Wahlreform: Die SPD trat für die Einführung des Verhältniswahlrechts ein – ein Ziel, das dann 1919 in der Weimarer Republik erreicht wurde.
• Mit welchen Argumenten konnte aus der Sicht der Arbeiterbewegung die Forderung nach einem Verhältniswahlrecht begründet werden?
• Die Gegenseite – Parteien des besitzenden Bürgertums, der Großgrundbesitzer und der Adel – wies diese Forderung lange zurück. Welche Interessen standen da gegeneinander?
3. Wählen ab 16? Wie stehen Sie dazu (vgl. auch die Sprechblasen)?

3.3 Entscheidungen in der repräsentativen Demokratie – Organe und Verfahren

3.3.1 Der Bundestag – welche Aufgaben hat das Parlament?

Gewaltenteilung
In der politischen Ordnung demokratischer Staaten werden Gesetzgebung (Legislative), ausführende Gewalt (Exekutive) und Rechtsprechung (Judikative) verschiedenen Organen übertragen: Parlament, Regierungen und Gerichten. Dadurch soll
• verhindert werden, dass einzelne Organe und Menschen zu viel Macht anhäufen;
• erreicht werden, dass die einzelnen Organe sich gegenseitig bei der Ausübung von Macht kontrollieren.

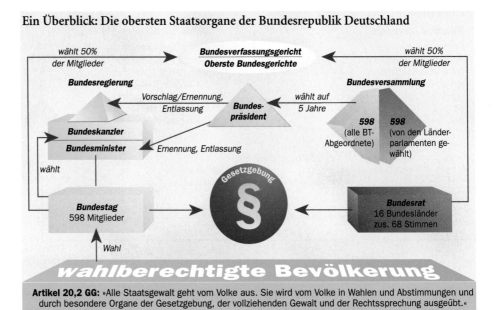

Ein Überblick: Die obersten Staatsorgane der Bundesrepublik Deutschland

wählt 50% der Mitglieder

Bundesverfassungsgericht Oberste Bundesgerichte

wählt 50% der Mitglieder

Bundesregierung

Bundesversammlung

Vorschlag/Ernennung, Entlassung

Bundespräsident

wählt auf 5 Jahre

598 (alle BT-Abgeordnete)

598 (von den Länderparlamenten gewählt)

Bundeskanzler

Bundesminister

Ernennung, Entlassung

wählt

Gesetzgebung §

Bundestag 598 Mitglieder

Bundesrat 16 Bundesländer zus. 68 Stimmen

Wahl

wahlberechtigte Bevölkerung

Artikel 20,2 GG: »Alle Staatsgewalt geht vom Volke aus. Sie wird vom Volke in Wahlen und Abstimmungen und durch besondere Organe der Gesetzgebung, der vollziehenden Gewalt und der Rechtssprechung ausgeübt.«

1

Plenum
Vollversammlung der Mitglieder des Parlaments

Fraktion
Zusammenschluss der Abgeordneten einer Partei im Bundestag

Parlament und Regierung – Kontrolle und Stütze zugleich

Der Deutsche Bundestag ist das einzige oberste Staatsorgan auf Bundesebene, das direkt vom Volk gewählt wird. In der politischen Ordnung der Bundesrepublik hat er eine besondere Stellung: Zusammen mit dem Bundesrat als dem obersten Länderorgan ist er beteiligt, wenn der Bundespräsident, die Richter des Bundesverfassungsgerichts sowie die Richter der obersten Bundesgerichte gewählt werden (M 2).

In den öffentlichen Sitzungen des Plenums, also im gesamten Parlament, sollen die wichtigen politischen Fragen diskutiert und entschieden werden. Wichtige Vorberatungen finden in den Ausschüssen des Parlaments statt.

Statt Gewaltenteilung: Verschränkung

Der Bundeskanzler ist Mitglied einer Partei, oft auch deren Vorsitzender. Er ist, wie meistens auch die Minister, Abgeordneter im Bundestag. Damit gehört er zwei Staatsorganen an: der Bundesregierung und dem Bundestag. Wir haben also in unserer politischen Ordnung keine strenge Gewaltenteilung zwischen Regierung und Parlament.

Dies zeigt sich auch in der praktischen Arbeit: Nach dem Modell der Gewaltenteilung soll das Parlament die Regierung kontrollieren. Doch die Fraktionen, die die Regierung stellen, sehen es eher als ihre Aufgabe an, die Regierung zu stützen.

Kontrolle und Alternative – die Rolle der Opposition

Die Kontrolle der Regierung durch den Bundestag geschieht vor allem in den Diskussionen im Plenum, etwa bei der Verabschiedung wichtiger Gesetze. Darüber hinaus haben alle Fraktionen besondere Möglichkeiten von der Regierung Auskunft zu verlangen:

- **Große und Kleine Anfragen:** Sie müssen schriftlich eingereicht werden: Kleine Anfragen werden von der Regierung schriftlich beantwortet; Große Anfragen führen immer zu einer Debatte im Plenum.
- **Fragestunden:** Abgeordnete können zu Beginn einer Plenartagung Fragen an die Regierung stellen.
- **Aktuelle Stunden:** Sie wird zu einem besonderen Thema von einer Fraktion beantragt und dann auf die Tagesordnung des Plenums gesetzt.

Solche öffentlichen Debatten und Anfragen kann die Opposition nutzen um ihre eigenen Vorstellungen einzubringen und sich bei den Wählerinnen und Wählern als politische Alternative für die nächste Wahl darzustellen.

Die *Medien* machen diesen »Streit über die richtige Politik« öffentlich. Dies ist für eine parlamentarische Demokratie wichtig: Dadurch können sich die Bürgerinnen und Bürger über die unterschiedlichen Standpunkte und Lösungsvorschläge informieren und eine eigene Meinung bilden (mehr dazu in Abschnitt 3.2.3).

Opposition
»Ich halte eine gute Opposition in einem Parlament für eine absolute Notwendigkeit; ohne eine wirklich gute Opposition entstehen Stickluft und Unfruchtbarkeit.«
Konrad Adenauer (1876–1967) erster deutscher Bundeskanzler

Die Aufgaben des Bundestages im Überblick

Regierungsbildung
wählt den Bundeskanzler als Chef der Bundesregierung (Art. 62 und 63 GG)

Gesetzgebung
- beschließt – allein oder mit dem Bundesrat – die Bundesgesetze (Art. 77 GG; Genaueres siehe Abschnitt 3.2.5)
- beschließt jährlich das »Geschäftsbuch« der Bundesrepublik, den Bundeshaushalt (Art. 110 GG)

Kontrolle der Regierung
- kann durch das konstruktive Misstrauensvotum einen Bundeskanzler stürzen, indem er einen Nachfolger wählt (Art. 67 GG)
- kann dem Bundeskanzler – wenn dieser einen Vertrauensantrag gestellt hat – das Misstrauen aussprechen (Art. 68 GG)
- kontrolliert die laufende Arbeit der Bundesregierung und der einzelnen Bundesministerien mit ihren Verwaltungen (Art. 42-45c GG)

Bestellung anderer Organe
- wählt – gemeinsam mit einer gleich großen Anzahl von Vertretern der Länderparlamente – in der Bundesversammlung den Bundespräsidenten (Art. 54 GG; Genaueres dazu: Abschnitt 3.3.6)
- wählt – zusammen mit dem Bundesrat – die Richter des Bundesverfassungsgerichts und der obersten Bundesgerichte

Legislaturperiode
Wahlperiode eines Parlaments; für den Bundestag 4 Jahre, für manche Landtage und Gemeinderäte 5 Jahre

---

Aufgaben:

1. Art. 63 GG beschreibt den Normalfall für die Wahl des Bundeskanzlers: Stellen Sie diese Schritte und die unterschiedlichen Varianten in einem Schaubild in der richtigen Reihenfolge dar.
2. Das konstruktive Misstrauensvotum ist die schärfste Form der Kontrolle der Regierung durch den Bundestag – der Kanzler wird durch einen anderen ersetzt. Beschreiben Sie diesen Weg. Erklären Sie dabei die Bezeichnung »konstruktives Misstrauensvotum«.
3. Art. 68 GG zeigt einen dritten Weg zu einer neuen Regierung. Welche Voraussetzungen müssen erfüllt sein, damit ein neuer Bundeskanzler gewählt und der Bundestag aufgelöst werden kann?
4. Fassen Sie zusammen: Auf welchen unterschiedlichen Wegen kann es nach den Bestimmungen des Grundgesetzes zu einem Regierungswechsel kommen?
5. Wenn zwei das Gleiche tun, müssen die Absichten und die Wirkungen nicht die gleichen sein. Welches Interesse wird eine Regierungsfraktion mit einer Anfrage an »ihren« Minister verfolgen, welches eine Oppositionsfraktion?

Abgeordnete – nur ihrem Gewissen verpflichtet, aber ...

Artikel 38 Grundgesetz
(1) Die Abgeordneten des Deutschen Bundestages ... sind Vertreter des ganzen Volkes, an Aufträge und Weisungen nicht gebunden und nur ihrem Gewissen unterworfen.

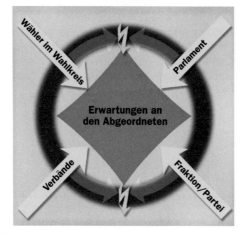

... auf den Schreibtisch eines Parlamentariers kommen täglich ganze Stapel von Post:
- Anfragen und Hilferufe aus dem Wahlkreis
- Protestschreiben von Bürgerinnen und Bürgern
- Aufforderungen von Interessenverbänden, doch besonders auf ihre wichtigen Belange zu achten ...

Und seine Fraktion hat ihn darauf aufmerksam gemacht, dass es bei der heutigen Abstimmung auf Geschlossenheit ankomme. Schließlich weiß er, dass ihn seine Partei vor der letzten Wahl auf einen sicheren Platz der Landesliste gestellt hat. Ein Direktmandat, so viel ist klar, ist in seinem Wahlkreis für ihn nicht drin.

Ständige Ausschüsse im Bundestag
Grundsatz 1:
Für jeden wichtigen Politikbereich gibt es einen Ausschuss.
Grundsatz 2:
Die Ausschüsse des Parlaments sind die »Gegenstellen« zu den Ministerien.
Beispiele:
- Haushaltsausschuss
- Finanzausschuss
- Ausschuss für Wirtschaft und Arbeit
- Auswärtiger Ausschuss
- Innenausschuss

Untersuchungsausschüsse
... werden eingerichtet, wenn eine besonders strittige Frage untersucht werden soll – etwa: ob ein Ministerium Fehler bei der Vergabe von öffentlichen Aufträgen gemacht hat (siehe Art. 44 GG).

Debatten im Plenum und die Arbeit in den Ausschüssen

Weil wir im Fernsehen beobachten können, dass der Bundestag bei Sitzungen auch ziemlich leer sein kann, folgern nicht wenige, die Abgeordneten nähmen ihren Job nicht so richtig ernst. Doch die Debatten im Plenum sind nur eine Seite des Parlamentsalltags. Der Bundestag ist nicht in erster Linie ein »redendes«, sondern viel eher ein »arbeitendes Parlament«. Das bedeutet: Die wichtige Arbeit wird in den Ausschüssen geleistet. In ihnen sind die Fraktionen nach ihrem Anteil an den Gesamtmandaten des Parlaments vertreten.

Die Abgeordneten, die dort jeweils für die Fraktionen sitzen, haben sich in ihrer Amtszeit in Fachgebiete eingearbeitet; sie sind also Experten für Wirtschaft, Außenpolitik, Rechtsfragen, Sozialpolitik usw. Im Plenum werden dann in öffentlichen Sitzungen die Ergebnisse dieser Arbeit vorgetragen und in Abstimmungen entschieden.

Das Präsidium des Bundestages

Zu Beginn jeder Legislaturperiode wählen die Abgeordneten den Bundestagspräsidenten und dessen Stellvertreter. Sie einigen sich dabei auf die Kandidatin oder den Kandidaten der stärksten Fraktion für das Präsidentenamt. In der Regel stellt jede Fraktion einen Stellvertreter bzw. eine Stellvertreterin. Zu den wichtigsten Aufgaben des Präsidenten und der Vizepräsidenten gehört es, die Arbeit des Parlaments zu organisieren und die Sitzungen des Bundestages vorzubereiten und zu leiten.

Fraktionen

Die Abgeordneten gehören verschiedenen Parteien an. Die Mitglieder einer Partei im Bundestag bilden in der Regel eine Fraktion. Dort fallen die wichtigsten Vorentscheidungen – etwa: wer in welche Ausschüsse kommt, wie die Fraktion über eine Gesetzesvorlage abstimmt oder wer für die Fraktion im Plenum spricht.

Alltag außerhalb des Parlaments

Neben den Sitzungen des Plenums und der Ausschüsse füllen zahlreiche andere Aufgaben die Arbeitswoche der Abgeordneten: Beratungen der Fraktion, Termine mit Vertretern von Interessengruppen, die Betreuung der Besucher aus dem Wahlkreis, die Beantwortung von Anfragen aus der Bevölkerung, die Einarbeitung in besondere Sachthemen ... Dazu kommt noch die Arbeit »vor Ort«, im Wahlkreis: Parteiversammlungen, Firmenbesichtigungen, Sprechstunden für ratsuchende Bürgerinnen und Bürger und anderes mehr.

Das freie Mandat

Das Grundgesetz stärkt die eigenständige Rolle der Abgeordneten: Sie brauchen von niemandem Anordnungen oder gar Befehle entgegenzunehmen. Sie sind nur ihrem Gewissen unterworfen und haben daher ein »freies Mandat«. Sie sind zwar auf ihre Partei angewiesen, um wieder als Kandidatin oder Kandidat aufgestellt zu werden. Einmal gewählt, sollen sie bei ihren Entscheidungen »Vertreter des ganzen Volkes« sein. Damit soll vermieden werden, dass der Bundestag ein Parlament der Gruppenvertreter ist.

Fraktionsdisziplin

Das »freie Mandat« ist eine Modell-Vorstellung. Die Praxis belegt, dass Abgeordnete immer vielfältigen Einflüssen ausgesetzt sind. Einzelne Abgeordnete können bei Entscheidungen des Parlaments wenig erreichen. Einfluss gewinnen sie überwiegend als Mitglieder ihrer Fraktion. Diese sind daran interessiert, möglichst geschlossen aufzutreten. Das gilt vor allem bei der Gesetzgebung. Dabei werden aber in der Regel immer wieder Kompromisse notwendig. Für die Abgeordneten, die sich diesen Kompromissen unterordnen, kann diese Fraktionsdisziplin auch ein Fraktionszwang sein.

Bei Entscheidungen, in denen es um eindeutige Gewissensfragen geht, geben die Fraktionen die Abstimmungen frei. Dies war z. B. bei der Regelung des Schwangerschaftsabbruchs der Fall.

Imperatives Mandat – entscheiden, wie die anderen wollen?

Aufgaben:

1. Die Fraktionsdisziplin hat in der Öffentlichkeit keinen guten Ruf. Sammeln Sie solche kritischen Einwände. Welche Vorwürfe sind Ihrer Meinung nach zutreffend, welche weniger oder gar nicht – wenn man daran denkt, dass Parteien politische Ziele durchsetzen wollen?

2. Fraktionsdisziplin gilt als Fraktionszwang und wird meist negativ gesehen. Andererseits wird eine Partei in den Medien und in der Öffentlichkeit kritisiert, wenn sie in einer politischen Frage mehrere Meinungen vertritt – als »zerstritten« oder »orientierungslos«. Diskutieren Sie darüber.

3. Im Plenum des Bundestages sind häufig nur wenige Abgeordnete anwesend. Wie erklären Sie sich diesen Umstand?

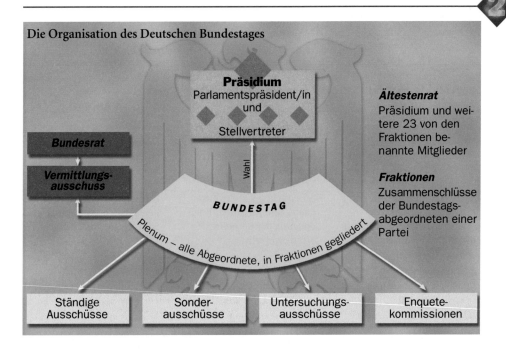

Die Organisation des Deutschen Bundestages

Präsidium
Parlamentspräsident/in und
Stellvertreter

Bundesrat

Vermittlungsausschuss

Wahl

BUNDESTAG

Plenum – alle Abgeordnete, in Fraktionen gegliedert

Ältestenrat
Präsidium und weitere 23 von den Fraktionen benannte Mitglieder

Fraktionen
Zusammenschlüsse der Bundestagsabgeordneten einer Partei

| Ständige Ausschüsse | Sonderausschüsse | Untersuchungsausschüsse | Enquetekommissionen |

Frauen im Bundestag
1990: 20,4 %
1994: 26,6 %
1998: 30,9 %
2002: 32,3 %

Nach Parteien 2002:
SPD: 37,5 % *(251)*
CDU/CSU: 22,2 % *(248)*
B90/Grüne: 58,2 % *(55)*
FDP: 21,3 % *(47)*
PDS: 100 % *(2)*
Zahlen in Klammern: Zahl der Bundestagsmandate

Enquetekommission
Parlamentskommission mit dem Auftrag, eine politische Entscheidung des Parlaments vorzubereiten.

3.3.3 Der Bundesstaat – wie funktioniert der Föderalismus?

Die Bundesländer im Bundesrat

Zahl der Stimmen je Bundesland

Nordrhein-Westfalen
Bayern
Baden-Württemberg
Niedersachsen
Hessen
Sachsen
Rheinland-Pfalz
Berlin
Sachsen-Anhalt
Thüringen
Brandenburg
Schleswig-Holstein
Mecklenburg-Vorpommern
Hamburg
Saarland
Bremen

Insgesamt: 69 Stimmen

Politik kontrovers
Bundesstaat – Für und Wider

Machtverteilung:
Die Aufteilung staatlicher Macht zwischen Bund und Ländern beugt dem Machtmissbrauch vor.

Uneinheitlich:
Unterschiedliche Bestimmungen z. B. in der Schulpolitik sind beim Ortswechsel ärgerlich.

Demokratie:
Wir haben mehr Chancen uns an der Politik zu beteiligen – in Landtagswahlen und Volksabstimmungen im Land.

Kompliziert:
Die unterschiedlichen Zuständigkeiten sind für die Bürger undurchsichtig.

Vielfalt:
Durch den bundesstaatlichen Aufbau ist die Bundesrepulik ein vielgestaltiges Land.

Teuer:
Ein Zentralstaat wäre billiger.

Wettbewerb:
Wettbewerb der Länder belebt die Politik.

Zeitraubend:
Politische Entscheidungen dauern zu lange, vor allem wenn der Bundesrat Entscheidungen in Berlin blockiert.

Föderalismus – Aufgabenteilung zwischen Bund und Ländern

Der Name *Bundesrepublik* drückt aus, dass es sich um einen Zusammenschluss, eine *Föderation* mehrerer Länder handelt (lat. foedus = Bündnis). Die politischen Aufgaben, vor allem die Zuständigkeit bei der Gesetzgebung, sind zwischen dem Gesamtstaat und den einzelnen Gliedstaaten aufgeteilt (M 2). So ist z. B. der Bund ausschließlich für Verteidigung und Außenpolitik zuständig. Dies besagt, er hat hier das Recht zur *ausschließlichen Gesetzgebung*. Daneben gibt es die *konkurrierende Gesetzgebung*. Hier gilt der

Bund und Länder: Zuständigkeiten in der Gesetzgebung

BUND		LÄNDER
Ausschließliche Gesetzgebung	*Konkurrierende Gesetzgebung*	*Ausschließliche Gesetzgebung*
• Auswärtige Angelegenheiten	• Bürgerliches Recht	• Kulturpolitik
• Währungs- und Geldpolitik	• Strafrecht und Strafvollzug	• innere Sicherheit, Polizei
• Zölle und Außenhandel	• Vereinsrecht	• Schul- und Bildungspolitik
• Verteidigung	• Versammlungsrechte	• Zulassung von Hörfunk und
• Staatsangehörigkeit	• Aufenthaltsrecht für Aus-	Fernsehen
• Passwesen	länder und Ausländerinnen	• Regelung der Kommunal-
• Bundesbahn und Luftverkehr	• Nutzung der Kernenergie	politik, Gemeindeordnung
• Post- und Fernmeldewesen	• Straßenverkehr …	
• Soziale Sicherung …		
Rahmengesetzgebung		
• Bau von Hochschulen, Hochschulrecht		*Bei der Rahmengesetzgebung handelt es sich um die Aufgaben der Länder, der Bund legt jedoch die Rahmenbedingungen fest. Genaueres dazu im GG: Art. 70, 71, 72, 73, 74, 74a und 75.*
• Raumordnung, Bodenverteilung		
• Presserecht …		

Grundsatz: Die Länder können in diesen Bereichen Gesetze beschließen, »solange und soweit der Bund von seiner Gesetzgebungszuständigkeit nicht durch Gesetz Gebrauch gemacht hat«. (Art. 72, Abs 1 GG)

Auch den *Ländern* steht eine »ausschließliche Gesetzgebung« zu. So regeln sie z. B. in eigener Zuständigkeit die Schul- und Bildungspolitik. Diese Gesetze werden von den Länderparlamenten beschlossen.

Der Bundesrat – seine Aufgaben

Auf der Bundesebene sind die Länder durch den Bundesrat vertreten. Hier sitzen jedoch – anders als im Bundestag – keine direkt gewählten Abgeordneten, sondern Vertreter der Landesregierungen. Das Gewicht eines Landes im Bundesrat, also die Zahl der Stimmen, richtet sich nach seiner Bevölkerungszahl (vgl. M 1).

• **Bundesgesetze beschließen:** Zusammen mit dem Bundestag hat er die Aufgabe Bundesgesetze zu beschließen, die im gesamten Bereich der Bundesrepublik gelten (vgl. Abschnitt 3.3.5). Dabei hängt das Gewicht, das der Bundesrat bei Entscheidungen über Gesetzesvorlagen hat, vom Inhalt des geplanten Gesetzes ab. Wir unterscheiden zwei Typen:

– Zustimmungsgesetze: Hier geht nichts ohne Zustimmung des Bundesrats,

– Einspruchsgesetze: Dabei kann der Bundesrat zwar einen Einspruch gegen eine Gesetzesvorlage beschließen, der Bundestag hat aber die Möglichkeit diesen in einer weiteren Abstimmung zurückzuweisen. Mehr dazu steht in Abschnitt 3.3.5.

• **Gegengewicht zum Bund:** Im politischen Alltag kann es dazu kommen, dass die Bundesregierung und ihre Mehrheit im Bundestag eine Politik macht, die von der Mehrheit der Länderregierungen nicht mitgetragen wird. Ein solcher Streitpunkt ist oft die Steuerpolitik, vor allem dann, wenn es um die Aufteilung der Steuereinnahmen zwischen Bund und Ländern geht. Bei solchen unterschiedlichen Interessen bildet der Bundesrat ein Gegenlager zur Bundesregierung. Er wacht darüber, dass die Länder durch den Bund nicht benachteiligt werden. Lässt sich ein solcher Konflikt nicht durch Verhandlungen – etwa im *Vermittlungsausschuss* zwischen Bundestag und Bundesrat (vgl. Abschnitt 3.3.5) – lösen, können die Länder gegen die

Bundesregierung beim Bundesverfassungsgericht klagen (vgl. Abschnitt 3.3.7).

• **Mitwirkung in der Europapolitik:** Durch die fortschreitende europäische Einigung befürchten die Bundesländer immer mehr Rechte an Brüssel abtreten zu müssen. In vielen Bereichen der Politik entscheidet die Bundesrepublik nicht mehr allein, sondern zusammen im Kreis der 15 Mitgliedstaaten der Europäischen Union. Deshalb verlangen die Länder, dass sie über den Bundesrat auch bei europäischen Entscheidungen mitsprechen können.

Aufgaben:

1. Stellen Sie die Aufgabenfelder des Bundesrates auf Bundesebene zusammen (Art. 50 GG, vgl. auch M 2).

2. Bundesländer können zwar den Bund verklagen. Umgekehrt hat jedoch auch der Bund Druckmittel gegenüber den Ländern. Art. 37 GG informiert Sie dazu unter dem Stichwort »Bundeszwang«.

3. Ein Land kann seine Stimmen im Bundesrat nur geschlossen abgeben und nicht splitten – etwa zwei Ja-, eine Nein-Stimme und eine Enthaltung sind nicht möglich. Welchen Sinn kann diese »Paket-Lösung« haben? Was bedeutet dies, wenn ein Land durch eine Koalition aus zwei Parteien regiert wird?

4. Auf der Randspalte links finden Sie Argumente zu Vor- und Nachteilen des Bundesstaates. Welche Gesichtspunkte finden Sie einleuchtender?

»Madame hatten zu Tisch gebeten, da sind wir, alle 16!«

GRÜSS GOTT – ICH KOMME VOM DEUTSCHEN BUNDESRAT...

VEREINTES EUROPA

Stühlerücken im europäischen Gedränge?

Art. 50 GG
Durch den Bundesrat wirken die Länder bei der Gesetzgebung und Verwaltung des Bundes und in Angelegenheiten der Europäischen Union mit.

Art. 37 GG
Wenn ein Land die ihm nach dem Grundgesetz oder einem anderen Bundesgesetze obliegenden Bundespflichten nicht erfüllt, kann die Bundesregierung mit Zustimmung des Bundesrates die notwendigen Maßnahmen treffen um das Land im Wege des Bundeszwanges zur Erfüllung seiner Pflichten anzuhalten.

Ein Verfassungs-Quiz:
Fragen, bei denen das Grundgesetz weiterhilft
• 16 Bundesländer im Bundesrat – wer leitet die Sitzungen?
• Wer vertritt den Bundespräsidenten, wenn er in seinem Amt verhindert ist?
• Darf der Bundeskanzler im Bundesrat reden, wenn er es will?

3.3.4 Gesetzgebung – der lange Weg vom Entwurf zum Gesetz

Stationen der Gesetzgebung – Art. 76 - 78 GG
Vereinfachte Darstellung am Beispiel eines Zustimmungsgesetzes, dessen Entwurf von der Bundesregierung eingebracht wird.

1 Der Referentenentwurf
Der Entwurf wird im zuständigen Ministerium ausgearbeitet und geht an den Bundesrat; dieser kann Stellung nehmen.

2 Plenum – erste Lesung
Einbringung: Die Bundesregierung übergibt den Entwurf dem Bundestag zur 1. Lesung (Beratung) in einer öffentlichen Debatte. Die Regierung begründet ihren Gesetzantrag. Regierungsfraktion(en) und Oppositionsfraktionen tragen grundsätzliche Argumente für oder gegen den Entwurf vor.

3 Ausschuss-Beratung
Im zuständigen Fachausschuss geht es um Einzelfragen. Dabei können Experten von außen und Verbandsvertreter angehört werden (Anhörungen, Hearings). Parallel dazu wird der Entwurf in den Fraktionen beraten.

4 Plenum – zweite Lesung
Die Ergebnisse werden öffentlich beraten. Dabei können Änderungsanträge gestellt werden. Bekommt der Entwurf am Ende der 2. Lesung keine Mehrheit, ist das Gesetz gescheitert.

5 Plenum – dritte Lesung
Sie dient vor allem dazu, die unterschiedlichen Argumente für und gegen das geplante Gesetz für die Öffentlichkeit zusammenzufassen. Am Schluss wird abgestimmt.

6 Bundesrat (BR)
Der Entwurf wird im BR und seinen Ausschüssen beraten. Ist der BR damit einverstanden, ist das Gesetz beschlossen.
Findet der Entwurf keine Zustimmung im BR, geht es im Vermittlungsausschuss weiter (dazu siehe Abschnitt 3.3.5, M 3).

7 Bundesminister und Bundeskanzler
Gegenzeichnung: Der zuständige Minister – bzw. die zuständigen Minister – und der Bundeskanzler unterzeichnen das Gesetz.

8 Bundespräsident
Ausfertigung: Er bestätigt mit seiner Unterschrift, dass das Gesetz der Verfassung gemäß zustande gekommen ist.
Verkündung: Das Gesetz wird im Bundesgesetzblatt veröffentlicht.

Politik aktuell

Besuche im Bundestag – zwei Wege

• Es gibt bei der Verwaltung des Bundestags einen Besucherdienst, über den Karten für Plenardebatten erhältlich sind.

• Einfacher geht es, wenn Sie sich an Ihre(n) Abgeordnete(n) wenden. Parlamentarier können ein Besuchsprogramm organisieren und Gäste aus ihrem Wahlkreis einladen.

Auf Schritt und Tritt von Gesetzen verfolgt?
Gesetze bestimmen unseren Alltag und regeln unser Zusammenleben – ohne dass uns dies immer bewusst ist: am Arbeitsplatz – durch das Betriebsverfassungsgesetz; beim Einkaufen – mit den Bestimmungen des Bürgerlichen Gesetzbuches über Kaufverträge; abends in der Kneipe – mit dem Jugendschutzgesetz … Wer diese Gesetze beschließt, entscheidet über uns. Im Rechtsstaat müssen solche Entscheidungen durch Staatsorgane getroffen werden, die damit in der Verfassung beauftragt worden sind. Diese müssen nach festgelegten Regeln arbeiten und dürfen nicht willkürlich handeln.

Der Weg, den ein Gesetzentwurf nimmt, ist deshalb ziemlich kompliziert und oft auch wenig überschaubar. Um trotzdem Licht in das Thema zu bringen greifen wir das Wichtigste heraus und vereinfachen die Darstellung (M 1).

Reichstagsgebäude in Berlin (erbaut 1884 – 94)
• Bis 1933 Sitz des Deutschen Reichstags, des deutschen Parlaments.
• Am 27. Februar 1933 durch Brandstiftung zerstört. Die NSDAP nutzte den Brand, um politische Gegner zu bekämpfen – vor allem Mitglieder der Kommunistischen Partei und Sozialdemokraten. Viele von ihnen kamen in Konzentrationslager.
• Erst nach dem Zweiten Weltkrieg wieder aufgebaut und nach der Wiedervereinigung Deutschlands (1990) zum Sitz des Bundestags umgestaltet.

Gesetzesinitiative – wer kann aktiv werden?

Gesetzentwürfe können von den Fraktionen oder mehreren Abgeordneten, vom Bundesrat und von der Bundesregierung im Bundestag eingebracht werden. Da zur Ausarbeitung eines Entwurfes in der Regel viele Informationen notwendig sind, werden die meisten Vorlagen in den Ministerien ausgearbeitet und dann von der Regierung ins Parlament eingebracht.

Beratung der Gesetze im Bundestag – eine Geheimsache?

Eine kritische Anmerkung zur Rolle der Beratung in den Ausschüssen:
»Noch immer herrscht ja eine bestürzende Ahnungslosigkeit über Aufgaben und Arbeitsweise der Abgeordneten …, und dies keineswegs nur an dem, was man ‚Stammtisch' nennt, sondern gerade auch in der engagierten Öffentlichkeit …
Zwei Gegebenheiten verdienen hier besondere Aufmerksamkeit: Zum einen, dass die … Durcharbeitung der Gesetzentwürfe vollständig im Ausschuss geschieht …; und zum anderen, dass dieser gesamte Prozess nicht öffentlich abläuft.« In »nahezu zwei Dritteln der Fälle werden die Entwürfe im Ausschuss … geändert.«

Starren wir in die falsche Richtung?
»Noch immer erscheint der Bundestag als das, was man im Fernsehen und im Hörfunk von ihm wahrnehmen kann: als Plenarversammlung. Damit wird die unsinnige Vorstellung weiter gestützt«, die konkrete Arbeit bei der »Gesetzgebung sei vor allem Aufgabe des Plenums.«

»Die Öffentlichkeit starrt gleichsam im Versuch das Parlament zu begreifen, gebannt in die falsche Richtung.«
Zitate aus: Das Parlament Nr. 38 vom 12. 09.1997, S. 17

Zwei ergänzende Informationen:
• Es gibt auch öffentliche Vorberatungen von Gesetzentwürfen – als öffentliche Anhörungen. In diesen »Hearings« nehmen Experten und Interessenvertreter zu einem beabsichtigten Gesetz Stellung.
• In einigen Landtagen beraten einzelne Ausschüsse – je nach Thema – auch öffentlich.

Aufgaben:

1. Arbeiten Sie heraus: Worin kann das Problem liegen, wenn Ausschüsse die Beratungen der Gesetzesvorlagen nicht öffentlich durchführen?
2. Ein Thema – unterschiedliche Argumente:
   • Demokratie verlangt einerseits, sich der Kritik aus der Öffentlichkeit zu stellen. Gesetzgebung darf deshalb nicht eine Geheimsache sein.
   • Andererseits: Nicht-öffentliche Beratung bedeutet auch, nicht unter dem Druck der Medien zu stehen.
   Suchen Sie gemeinsam weitere Argumente, die hier für und wider ins Feld geführt werden können. Formulieren Sie anschließend eine Lösung zu dieser Kontroverse.

3.3.5 Bundesgesetze – wie arbeiten Bund und Länder zusammen?

Mitwirkung mit unterschiedlichem Gewicht

In der Bundespolitik mischen auch die Bundesländer mit: Im Bundesrat wirken sie an der Gesetzgebung des Bundes mit. Allerdings haben die Stimmen der Länder dabei unterschiedliche Bedeutung – je nachdem, welche Sache mit einem Gesetz geregelt werden soll. Wir unterscheiden Zustimmungs- und Einspruchsgesetze (M 1).

• **Die Zustimmung des Bundesrates ist z. B. notwendig**
– bei Änderungen des Grundgesetzes – mit jeweils Zwei-Drittel-Mehrheit im Bundestag und Bundesrat;
– bei Gesetzen, die die Höhe und die Verteilung von Steuern festlegen, an denen Länder und Gemeinden beteiligt sind – so bei der Einkommen- und der Mehrwertsteuer;
– wenn Gesetze beschlossen werden, die die Länder mit ihren Verwaltungen ausführen müssen. Rund drei Viertel aller Zustimmungsgesetze gehören zu dieser Gruppe.

• **Einspruchsgesetze** – auch »einfache Gesetze« genannt – regeln ausschließliche Bundesangelegenheiten – z. B. im Bereich der Außenpolitik. Diese Gesetze kann der Bundesrat nicht verhindern.

Bundesrat und Bundesregierung – nicht immer auf einer Linie

Im Bundesrat können Länderregierungen die Politik der Bundesregierung kontrollieren und auch blockieren. Dabei ist dreierlei wichtig:
• Die Stimmen im Bundesrat sind nach der Größe der Länder gewichtet (vgl. Abschnitt 3.3.3).
• Im Bundesrat gibt es in der Regel einen so genannten »neutralen Block« aus Ländern mit Koalitionsregierungen. Dabei ist eine der Regierungsparteien im Bund in der Opposition. Bei strittigen Entscheidungen im Bundesrat enthalten sich diese Länder in der Regel.
• Bei Abstimmungen im Bundesrat ist immer eine absolute Mehrheit erforderlich. Enthaltungen wirken sich deshalb wie Nein-Stimmen aus.

Der Vermittlungsausschuss – Chance im zweiten Anlauf

Damit bei Meinungsverschiedenheiten zwischen Bund und Ländern die Gesetzgebung nicht blockiert ist, gibt es den Vermittlungsausschuss (M 3). Wird er angerufen, hat er drei Möglichkeiten:
• Seine Mitglieder finden gemeinsam einen Kompromiss. Dies ist der häufigste Fall.
• Seltener beschließt der Ausschuss gegen den Antrag des Bundesrats, den Gesetzentwurf nicht zu ändern.
• Nur in Ausnahmefällen kommt der Ausschuss zu dem Ergebnis, dass es besser ist, den Beschluss des Bundestages ganz zurückzuziehen. Dann ist der Gesetzentwurf des Bundestags gescheitert.

Kleine Bundestagsstatistik

Seit der Gründung der Bundesrepublik Deutschland 1949 wurden knapp 6000 Gesetze verabschiedet. Beratungen im Vermittlungsausschuss waren bei rund 780 Gesetzentwürfen erforderlich. In den meisten Fällen wurde der Ausschuss vom Bundesrat angerufen (Stand: Herbst 2002). Bei nicht ganz 10 Prozent kam es zu keiner Einigung.

Politik aktuell
Das politische Kräfteverhältnis zwischen der Bundesregierung und der Mehrheit im Bundesrat: Sie können die Angaben in M 2 aktualisieren – Auskunft darüber gibt es von der Bundesregierung und beim Bundesrat.
(Internet-Adressen s. S. 269).

Bundesgesetze – Bund und Länder müssen sich meistens einigen

Zustimmungsgesetze ...	Einspruchsgesetze ...
... können nur beschlossen werden, ⊙ wenn der Bundesrat mit der Mehrheit seiner Stimmen zustimmt. ⊙ Lehnt er ab, ist das Gesetz gescheitert – es sei denn, im Vermittlungsausschuss kommt es zu einer Einigung. *Genaueres dazu in Art. 77 (1) und (2) GG und in M 3.*	... kommen auch dann zustande, wenn der Bundesrat Einspruch eingelegt hat: Denn der Einspruch kann ⊙ vom Bundestag zurückgewiesen werden; ⊙ er hat also nur aufschiebende Wirkung. *Genaueres dazu in Art. 77 (3) und (4) GG.*

1

Wenn die Bundesregierung keine Mehrheit im Bundesrat hat – z. B. im Februar 2004

Aufgaben:

1. Bei welchen politischen Mehrheitsverhältnissen zwischen Bundesrat und Bundestag ist die Wahrscheinlichkeit groß, dass der Vermittlungsausschuss angerufen wird? Sie können sich dabei zunächst unabhängig von der tatsächlichen Situation Beispiele für unterschiedliche Mehrheitsverhältnisse ausdenken, bei denen es zu Gegensätzen zwischen der Bundesregierung und einer Mehrheit von Ländern im Bundesrat kommen kann.

2. M 2 zeigt das politische Kräfteverhältnis zwischen der Regierungsmehrheit im Bundestag und dem Stimmengewicht im Bundesrat im Frühjahr 2004. Erklären Sie das Schaubild, indem Sie die Stimmenverteilung beschreiben. Dazu können Sie auch die Informationen im Text heranziehen.

3. Die Bundesregierung – zum Kompromiss mit den Ländern gezwungen? – Was spricht für diese Regel der Verfassung? Welche Nachteile können damit verbunden sein?

Stimmenverteilung im Bundesrat

Gesamt: **69 Stimmen**
Mehrheit: **35**
Zwei-Drittel-Mehrheit: **46**

Bundesregierung seit Oktober 1998:
SPD/Grüne

Unions-Block

Bayern (CSU): **6 Stimmen**
Sachsen (CDU): **4**
Baden-Württemberg (CDU/FDP): **6**
Thüringen (CDU): **4**

Hessen (CDU): **5**
Saarland (CDU): **3**
Niedersachsen (CDU/FDP): **6**
Sachsen-Anhalt (CDU/FDP): **4**
Hamburg (CDU): **3**

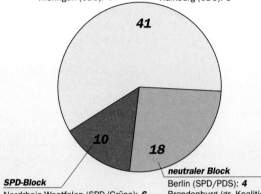

SPD-Block
Nordrhein-Westfalen (SPD/Grüne): **6**
Schleswig-Holstein (SPD/Grüne): **4**

neutraler Block
Berlin (SPD/PDS): **4**
Brandenburg (gr. Koalition): **4**
Bremen (große Koalition): **3**
Mecklenburg-Vorp.(SPD/PDS: **3**
Rheinland-Pfalz (SPD/FDP): **4**

Der Vermittlungsausschuss – Art. 77 GG – Beispiel: ein Zustimmungsgesetz

* Die beiden anderen Entscheidungsmöglichkeiten:
• Bestätigung des Entwurfs der Regierung: der Gesetzentwurf geht direkt nochmals zur Abstimmung in den Bundesrat;
• Vorschlag, den Regierungsentwurf zurückzuziehen: der Entwurf geht an den Bundestag.

3.3.6 Bundeskanzler, Bundesregierung, Bundespräsident – wer regiert?

Politik kontrovers

- Politiker gehen den harten Problemen aus dem Weg. Die kosten bloß Wählerstimmen.
- Im Großen und Ganzen kann man ihnen ja vertrauen, auch wenn man kaum mehr durchblickt, was die da machen.
- Das ist schon eigenartig: Einerseits wollen wir, dass die Politiker sich nicht in alles einmischen, andererseits klagen wir, dass der Staat zu wenig für uns leistet …

Die Bundesregierung – Kanzler, Minister und Ministerinnen

Bundeskanzler

M M M M M M M M M M

Bundesregierung

Die Bundesminister werden auf Vorschlag des Bundeskanzlers vom Bundespräsidenten ernannt (Art. 64 GG).	Die Bundesregierung besteht aus dem Bundeskanzler und den Bundesministern (Art. 62 GG).	Der Bundeskanzler wird auf Vorschlag des Bundespräsidenten vom Bundestag gewählt; (Art. 63, 67, 68 GG).

Arbeitsgrundsätze der Bundesregierung: Art 65 GG

Kanzlerprinzip: Richtlinienkompetenz	Ressortprinzip: Selbstständige Geschäftsbereiche	Kollegialprinzip: Kabinettsentscheidungen
Der Bundeskanzler bestimmt die Richtlinien der Politik und trägt dafür die Verantwortung.	Innerhalb dieser Richtlinien leitet jeder Bundesminister seinen Geschäftsbereich selbstständig und unter eigener Verantwortung.	Über Meinungsverschiedenheiten zwischen den Ministern entscheidet die Regierung. Alle wichtigen Entscheidungen werden vom Kabinett gemeinsam getroffen.

Kabinett
der Bundeskanzler und die Bundesminister

Der Bundeskanzler – eine starke Stellung

Die großen Parteien richten ihre Wahlwerbung immer mehr auf »ihren Kanzlerkandidaten« aus. Sie liegen damit nicht ganz falsch. Denn in der Bundespolitik hat der Kanzler eine starke Stellung:

- Er schlägt dem Bundespräsidenten die Minister und Ministerinnen seines Kabinetts zur Ernennung und zur Entlassung vor. Der Präsident kann die Vorschläge nicht ablehnen (Art. 64 GG).

- Die »Richtlinienkompetenz« bedeutet, dass der Kanzler die Grundlinien der Politik bestimmt (Art. 65 GG).

Die Bundesregierung – Koalitionen erfordern Kompromisse

In der Geschichte der Bundesrepublik hat es bislang nur einmal eine Bundesregierung gegeben, die von einer Partei allein gestellt wurde: Von 1957 bis 1961 hatte die CDU/CSU unter Konrad Adenauer die absolute Mehrheit im Bundestag.

Koalitionsregierungen, Bündnisse mehrerer Parteien, die zusammen regieren, sind also auf Bundesebene der Normalfall. Das bedeutet: Die stärkste Partei und »ihr« Kanzler müssen auf die politischen Interessen der kleineren Koalitionspartei Rücksicht nehmen. Zur Abstimmung dienen neben regelmäßigen Kabinettssitzungen auch Treffen außerhalb des Kabinetts. Die Vorsitzenden der Koalitionsparteien, die Fraktionschefs und wichtige Minister in der »Koalitionsrunde« besprechen hierbei die Richtung der Regierungspolitik.

Der Bundespräsident – das Staatsoberhaupt

Theodor Heuss, der erste Bundespräsident, sagte nach seiner Wahl am 12. September 1949, er habe in der Presse gelesen, ihm fehle »die Ellenbogenkraft ..., die zum Politiker gehöre«. Dem hielt er entgegen, »dass dieses Amt ... keine Ellenbogenveranstaltung ist, sondern dass es den Sinn hat, über den Kämpfen« des politischen Alltags als »ausgleichende Kraft« zu stehen. Mit anderen Worten: Der Präsident solle über den Parteien und Gruppen stehen und von diesen unabhängig sein.

Aufgaben des Präsidenten

Das Staatsoberhaupt
• vertritt den Staat im Innern und nach außen,
• schlägt dem Bundestag einen Kandidaten zur Wahl als Bundeskanzler vor,
• ernennt auf Vorschlag des Kanzlers die Bundesministerinnen und -minister und entlässt sie,
• muss Bundesgesetze und Verträge unterzeichnen, bevor sie in Kraft treten können.

Aufgaben:

1. »Die Zukunft gestalten« – dies wird als eine wichtige Aufgabe der Regierung angesehen. Stellen Sie einen Katalog wichtiger Zukunftsaufgaben zusammen, die Ihrer Meinung nach durch die Politik der Bundesregierung bewältigt werden müssen. Wer macht was in Bonn bzw. Berlin? – Sie können Ihrem gemeinsamen Aufgabenkatalog die zuständigen Bundesministerien einschließlich der Minister und Ministerinnen zuordnen.

2. Was muss getan werden, wenn Ihr gemeinsamer Aufgabenkatalog politisch eingelöst werden soll? – Zu dieser Frage gehört auch:
• Wer will, dass etwas geschieht, wer nicht?
• Wie könnten mögliche Lösungen aussehen?
• Welche Hindernisse stehen einer Lösung Ihrer Aufgaben im Wege?
• Wie lassen sich dafür Mehrheiten in der Bevölkerung finden?

Politik aktuell
• Von den Pressestellen der einzelnen Ministerien und ihren Homepages können Sie zu Ihren Themen Informationen anfordern.
Siehe Internet-Adressen S. 269 und www.bundesregierung.de

Die Bundesversammlung – Wahl des Staatsoberhauptes

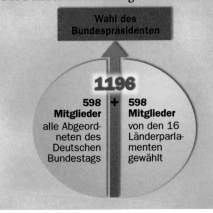

Die Bundesversammlung tritt alle 5 Jahre zusammen – spätestens 30 Tage vor Ende der Amtszeit des Bundespräsidenten.
• *Wahlvorschläge*
Jedes Mitglied der Bundesversammlung kann Kandidaten vorschlagen.
• *Geheime Wahl*
ohne vorherige Aussprache
• *Erforderliche Mehrheit*
im 1. und 2. Wahlgang: mehr als die Hälfte der Stimmen aller Mitglieder der Bundesversammlung; im 3. Wahlgang: relative, d. h. einfache Stimmenmehrheit

Aufgaben:

3. Zwar schlagen Parteien die Kandidatinnen und Kandidaten vor. Einmal im Amt, soll ein Präsident aber seine Parteimitgliedschaft ruhen lassen. Soll er nun ein Mensch ohne politische Meinung sein oder ...?

4. Die Landtage schicken auch Personen ohne Landtagsmandat in die Bundesversammlung – zum Beispiel berühmte Fußballspieler:
• Eine sinnvolle Regelung oder eine geschickte Werbung der Parteien?
• Wenn Sie solche Personen auswählen könnten, wer sollte dann dabei sein?

Urteile des Verfassungsgerichts

Karlsruhe: Rechtschreibreform ist auch ohne Gesetz möglich

NPD-Verbotsverfahren in Karlsruhe gescheitert

Gesetz zum Schwangerschaftsabbruch: diesmal in Karlsruhe bestanden

Zuwanderungsgesetz verfassungswidrig:

Karlsruhe korrigiert den Bundesratspräsidenten

Aussperrung beim Streik

Verfassungsgericht gibt den Arbeitgebern Recht

Das Bundesverfassungsgericht in Karlsruhe – ein Gericht mit vielen Aufgaben

Das Bundesverfassungsgericht ist als Hüter der Verfassung eingesetzt. Es steht in seinen Entscheidungen über allen anderen Verfassungsorganen. Es entscheidet über

• *Normenkontrollen:* Das Gericht überprüft, ob Gesetze (rechtliche Normen) mit der Verfassung übereinstimmen.

• *Verfassungsstreitigkeiten:* Wenn es zwischen Verfassungsorganen zum Streit kommt, etwa zwischen einer Landesregierung und der Bundesregierung.

• *Verfassungsbeschwerden:* Das Gericht überprüft, ob Grundrechte durch den Staat verletzt worden sind.

• *Aberkennung von Grundrechten:* Wenn Personen ihre Grundrechte zum Kampf gegen die freiheitlich-demokratische Grundordnung missbrauchen; bislang ohne praktische Bedeutung.

• *Parteiverbot:* Wenn einer Partei nachgewiesen werden kann, dass sie gegen die Verfassung verstoßen hat.

• *Anklagen* gegen den Bundespräsidenten oder gegen einen Bundesrichter, wenn diese gegen Verfassung oder Gesetze verstoßen haben (bislang noch nicht geschehen).

Urteile und ihre Folgen

In seinen Entscheidungen ist das Bundesverfassungsgericht an die Verfassung gebunden, in seiner Auslegung der Verfassung ist es frei. Das bedeutet keinesfalls Willkür. Denn das Gericht muss sich dabei »am Geist des Grundgesetzes« orientieren. Zur Begründung seiner Entscheidungen zieht es deshalb auch Argumente aus der bisherigen Rechtsprechung und der Rechtswissenschaft heran.

Urteile des Bundesverfassungsgerichts sind zwar auf einen Einzelfall bezogen. Sie haben jedoch über diesen Fall hinaus grundsätzliche Bedeutung: Sie müssen von allen staatlichen Stellen, also vom Parlament, der Regierung und von den Gerichten beachtet werden. Zahlreiche Gesetze – etwa zur Gleichberechtigung von Mann und Frau,

Richterwahl – unabhängig auf Zeit? – Fünf wichtige Grundsätze

- Sowohl im Wahlausschuss des Bundestages als auch im Bundesrat ist eine Zwei-Drittel-Mehrheit erforderlich.
- Ein Richter kann während seiner Amtszeit (12 Jahre) nicht abgesetzt werden.
- Es gibt nur eine Amtszeit.
- Jeder Richter kann jederzeit seine Entlassung verlangen.
- Richter am BVerfG dürfen keinen anderen Beruf ausüben.

Richterliche Selbstbeschränkung …

… ein Grundsatz für Verfassungsrichter. Er bedeutet: Sie dürfen keine politischen Richtungsentscheidungen fällen; sie dürfen nur prüfen, ob eine politische Entscheidung mit der Verfassung in Einklang ist. Aber: Wird ein Gesetz als verfassungswidrig erklärt, greift das BVerfG in die Arbeit des Parlaments ein. Das kann Anlass für Kritik am Gericht sein, es halte sich politisch nicht zurück und werde zum Ersatzgesetzgeber.

Aufgaben:

1. Ein nicht ganz einfaches und auch oft strittiges Thema: die Wahl der Verfassungsrichter. Beschreiben Sie, auf welche Weise die Richter in ihr Amt kommen.
2. Die Richter werden zwar von politischen Gremien – dem Bundestag und dem Bundesrat – gewählt. Sie sollen jedoch parteipolitisch unabhängig sein. Welche Rolle spielen dabei die fünf Grundsätze?

---

zum Schwangerschaftsabbruch, zur Rechtsstellung unehelicher Kinder, zum Datenschutz – gehen unmittelbar auf Entscheidungen dieses Gerichts zurück.

Häufig wird dem Bundesverfassungsgericht vorgeworfen, dass es durch seine Urteile politische Entscheidungen wesentlich beeinflusst, obwohl es vom Volk nicht gewählt ist (vgl. auch oben »Richterliche Selbstbeschränkung«).

Wer kann sich an Karlsruhe wenden?

Hier gibt es unterschiedliche Regelungen, etwa:

- Bei Streitigkeiten zwischen staatlichen Organen darf das Verfassungsgericht nur auf Antrag tätig werden. Antragsteller können

sein die Bundesregierung, der Bundestag (mit in der Regel mindestens einem Drittel der Abgeordneten), der Bundesrat, eine Landesregierung oder ein Landesparlament (Art. 92 GG).

- Bei Verfassungsbeschwerden können sich Bürgerinnen und Bürger selber an das Gericht wenden, wenn sie sich in einem Grundrecht verletzt fühlen. Dabei muss aber in der Regel der Rechtsweg bei den zuständigen Gerichten ausgeschöpft sein.
- Einzelne Gerichte können das Verfassungsgericht anrufen, wenn während eines Verfahrens Zweifel aufkommen, ob eine Rechtsvorschrift, etwa ein Gesetz, dem Grundgesetz entspricht.

Politik kontrovers
Urteile – nur Paragraphen und sonst nichts?

»Die Justiz funktioniert nicht wie ein Paragraphenautomat: Es ist nicht so, dass man einen Fall hineinwirft und sodann nur ein ganz bestimmtes Urteil herauskommen kann … Die Justiz wiegt nämlich nicht nur mit dem vom Gesetz- und Verfassungsgeber vorgegebenen Gewichten, vielmehr ist es so, dass eigene Anschauungen und Erfahrungen [der Richter] das Gewicht dieser Gewichte bestimmen.«

Heribert Prantl: Im Namen des Volkes. In: Süddeutsche Zeitung vom 09./10.09.1995

Aufgaben:

3. Das Bundesverfassungsgericht – abgekürzt: BVerfG – hat eine breite Palette an Aufgaben. Diese sind im Text genannt. Ordnen Sie die Fälle, die in den Schlagzeilen (M 1) angesprochen sind, diesem Aufgabenkatalog zu. Es kann sein, dass nicht jeder Fall eindeutig ist. Dann sollten Sie Ihre persönliche Entscheidung begründen.

Stichpunkte für die Wiederholung

Teil 3.1: Politik machen – was können wir tun?

Stationen für politisches Engagement
- Informationen beschaffen
- Die eigene Meinung öffentlich vertreten
- Sich organisieren: Bürgerinitiativen, Parteien, Verbände
- Politische Verantwortung übernehmen
- Beispiel: Politik in der Gemeinde (Wahlverfahren bei Gemeinde- und Bürgermeisterwahlen; Elemente direkter Demokratie).

Teil 3.2: Möglichkeiten politischer Beteiligung

Grundrechte als Voraussetzung der Demokratie
- Grundrechte als klagbares Recht
- Abwehrrechte, Freiheitsrechte, Gleichheitsrechte – manche davon nur für Deutsche
- Grenzen der Grundrechte.

Massenmedien und Politik
- Grundrechtsgarantie: Meinungs- und Informationsfreiheit
- Bedeutung für Information und Meinungsbildung der Bürger, Kontrolle der Regierung
- Infotainment – eine problematische Entwicklung?

Verbände und Bürgerinitiativen
- Politische Mittel: Einfluss auf Parteien, Gesetzgebung (Loybbyismus), Regierung, Verwaltung, öffentliche Meinung
- Besondere Bedeutung der Wirtschaftsverbände: Tarifautonomie
- Bürgerinitiativen und soziale Bewegungen: Ergänzung und Gegengewicht zu Parteien und Verbänden.

Parteien
- Aufgaben in der Demokratie: Gestaltung der öffentlichen Meinung; Mittler zwischen Volk und Regierung; Beteiligung an Wahlen; Übernahme politischer Verantwortung
- Volksparteien statt Weltanschauungsparteien: Ziele, Wählergruppen
- Formen von Mitgliedschaft; Karriere in Parteien
- Innerparteiliche Demokratie.

Wahlen
- Grundsatz der repräsentativen Demokratie: indirekte politische Beteiligung des Volkes auf verschiedenen Ebenen (Gemeinde, Land, Bund, EU)
- Grundsätze demokratischer Wahlen
- Aktives und passives Wahlrecht

- Wählertypen und Wahlverhalten; Nichtwähler
- Wahlsysteme: Mehrheitswahlrecht, Verhältniswahlrecht
- Deutsches Wahlsystem: Personalisiertes Verhältniswahlrecht, 5-Prozent-Hürde.

Teil 3.3: Staatsorgane in Deutschland und ihre Aufgaben

Bundestag
- Parlamentarische Demokratie: Gewaltenverschränkung statt Gewaltenteilung
- Freies Mandat der Abgeordneten, jedoch Fraktionsdisziplin
- Wahlrechte:
  - Bundeskanzler
  - Beteiligung an der Wahl des Bundespräsidenten
  - Beteiligung an der Wahl zum Bundesverfassungsgericht
- Gesetzgebung: Gesetzesinitiative, Beratung von Gesetzen (Plenum, Ausschuss), Beschlussfassung; Beschluss über den Bundeshaushalt
- Kontrolle der Regierung: z. B. Anfragen, Fragestunden, Untersuchungsausschüsse; konstruktives Misstrauensvotum (Neuwahl des Kanzlers).

Bundesrat
- Bundesstaatliche Ordnung: Staatsaufgaben zwischen Bund und Ländern aufgeteilt
- Beteiligung der Länder an der Gesetzgebung des Bundes: Einspruchsgesetze, Zustimmungsgesetze; Bedeutung des Vermittlungsausschusses.

Bundesregierung
- Bundeskanzler: Richtlinienkompetenz
- Bundesregierung (Kanzler und Minister): Ressortprinzip, Kollegialprinzip; Einfluss auf die Gesetzgebung
- Bundespräsident als Repräsentant Deutschlands.

Bundesverfassungsgericht
- Hüter der Verfassung: Normenkontrollen, Verfassungsstreitigkeiten, Verfassungsbeschwerden, Parteienverbote.

Potsdamer Platz in Berlin nach dem Zweiten Weltkrieg

Wie kommt es zur Teilung Deutschlands?

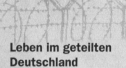

Leben im geteilten Deutschland

4

Potsdamer Platz zur Zeit der DDR

Potsdamer Platz heute

Deutschland – besiegt, geteilt, vereint

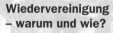

Wiedervereinigung – warum und wie?

Zukunft – die Einheit gestalten

Spurensuche vor Ort –

Worum geht es?

Kriegsende und Nachkriegszeit: Eine Zeit, die wir nicht selbst erlebt haben. Eine Zeit, die Spuren hinterlassen hat. Spuren kann man wieder finden, sichtbar machen, in ihnen lesen. Solche Spuren können sein:

• Erzählungen und Erinnerungen von Menschen, die diese Zeit miterlebt haben

• Familienalben und Fotos

• Gegenstände aus jener Zeit: Gebrauchsgegenstände, Zeitungen, Dokumente usw. Auch im Archiv der Stadt, im Museum oder im Schularchiv finden sich Dokumente von damals.

Diese Spuren zeigen ein anderes Bild der ersten Nachkriegsjahre, als es in den Schulbüchern steht. Die meisten Menschen haben sich damals nicht für Politik interessiert; sie hatten andere Sorgen. Einige solche Spuren finden Sie auf dieser und der nächsten Seite.

Über die Landstraße kamen Panzer, unter denen der Asphalt aufbrach. Darauf saßen die Sieger. Ich sah zum ersten Mal in meinem Leben Neger, die trugen Uniformen und hohe Schnürschuhe und die Frauen hatten Angst vor ihnen.

Helma Sanders-Brahm: Der Himmel war blau, als der Krieg zu Ende ging; in: Heiß und kalt. Die Jahre 1945–1969, Berlin [4]1993, S. 9

Ihre Aufgabe

Sie sollen sich in Ihrer Stadt und in Ihrem Bekanntenkreis auf die Suche nach Spuren des Kriegsendes und der unmittelbaren Nachkriegszeit machen. Ihre Ergebnisse sollen Sie in der Klasse präsentieren.

Klären Sie, wie viel Zeit und welche Hilfsmittel Ihnen zur Verfügung stehen.

Arbeiten Sie in Gruppen und gehen Sie nach dem **Sechs-Schritte-Schema** vor. Das Sechs-Schritte-Schema lässt sich auf alle Aufgaben in Schule und Betrieb anwenden.

1 Informieren: **Was ist zu tun?**

Planen: 2 **Wie kann es getan werden?**

Entscheiden: 3 **In welcher Weise wollen wir es tun?**

4 Durchführen: **Umsetzung der Planung**

Bewerten: 5 **Beurteilung des Ergebnisses**

6 Abschlussgespräch

Waschtag in der Nissenhütte

Schicksale 1945

Heimkehrer

Das ist die Heimkehr dritter Klasse,
ganz ohne Lorbeer und Hurra.
Die Luft ist still. Der Tod macht Kasse.
Du suchst dein Haus. Dein Haus ist nicht mehr da.
Du suchst dein Kind. Man hat's begraben.

Du suchst die Frau. Die Frau ist fort.
Du kommst, und niemand will dich
haben.
Du stehst im Nichts. Das Nirgends ist
dein Ort.

Erich Kästner 1947 für das
Kabarett »Die Schaubude«, zit. nach
Heiß und kalt, a.a.O., S. 29

Pforzheim nach der Zerstörung und heute mit Neuaufbau der zerstörten Kirche

Ergebnisse präsentieren

Sie kennen das sicher: Einer liest ein Referat vor und niemand hört zu. – Wer Aufmerksamkeit erreichen will, muss für die eigenen Ideen werben. Wie Sie Ihre Ergebnisse am besten präsentieren, müssen Sie vorher überlegen.

1. Regel:
Ein Bild sagt mehr als tausend Worte.
Bilder können Texte ersetzen und für sich selber sprechen:
- Plakate
- Fotoserien
- Karikaturen

2. Regel:
Mehrere Informations-Kanäle benutzen:
Information für das Auge, Information für das Ohr. Bilder machen Worte anschaulich, Worte erklären Bilder:
- Collagen aus Texten und Bildern
- schematische Übersichten
- Schaubilder

3. Regel: *In der Kürze liegt die Würze.*
Es kostet mehr Mühe, etwas einfach zu sagen als kompliziert. Nicht alles, was Sie herausgefunden haben, ist für die anderen wichtig. Die Frage »Was sage ich?« können Sie nach dem *SAGE-Schema* beantworten:

S = Sammeln: Nicht nur Texte sammeln, sondern auch Information in Form von Bildern.
A = Auswählen: Welche Informationen sind für die Zielgruppe wichtig?
G = Gewichten: Wie wichtig ist welche Information?
E = Einteilen: Was sage ich wann?

4.1 Die Teilung Deutschlands

4.1.1 Deutschland in Trümmern – was nun?

MAI 1945

NIEDERLAGE··· SIEG··· BEFREIUNG··· ZUSAMMENBRUCH··

F. Behrendt, FAZ vom 26.01.1985

Amerikanische, russische, britische und französische Soldaten hatten das ganze Land besetzt. Die Deutschen waren die Feinde, die besiegt worden waren.

Die Sieger hatten Deutschland in Besatzungszonen aufgeteilt, um es besser kontrollieren zu können. Jede Zone wurde durch die Truppen einer Siegermacht besetzt.

Kriegsfolgen in Deutschland

Der Krieg hatte große Verluste zur Folge. Über fünf Millionen Deutsche wurden getötet. Nahezu 15 Millionen verloren ihre Heimat, sie wurden vertrieben. Deutschland verlor ungefähr ein Viertel seines Staatsgebietes.

Der frühere Bundespräsident Richard von Weizsäcker fasste 1985 in einer Gedenkrede zusammen: »Neben dem unübersehbar großen Heer Toter erhebt sich ein Gebirge menschlichen Leids:

Leid um die Toten,

Leid durch Verelendung und Verkrüppelung,

Leid in Bombennächten,

Leid durch Flucht und Vertreibung, durch Vergewaltigung und Plünderung, durch Zwangsarbeit, durch Unrecht und Folter, durch Hunger und Not.«

Das Ende eines von Deutschland entfachten Krieges

Das nationalsozialistische Deutschland hatte 1939 einen Krieg entfacht, von dem viele Länder Europas aufs Schlimmste betroffen wurden.

Weltweit starben über 50 Millionen Menschen. 1945 endete dieser Krieg mit der Kapitulation Deutschlands.

Центральная-Комендатура
Zentral-Kommandantur

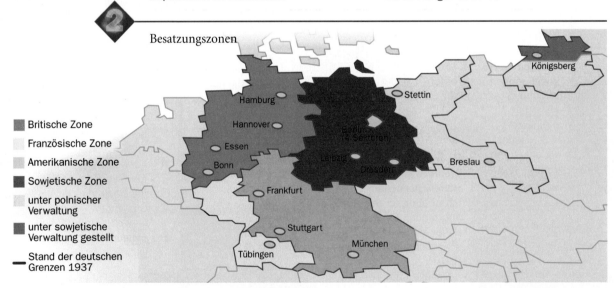

Besatzungszonen

Königsberg

Stettin

Hamburg

Hannover

Berlin
(4 Sektoren)

Essen

Leipzig

Breslau

Bonn

Dresden

Frankfurt

Stuttgart

München

Tübingen

- Britische Zone
- Französische Zone
- Amerikanische Zone
- Sowjetische Zone
- unter polnischer Verwaltung
- unter sowjetische Verwaltung gestellt
- Stand der deutschen Grenzen 1937

Die Not war groß nach dem Krieg. Die Menschen dachten weniger an die Politik; sie dachten an ihre Angehörigen, von denen sie nicht wussten, wo sie waren; sie dachten an ihr Hab und Gut oder was davon noch übrig war; sie dachten ans Essen – sie hatten Hunger –; und sie dachten an ein Dach über dem Kopf – es herrschte Wohnungsnot.

Deutschland war zerstört und es herrschte großer Mangel. Viele Städte waren schweren Bombenangriffen ausgesetzt gewesen und verwüstet. In Dresden, das mit Flüchtlingen aus dem Osten total überfüllt war, kamen bei einem Luftangriff am 13./14. Februar 1945 nach Schätzungen mehr als 100 000 Menschen ums Leben. 20 % aller Wohnungen auf dem Gebiet der späteren Bundesrepublik Deutschland waren zerstört, was zunächst mehr als 20 Millionen Menschen obdachlos machte.

Fast die Hälfte aller Verkehrswege war zerstört, die Industrieproduktion schrumpfte auf ein Drittel, elektrischer Strom und Heizmaterial waren absolute Mangelware. Nahrungsmittel – schon lange rationiert – wurden in einem Umfang verteilt, der oft nur der Hälfte des täglichen Bedarfs der Menschen entsprach. Viele Neugeborene starben an Unterernährung.

Plakat aus der französischen Zone zur politischen Umerziehung nach Kriegsende

Die Städter fuhren mit den »Kartoffelzügen« aufs Land und versuchten Dinge, die sie nicht mehr benötigten, gegen Lebensmittel einzutauschen. Auf jedem verfügbaren Fleckchen wurden Lebensmittel angebaut. Der Schwarzmarkt und der Tauschhandel blühten. Für einen Perserteppich gab es zwei Zentner Kartoffeln, für 1500 RM ein Kilo Kaffee. Glücklich, wer Beziehungen zu den Besatzungsmächten hatte und an Zigaretten kam. Denn Zigaretten waren ein ideales Tauschobjekt für alles Lebensnotwendige.

Viele Familien waren durch die Kriegswirren auseinander gerissen worden. Die meisten jüngeren Männer waren in Kriegsgefangenschaft oder sie wurden vermisst, das heißt, niemand wusste, ob sie noch lebten oder im Krieg umgekommen waren.

All dies stellt nur einen kleinen Ausschnitt dessen dar, was nach Kriegsende zu bewältigen war. Die Not und der Mangel mussten verwaltet werden, damit wenigstens eine Mindestversorgung der Bevölkerung gewährleistet war. Dazu bedurfte es großer Anstrengungen der Besatzungsmächte, die selbst schon große Schwierigkeiten und enorme Kosten mit der Versorgung der eigenen Truppen in Deutschland zu bewältigen hatten.

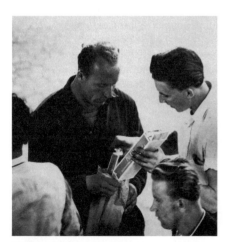

Schwarzmarkt

Aufgaben:

1. Stellen Sie dar, welche Folgen das Kriegsende für die verschiedenen Gruppen hatte. (Vergleichen Sie mit M 1).
2. Vergleichen Sie die Lebensverhältnisse damals und heute.

4.1.2 Potsdam 1945 – was machen die Alliierten mit Deutschland?

DDR-Briefmarke von 1970

Was würden die Siegermächte mit Deutschland machen? In Potsdam kamen die Vertreter der USA, Großbritanniens und der Sowjetunion zu ihrer ersten Konferenz nach Kriegsende zusammen und legten die Grundsätze für ihr weiteres Vorgehen in Deutschland fest.

Zudem sollte ein Rat der Außenminister der vier Siegermächte einen Friedensvertrag ausarbeiten. Zu diesem kam es aber nicht. Die Potsdamer Konferenz blieb die letzte, auf der es zu einer gewissen Übereinstimmung zwischen den Siegern kam, und bestimmte darum die Deutschland-Politik über einen langen Zeitraum. Die wichtigsten Beschlüsse waren:

Politische Bestimmungen

• Einrichtung eines Alliierten Kontrollrats in Berlin. Die vier Oberbefehlshaber sollten für die Durchführung seiner Beschlüsse in ihrer Zone zuständig sein.

• Gemeinsame Verwaltung Berlins durch alle vier Besatzungsmächte, Einteilung Berlins in vier Sektoren.

• Bis auf weiteres keine zentrale deutsche Regierung.

• Gleichbehandlung der Bevölkerung in ganz Deutschland.

• Völlige Abrüstung und Entmilitarisierung Deutschlands (*Demilitarisierung*).

• Verbot aller Organisationen der NSDAP. Entnazifizierung von Verwaltung, Justiz und Bildungswesen (*Denazifizierung*).

• Bestrafung der Kriegsverbrecher. (Diese Prozesse fanden 1945 vor einem Alliierten Gericht in Nürnberg statt.)

• Umgestaltung des öffentlichen Lebens auf demokratischer Grundlage (*Demokratisierung*). Damit war die Zulassung von demokratischen Parteien und von Gewerkschaften verbunden. Außerdem sollten Wahlen auf Gemeinde-, Kreis- und Länderebene stattfinden.

Territoriale Bestimmungen

• Die Gebiete östlich von Oder und Neiße kamen (bis zur endgültigen Regelung in einem Friedensvertrag) unter polnische Verwaltung.

• Königsberg und der Norden von Ostpreußen kam unter sowjetische Verwaltung.

• Die Deutschen in diesen Gebieten, in Ungarn und der Tschechoslowakei sollten »in ordnungsgemäßer und humaner Weise« in

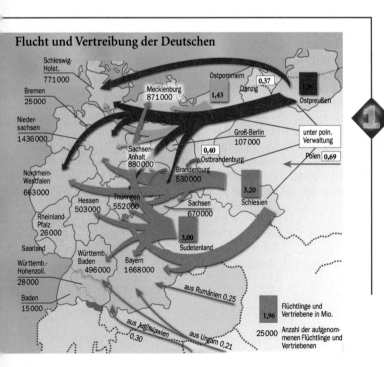

Flucht und Vertreibung der Deutschen

die vier deutschen Besatzungszonen überführt werden. (Praktisch hatte die Vertreibung der Deutschen vor der Potsdamer Konferenz begonnen; vgl. M 1).

Reparationen
• Polen und die UdSSR bekamen Reparationen aus der sowjetischen Zone.
• Die USA, Großbritannien und Frankreich
bekamen Reparationen aus den westlichen
Besatzungszonen.
• Die UdSSR erhielt zusätzlich Reparationen aus den westlichen Besatzungszonen,
deren Höhe genau festgelegt war.

Wirtschaftliche Bestimmungen
• Deutschland sollte als wirtschaftliche
Einheit betrachtet werden.
• Das deutsche Wirtschaftsleben wurde de-
zentralisiert, Großkonzerne wurden aufge-
löst, z. B. in der chemischen Industrie (*De-
zentralisierung*).
• Abbau der Schwer- und Rüstungsindustrie;
Verbot der Waffenproduktion und der Herstel-
lung von Flugzeugen und Seeschiffen.
• Alliierte Kontrolle über das deutsche
Wirtschaftsleben.

Aufgaben:

1. *Erläutern Sie mögliche Ziele der Alliierten, die mit den Potsdamer Vereinbarungen verbunden waren.*
2. *Welche Regelungen haben vermutlich
zu Streitigkeiten zwischen den Alliierten
geführt? Warum?*

*Churchill,
Truman
und Stalin
auf der
Potsdamer
Konferenz
1945*

Reparationen
Entschädigungszahlungen
eines Verliererstaates an
die Sieger nach einem Krieg
für die entstandenen Kriegs-
schäden.

*Anklagebank des Nürnberger
Kriegsverbrecherprozesses
(1945–46)*

Was bedeutet Deutschland?
Churchill (Großbritannien): Was bedeutet »Deutschland« jetzt?
Kann man es in dem Sinne verstehen wie vor dem Kriege?
Stalin (UdSSR): Deutschland ist das, was es nach dem Krieg
wurde. Ein anderes Deutschland gibt es jetzt nicht.
Truman (USA): Kann man von Deutschland sprechen, wie es
1937, vor dem Kriege, war?
Stalin: So wie es 1945 ist.
Truman: Es hat 1945 alles eingebüßt. Deutschland existiert jetzt
faktisch nicht.
Stalin: Deutschland ist, wie man bei uns sagt, ein geographi-
scher Begriff. Wollen wir es vorläufig so auffassen!
Truman: Vielleicht werden wir trotzdem von Deutschland, wie
es im Jahre 1937 war, sprechen?
Stalin: Formal kann man es so verstehen, in Wirklichkeit ist es
nicht so. Wenn in Königsberg eine deutsche Verwaltung auftau-
chen wird, werden wir sie fortjagen ... Lassen Sie uns die West-
grenzen Polens festlegen, und dann wird die deutsche Frage kla-
rer werden. Deutschland ist ein Land, das keine Regierung, das
keine fixierten Grenzen hat, es ist in Besatzungszonen zerteilt.
Es ist ein zerschlagenes Land.
Truman: Vielleicht nehmen wir die Grenzen von 1937 zum Ausgangspunkt. Das war Deutschland nach dem Versailler Vertrag.
Stalin: Ja, man kann das Deutschland des Jahres 1937 nehmen,
aber nur als Ausgangspunkt.
Churchill: Nur als Ausgangspunkt. Das heißt nicht, dass wir uns
darauf beschränken.
Truman: Wir sind einverstanden, das Deutschland des Jahres
1937 als Ausgangspunkt zu nehmen.

Potsdamer Konferenz: Auszüge aus dem sowjetischen Protokoll der Sitzung
vom 18.07.1945

Aufgaben:

3. *Stellen Sie die drei Positionen einander als Schema
gegenüber.*
4. *Klären Sie anhand eines Geschichtsatlas die
Bedeutung des Jahres 1937 für die Grenzen
Deutschlands.*

Karikatur von 1946

Abtransport von Reparationsgütern

4.1.3 Der Kalte Krieg beginnt – was heißt das für Deutschland?

Das Bündnis der Alliierten beruhte bis 1945 auf dem Willen, die nationalsozialistische Diktatur und ihre Verbündeten zu besiegen. Mit dem Ende des Krieges war dieses Ziel erreicht. Damit endeten auch die Gemeinsamkeiten, und der Gegensatz zwischen Russland und den westlichen Siegermächten brach wieder auf. Gegensätze traten zu Tage, als es darum ging, die politischen und wirtschaftlichen Verhältnisse in den Besatzungszonen neu zu ordnen.

Unterschiedliche Wirtschaftspolitik
Die sowjetische Militärregierung verstaatlichte in ihrer Zone beträchtliche Teile der Wirtschaft. Im Zuge einer Bodenreform wurden große landwirtschaftliche Güter in kleinere Betriebe aufgeteilt. Zentralverwaltungen für Verkehr, Nachrichtenwesen, Wirtschaft und Arbeit wurden eingerichtet, aus denen sich zentrale Planungseinrichtungen entwickeln ließen, wie sie einer sozialistischen Staats- und Gesellschaftsordnung entsprachen.

Bei den Westmächten, vor allem bei den USA, hatte sich andererseits die Überzeugung durchgesetzt, dass die Wiederbelebung der deutschen Wirtschaft notwendig sei, um die Versorgung der

Menschen zu sichern und um Westeuropa insgesamt zu stärken. Dies sollte nach den Grundsätzen einer freien Marktwirtschaft auf Grundlage von Privateigentum an Produktionsmitteln erreicht werden. Verstaatlichungen wurden abgelehnt.

Streit um die Reparationen
Zwischen den USA und Russland kam es über die Durchführung der Reparationen zum Streit. In Potsdam hatten die Siegermächte vereinbart, dass Russland auch Reparationen aus den Westzonen erhalten sollte. Im Gegenzug sollten aus der Ostzone Nahrungsmittel an die Westzonen geliefert werden. Die sowjetische Regierung bestand darauf, nicht nur Industrieanlagen abbauen zu dürfen, sondern auch Güter aus der laufenden Produktion zu entnehmen. Dies lehnten die USA ab, da dadurch die Versorgung der Bevölkerung gefährdet würde. Zudem wollten sie dadurch verhindern, dass die russische Seite Einfluss auf die wirtschaftliche Entwicklung in den Westzonen nehmen könnte. 1946 stellte der frühere britische Premierminister Churchill fest, die Westmächte müssten davon ausgehen, dass es mit Russland zu keiner gemeinsamen Lösung der deutschen Frage kommen könne. Diese Meinung vertraten auch führende amerikanische Politiker.

Der Kalte Krieg beginnt

Der Gegensatz zwischen Ost und West zeigte sich nicht nur in der Deutschlandpolitik der Besatzungsmächte, sondern auch in der Auseinandersetzung um andere europäische Staaten. In Polen, Ungarn und der Tschechoslowakei, in Jugoslawien, Albanien, Bulgarien und Rumänien übernahmen nach dem Krieg Regierungen die Macht, in denen die kommunistischen Parteien die entscheidende Rolle spielten. Sie wurden von der UdSSR unterstützt.

Die Westmächte leiteten daraus ab, dass die UdSSR ihren Einfluss noch weiter nach Westen ausdehnen wollte. Die Regierung der USA forderte deshalb, der Westen müsse gemeinsam eine weitere Ausdehnung der UdSSR stoppen. Dazu sei es notwendig, den europäischen Staaten beim Aufbau ihrer vom Krieg geschwächten Wirtschaft zu helfen.

Mit dem Marshall-Plan, einem wirtschaftlichen Hilfsprogramm, das nach dem damaligen Außenminister George Marshall benannt wurde, stellten die USA den europäischen Staaten Darlehen zur Verfügung, damit diese ihre Industrien modernisieren und die drängenden Versorgungsprobleme lösen konnten. Ziel des Marshall-Plans war es darüber hinaus die westeuropäischen Staaten zur politischen und wirtschaftlichen Zusammenarbeit zu bewegen.

Die UdSSR sah in diesem Plan die Absicht der USA, ihren Einfluss in Europa auszubauen. Unter sowjetischem Druck lehnten die osteuropäischen Länder die Kredite des Marshall-Plans ab.

Mit dem Marshall-Plan wurde deutlich, dass der Gegensatz zwischen Ost und West nicht nur Europa in zwei Lager teilte, sondern dass dadurch auch die Teilung Deutschlands nicht mehr aufzuhalten war.

Währungsreform

Ende 1946 vereinbarten Amerikaner und Briten die Zusammenlegung ihrer Zonen, nachdem mehrere gescheiterte Konferenzen gezeigt hatten, dass sie sich mit der UdSSR nicht würden einigen können. Am 1. Januar 1947 entstand die so genannte Bizone.

Für die Bizone wurde im Juni 1947 ein Wirtschaftsrat gegründet. Dieses »Parlament« aus Vertretern der Länderregierungen und der Länderparlamente erarbeitete die Grundlagen für eine soziale Marktwirtschaft, die von folgenden Grundsätzen geleitet werden sollte: Konsumfreiheit, Gewerbefreiheit, Produktions- und Handelsfreiheit und Wettbewerbsfreiheit. Eine weitere wichtige Aufgabe war die Vorbereitung einer Währungsreform. Diese wurde in den drei Westzonen und in Westberlin im Juni 1948 durchgeführt. Die Reichsmark wurde durch die DM ersetzt.

Im Frühjahr 1949 schloss sich die französische Zone der Bizone an: Aus der Bizone wurde die Trizone.

Kalter Krieg
Bezeichnung für die Auseinandersetzung zwischen dem Ostblock und den Westmächten in den Jahren ab 1946. Die andere Seite soll ohne direkte militärische Auseinandersetzung zum Nachgeben gezwungen werden.
Mittel des Kalten Kriegs sind Wettrüsten, Kriegsdrohungen, wirtschaftliche Kampfmaßnahmen (z. B. Sperrung der Transportwege), Bündnisse mit anderen Staaten, diplomatische Auseinandersetzungen, Propaganda.

Marshallplan-Kredite von 1948–52 (in Mio. $)

Staat	insgesamt	%
Großbritannien	3580,9	26,8
Frankreich	3013,8	22,5
Italien	1555,0	11,6
Westdeutschl.	1412,8	10,5
Griechenland	784,9	5,9
Österreich	711,8	5,3
Gesamt	*13,4 Mrd. $*	

Aufgaben:

Stellen Sie die Außenpolitik der USA und der UdSSR einander gegenüber.

Geschäfte vor ...

... und nach der Währungsreform

Neuer Geldschein

4.1.4 Die Gründung zweier deutscher Staaten – ein Grund zur Freude?

1945

1955

Keine Experimente!
Konrad Adenauer CSU

Wahlplakat 1957

Walter Ulbricht,
SED-Vorsitzender

Anfänge des politischen Lebens

Mit der Verwaltung Deutschlands durch die Besatzungsmächte nach Kriegsende ergaben sich unterschiedliche Entwicklungen für die politische Neugestaltung Deutschlands. In allen vier Zonen wurden – zu unterschiedlichen Zeitpunkten – Voraussetzungen geschaffen, dass das politische Handeln wieder den Deutschen zurückgegeben wurde.

So wurden 1945 Parteien wieder zugelassen, auch Gewerkschaften durften wieder gebildet werden und Zeitungsverleger erhielten die Erlaubnis Zeitungen zu drucken.

Bundesländer

In den westlichen Zonen kam es zwischen dem Jahresende 1946 und der Jahresmitte 1947 zur Bildung von Bundesländern, zur Ausarbeitung von demokratischen Verfassungen für diese Länder und zu Landtagswahlen.

Das Grundgesetz

Im Juli 1947 beauftragten die westalliierten Militärgouverneure die Ministerpräsidenten der Länder mit der Bildung einer verfassunggebenden Versammlung. Diese Versammlung, der Parlamentarische Rat, bestand aus Vertretern der Länderparlamente und der Länderregierungen. Das Ergebnis war das Grundgesetz, eine Verfassung für einen westdeutschen Teilstaat, dessen Ziel es sein sollte, auf eine Wiedervereinigung in Freiheit hinzuarbeiten. Am 23. Mai 1949 wurde das Grundgesetz verkündet. Am 14. August 1949 wurde der erste Deutsche Bundestag gewählt, der am 15. September Konrad Adenauer zum Kanzler wählte. Die Bundesversammlung hatte bereits am 12. September 1949 mit Theodor Heuss den ersten Bundespräsidenten gewählt. Damit erhielt dieser Teil Deutschlands die für eine parlamentarische Demokratie entscheidenden Gremien – durch demokratische Wahlen.

Gründung der DDR

In der Ostzone wurden im April 1946 KPD und SPD zwangsweise zur SED, zur »Sozialistischen Einheitspartei Deutschlands« zusammengeschlossen. Die Sozialdemokraten wurden in der neuen Partei rasch an den Rand gedrängt. Die SED war bald der verlängerte Arm der sowjetischen Besatzungsmacht. Sowjetunion und SED bestimmten die Mitglieder der zentralen Verwaltungsstellen, der Länderregierungen und des ersten Volkskongresses, aus dem 1948 der Volksrat entstand.

Im Mai 1949 wurde der dritte Volkskongress »gewählt« – über eine Einheitsliste, zu der es keine Alternative mehr gab. Dieser Volkskongress nahm die Verfassung der DDR an, die im Wesentlichen von der SED ausgearbeitet worden war. Am 7. Oktober 1949 wurde die DDR (Deutsche Demokratische Republik) als sozialistischer Staat gegründet.

Berlin-Blockade und Luftbrücke

Die Gegensätze zwischen den westlichen Alliierten und der UdSSR spitzten sich 1948 mit der Blockade Berlins erstmals dramatisch zu. Äußerer Anlass war für die Sowjetunion die Währungsreform (die Reichsmark wurde in den Westzonen durch die DM abgelöst). Die Westmächte beabsichtigten, die DM auch in den Westsektoren Berlins einzuführen. Die sowjetischen Besatzungstruppen sperrten deshalb alle Zufahrtswege nach Berlin, die durch die damalige Sowjetische Besatzungszone (SBZ) führten. Damit schien die Lage in Berlin (West) aussichtslos, weil die Bevölkerung nicht mehr ausreichend versorgt werden konnte.

Die Westmächte antworteten mit einer beispiellosen Aktion. Zweieinhalb Millionen Menschen wurden elf Monate lang über eine Luftbrücke versorgt. Noch heute erinnern Denkmäler an Flughäfen in Berlin, Frankfurt, Hannover und Hamburg an diese Zeit. Der Versuch der Sowjetunion, Westberlin in ihren Besatzungsbereich einzuverleiben, war gescheitert.

Transporte über die Luftbrücke Juli 1948 – Mai 1949	
212 621	Flüge
1 736 800	Tonnen Güter, davon
1 091 600 t	Kohle (63 %)
483 700 t	Lebensmittel (28 %)
161 000 t	Industriegüter (9 %)

Sonderstatus von West-Berlin

Berlin (West) erhielt nach der Bildung der beiden deutschen Staaten einen besonderen Status. Es durfte nicht von der Bundesrepublik Deutschland verwaltet werden. Daher wurden West-Berliner nicht zur Bundeswehr einberufen. Die Berliner Abgeordneten im Bundestag wurden nicht direkt von der Bevölkerung, sondern vom Berliner Abgeordnetenhaus gewählt; sie besaßen auch kein volles Stimmrecht.

Zeittafel: Von der deutschen Kapitulation zur Gründung der beiden deutschen Staaten

		Westzonen (USA, GB, F)	Ostzone (UdSSR)
1945	8. Mai:	Deutschland kapituliert. Ende der nationalsozialistischen Herrschaft. Aufteilung Deutschlands in 4 Besatzungszonen (USA, GB, F, UdSSR).	
	Juli-August:	Potsdamer Konferenz (USA, GB, UdSSR).	
1946			Bodenreform Enteignung von Großbetrieben
		— Beginn des kalten Kriegs —	
1947	1.1.:	Zusammenschluss der Zonen von USA und GB zur Bizone	
		Marshallplan	Demontagen werden fortgesetzt
1948	20.6.:	Währungsreform	24.6.: Währungsreform
		— Juni 1948 – Mai 1949: Berlin-Blockade der UdSSR —	
1949	23.5.:	Gründung der Bundesrepublik Deutschland	7.10.: Gründung der DDR
		Grundgesetz	DDR-Verfassung

4.2 Der Kalte Krieg – und wir mitten drin

4.2.1 Deutschland Ost – wie funktionierte der SED-Staat?

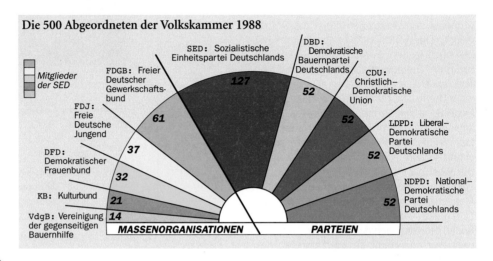

Die 500 Abgeordneten der Volkskammer 1988

Mitglieder der SED

SED: Sozialistische Einheitspartei Deutschlands **127**

FDGB: Freier Deutscher Gewerkschaftsbund **61**

FDJ: Freie Deutsche Jugend **37**

DFD: Demokratischer Frauenbund **32**

KB: Kulturbund **21**

VdgB: Vereinigung der gegenseitigen Bauernhilfe **14**

DBD: Demokratische Bauernpartei Deutschlands **52**

CDU: Christlich-Demokratische Union **52**

LDPD: Liberal-Demokratische Partei Deutschlands **52**

NDPD: National-Demokratische Partei Deutschlands **52**

MASSENORGANISATIONEN — *PARTEIEN*

Massenorganisationen
Sie waren vergleichbar mit den großen Verbänden in der Bundesrepublik, in ihren Zielen jedoch abhängig von der SED.
Mit zuletzt 8 Mio. hatte der FDGB (Freier Deutscher Gewerkschaftsbund) die meisten Mitglieder.

DDR-Verfassung
Art. 1 (1):
Die Deutsche Demokratische Republik ist ein demokratischer Staat der Arbeiter und Bauern. Sie ist die politische Organisation der Werktätigen in Stadt und Land unter Führung der Arbeiterklasse und ihrer marxistisch-leninistischen Partei.
(Fassung von 1974)

SED – die Staatspartei
Bereits bei Gründung der DDR stand fest, wer in ihr auf Dauer das Sagen haben sollte: die Sozialistische Einheitspartei Deutschlands (SED), die 1946 aus der Zwangsvereinigung von SPD und KPD entstanden war. Die SED-Herrschaft war für die Sowjetunion zugleich eine Garantie dafür, dass sich der neue deutsche Staat den Weisungen der Moskauer Zentrale fügte. Mächtig wurden Politiker in der DDR nicht durch Staats-, sondern durch Parteiämter. Ohne die SED geschah nichts; Gewaltenteilung gab es kei-

ne, und auch die Produktion wurde durch die SED gelenkt.
Der Anspruch der SED auf die Staatsführung wurde später auch in die Verfassung aufgenommen. Die SED sollte zum Besten der arbeitenden Bevölkerung regieren. Wie sah dies praktisch aus?

Wahlen und Nationale Front
Gewählt wurde auch in der DDR. Aber eine Auswahl zwischen verschiedenen Parteien und Programmen gab es nicht, stattdessen eine »Einheitsliste der Nationalen Front«.
In ihr waren alle Parteien in der DDR und die wichtigen Verbände (genannt »Sozialistische Massenorganisationen«) zusammengeschlossen. Die anderen Parteien (die so genannten »Blockparteien«) waren jedoch keine Konkurrenz für die SED, sondern von ihr abhängig. Besonders deutlich zeigt sich das daran, dass viele Mitglieder der Blockparteien zugleich SED-Mitglieder waren. Dasselbe galt für die Massenorganisationen. Die Sitzverteilung in der Volkskammer, dem Parlament der DDR, stand von vornherein fest. Sie war bei jeder Wahl gleich (M 1). Die SED bestimmte die Politik, ohne dass

NEUES DEUTSCHLAND
ORGAN DES ZENTRALKOMITEES DER SOZIALISTISCHEN EINHEITSPARTEI DEUTSCHLANDS

Proletarier aller Länder, vereinigt euch!

Montag, 9. Juni 1986
41. Jahrgang / Nr. 134

Einmütige Entscheidung für Frieden und Sozialismus
99,94 Prozent stimmten für die Kandidaten der Nationalen Front
Endgültiges Gesamtergebnis der Wahl zur Volkskammer der DDR am 8. Juni 1986

Zahl der Wahlberechtigten	12 434 444	Gegen den Wahlvorschlag der Nationalen Front abgegebene Stimmen	7512 0,06 %
Zahl der abgegebenen Stimmen	12 402 013	Zahl der zu besetzenden Mandate	500
Wahlbeteiligung	99,74 %	Anzahl der aufgestellten Kandidaten	703
Zahl der ungültigen Stimmen	2407 0,02 %	Anzahl der gewählten Abgeordneten	500
Für den Wahlvorschlag der Nationalen Front abgegebene Stimmen	12 392 094 99,94 %	Anzahl der gewählten Nachfolgekandidaten	

sie als Partei die Mehrheit in der Volkskammer hatte.

Die Wahlen selbst waren nicht geheim. Sie bestanden in der bloßen Abgabe des fertigen Stimmzettels. Da es nichts zu wählen gab, wurden die Wahlen von der SED-Führung als Bekenntnis des Volkes zum DDR-Staat gedeutet. Wichtig waren darum die Wahlbeteiligung und die Zahl der gültigen Stimmzettel.

Staatsaufbau, Staatsfunktionen

Ähnlich wie in der Bundesrepublik wurden nach der Verfassung auch in der DDR die Exekutive (Ministerrat und Staatsrat) und das oberste Gericht durch das Parlament (Volkskammer) gewählt. Praktisch jedoch wurde die Besetzung der Ämter und die politische Linie von der SED vorentschieden. Dasselbe galt für die Gesetzgebung. Die Bedeutungslosigkeit der Volkskammer zeigt sich darin, dass sie nur 4- bis 6-mal jährlich zusammentrat um die von anderen Gremien gefassten Beschlüsse abzusegnen und im Volk dafür zu werben.

Die nach sowjetischem Vorbild organisierte Planwirtschaft gab der SED-Regierung zusätzliche Macht. Es gab in der DDR kaum privates Eigentum an Produktions- oder Handelsbetrieben. Qualität, Menge und Preise aller Waren und Dienstleistungen und die Löhne der in den VEB (Volkseigene Betriebe) beschäftigten Arbeitnehmer wurden vom Staat festgelegt. Er trat damit dem Einzelnen auch als Arbeitgeber, Verantwortlicher für die Warenversorgung und oft auch als Vermieter gegenüber. Darum konnte man sich der Kontrolle des SED-Staates so schwer entziehen.

Wer bestimmte in der SED?

Machtzentrum in der SED war das Politbüro. Dort wurden die wichtigsten politischen Entscheidungen gefällt. In direkter Verbindung mit ihm stand das Sekretariat. Dessen Generalsekretär war Parteivorsitzender und damit der mächtigste Mann im Staat. Das Sekretariat steuerte den Partei-

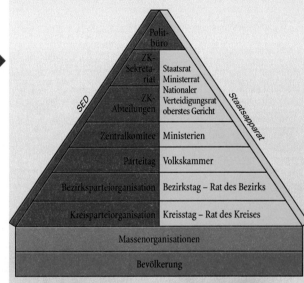

Demokratischer Zentralismus: SED und Staat in der DDR

Politbüro
ZK-Sekretariat — Staatsrat, Ministerrat, Nationaler Verteidigungsrat, oberstes Gericht
ZK-Abteilungen
Zentralkomitee — Ministerien
Parteitag — Volkskammer
Bezirksparteiorganisation — Bezirkstag – Rat des Bezirks
Kreisparteiorganisation — Kreistag – Rat des Kreises
Massenorganisationen
Bevölkerung

SED — Staatsapparat

Alle Organe werden von unten nach oben gewählt.
Die Beschlüsse gelten für alle verbindlich und müssen von den nachgeordneten Organen durchgeführt werden.

apparat mit etwa 50 000 hauptamtlichen und 300 000 nebenamtlichen Funktionären. 1988 hatte die SED etwa 2,3 Millionen Mitglieder. SED-Mitgliedschaft war die Bedingung für einen angenehmen Posten oder für Karriere im Betrieb, für einen Studienplatz, für Vergünstigungen bei der Warenzuteilung oder im Urlaub. Aber man konnte nicht einfach SED-Mitglied werden. Die Partei verlangte besonderen Einsatz, auch außerhalb der Arbeitszeit, z. B. durch Übernahme von besonderen Pflichten im Wohnviertel, beim Einbringen der Ernte usw.

Eine Kontrolle der Parteiführung durch die Mitglieder fand praktisch nicht statt. Die Führung war zwar gewählt, konnte aber den Mitgliedern Weisungen erteilen. Wer nicht den nötigen Einsatz zeigte oder durch kritische Worte auffiel, wurde ausgeschlossen.

Aufgaben:

1. Welche Schwierigkeiten für eine Opposition ergaben sich aus der Machtverteilung in der DDR?
2. Vergleichen Sie die Wahlergebnisse der DDR (M 2) mit solchen von Bundestagswahlen.
3. Nennen Sie wichtige Elemente der SED-Herrschaft anhand von Art. 1(1) der DDR-Verfassung.

»Jetzt flicken wir nur provisorisch, aber im nächsten Jahr dann gründlich.«

Die sieben Weltwunder der DDR

1. Obwohl keiner arbeitslos ist, hat die Hälfte nichts zu tun.
2. Obwohl die Hälfte nichts zu tun hat, fehlen Arbeitskräfte.
3. Obwohl Arbeitskräfte fehlen, erfüllen und übererfüllen wir die Pläne.
4. Obwohl wir die Pläne erfüllen und übererfüllen, gibt es in den Läden nichts zu kaufen.
5. Obwohl es in den Läden nichts zu kaufen gibt, haben die Leute fast alles.
6. Obwohl die Leute fast alles haben, meckert die Hälfte.
7. Obwohl die Hälfte meckert, wählen 99,9 % die Kandidaten der Nationalen Front.

Volksmund DDR, zit. nach PZ Nr. 91, Sept. 1997

Versorgungsmängel

Die Erfolgsparolen der Staatsführung, getreulich nachgebetet von allen Zeitungen und dem offiziellen Fernsehen, standen in einem seltsamen Gegensatz zu den wirklichen Lebensverhältnissen. Die Grundversorgung der Bevölkerung war gewährleistet, aber darüber hinaus kam nicht mehr allzu viel hinzu. Das Warenangebot war im Vergleich zum Westen bescheiden.

Schlange stehen nach Waren gehörte ebenso zum Alltag vieler DDR-Bürger wie das ständige Organisieren von Gütern, die im offiziellen Handel nicht zu erwerben waren.

Heimlicher Spott über die Errungenschaften des Sozialismus war meist die einzige Möglichkeit, seine Enttäuschung über das Leben in der DDR zum Ausdruck zu bringen (vgl. M 1).

Der Unmut der Bevölkerung über die schlechte Warenversorgung und Warenqualität, über verrottete Industrieanlagen und Wohnungen war ein Unmut gegen den Staat, der für diese Mangelwirtschaft verantwortlich war, sie aber schönredete. Viele DDR-Bürger verglichen ihre Lebensbedingungen mit denen in der Bundesrepublik. Dieser

Staatssicherheitsdienst (Stasi) 85 000 hauptamtliche und über 100 000 inoffizielle Mitarbeiter. Wichtigste Tätigkeit war das Ausspionieren der eigenen Bevölkerung (über 40 Mio. Karteikarten über DDR-Bürgerinnen und -Bürger), besonders durch Spitzel, Abhören der Telefone und Öffnen der Post.

§ 106 des Strafgesetzbuchs der DDR: Staatsfeindliche Hetze

(1) Wer die verfassungsmäßigen Grundlagen der sozialistischen Staats- und Gesellschaftsordnung der DDR angreift oder gegen sie aufwiegelt, indem er 1. die gesellschaftlichen Verhältnisse, Repräsentanten oder andere Bürger der DDR wegen deren staatlicher oder gesellschaftlicher Tätigkeit diskriminiert; 2. Schriften, Gegenstände oder Symbole zur Diskriminierung der gesellschaftlichen Verhältnisse, von Repräsentanten oder anderen Bürgern herstellt, einführt, verbreitet oder anbringt; 3. die Freundschafts- und Bündnisbeziehungen der DDR diskriminiert; … wird mit Freiheitsstrafe von 1 bis zu 8 Jahren bestraft.

Vergleich war möglich, da man fast in der gesamten DDR das West-Fernsehen empfangen konnte und weil viele Familien Verwandte im Westen hatten.

Suche nach einer privaten Nische
Ärgerlich waren für viele Menschen in der DDR die dauernden Einmischungen des Staates in den Alltag.

Die Nachwuchsorganisation der SED, die FDJ, war z. B. fester Bestandteil des Schullebens und bestimmte auch die Freizeit der Jugendlichen. Wer arbeitete, war in der Einheitsgewerkschaft FDGB organisiert. Wer sich der Partei entzog, bekam in Schule und Ausbildung, am Arbeitsplatz und im Wohnviertel Schwierigkeiten.

Die Partei gestaltete auch die Freizeit und verlangte dafür Lob und Gehorsam. Ob Tanz, Sportveranstaltung, Urlaub – nirgends war man vor politischen Parolen und Bespitzelung sicher. Daraus entstand bei vielen der Wunsch nach einem ungestörten Privatleben. Sie standen in Distanz zum Staat, der einen nirgendwo in Ruhe ließ.

Umgang mit der Opposition
Nach der offiziellen Lehre war eine Opposition in der DDR nicht nötig. Im »Staat des ganzen Volkes« (so die Verfassung) befand sich die Regierung angeblich immer in Übereinstimmung mit dem Willen der Bevölkerung. Beschlüsse in der Volkskammer, im Ministerrat, im Zentralkomitee der SED, in Massenorganisationen, auf Betriebs- oder Abteilungsebene wurden einstimmig und in offener Abstimmung gefasst; Enthaltungen oder Gegenstimmen kamen nicht vor. Gegensätze wurden nicht ausdiskutiert, sondern von oben entschieden.

Wer mit einem Beschluss nicht einverstanden war, wurde schnell als Staatsfeind betrachtet. Wer auf Kritik beharrte, wanderte wegen »staatsfeindlicher Hetze« ins Gefängnis (vgl. M 2).

Die Lösung
Nach dem Aufstand des 17. Juni
Ließ der Sekretär des Schriftstellerverbands
In der Stalinallee Flugblätter verteilen
Auf denen zu lesen war, daß das Volk
Das Vertrauen der Regierung verscherzt habe
Und es nur durch verdoppelte Arbeit
Zurückerobern könne. Wäre es da
Nicht doch einfacher, die Regierung
Löste das Volk auf und
Wählte ein anderes?

Bertolt Brecht, geb. 1898 in Augsburg, gest. 1956 in Ostberlin

17. Juni 1953 in Berlin (Ost)

Der Arbeiteraufstand von 1953
Die grundlegende Unzufriedenheit mit der SED-Herrschaft wurde am deutlichsten am 17. Juni 1953, als Ost-Berliner Arbeiter gegen die Erhöhung von Arbeitsnormen protestierten. Der Streik weitete sich in Ost-Berlin und der ganzen DDR zu einem politischen Aufstand aus und führte zu einer schweren Krise für das DDR-Regime: Zehntausende demonstrierten gegen die SED-Regierung und die sowjetische Besatzungsmacht, sie forderten freie Wahlen in der DDR. Um die SED-Herrschaft zu stützen, unterdrückten sowjetische Truppen mit Panzerunterstützung den Aufstand. Viele Demonstranten wurden verhaftet, die Normenerhöhung aber wurde zurückgenommen.

Erhöhung der Arbeitsnorm bedeutete mehr Arbeit in derselben Zeit.

Aufgaben:

1. Überlegen Sie mögliche Gründe für die Versorgungsmängel in der DDR. Wie spiegeln sich diese Mängel in M 1 wider?
2. Welche Gründe gab es für Widerstand in der DDR? Inwiefern widerlegt der Aufstand vom 17. Juni 1953 die Behauptung der SED, es habe in der DDR eine Einheit von Volk und Staat gegeben?

4.2.3 Deutschland West – Wirtschaftswunder und was noch?

**Song aus dem Film »Wir Wunderkinder«
(1959):**

Einst war'n wir mal frei. – Nun sind wir besetzt.
Das Land ist entzwei. – Was machen wir jetzt?
Jetzt kommt das Wirtschaftswunder!
Jetzt gibt's im Laden Karbonaden
schon und Räucherflunder.
Jetzt kommt das Wirtschaftswunder!
Der deutsche Bauch erholt sich auch
und ist schon sehr viel runder.
Jetzt schmeckt das Eisbein wieder in Aspik
– ist ja kein Wunder nach dem verlorenen Krieg.

… Die Läden offenbaren uns wieder Luxuswaren.
Die alten Nazis schreiben fleißig ihre Memoiren,
denn den Verlegern fehlt es an Kritik
– ist ja kein Wunder nach dem verlorenen Krieg…

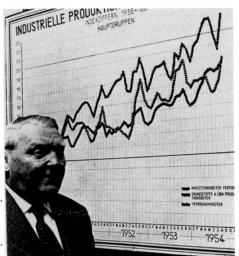

Das Wirtschaftswunder

Im Gegensatz zur DDR, die weiterhin misstrauischer Kontrolle durch die Sowjetunion ausgesetzt war, gab es in der Bundesrepublik einen außergewöhnlichen Wirtschaftsaufschwung, angestoßen durch die Wirtschaftshilfe des Marshallplans (vgl. Abschnitt 4.1.3). Neben dem Wiederaufbau des zerstörten Landes wurde auch der Grundstein für eine blühende Exportindustrie gelegt. Bald gab es kaum mehr Arbeitslose und eine rasche Verbesserung der Lebensverhältnisse, die den Deutschen wie ein Wunder erschien.

Zum Wirtschaftswunder gehörte aber auch der Optimismus und die Zufriedenheit breiter Bevölkerungsgruppen mit der neuen Demokratie. Sie galt als eine Staatsform, die solche Entwicklungen überhaupt erst ermöglichte. Die CDU/CSU hatte mit ihrer Wirtschaftspolitik der sozialen Marktwirtschaft Erfolg; bei der Bundestagswahl 1957 erreichte sie sogar die absolute Mehrheit. Die wirtschaftlichen Erfolge führten auch zu einem neuen Selbstbewusstsein der Westdeutschen: »Wir sind wieder wer.«

Die Gewerkschaften erreichten eine deutliche Verkürzung der Wochenarbeitszeit von 48 Stunden auf 40 Stunden in den 60er-Jahren. Die Löhne stiegen und mit ihnen der Lebensstandard. Wegen des Mangels an Arbeitskräften begann Westdeutschland bereits 1955 mit der Anwerbung von »Gastarbeitern«, zunächst aus Italien.

Westbindung

Bundesrepublik Deutschland und DDR waren schon zu Beginn des Kalten Krieges von den Auseinandersetzungen zwischen den Siegermächten besonders betroffen. Schritt für Schritt wurden sie in den 50er-Jahren in die einander entgegengesetzten politischen Lager eingebunden.

Für die Bundesrepublik wurde die Politik der Westorientierung seit 1949 vor allem von Bundeskanzler Konrad Adenauer (CDU) zielstrebig vorangetrieben. Er stimmte mit den Regierungen der Westmächte in der Bewertung der sowjetischen Politik überein: Diese strebe danach, ihren Einfluss auf Westeuropa auszudehnen. Sie stelle deshalb auch eine Gefahr für die Bundesrepublik Deutschland dar. Adenauer schuf durch den Eintritt Deutschlands in militärische und wirtschaftliche Bündnisse wichtige Voraussetzungen um gegenüber der Sowjetunion Stärke zu zeigen:

Wahlergebnisse bei
den Bundestagswahlen

	CDU/CSU	SPD	FDP
1949:	31,0 %	29,2 %	11,9 %
1953:	45,2 %	28,8 %	9,5 %
1957:	50,2 %	31,8 %	7,7 %
1961:	45,3 %	36,2 %	12,8 %

1949 Beitritt zur OEEC
1951 Gründungsmitglied der EGKS
1955 Beitritt zur NATO, zugleich Aufbau der Bundeswehr unter NATO-Oberbefehl
1957 Gründungsmitglied der EWG
1963 Deutsch-französischer Freundschaftsvertrag.

Alleinvertretungsanspruch

Adenauers Deutschland-Politik war von folgenden Grundsätzen bestimmt:

• Ein Friedensvertrag mit den vier Siegermächten kann nur durch eine gesamtdeutsche Regierung geschlossen werden.

• Diese Regierung muss aus freien, gesamtdeutschen Wahlen hervorgehen.

• Bis zum Zeitpunkt gesamtdeutscher Wahlen ist allein die Bundesrepublik berechtigt für alle Deutschen zu sprechen (Alleinvertretungsanspruch, vgl. M 2). Eine Anerkennung der DDR als zweiter deutscher Staat durch andere Staaten muss verhindert werden (Hallstein-Doktrin).

Ablehnung der Stalinnote

1952 machte die Sowjetunion dem Westen das Angebot, einen Friedensvertrag mit einem wiedervereinigten Deutschland zu schließen (Stalinnote). Alle ausländischen Truppen müssten aus Deutschland abgezogen werden, es dürfe keine Bündnisse schließen und müsse neutral bleiben. Die Westmächte (und mit ihnen Adenauer) sahen darin den Versuch der UdSSR, Deutschland in ihren Machtbereich zu ziehen, und lehnten das Angebot ab. Stattdessen forderten sie freie Wahlen in ganz Deutschland, was die UdSSR wegen des vorsehbaren Wahlergebnisses zurückwies.

Damit waren die Standpunkte auf beiden Seiten geklärt. Eine Annäherung war nicht in Sicht, und daran änderte auch der Tod Stalins im Jahre 1953 nichts. Die Sowjetunion versuchte auf diplomatischem Weg, Berlin als Ganzes unter die Kontrolle der DDR zu bekommen. Als sie damit erfolglos blieb, riegelte die DDR 1961 die offene Grenze in Berlin durch den Mauerbau ab und stoppte damit die Fluchtbewegung.

OEEC
Organisation für europäische wirtschaftliche Zusammenarbeit, gegr. 1948. Koordinierte zunächst v. a. die Marshallplan-Hilfe, später die Wirtschaftspolitik westeuropäischer Staaten.

EGKS
Europäische Gemeinschaft für Kohle und Stahl (Montanunion), gegr. 1951 von Frankreich, Italien, Deutschland, Belgien, Niederlande, Luxemburg.

EWG
Europäische Wirtschaftsgemeinschaft, gegr. 1957 von den Mitgliedern der Montanunion.

NATO
Nordatlantik-Pakt, gegr. 1949 unter Führung der USA. Auch die meisten westeuropäischen Staaten waren Gründungsmitglieder (vgl. Kap. 7.4.2).

Aufgaben:

1. Vergleichen Sie die Positionen der Bundesrepublik und der DDR zur Wiedervereinigung in den 50er-Jahren.

Gegensätzliche Standpunkte zu den Grenzen Deutschlands

Auffassung der Bundesrepublik

• Deutschland besteht in den Grenzen von 1937 weiter. Die Bundesrepublik Deutschland ist alleiniger Rechtsnachfolger (Alleinvertretungsanspruch).

• Die Bundesrepublik Deutschland bricht die diplomatischen Beziehungen zu allen Staaten ab, die die DDR völkerrechtlich anerkennen (Hallstein-Doktrin).

Auffassung der DDR

• West-Berlin ist selbstständige politische Einheit, gehört nicht zur Bundesrepublik.

• Die Oder-Neiße-Linie ist die Ostgrenze Deutschlands.

• Es gibt 2 deutsche Staaten mit gleichen Rechten. Die Grenzen Deutschlands ergeben sich aus dem Potsdamer Abkommen, das als Friedensvertrag gilt.

Aufgaben:

2. Welche Konflikte ergaben sich aus den beiden Auffassungen?
3. Konnte ein DDR-Bürger nach westdeutschem Recht bestraft werden? Begründen Sie!

4.3 Von der Aussöhnung zur Wiedervereinigung

4.3.1 Entspannungspolitik – ein Zugeständnis an die DDR?

Die DDR macht die Grenzen dicht: Mauerbau

In der Nacht vom 12. zum 13. August 1961 riegelte die DDR die Grenze zwischen dem Ostsektor von Berlin und den drei Westzonen ab. Innerhalb weniger Tage wurde eine Sperrmauer errichtet und später ausgebaut. Fluchtversuche waren nahezu aussichtslos. Oft endeten sie tödlich (bis 1989 nahezu 100 Todesopfer); die DDR-Regierung hatte einen Schießbefehl erlassen, der den Grenzsoldaten vorschrieb auf Flüchtende zu schießen.

Bis zu ihrer Öffnung am 9. November 1989 blieb die Berliner Mauer das Kennzeichen der Teilung Deutschlands und Europas.

Der Mauerbau stabilisierte die politische und wirtschaftliche Situation der DDR. Die »Abstimmung mit den Füßen« gegen die SED, wie die Flucht genannt wurde, war unmöglich geworden. Zugleich wurde so die Abwanderung junger, qualifizierter Arbeitskräfte gestoppt, deren Fehlen sich in der Produktion bemerkbar gemacht hatte.

Nach dem Mauerbau trat die DDR in der Weltpolitik selbstbewusster auf, führte eine eigene DDR-Staatsbürgerschaft ein und arbeitete eine neue Verfassung aus, die die Eigenständigkeiten stärker betonte.

Im Westen löste der Mauerbau Hilflosigkeit aus. Man sah keine Möglichkeit ihn ohne Krieg zu verhindern. Die Politik der Stärke war an eine Grenze gestoßen. Die Berliner fühlten sich zunächst im Stich gelassen, bis der US-Präsident Kennedy 1963 seine Solidarität bei einem Berlin-Besuch in die Worte kleidete: »Ich bin ein Berliner« und an die Hilfe der Amerikaner während der Berlin-Blockade 1948/49 erinnerte.

Der Westen will die Grenzen ein Stück öffnen: Ostverträge

Die Bemühungen der Großmächte ab 1963, den Ost-West-Konflikt zu entschärfen (Entspannungspolitik), brachten auch Bewegung in die Politik der Bundesrepublik.

Der Regierungswechsel 1969 führte zu einer Neuorientierung in der Deutschland- und Ostpolitik. Die von Bundeskanzler Willy Brandt (SPD) und Außenminister Walter Scheel (FDP) geführte sozialliberale Koalition bot der DDR und den osteuropäischen Staaten Verhandlungen zur Entspannung des Ost-West-Verhältnisses an.

Mit der UdSSR, Polen und der Tschechoslowakei vereinbarte die Bundesrepublik Gewaltverzichtsverträge. Diese Verträge enthielten den Verzicht auf Gebietsforderungen, die Respektierung der gegenwärtigen Grenzen und die Absicht, Streitfragen mit friedlichen Mitteln zu lösen.

Berlin-Abkommen

Im Zusammenhang mit diesen Verträgen kamen Vertreter der USA, Frankreichs, Groß-

Kennedy in Berlin

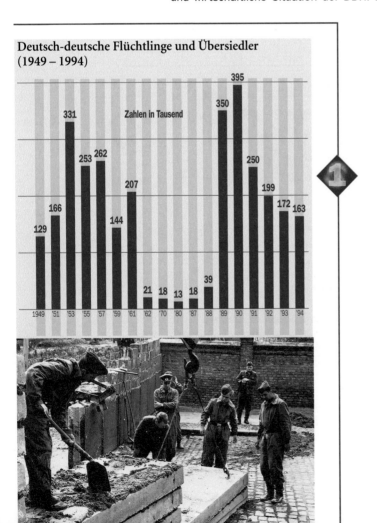

Deutsch-deutsche Flüchtlinge und Übersiedler (1949 – 1994)

Zahlen in Tausend

1949	129
'51	166
'53	331
'55	253
'57	262
'59	144
'61	207
'62	21
'70	18
'80	13
'87	18
'88	39
'89	350
'90	395
'91	250
'92	199
'93	172
'94	163

1

britanniens und der UdSSR zu Gesprächen über Berlin zusammen. Das Ergebnis war das Viermächte-Abkommen, welches vor allem den Waren- und Personenverkehr auf den DDR-Autobahnen zwischen West-Berlin und der Bundesrepublik (Transitverkehr) sicherte.

Der Grundlagenvertrag mit der DDR

Am 8.11.1972 wurde der erste Vertrag mit der DDR abgeschlossen (Grundlagenvertrag), dem in den folgenden Jahren weitere Verträge folgten. Wesentliche Inhalte waren:
• Gleichberechtigung beider deutscher Staaten auf internationaler Ebene.
• Verzicht der Bundesrepublik auf den Alleinvertretungsanspruch Deutschlands in der Weltpolitik.
• Einrichtung ständiger Vertretungen zur Regelung der diplomatischen Beziehungen zwischen Bundesrepublik und DDR.
• Gegenseitiger Gewaltverzicht.
• Betrachtung der gegenseitigen Grenzen als unverletzlich; Beschränkung der Hoheitsgewalt auf das jeweils eigene Gebiet.
• Menschliche Erleichterungen in der DDR.
Eine völkerrechtliche Anerkennung der DDR war mit diesem Vertrag jedoch nicht verbunden. Die DDR erhielt Zugang zum westlichen Markt ohne die für Ostblockstaaten üblichen Handelsbeschränkungen und Zölle. Der Außenhandel mit dem Westen bekam für sie große Bedeutung.

Streit um die Ostpolitik

Der Grundlagenvertrag stellte den Versuch dar, die Existenz der DDR als Staat anzuerkennen ohne gleichzeitig auf die Wiedervereinigung zu verzichten. Die offizielle Formel dafür war: »Zwei Staaten – eine Nation« (vgl. M 2).
Diese Politik wurde von der CDU/CSU-Opposition heftig mit dem Argument kritisiert, die Regierung mache zu große Zugeständnisse an die DDR und die anderen Ostblockstaaten. Der Grundlagenvertrag erkenne die Teilung Deutschlands an und widerspreche damit dem Auftrag des Grund-

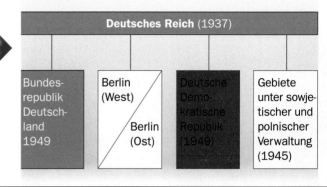

Zwei Staaten – eine Nation: Die Auffassung des Grundlagenvertrags

gesetzes, auf die Wiedervereinigung hinzuwirken. Durch die Verträge mit der UdSSR und Polen werde einem künftigen Friedensvertrag vorgegriffen. Vor allem werde darin die Oder-Neiße-Linie vorschnell als endgültige Ostgrenze Deutschlands festgelegt. Der Streit wurde vom Bundesverfassungsgericht entschieden, das die Verträge für gültig erklärte.
Die CDU-Opposition nahm die Verträge schließlich an. Auch die CDU-FDP-Regierungen unter Helmut Kohl ab 1982 hielten an diesen Verträgen fest – ähnlich wie die SPD Ende der 50er-Jahre die Westpolitik Adenauers akzeptiert hatte. Die Ostverträge waren Grundlage der Ostpolitik bis zum Jahr 1989.

Menschliche Erleichterungen

Aufgaben:

1. Stellen Sie dar, welchen Nutzen Bundesrepublik und DDR aus dem Grundlagenvertrag zogen. Was mussten sie dafür aufgeben?
2. Überlegen Sie (auch anhand von M 2), welche Fragen im Grundlagenvertrag ausgeklammert blieben.

Demonstration der Opposition in der DDR

Die DDR gerät unter Druck

Die Reformen des neuen Parteichefs der Kommunistischen Partei in der UdSSR, Gorbatschow, änderten die Situation auch für die DDR. Gorbatschow verzichtete ab 1985 schrittweise auf den alleinigen Machtanspruch der Kommunisten, wollte eine Abkehr von der staatlich gelenkten Planwirtschaft und beendete den Ost-West-Konflikt durch ein Einlenken der UdSSR. Plötzlich wehte ein Geist der Reform in den Staaten des Warschauer Pakts. Andere Ostblockstaaten, allen voran Ungarn, die Tschechoslowakei und Polen, begannen eine eigenständige Politik und öffneten sich stärker dem Westen. Auch die DDR-Bürger erhofften sich Veränderungen. Die Opposition im eigenen Land organisierte sich und berief sich dabei auf das Vorbild der Sowjetunion.

Die DDR geriet dadurch von zwei Seiten unter Druck. Außenpolitisch verlor sie den Rückhalt der UdSSR für ihre harte Linie – im Gegenteil: Gerade Gorbatschow forderte am entschiedensten Reformen. Zum anderen stellten Teile der eigenen Bevölkerung die Vorherrschaft der SED öffentlich infrage. Es gab Demonstrationen und Kritik wegen Wahlfälschungen der SED.

Ungarn öffnet den Eisernen Vorhang

Ungarn war einer der Staaten, in denen DDR-Bürger ohne besondere Genehmigung Urlaub machen konnten. Ungarn hatte sich nämlich verpflichtet, DDR-Bürger nicht in den Westen (d. h. nach Österreich) ausreisen zu lassen. 1989 beschloss Ungarn – als Teil seiner Öffnung zum Westen – die Grenze nach Österreich zu öffnen und die Grenzanlagen abzubauen. Am 11. September öffnete Ungarn die Grenze offiziell.

KSZE
Konferenz für Sicherheit und Zusammenarbeit in Europa, Helsinki 1973–1975. Teilnehmer waren 35 europäische Staaten, darunter auch die Staaten des Warschauer Pakts, die USA und Kanada. Beschloss Regelungen zum Gewaltverzicht, zu Menschenrechten, wirtschaftlicher Zusammenarbeit und kulturellen Kontakten.

Warum sie in den Westen wollen
Es war nicht so, dass ich unbedingt hierher wollte, ich wollte nur dort weg. Und zwar nicht, weil es mir schlecht ging. Aber die Vorstellung: Das geht jetzt noch zwanzig Jahre so weiter – die hab´ ich nicht ertragen.
(Ludwig H., 44 Jahre)
Alles, was man drüben erfahren hat, ist umsonst gewesen. In dem Moment, wo es drüben fruchtbar werden sollte, flog man raus.
(Günter D., 45 Jahre)
Spiegel vom 21.08.1989

Umgang mit politischen Gegnern

Viele Bürger der DDR waren unzufrieden, weil ihnen wichtige Grundrechte vorenthalten wurden. Meinungsfreiheit, Meinungsvielfalt und die Reisefreiheit waren nur eingeschränkt gewährleistet. Wer versuchte das Land ohne Erlaubnis zu verlassen, wurde als Republikflüchtling verfolgt.

Wer Kritik an der SED-Herrschaft übte, galt als Staatsfeind und konnte bestraft werden: Verweise, Berufsverbote, ja auch langjährige Haftstrafen wurden ausgesprochen. Ein anderes Mittel, politische Gegner oder andere unliebsame Personen loszuwerden, war die Ausbürgerung. Davon waren vor allem prominente Kritiker betroffen.

Erlaubte Ausreise

Seit 1975 konnten DDR-Bürger einen Antrag auf Ausreise aus der DDR stellen. Auf dieses Recht beriefen sich immer mehr, nachdem die DDR-Regierung 1975 die Vereinbarungen der KSZE unterzeichnet hatte. Ein solcher Ausreiseantrag führte aber meist nicht zur sofortigen Ausreise, sondern zunächst zu Benachteiligungen und bangem Warten, oft sogar zu einem Arbeitsverbot. Die Menschen sollten durch Schikanen abgehalten werden, einen solchen Antrag zu stellen. Trotzdem ging die Zahl der Ausreiseanträge bis 1989 in die Hunderttausende. Darin drückte sich auch der Protest gegen das SED-Regime aus.

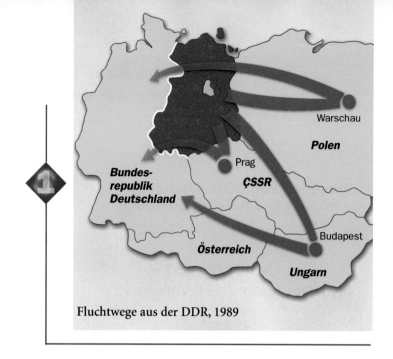

Fluchtwege aus der DDR, 1989

Damit gab es für die DDR-Bürger zum ersten Mal seit 1961 die Möglichkeit, ohne Ausreisegenehmigung das Land zu verlassen. Zu Tausenden flohen Menschen aus der DDR über Ungarn in die Bundesrepublik – eine ungewisse Zukunft im Westen galt ihnen mehr als das Leben in einem Staat, der sie bevormundete und in dem nur ein bescheidener Lebensstandard möglich war. Allein im September 1989 kamen etwa 15 000 Flüchtlinge über Ungarn und Österreich in die Bundesrepublik.

Die DDR hoffte auf ein baldiges Ende der Ausreisewelle und erklärte offiziell, dass die Flüchtlinge nicht würdig seien in der DDR zu leben. Sie protestierte vergeblich bei der ungarischen Regierung. Aber sie schloss die Grenze zur Tschechoslowakei und zu Polen nicht, weil dies zugleich ihre Isolierung innerhalb des Warschauer Pakts bedeutet hätte.

Flucht in Botschaften

Eine zweite Schiene auf dem Weg in den Westen stellten für viele die Botschaften in Prag und in Warschau sowie die Ständige Vertretung der Bundesrepublik in Ost-Berlin dar. Wie die Botschaft in Budapest mussten auch diese wegen Überfüllung geschlossen werden. In unbeschreiblicher Enge harrten mehrere tausend Menschen in der Prager Botschaft aus. In Verhandlungen mit den Regierungen Polens und der Tschechoslowakei und in Abstimmung mit der DDR-Regierung konnte die Ausreise dieser Botschaftsflüchtlinge erreicht werden. Auf diesen Wegen gelangten bis November 1989 rund 50 000 Menschen in den Westen.

Aufgaben:

1. Welche Gründe für Ausreise und Flucht gab es für die DDR-Bürger?
2. Vergleichen Sie die außenpolitische Situation der DDR im Jahre 1953 mit der 1989 (vgl. Abschnitt 4.2.2). Stellen Sie Gemeinsamkeiten und Unterschiede dar.

Tausende von DDR-Flüchtlingen strömen in die Bundesrepublik

12.09.89

Der 40. Jahrestag der Staatsgründung der DDR:

Das Geburtstagsfest – disharmonisch und verunglückt

07.10.89

Zehntausende DDR-Bürger demonstrieren für innere Reformen und mehr Demokratie

09.10.89

HONECKER ZURÜCKGETRETEN:

SED-Generalsekretär von Egon Krenz abgelöst

19.10.89

DDR öffnet Grenzen:
Millionenfaches Wiedersehen

10.11.89

DDR stellt freie Wahlen in Aussicht

21.11.89

Gorbatschow: Wiedervereinigung Deutschlands wird nicht prinzipiell in Zweifel gezogen

31.01.90

Kohl und Modrow erwarten baldige Einheit:
Währungsgespräche sollen nächste Woche beginnen

09.02.90

Demonstration in Leipzig

rasch hinzu, ebenso die Sozialdemokratische Partei (SDP).

Gleichzeitig gab es die ersten Massendemonstrationen gegen die Regierung seit 1953. Ihre Parole: »Wir bleiben hier!« war als Kampfansage an die Regierung gemeint: Uns werdet ihr so schnell nicht los! Zunächst wurden manche Demonstrationen mit Gewalt aufgelöst, es gab Verhaftungen und Gerichtsverfahren. Aber anders als 1953 beantwortete die Regierung die Demonstrationen nicht durch den Einsatz des Militärs und die Verhängung des Ausnahmezustands. Der Rückhalt durch die UdSSR fehlte.

40 Jahre DDR – Honeckers Ende

Während im Lande demonstriert wurde und täglich Tausende über Ungarn in den Westen flohen, beging die Staatsführung Anfang Oktober 1989 scheinbar unbeeindruckt den 40. Jahrestag der Staatsgründung. Ost-Ber-

Die Opposition organisiert sich

Die Fluchtbewegung zeigte die Schwäche der DDR-Regierung. Auch im Inneren gärte es. Trotz aller Verbote schlossen sich politisch Interessierte in neuen, gegen die SED gerichteten Oppositionsgruppen zusammen. Eine der ersten war am 10. September 1989 das »Neue Forum«. Sein Ziel war es, »eine größere Anzahl von Menschen am gesellschaftlichen Prozess« zu beteiligen. Weitere Gruppen wie »Demokratie jetzt« kamen

Die ersten Massendemonstrationen in Leipzig

… Eine seltsame Spannung liegt an diesem … 9. Oktober über der Stadt … Tatsache ist: In den Betrieben werden die Eltern aufgefordert, ihre Sprösslinge bis spätestens 15 Uhr aus den Kindergärten zu holen. Werktätige, die in der Innenstadt arbeiten, bekommen früher frei und sind gehalten, die City zu verlassen …

Der demonstrative Aufmarsch der Staatsgewalt folgt um 15 Uhr: Mit Blaulicht umkurven lange Lkw-Kolonnen, beladen mit Volkspolizei, den Ring, der die Leipziger Innenstadt einfasst. Die Wagen halten in Seitenstraßen nahe der Kirche, die Mannschaften bleiben unter den Planen versteckt.

In der Nikolaikirche, wo um 17 Uhr das traditionelle Friedensgebet beginnt, ist bereits eine halbe Stunde zuvor nicht einmal mehr ein Stehplatz frei … Vor der Kirche wird die Menge immer dichter. Sie schweigt. Die Ansammlung wächst … Um fünf sind es einige tausend, um halb sechs mehr als 10 000, um sechs … 20 000 mindestens. Zaghaft ertönen erste Rufe: »Gorbi, Gorbi«, »Demokratie jetzt«, »Wir sind keine Rowdys«.

… Plötzlich, ohne erkennbare Regie, setzt sich der Zug von der Nikolaikirche in Bewegung … »Schließt euch an, schließt euch an«, skandieren die Marschierer. Als die Spitze der Kolonne den Platz der Republik vor dem Leipziger Hauptbahnhof erreicht, sind dem Ruf rund 70 000 gefolgt. …

»So etwas«, stößt ein Mann mit leicht zitternder Stimme hervor, »hat Leipzig noch nicht erlebt.« Und er fällt in den Schrei der 10 000 um ihn herum ein: »Wir sind das Volk, wir sind das Volk.« Die Masse wälzt sich am Hauptbahnhof vorbei. Wenn jetzt Polizei dazwischenginge, um die »nicht genehmigte Veranstaltung«, wie der Auflauf im Bürokratendeutsch heißt, auseinander zu treiben, sie hätte keine Chance – außer mit der Waffe. Die Vopo ist kaum zu sehen. Die Stasi hat sich verkrümelt.

Spiegel-Spezial Nr. II, 1990, S. 13 f.

lin befand sich im Ausnahmezustand: Westbesucher wurden abgewiesen, Demonstranten niedergeknüppelt um der SED-Führung eine (letzte) Jubelfeier zu ermöglichen. Gorbatschow, russischer Ehrengast bei den Feierlichkeiten, sagte: »Wer zu spät kommt, den bestraft das Leben.«

Staats- und Parteichef Erich Honecker bekam dies zu spüren. Das Politbüro zwang ihn wegen der Massenflucht und der zunehmenden Demonstrationen, seine politischen Ämter niederzulegen. Seine Nachfolger in Staat und SED versprachen zwar Reformen, doch die Bevölkerung nahm von diesen Politikern nichts mehr an. Die Massenflucht hielt an; die Zahl der Demonstranten stieg von Woche zu Woche. Die Bevölkerung entnahm dem hektischen Personalaustausch in der SED und dem plötzlich bekundeten Willen zu Reformen und zu Gesprächen mit den Oppositionsgruppen nur eins: Die SED hatte kalte Füße und wollte um jeden Preis an der Macht bleiben.

Öffnung der Grenzen

Anfangs hatten viele Demonstranten, darunter die Bürgerbewegungen, unter dem Motto: »Wir sind das Volk« Reformen in der DDR gefordert. Nun änderten sich die Parolen. Immer häufiger stand die Forderung nach einer Wiedervereinigung Deutschlands auf den Transparenten: »Wir sind ein Volk« oder »Deutschland, einig Vaterland«.

Die SED steuerte dagegen. Zuerst verkündete sie eine Amnestie für politische Straftaten und forderte die Flüchtlinge zur Rückkehr auf. Dann wollte sie die Ausreisewelle stoppen, indem sie am 9. November 1989 die Öffnung aller Grenzen ankündigte.

Noch in der Nacht strömten Tausende in Berlin vom Osten in den Westen. Die Menschen besetzten die Mauer am Brandenburger Tor und feierten die ganze Nacht hindurch. Mauer und Stacheldraht sollten bald der Vergangenheit angehören.

Die Grenzöffnung führte zu einem Massenansturm von DDR-Bürgern auf die Geschäfte in den grenznahen Gebieten. Viele plünderten ihr Sparkonto um sich endlich das leisten zu können, was sie bisher nur vom Westfernsehen her kannten. Die Hoffnung der SED, durch die Grenzöffnung die Abwanderung in den Westen aufzuhalten, erfüllte sich nicht.

Aufgaben:

1. Welche Entwicklung können Sie den Zeitungsschlagzeilen entnehmen?
2. Inwiefern kann man die Ereignisse der Jahre 1989 und 1990 als friedliche Revolution bezeichnen? Nennen Sie wichtige Gruppen, die Träger dieser Revolution waren.

»Wir sind ein Volk«

Bereits im November 1989 hatte der westdeutsche Bundeskanzler Helmut Kohl (CDU) einen »10-Punkte-Plan zur Überwindung der Teilung Deutschlands und Europas« vorgelegt. Ein Besuch von ihm in Dresden am 19. Dezember 1989 wurde zu einer Demonstration für die Wiedervereinigung. Die Dresdner begrüßten Kohl wie ihr eigentliches Staatsoberhaupt.

Ende der SED-Herrschaft

Ende November kündigte die SED freie Wahlen an. Wahltermin sollte der 6. Mai 1990 sein; der Termin wurde dann auf den 18. März vorverlegt. Außerdem strich die Volkskammer den in der Verfassung verankerten Führungsanspruch der SED. Damit waren die Grundlagen geschaffen für eine politische Ordnung, in der unterschiedliche Parteien und Interessengruppen in freiem Wettbewerb stehen. Die »Blockparteien« (CDU, LDPD, NDPD, DBD) begannen sich aus der Umklammerung der SED frei zu machen. Sie passten sich den Westparteien schnellstmöglich an und schlossen sich 1990 mit ihnen zusammen. Aus der SED

ging die PDS hervor. Andere Parteien und Gruppierungen wurden neu gegründet.

Für die Übergangszeit bis zu den Wahlen wurde am 9. Dezember 1989 der »Runde Tisch« eingerichtet, eine Versammlung der neuen und alten politischen Kräfte in der DDR. Seine Aufgaben waren:
* Kontrolle der DDR-Regierung,
* Auflösung des Staatssicherheitsdienstes (Stasi),
* Vorbereitung der Wahlen und einer neuen Verfassung.

Wahlkampf um die Wiedervereinigung

Der Wahlkampf der 24 Parteien, die für die erste freie Volkskammerwahl kandidierten, wurde von der Frage bestimmt, *wann* die Wiedervereinigung kommen und *wie* sie aussehen sollte. Selbst die ehemalige SED, jetzt PDS, die am wenigsten an einer Wiedervereinigung interessiert sein konnte, mischte bei diesem Thema mit.

Überschattet war der Wahlkampf 1990 durch zunehmende wirtschaftliche Schwierigkeiten der DDR. Die Öffnung der Grenzen führte nämlich nicht nur zu den willkommenen Investitionen westdeutscher Firmen, sondern in manchen Branchen dazu, dass die Ost-Waren Ladenhüter wurden. Die Planwirtschaft, die schon vorher nur unzulänglich funktioniert hatte, geriet durch die Öffnung des Marktes vollends aus den Fugen. Keiner lieferte nach Plan, jeder verkaufte an den Meistbietenden. Die DDR bat die Bundesrepublik Deutschland um Wirtschaftshilfe, was diese vor der Einführung einer gemeinsamen Währung aber ablehnte.

Wie kann zusammenwachsen, was zusammengehört?

Aus der Wahl vom 18. März 1990 ging die »Allianz für Deutschland« unter Führung der CDU als Wahlsieger hervor. Klare Verlierer

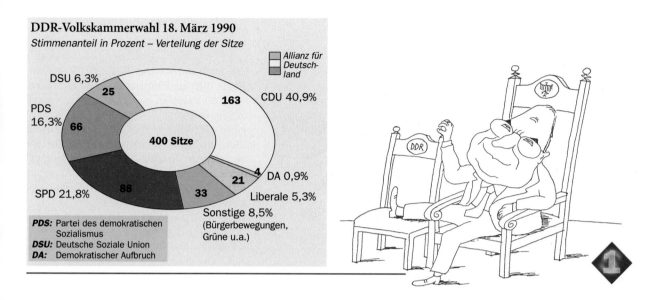

DDR-Volkskammerwahl 18. März 1990
Stimmenanteil in Prozent – Verteilung der Sitze

Allianz für Deutschland

DSU 6,3% 25
PDS 16,3% 66

400 Sitze

CDU 40,9% 163

4 DA 0,9%
21 Liberale 5,3%
33 Sonstige 8,5% (Bürgerbewegungen, Grüne u.a.)
SPD 21,8% 88

PDS: Partei des demokratischen Sozialismus
DSU: Deutsche Soziale Union
DA: Demokratischer Aufbruch

---

waren die Bürgergruppen, die die ersten Demonstrationen organisiert hatten, und die SPD.

Dieser Wahlsieg war der Beweis, dass die Mehrheit der DDR-Bürgerinnen und -Bürger eine rasche Wiedervereinigung und politische Verhältnisse wie in der Bundesrepublik wollten. Entsprechend plante die neue DDR-Regierung unter Lothar de Maizière einen Beitritt der DDR zur Bundesrepublik, das heißt eine Auflösung der DDR. Erstmals hatte die Bundesrepublik einen Verhandlungspartner, der aus demokratischen Wahlen hervorgegangen war. In der neuen DDR-Regierung waren alle Parteien mit Ausnahme der PDS vertreten. Der Fahrplan für das Jahr 1990 sah so aus:

• **April/Mai:** Ausarbeitung eines Einigungsvertrags, der Einzelheiten des Beitritts regelt, z. B. Umstellungskurs der DDR-Währung, Übergangsregelungen für Eigentum, Renten, Sozialgesetze, Schulden.

• **1. Juli:** Wirtschafts-, Währungs- und Sozialunion, damit auch Ende der DDR-Währung.

• **3. Oktober:** Anschluss der DDR an die Bundesrepublik Deutschland nach Art. 23 des Grundgesetzes (vorbehaltlich der Zustimmung der Alliierten).

• **2. Dezember:** Erste gesamtdeutsche Bundestagswahl.

Auszug aus Art. 23 GG
Dieses Grundgesetz gilt zunächst im Bereich der Länder Baden, Bayern, Bremen … In anderen Teilen Deutschlands ist es nach deren Beitritt in Kraft zu setzen.

Aufgaben:

1. Worin liegt die besondere Bedeutung der Volkskammerwahlen vom März 1990?
2. Wie erklären Sie sich das überraschend gute Abschneiden der CDU (vgl. M 1)?
3. Welchen Beitrag leistete die Bundesrepublik in den Jahren 1989 und 1990 zur Wiedervereinigung? (Vergleichen Sie auch mit dem folgenden Abschnitt.)

Kommen und Gehen in Deutschland

4.3.5 Deutschland wieder vereinigt – was sind die Bedingungen?

galt nach wie vor das Recht der Alliierten. Wollte man zur Einigung Deutschlands kommen, so mussten hier grundlegende Änderungen erfolgen:

• Die NATO-Bündnispartner, vor allem die USA, mussten ebenso wie die EU-Partner der Bundesrepublik die Einheit Deutschlands befürworten.

• Die vier Siegermächte mussten ihre Verantwortung für Berlin abgeben.

• Die UdSSR musste einem Beitritt der DDR zur Bundesrepublik zustimmen.

• Einfluss- und Geltungsbereiche internationaler Organisationen mussten neu festgelegt werden: Wo soll die Grenze der Europäischen Gemeinschaft liegen? Soll die NATO nach Osten erweitert werden?

• Muss Deutschland die Oder-Neiße-Linie als endgültige Ostgrenze akzeptieren?

Über diese Fragen wurde in den »2+4-Gesprächen« entschieden. Am 12. September wurde Einigkeit in allen Fragen erzielt. Das Ergebnis entsprach weit gehend den Erwartungen der Bundesrepublik:

2+4-Gespräche
Gespräche über die Wiedervereinigung Deutschlands. Beteiligt: die zwei deutschen Staaten und anschließend die vier alliierten Siegermächte USA, Großbritannien, Frankreich, Sowjetunion.

Außenpolitische Fragen
Schon vor der Volkskammerwahl vom März 1990 hatte Bundeskanzler Kohl bei den westlichen Verbündeten und bei der Sowjetunion die Möglichkeiten einer Wiedervereinigung Deutschlands erkundet. Vor allem von der Bereitschaft der Sowjetunion hing die Wiedervereinigung ab. Eine Wiedervereinigung ohne die Zustimmung der ehemaligen Siegermächte war undenkbar; in Berlin

Wirtschafts-, Währungs- und Sozialunion

STAATSVERTRAG Bundesrepublik Deutschland – DDR Die wichtigsten Vertragsinhalte		
Währungsunion	**Wirtschaftsunion**	**Sozialunion**
• DM einzige Währung • Deutsche Bundesbank alleinige Zentralbank • Umtauschkurse Mark der DDR zu DM **1:1** für Löhne und Gehälter, Renten, Mieten, Pachten, Stipendien **1:1** für Guthaben von natürlichen Personen bis zu bestimmten Höchstgrenzen **2:1** für alle übrigen Forderungen und Verbindlichkeiten	**Die DDR schafft die Voraussetzungen für die soziale Marktwirtschaft** ◦ Privateigentum ◦ Freie Preisbildung ◦ Wettbewerb ◦ Gewerbefreiheit ◦ Freier Verkehr von Waren, Kapital, Arbeit ◦ ein mit der Marktwirtschaft verträgliches Steuer-, Finanz- und Haushaltswesen ◦ Einfügung der DDR-Landwirtschaft in das EG-Agrarsystem	**Die DDR schafft Einrichtungen entsprechend denen der BRD** • Rentenversicherung • Krankenversicherung • Arbeitslosenversicherung • Unfallversicherung • Sozialhilfe **Die DDR schafft und gewährleistet nach dem Vorbild der BRD** • Tarifautonomie • Koalitionsfreiheit • Streikrecht • Mitbestimmung • Betriebsverfassung • Kündigungsschutz

Tarifautonomie
Recht der Arbeitgeberverbände und Gewerkschaften, Löhne und Arbeitsbedingungen frei auszuhandeln.

Koalitionsfreiheit
Recht der Bürger, sich zu Verbänden zusammenzuschließen.

- Deutschland darf wieder vereinigt werden, es muss aber auf die Gebiete östlich von Oder und Neiße verzichten und dies durch einen Vertrag mit Polen bestätigen.
- Alle Vorbehaltsrechte der Alliierten in Deutschland enden. Die UdSSR zieht bis 1994 alle Truppen aus Deutschland ab; die Kosten trägt die Bundesrepublik. Ausländische Truppen dürfen in Deutschland nur im Rahmen ihres NATO-Auftrags stationiert werden.
- Die Nationale Volksarmee (NVA) der DDR wird aufgelöst. Ihre Truppen werden nicht der NATO unterstellt.
- Deutschland muss seine Truppen auf 370 000 Mann reduzieren; das ganze Staatsgebiet wird NATO-Gebiet.

Panzer der NVA vor der Verschrottung

Der Weg zur Einheit

Zur gleichen Zeit wie die Verhandlungen mit den Siegermächten des Zweiten Weltkriegs fanden die Verhandlungen über einen Staatsvertrag zwischen der Bundesrepublik und der DDR statt. Sie wurden dadurch erleichtert, dass auf beiden Seiten des Verhandlungstisches Vertreter derselben Partei saßen. Der Vertrag regelte die Bedingungen der Wirtschafts-, Währungs- und Sozialunion (siehe M 1). Im Anschluss daran wurde der Einigungsvertrag geschlossen, der das Rechts- und Verwaltungssystem der Bundesrepublik auf die DDR übertrug. Damit galt das Grundgesetz für das gesamte deutsche Volk. Berlin wurde Hauptstadt des wiedervereinigten Deutschland. Die ersten gesamtdeutschen Wahlen am 2. Dezember 1990 (mit Sonderregelungen für Parteien in der früheren DDR) wurden von der CDU-FDP-Regierung klar gewonnen.

Einige Fragen konnten in den Verträgen des Jahres 1990 nicht abschließend geregelt werden.
- Für strittige Fragen wie z. B. die Bedingungen eines Schwangerschaftsabbruchs gab es Übergangsregelungen.
- Durch die Enteignungen auf dem Gebiet der DDR ergaben sich oft schwierige Eigentumsverhältnisse. Hier konnte ein Kompromiss erst später gefunden werden: Die Enteignungen durch die UdSSR als Besatzungsmacht wurden nicht rückgängig gemacht; bei späteren Enteignungen galt der Grundsatz »Rückgabe vor Entschädigung«.

Feierliche Momente:

Links: Gorbatschow und Kohl (rechts) nach Abschluss der 2+4-Gespräche.

Rechts: Die Verhandlungsführer des Einigungvertrags bei der Unterzeichnung: Schäuble (Bundesrepublik, links), Krause (DDR, rechts)

Aufgaben:

1. Welche Regelungen des Einigungvertrags und des Staatsvertrags sind heute noch umstritten?
2. Erstellen Sie nach dem Muster von Abschnitt 4.1.4 (M 2) eine Zeittabelle für die Wiedervereinigung. Stellen Sie auf dieser Grundlage fest, wer welchen Beitrag zur Wiedervereinigung geleistet hat.

4.4 Wieder vereinigt – alles in Butter?

4.4.1 Wächst zusammen, was zusammengehört?

Am Morgen nach der Vereinigung

Als die erweiterte Bundesrepublik nach der Wende daranging, die sozialistische Planwirtschaft in Ostdeutschland zu einer sozialen Marktwirtschaft umzubauen, erwies sich die wirtschaftliche Lage im Osten bald als katastrophal. Die ehemaligen DDR-Unternehmen hatten nur ein Drittel der Produktivität der westdeutschen Firmen. Die technische Ausrüstung der Industrie war völlig veraltet. Die Staatsbetriebe der DDR hatten mit riesigen Verlusten gearbeitet und nur durch hohe Subventionszahlungen überlebt. Hinzu kam, dass nach dem Ende des Ostblocks die osteuropäischen Absatzgebiete wegfielen und die ostdeutsche Wirtschaft der Konkurrenz aus dem Ausland nicht gewachsen war. Die Produktion brach weit gehend zusammen. Sehr rasch stellte sich die Frage: Wie konnte ein Armenhaus Ostdeutschland verhindert werden?

Maßnahmen in den neuen Ländern

• Um gleichwertige Lebensbedingungen zu ermöglichen, investierten staatliche Stellen Milliardenbeträge in den Ausbau der Infrastruktur (Straßen, Verkehrsnetze, Kommunikationsnetze, Schulen, Kläranlagen).

• Mit Finanzhilfen und Steuervergünstigungen regte der Staat die private Investitions- und Gründungstätigkeit sowie den Wohnungsbau an.

• Mit der Treuhandanstalt wurde eine Bundesbehörde gegründet, deren Aufgabe es war, die 13 800 Staatsbetriebe zu privatisieren.

• Durch Umschulungen, Arbeitsbeschaffungsmaßnahmen (ABM) und die Frühverrentung versuchte der Staat der Massenarbeitslosigkeit zu begegnen.

• 35 000 Beamte wurden in die neuen Bundesländer entsandt um die Verwaltung aufzubauen.

Wirtschaftliche Probleme beim Aufbau Ost

Ein großes Problem war die Wiederherstellung der früheren *Eigentumsverhältnisse*. Von 1945 bis 1989 waren im Osten viele Eigentümer enteignet oder unter Druck gesetzt worden, ihren Besitz zu verkaufen. Manche Grundstücke hatten in DDR-Zeiten neue Besitzer gefunden. Als rechtmäßiger Besitzer galt nach dem Einigungsvertrag der frühere Eigentümer (Grundsatz »Rückgabe vor Entschädigung«).

Dieser Grundsatz wurde zum Haupthindernis für Investitionen: Wegen ungeklärter Eigentumsfragen und fehlender Investitionsbereitschaft der Alteigentümer wurden notwendige Sanierungen nicht durchgeführt. Die Rückgabe der Immobilien bedeutete für viele langjährige Mieter die Kündigung und die Bedrohung ihrer Existenz.

Die Löhne stiegen in Ostdeutschland schneller als die Produktivität. Diese Kluft schreckte viele Investoren ab. Die Stilllegung von unrentablen Betrieben führte zudem zu *Massenarbeitslosigkeit*. Drei von vier Ostdeutschen verloren ihre Arbeit.

Zahlungen für den Aufbau Ost
1991 bis 2003 in Milliarden Euro

82,3

72,2

Bund

Alle Transferleistungen 1991 bis 2003: rund 1250 Mrd. K

Fonds «Deutsche Einheit»

Sozialversicherung

18,4

19,4

Länder/ Gemeinden (alte Bundesländer)

5,8

13,9

1991 | 92 | 93 | 94 | 95 | 96 | 97 | 98 | 99 | 2003

Daten für 2000 bis 2002 nicht erhoben   Quelle: IWH

1

Ein zweiter Aufbau Ost nach der Flutkatastrophe von 2002

Das Elbe-Hochwasser im Sommer 2002 hat in den neuen Bundesländern einen Schaden von 30 Mrd. € angerichtet und manche Regionen auf den Stand vor der Wiedervereinigung zurückgeworfen: Bahnlinien, Straßen und Brücken waren zerstört, ganze Städte verwüstet. Viele Menschen hatten alles verloren, die Geschäftsleute standen vor dem Ruin.

Trotz eines staatlichen Hilfsprogramms und privaten Spenden wird es Jahre dauern, bis alle Schäden beseitigt sind.

Es entstanden aber auch neue Arbeitsplätze, in erster Linie im Dienstleistungsbereich. Neu angesiedelte und automatisierte Industriebetriebe brauchten nur noch wenige Arbeitskräfte.

Nach wie vor sind die neuen Bundesländer angewiesen auf Zuschüsse aus dem Westen. Neben Geldern des Bundes sind dies indirekte Zuschüsse über den Finanzausgleich zwischen den Bundesländern und über die Kassen der Renten- und Arbeitslosenversicherung. Mit einer Angleichung der wirtschaftlichen Verhältnisse in Ost und West wird mittlerweile erst für das Jahr 2020 gerechnet.

Aufgaben:

1. »Gleiche Löhne in Ost und West.« – Diskutieren Sie Vor- und Nachteile dieser Forderung.
2. Wie viel Solidarität zwischen den Bundesländern ist nötig; wie viel Eigenverantwortung der einzelnen Bundesländer ist möglich? Ziehen Sie M 1 und M 3 mit heran.

Produktivität in Ostdeutschland

(in % der Produktivität West)

1991	44,1 %
1992	56,9 %
1993	66,9 %
1994	70,3 %
1997	72,5 %
2001	74,6 %

Bundesministerium für Wirtschaft und Arbeit

Neuinvestitionen in Mrd. Euro

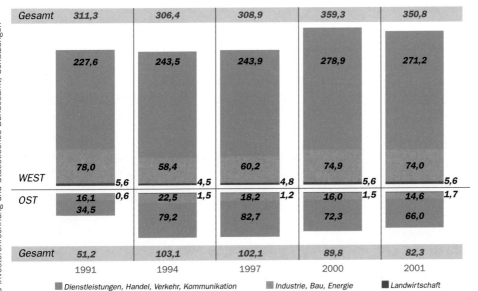

	1991	1994	1997	2000	2001
Gesamt	311,3	306,4	308,9	359,3	350,8
	227,6	243,5	243,9	278,9	271,2
WEST	78,0	58,4	60,2	74,9	74,0
	5,6	4,5	4,8	5,6	5,6
OST	16,1 / 0,6	22,5 / 1,5	18,2 / 1,2	16,0 / 1,5	14,6 / 1,7
	34,5	79,2	82,7	72,3	66,0
Gesamt	51,2	103,1	102,1	89,8	82,3

■ Dienstleistungen, Handel, Verkehr, Kommunikation   ■ Industrie, Bau, Energie   ■ Landwirtschaft

Protest im Osten gegen die neuen Eigentumsverhältnisse

Diese Immobilie ist seit 1991 im Besitz eines Altbundesbürgers!

Ifo Investorenrechnung und Statistisches Bundesamt, Schätzungen

Die Stimmung in Ostdeutschland

36 %	der Ostdeutschen halten die Gesellschaftsordnung der Bundesrepublik für verteidigenswert.
76 %	geben an, sie könnten auf eine Freiheit verzichten, in der Millionen arbeitslos sind und die Großindustrie Rekordgewinne macht.
60 %	sprechen sich für die Gleichheit aus.
36 %	verbinden mit dem Sozialismus, den sie erlebten, negative Gefühle.
Für 63 %	war der Sozialismus von der Grundidee her ein gutes Konzept, das nur unbefriedigend umgesetzt worden ist.

Klaus Harpprecht, Im Niemandsland, in: Die Zeit vom 10.09.1998

Die Wiedervereinigung hat die Lebenssituation der Menschen im Osten grundlegend verändert. Sie brachte die ersehnte Angleichung an den Lebensstandard der Bundesrepublik und dieselben politischen Rechte. Gleichzeitig gab es grundlegende Änderungen der Gesellschaftsordnung:

• ***Neue Einkommens- und Arbeitssituation:*** Die alten beruflichen Qualifikationen wurden mit der Einführung der Marktwirtschaft teilweise entwertet; neue Fähigkeiten und Abschlüsse mussten erworben werden. Die Bezahlung richtete sich nach neuen Maßstäben. Die Arbeitsplatzgarantie fiel weg; Arbeitslosigkeit war eine neue Erfahrung.

Vielen fiel es schwer, den neuen Anforderungen gerecht zu werden. Andere nutzten ihre Chance, machten Karriere oder schafften den Sprung in die Selbstständigkeit.

• ***Öffnung der Märkte:*** Zu DDR-Zeiten waren viele Güter knapp und teuer. Die Einführung der Marktwirtschaft eröffnete neue Konsumchancen, führte aber auch zu Preiserhöhungen bei bestimmten Gütern, z. B. bei Miete, Heizung oder öffentlichen Verkehrsmitteln.

• ***Verlust alter Privilegien und Entstehung einer neuen Elite:*** Wer in der alten DDR für die SED politisch aktiv war, galt nun als politisch unzuverlässig. Es entstand eine völlig

Ost und West im Vergleich
a) Ausstattung von Haushalten mit Konsumgütern 1988 und 2003

Alle Angaben in Prozent	West		Ost	
	1988	2003	1988	2003
Pkw	68	76	52	71
Waschmaschine	86	93	66	95
Gefrierschrank	70	68	43	57
Geschirrspülmaschine	29	55	?	46
Telefon	93	99	16	98
Farbfernsehgerät	87	94	52	95
HiFi-Stereoanlage	42	69	?	56

Geißler, Die Sozialstruktur Deutschlands, Wiesbaden 2002, S. 87;
Statistisches Bundesamt

neue politische Elite, zum Teil ergänzt und unterstützt durch Politiker und Beamte aus dem Westen. Auch viele Manager kamen aus den alten Bundesländern.

● **_Mehr Eigenverantwortung im Privatbereich:_** In der DDR wurden wesentliche Lebensbereiche wie Kinderbetreuung, Vorsorge für Krankheit und Alter oder Freizeitgestaltung vom Betrieb geregelt. Jetzt war Eigeninitiative nötig und einige Angebote fielen ganz weg.

Die Menschen in den neuen Ländern waren von diesen Veränderungen unterschiedlich betroffen – die Städter anders als die Menschen auf dem Land, die SED-Mitglieder anders als die Unpolitischen, die Rentner anders als die Jungen, Mütter mit Kindern anders als die Männer. Bei einem Teil der Ost-Bevölkerung entstand nach der anfänglichen Freude über die Wiedervereinigung eine Gegenströmung, eine Verklärung der alten DDR (DDR-Nostalgie).

Aufgaben:

1. Viele Bürger aus den neuen Bundesländern fühlen sich ausgegrenzt. Halten Sie diese Klage für gerechtfertigt? Unterscheiden Sie nach verschiedenen Lebensbereichen (Politik, Gesellschaft, Wirtschaft).
2. Was wurde nach der Wende Ostdeutschland gegeben, was wurde genommen?

DDR-Nostalgie

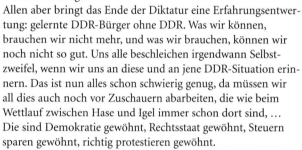

Was man DDR-Nostalgie oder kurz Ostalgie nennt, wünscht sich gar nicht wirklich die DDR zurück, es ist kein Heimweh, sondern Identitätstrotz, eine Reaktion, die ihrerseits eine westdeutsche Reaktion auslöst, nämlich: Da zahlen wir nun Hunderte von Millionen jährlich, und was macht ihr? Statt sich zu freuen und dankbar zu sein, wählen die Jammerossis PDS.

Wie ist dieser ostdeutsche Stimmungsumschwung zu erklären? Die erhoffte Freiheit verspricht offenbar immer mehr, als die erreichte Freiheit hält. Auch das Ende einer Diktatur, auch der Verlust einer schäbigen Normalität verunsichern. Jede Umorientierung verbraucht Kräfte. Der Elitenwechsel bringt nicht wenigen Deklassierung … Der Zusammenbruch der bisherigen Autoritäten bringt nicht wenigen Jugendlichen ganz erhebliche Desorientierungen.

Allen aber bringt das Ende der Diktatur eine Erfahrungsentwertung: gelernte DDR-Bürger ohne DDR. Was wir können, brauchen wir nicht mehr, und was wir brauchen, können wir noch nicht so gut. Uns alle beschleichen irgendwann Selbstzweifel, wenn wir uns an diese und an jene DDR-Situation erinnern. Das ist nun alles schon schwierig genug, da müssen wir all dies auch noch vor Zuschauern abarbeiten, die wie beim Wettlauf zwischen Hase und Igel immer schon dort sind, …

Die sind Demokratie gewöhnt, Rechtsstaat gewöhnt, Steuern sparen gewöhnt, richtig protestieren gewöhnt.

Schließlich deuten sie uns noch unsere eigene Geschichte, weil sie ja alles besser wissen, und geben uns Zensuren für gute und schlechte Leistungen beim Widerstand in der Diktatur, zu dem sie selbst nie Gelegenheit hatten … Zum Glück haben wir dann immer noch einen letzten Trumpf: Ihr könnt gar nicht mitreden, weil ihr das nicht erlebt habt.

Richard Schröder: Warum sollen wir eine Nation sein?; in: Die Zeit vom 25.04.1997

---

b) Einkommensklassen 2000

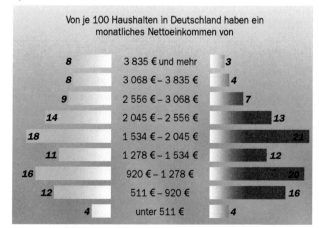

Statistisches Bundesamt (Hrsg.), Datenreport 2002, S. 113 (gerundet)

c) Arbeitslosenquote in Ost und West in Prozent

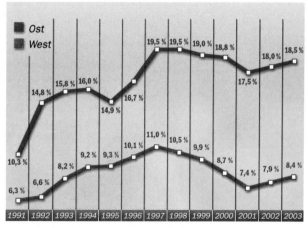

Statistisches Bundesamt a.a.O., S. 99 (aktualisiert)

Zwei Ansichten zur Lage der Nation

»Deutschland ist nicht von einem tiefen Wohlstandsgraben durchzogen. Materiell geht es den meisten Ostdeutschen heute besser als vor der Wende ... Aber, so fragen Wessis, warum jammern dann die Ossis immer noch so viel? ... Die Bürger in den neuen Bundesländern messen die Realität an dem, was man ihnen bei der Wende versprochen hat. Wie soll man diese Enttäuschung erfassen?«

(Klaus-Peter Schmid)

»Wenn sich die meisten Ostdeutschen als Bürger zweiter Klasse fühlen, so ist die private materielle Situation keineswegs der Hauptgrund ... Man kann die Ostdeutschen nicht in Demokratie und soziale Marktwirtschaft einbeziehen wollen, indem man sie zugleich von deren Voraussetzungen, nämlich Arbeit und Eigentum, weit gehend ausschließt ... Chancengleichheit wäre die Voraussetzung für innere Einheit gewesen.«

(Daniela Dahn)

Die Zeit vom 07.11.1997

Hindernisse auf dem Weg zur inneren Einheit

In keiner Umfrage, in keiner Statistik fehlt sie: die Aufgliederung der Ergebnisse nach den alten und den neuen Bundesländern. Wann werden die Menschen nicht mehr zwischen Alt und Neu, West und Ost unterscheiden? Außerdem: Ist die Einheit Deutschlands nur eine Angleichung in der Statistik, ein großer Aufholprozess Ost?

Die wirkliche Frage ist eine ganz andere: Wie soll die innere Einheit aussehen? Einheit der Verbrauchsgewohnheiten, der Lebensverhältnisse, schafft noch keine innere Einheit.

Noch heute, über ein Jahrzehnt nach dem Fall der Mauer, spüren die Deutschen in Ost und West, dass sie in zwei unterschiedlichen politischen Systemen groß geworden und von diesen geprägt worden sind. Dies gilt insbesondere für die Älteren. Vier Jahrzehnte lang lebten die Menschen weit gehend isoliert voneinander. Reisen und Besuche, Begegnungen und Freundschaften wurden unterbunden. 1989 wurde die Betonmauer schnell niedergerissen, nicht jedoch die Mauer in den Köpfen.

Mit der Mauer in den Köpfen wird nach wie vor Politik gemacht – im Osten wie im Westen. In den neuen Bundesländern ist es vor allem die PDS (die aus der SED hervorgegangene »Partei des Demokratischen Sozialismus«), die auf das Heimatgefühl Ost setzt. Auch rechte Parteien, etwa die DVU, haben dort bei Landtagswahlen Erfolge gehabt, besonders bei jüngeren Wählern.

In den neuen Bundesländern gibt es außerdem eine zweite Mauer: die Mauer zwischen den Machthabern von früher und den Stasi-Opfern. Einem Teil der alten SED-Führung,

Zehn Jahre nach dem Fall der Mauer – zwei Ostdeutsche nehmen Stellung:

»Wir kommen aus dem Osten und leben auf eure Kosten!«

a) An diesem Dienstag vor zehn Jahren ist die Mauer gefallen. Damals hatte ich gerade Tanzstunde. Wir lernten zuerst Walzer und dann Mambo, weil in den Kinos Dirty Dancing lief. Nach dem Abschlussball habe ich die meisten meiner Tanzstundenleute nicht wieder gesehen. Vielleicht sollte man mal erzählen, was sie heute machen. …

Ich redete mit ihnen. Sie erzählten stille Geschichten vom Leben in der Kleinstadt, vom Surfen auf dem Baggersee und davon, wie es ist, mit 25 Alimente für sein erstes Kind zu zahlen. Keiner war rechtsradikal geworden, keiner in einer Sekte gelandet und keiner verdiente so richtig viel Geld.

Jetzt, Jugendmagazin der Süddeutschen Zeitung, vom 08.11.99

b) Die Aufbauerfolge in Ostdeutschland werden der neuen Ordnung nicht positiv angerechnet. Statt mit Erleichterung reagieren viele mit Wut. Redliche Vergleichsebenen werden verworfen. Wie es vor zehn Jahren wirklich war, will keiner mehr hören. Wie es uns Ostdeutschen ohne die deutsche Einheit gegangen wäre – es lässt sich in Polen und Tschechien studieren –, interessiert nicht. Dort bewegen sich die Einkommen durchschnittlich bei sechshundert Mark. … Selbst Sozialhilfe bekommt man hier mehr als Lohn für harte Arbeit.

… Viele unter uns Ostdeutschen lernten in kurzer Zeit, sich über den größten Glücksfall in unserer Geschichte in Grund und Boden zu ärgern. Sie maßen sich nicht mehr an der Lage, der sie entronnen waren, sondern an dem, was der Westen nach vierzig Jahren Marktwirtschaft erreicht hatte.

Arnold Vaatz in: Süddeutsche Zeitung vom 24.07.99

Aufgaben:

1. Beide Texte lassen sich als Kritik der »Mauer in den Köpfen« lesen.
* Wie lautet jeweils die Kritik?
* Sind Sie mit den Aussagen der Verfasser einverstanden?
* Wie zeigt sich der Altersunterschied der beiden Autoren in den Texten?

Stasi-Akten

einigen Schützen an der Berliner Mauer, einigen Stasi-Spitzeln wurde der Prozess gemacht. Auf der anderen Seite stehen die Opfer, die bei der Durchsicht ihrer Akten feststellen mussten, dass sie von den besten Freunden oder sogar vom Ehepartner bespitzelt wurden.

Anders sieht es bei der Jugend aus. Sie ist in Ost und West stärker durch die Zeit der Vereinigung geprägt als durch die Jahre davor. Das lässt hoffen.

Aufgaben:

2. Wo unterscheiden wir zwischen Ost- und Westdeutschland, zwischen alten und neuen Bundesländern? Sammeln Sie Beispiele aus den Medien. Überlegen Sie, in welchen Fällen eine solche Unterscheidung sinnvoll ist, in welchen Fällen nicht.

Teil 4.1 Das besetzte Deutschland

Die Situation 1945

- Aufteilung durch die Alliierten in Besatzungszonen für USA, Großbritannien, Frankreich, UdSSR; Ziel: Kontrolle des Landes
- Vertreibung der Deutschen aus bisher deutschen Gebieten im Osten
- Grundsätze der Alliierten: Denazifizierung, Demokratisierung, Demontage, Dezentralisierung (Potsdamer Konferenz)
- Grenzen Deutschlands nicht endgültig geregelt.

Beginn des Ost-West-Konflikts

- Unüberbrückbare Gegensätze zwischen USA (und deren Verbündeten) und UdSSR besiegeln deutsche Teilung:
  3 Westzonen (GB, USA, F), später Bundesrepublik (seit 1949)
  1 Ostzone (UdSSR), später DDR (1949–1990; dann Teil des wieder vereinigten Deutschland)
- Unterschiedliche politische Systeme in den Westzonen und der Ostzone
- Marshallplan-Hilfe für Westzonen; Währungsreform. Blockade Berlins durch die UdSSR; Luftbrücke der USA.

Teil 4.2 Kalter Krieg

Bundesrepublik Deutschland

- Wirtschaftsaufschwung und politische Stabilität im Innern: Soziale Marktwirtschaft
- Außenpolitisch Bindung an den Westen: wirtschaftlich (OEEC, EWG), militärisch (NATO); Alleinvertretungsanspruch.

Deutsche Demokratische Republik

- Vasall der UdSSR. Alleinherrschaft der Kommunistischen Partei (SED); keine demokratische Mitwirkung
- Außenpolitisch Bindung an die UdSSR: wirtschaftlich (COMECON), militärisch (Warschauer Pakt)
- Verstaatlichungen; Planwirtschaft mit Versorgungsmängeln
- Volksaufstand am 17.6.1953 wird blutig niedergeschlagen. Fluchtwelle endet erst mit Mauerbau in Berlin am 13.8.1961.

Teil 4.3 Von der Entspannungspolitik zur Wiedervereinigung

Entspannungspolitik (70er Jahre)

- Ostverträge der Bundesrepublik mit den osteuropäischen Nachbarstaaten und der DDR: Gewaltverzicht, Unverletzlichkeit der Grenzen. Nach wie vor keine Anerkennung der DDR.

Wiedervereinigung 1989/90

- Druck auf die DDR durch
  - Reformen in der UdSSR
  - Grenzöffnung Ungarns (Massenflucht)
  - innenpolitische Opposition (Bürgerbewegungen)
- Folgen: Rücktritt der SED-Regierung, Öffnung der Grenzen. Verlust des Machtmonopols der SED: Runder Tisch, freie Wahlen (März 1989)
- Schritte zur Wiedervereinigung:
  - Wirtschafts-, Währungs- und Sozialunion
  - Beitritt der DDR zur Bundesrepublik (3.10.90)
  - Gesamtdeutsche Wahlen (2.12.90).

Teil 4.4 Das wieder vereinigte Deutschland

Wirtschaftliche Folgen der Wiedervereinigung

- Schlechte wirtschaftliche Lage in den neuen Bundesländern
- Probleme bei der Privatisierung
- Folgen: hohe Kosten für Finanzhilfen und Unterstützungszahlungen; hohe Arbeitslosigkeit.

Soziale und politische Folgen im Osten

- Angleichung im Konsum an den Westen
- Neue Einkommens- und Arbeitssituation
- Neue wirtschaftliche und politische Elite
- DDR-Nostalgie.

5

Demokratie in der Entwicklung

Erfahrungen aus der deutschen Geschichte

Was erwarten wir von der Politik?

Demokratie in Gefahr?

Politische Regeln für die Zukunft finden

5.1 Jugend heute – null Bock auf Politik?

Politik ohne Jugendliche?

»Wahl 2040: Bei der Wahl zum Bundeskanzler wird »Dr. Motte«, 79, der Begründer der Loveparade, und seine Partei FFE (Friede, Freude, Eierkuchen) mit überwältigender Mehrheit gewählt. Die Wahlbeteiligung betrug 3,9 %. Es war die erste Direktwahl des Kanzlers nach Abschaffung des Bundestags, für den sich nicht mehr genügend Kandidaten gefunden hatten, nachdem CDU, CSU, SPD, FDP, Grüne und PDS an der 5%-Hürde gescheitert waren.« So weit wird es sicher nicht kommen. Tatsache aber ist: Das Interesse der Jugendlichen an Politik sinkt.

> Ich engagiere mich nicht. Meine Eltern auch nicht, die wählen halt so mit.

> Politiker wissen nicht, wie das Leben wirklich ist.

Loveparade Berlin

Sich engagieren – warum?
Eine Umfrage unter jungen Leuten
Die folgenden Aussagen sind danach geordnet, inwieweit die Befragten ihnen zustimmen (beginnend mit der Aussage, die die meiste Zustimmung fand).

Wenn ich mich engagiere, dann ...

- muss es Spaß machen
- muss ich jederzeit wieder aussteigen können
- muss ich mitbestimmen können
- muss es Jugendlichen etwas bringen
- will ich neue Freunde kennen lernen
- will ich dabei für mein Leben etwas lernen

- müssen Freunde mitmachen
- muss ich davon überzeugt sein, dass es für die Gesellschaft etwas bringt
- möchte ich dabei Geld verdienen
- möchte ich für die geopferte Zeit von der Arbeit/Schule freigestellt werden.

Jugend 97, a.a.O., S. 325

Aufgaben:

1. Diskutieren Sie in der Gruppe, worauf es Ihnen ankommt, wenn Sie sich politisch engagieren.
2. In Abschnitt 3.3.6 haben Sie einen »Katalog wichtiger Zukunftsaufgaben« zusammengestellt. Nehmen Sie diese Liste nochmals zur Hand: Bei welchen Aufgaben sehen Sie Möglichkeiten, bei der Lösung selbst politisch aktiv zu werden?

Die Wahlbeteiligung der Jungwähler ist so niedrig wie in keiner anderen Altersgruppe. Das Vertrauen vieler junger Menschen in die Politik ist erschüttert. Die Politiker sind von der Jugend enttäuscht und halten sie für unpolitisch.

Den Ergebnissen der 12. Shell-Jugendstudie zufolge bestimmen vor allem Zweifel an den Erfolgsaussichten eigener politischer Aktionen die Einstellung zur Politik. Die Jugend reagiere darauf unterschiedlich, z. B. durch

> Ich träume von einer besseren Welt. Aber was will man als Einzelner schon groß ausrichten?

- Suche nach persönlichen Vorteilen,
- Pflege des Privatlebens,
- Engagement trotz allem,
- Verweigerung, Protest,
- politische Resignation.

Der Vorwurf an die Adresse der Politiker, sie würden sich nicht um die Interessen der Bevölkerung, speziell der Jugend kümmern, ist noch keine Erklärung für diese Reaktionen der Jugendlichen. Politik ist Überzeugungsarbeit und erfordert Mühe. Es ist leicht, Forderungen zu stellen, wenn für deren Erfüllung andere zuständig sein sollen.

> Wenn wir auf den Staat warten, statt selbst was zu unternehmen, haben wir schon verloren.

Erich Fried: Die Abnehmer

Einer nimmt uns das Denken ab
Es genügt
seine Schriften zu lesen
und manchmal dabei zu nicken

Einer nimmt uns das Fühlen ab
Seine Gedichte
erhalten Preise
und werden häufig zitiert

Einer nimmt uns
die großen Entscheidungen ab
über Krieg und Frieden
Wir wählen ihn immer wieder

Wir müssen nur
auf zehn bis zwölf Namen schwören
Das ganze Leben
nehmen sie uns dann ab

Erich Fried, Warngedichte, Frankfurt 1980, S. 107

Demonstration gegen Jugendarbeitslosigkeit

Aufgaben:

3. Suchen Sie in den Sprechblasen die Aussage, die Ihrer Einstellung zur Politik am nächsten kommt, und die Aussage, die Sie am entschiedensten ablehnen. Vertreten Sie Ihren Standpunkt in der Gruppe.

Wie stehe ich zur Demokratie? Eine Umfrage

1. Wer sich immer an die Gesetze hält, kann es zu nichts bringen.
2. Kompromisse gehören zur Demokratie. Wer sie nicht akzeptiert, ist kein Demokrat.
3. Wer seine politischen Vorstellungen durchsetzen will, muss in eine Partei eintreten.
4. Beim Bau von Atomkraftwerken, Asylbewerberunterkünften u. Ä. sollten die betroffenen Anwohner ein Einspruchsrecht haben.
5. Die Politiker haben kein Interesse daran, dass sich neue Ideen von Bürgern durchsetzen.

6. Es sollte Politikern verboten werden, eine bezahlte Nebentätigkeit auszuüben.
7. Gewalt darf man in der Politik nur dann anwenden, wenn man seine Interessen auf anderem Wege nicht durchsetzen kann.
8. In einer Demokratie können wichtige Probleme nur schwer gelöst werden, weil zu viele mitreden.
9. Vor einer Wahl sollten alle Parteien gleich lange Sendezeiten im Fernsehen bekommen.
10. Wenn jeder gleich auf die Straße geht, wenn ihm etwas nicht passt, wird das Land unregierbar.

Aufgaben:

4. Bitte notieren Sie Ihre Antworten zu den einzelnen Aussagen. Unterscheiden Sie zwischen »Stimme zu«, »Stimme nicht zu«, »Weiß nicht«. Diskutieren Sie die Ergebnisse in der Klasse.

5.2 Gefährdungen der Demokratie

5.2.1 Leben auf Kosten der Schwächeren?

Wie allgemeine Spielregeln verloren gehen

Vereinzeltes Falschparken stört niemanden. Bunte Graffiti am Autobahndreieck können hübsch sein… Die begrenzte Regelverletzung kann geduldet werden… Wenn aber massenhaft falsch geparkt wird; wenn von Stockholm bis Warschau und Barcelona die Parkbänke, Fahrpläne und U-Bahn-Fenster, die Kirchenportale, Gedenkstätten und Rathäuser vollgesprüht sind; wenn Drogen auf Schulhöfen feilgeboten werden; wenn Foltertechniken zum amüsanten Gegenstand von Talk-Shows werden; wenn Kleineigentum, von der Fahrradpumpe bis zum Hotelhandtuch, nirgends mehr sicher ist – wenn also die Regelverletzung zur Regel wird, dann sind Übereinkünfte des Zusammenlebens gefährdet. Dann schaut keiner mehr hin, dann ist alles egal, dann rette sich, wer kann.

Nach Ulrich Greiner in: Die Zeit vom 02.05.1997

Jeder nimmt sich, was er will

Ein Arbeitsloser verschweigt 200 000 € Geldvermögen und kassiert Arbeitslosenhilfe, bis der Schwindel auffliegt. Ein Sportler hinterzieht Steuern in Millionenhöhe. Ein Politiker lässt das Dach seines Hauses in Schwarzarbeit decken. – Wenn es um hohe Beträge oder um Personen des öffentlichen Lebens geht, kommen solche Fälle noch in die Zeitung. Aber sie schaden nicht unbedingt dem Ansehen. Im Alltag hat sich jeder daran gewöhnt, dass der Ehrliche der Dumme ist. Besonders in den Fällen, bei denen das Finanzamt, eine Versicherung, eine Kasse oder eine Firma geschädigt wird, fehlt es auch am Unrechtsbewusstsein: Warum sollte ich nicht tun, was alle tun?

Die Konkurrenz zwischen den Firmen wird härter, die Einkommen steigen nicht mehr – wo kann ich noch etwas herausholen? Gegenüber dem Staat macht sich die Einstellung breit, die Leistungen zu erhalten, ohne die Lasten tragen zu müssen. Dass ein Reicher mehr Steuern und Abgaben zahlt als ein Armer und nicht mehr staatliche Leistungen bekommt, ist in einem Sozialstaat notwendig, weil es sozial gerecht ist.

»Die CD hier hätte ich nicht geklaut, die ist voll ätzend.«

Der Schaden für die Demokratie

Die mangelnde Bereitschaft, sich an die staatlich verordneten Regeln zu halten und die Lasten mitzutragen, beschädigt die Demokratie. Oft werden staatliche Maßnahmen nicht nach ihrer inhaltlichen Zielsetzung, sondern nur vom Standpunkt des Geldbeutels aus diskutiert. Es wird in der Politik zunehmend schwerer, die für das Allgemeinwohl nötigen Reformen durchzusetzen und Kompromisse zu finden, die von den Beteiligten akzeptiert werden. Der Staat verliert an Autorität – unabhängig davon, wer gerade regiert.

Der Verlust an Solidarität geht auf Kosten der Schwächeren. Wer tatsächlich auf staatliche Unterstützung angewiesen ist, wird mit den Abzockern in einen Topf geworfen – in der Öffentlichkeit und im Umgang mit der Behörde, die ihre schlechten Erfahrungen gemacht hat und dem Antragsteller mit einer gehörigen Portion Misstrauen begegnet. Gruppen, die dem Staat auf der Tasche liegen (z. B. Familien, Rentner, Arbeitslose),

Die häufigsten Straftaten (Tatverdächtige)

	Kinder unter 14 Jahren 6,4 % der Tatverdächtigen	Jugendliche (14–17 Jahre) 14,0 % der Tatverdächtigen	Heranwachsende (18–20 Jahre) 10,8 % der Tatverdächtigen	Junge Erwachsene (21–24 Jahre) 10,5 % der Tatverdächtigen	Erwachsene ab 25 Jahren 58,3 % der Tatverdächtigen
1.	Ladendiebstahl	Ladendiebstahl	Rauschgiftdelikte	Betrugsdelikte [1]	Betrugsdelikte
2.	Sachbeschädigung	Körperverletzung	Körperverletzung [2]	Rauschgiftdelikte	Körperverletzung [2]
3.	Körperverletzung	Sachbeschädigung	Betrugsdelikte [1]	Körperverletzung [2]	Ladendiebstahl
4.	Schwerer Diebstahl	Rauschgiftdelikte	Ladendiebstahl	Ladendiebstahl	Beleidigung
5.		Schwerer Diebstahl	Sachbeschädigung	Schwerer Diebstahl	Rauschgiftdelikte

[1] Häufig: Benutzung öffentlicher Verkehrsmittel ohne Fahrkarte [2] Auch als Folge von Verkehrsunfällen

Polizeiliche Kriminalstatistik für das Jahr 2002

In vielen alltäglichen Situationen gibt es den Anreiz zu kriminellen Handlungen: Ich will mir ein Parfum kaufen, aber es ist mir zu teuer. Ich will mich an einem anderen rächen, von dem ich mich ungerecht behandelt fühle.

Ich will der Freundin oder der Clique imponieren. Das Abgleiten in die Kriminalität ist nie zwangsläufig. Und auch bei denen, die straffällig werden, gibt es Unterschiede. Man unterscheidet zwischen Einmaltätern, Konflikttätern, Gelegenheitstätern, Wiederholungstätern und Rückfalltätern. Etwa ein Drittel der Taten bei Jugendlichen und Heranwachsenden sind Ladendiebstähle. Etwa drei Viertel aller Täter sind männlich. Das ist auch bei Erwachsenen so.

Aufgaben:

1. Charakterisieren Sie die im Text genannten Tätertypen.
2. Nennen Sie Gründe für die unterschiedliche Rangfolge der häufigsten Straftaten in den verschiedenen Altersgruppen. Suchen Sie nach Beispielen für Sachbeschädigung und Körperverletzung.
3. Stellen Sie eine Rangordnung der Taten nach ihrer Schwere auf. Beziehen Sie auch Taten ein, die weniger häufig sind oder nicht im Strafgesetzbuch stehen, z. B. Steuerhinterziehung, Schwarzarbeit, illegale Beschäftigung von Ausländern, Freiheitsberaubung.

haben es heutzutage schwer, mit ihren Anliegen ernst genommen zu werden. Auch hier besteht für die Demokratie eine Gefahr: dass die Menschen nämlich nichts mehr von ihr erwarten und nur noch auf »die dort oben« schimpfen.

Armut und Perspektivlosigkeit können zu sozialen Konflikten führen und sind zudem Kriminalitätsrisiken. In den neuen Bundesländern gibt es wesentlich mehr Eigentumsdelikte als in den alten. Was für Regionen gilt, gilt auch für Stadtteile. Wo die Ärmeren leben, gibt es mehr Kriminalität – mit dem Ergebnis, dass alle wegziehen, die es sich leisten können.

Organisierte Kriminalität

Organisierte Kriminalität heißt Kriminalität als Geschäft in großem Stil: Drogenhandel, Waffenschmuggel, Menschenhandel, Prostitution und Schutzgelderpressung sind die Haupterwerbszweige. Allein in Europa wird der Umsatz auf 350 Mrd. Euro geschätzt – höher als der deutsche Bundeshaushalt.

Die zunehmende globale Verflechtung der Banden und ihre Versuche auf die Politik Einfluss zu nehmen, machen sie zu einer Gefahr für Politik und Gesellschaft. Ihre Verfolgung ist schwierig. In Deutschland wurde der Staat zu ihrer Bekämpfung mit neuen Rechten ausgestattet.

Aufgaben:

4. Welche Möglichkeiten hat der Staat, seine Bürger zur Einhaltung der Gesetze zu motivieren bzw. zu zwingen? Wo sind ihm Grenzen gesetzt?
5. Kann man sagen, dass der weit verbreitete Egoismus das Entstehen von organisierter Kriminalität begünstigt? Begründen Sie.

Gewalt zur »Lösung« privater Konflikte

Wer zuschlägt, zusticht oder schießt, ist davon überzeugt, dass er ohne Gewalt nicht zum Ziel kommt. Er hält nichts von rechtsstaatlichen Regelungen der Konflikte oder fühlt sich ihnen nicht gewachsen. In diese Gruppe gehören sowohl der Ehemann, der seine Frau schlägt, weil sie sich von ihm scheiden lassen will, als auch der Schüler, der nur mit dem Messer in die Schule geht, weil er sich vor seinen Mitschülern fürchtet. In vielen Schulen haben die Auseinandersetzungen zugenommen – mit Worten und mit tätlichen Angriffen.

Der Schläger geht, das Opfer bleibt

In Österreich und England gibt es das schon länger; in Deutschland seit 2002: Hausverbot für die Täter. Wer seinen Ehepartner schlägt, bedroht oder einschüchtert, kann vom Gericht aus der gemeinsamen Umgebung verbannt werden – nicht nur aus der Wohnung, sondern auch von Schule, Kindergarten und Arbeitsplatz der Familienmitglieder. Nicht mehr das Opfer muss anderswo Schutz suchen, sondern der Täter muss gehen. In Österreich wurden 1998 über 2 500 Hausverbote und Rückkehrverbote verhängt, meist gegen die Männer.

Die Gewalt zwischen Menschen, die sich persönlich kennen, taucht kaum einmal in einer Statistik auf. Erst wenn sich das Opfer nicht mehr zu helfen weiß und zur Polizei geht, wird die Tat aktenkundig und es können Maßnahmen ergriffen werden.

Gewalt, weil es Spaß macht

1998 wurde bei der Fußball-Weltmeisterschaft ein französischer Polizist von Hooligans so zusammengeschlagen, dass sein Überleben lange fraglich war. Große Empörung auch bei den Fans, großer Prozess gegen die Verdächtigen. Bei den Ermittlungen erfuhr die erstaunte Öffentlichkeit, dass es eine ganze Reihe von Leuten gibt, die zu Fußballspielen nur fahren, um dort die Sau rauszulassen.

Spaß an der Gewalt heißt: Sachbeschädigung und Körperverletzung sind nicht Mittel, sondern Zweck. Wer gerade Opfer wird, ist recht zufällig. Diese Art von Gewalt gibt es fast nur aus einer Gruppe, einer Gang heraus. Sie ist von Alter und Geschlecht abhängig; die meisten Täter sind junge Männer zwischen 18 und 24 Jahren.

Gewalt gegen Minderheiten

Ein Asylbewerberheim wird von 500 Leuten mit Steinen und Brandsätzen angegriffen, die dazu »Ausländer raus« und »Deutschland den Deutschen« rufen. Die Anwohner ergreifen Partei für die Angreifer. Polizei und Feuerwehr haben Mühe, die Bewohner des Hauses zu schützen. So geschehen in Rostock in Gegenwart eines Fernsehteams.

– Ein 20-Jähriger ruft im Internet zur Ermordung von zwei ihm missliebigen Bürgern auf, mit deren Namen und Adresse, liefert genaue Steckbriefe und verspricht eine Belohnung von 5000 €. Als er entdeckt wird, erhöht er die Belohnung.

Gewalt tritt hier auf als Selbstjustiz, wie eine kleine Privatpolizei, die Leuten »einen Denkzettel verpasst«, die hier angeblich nichts verloren haben. Es ist eine Gewalt ohne Unrechtsbewusstsein. Es ist eine Rache an Menschen, die nicht unbedingt gegen ein Gesetz verstoßen haben. Ihr Pech ist es, anders zu denken oder anders auszusehen.

Wer sich bedroht fühlt, kann nicht einfach zur Selbsthilfe greifen und Gesetzgeber, Polizei, Staatsanwalt und Richter in einer Person spielen. Die Entscheidung, wer was darf, und die Bestrafung der Täter ist eine Angelegenheit des Staates und nie eines Privatmannes. Die Bedrohung existiert zudem häufig nur in der eigenen Einbildung.

Bedroht fühlt sich ein solcher Täter z. B. in seiner Eigenschaft als Deutscher, weil Menschen ohne deutschen Pass in derselben S-Bahn sitzen dürfen, dieselbe Luft atmen und von demselben Staat Sozialhilfe beziehen.

Aufgaben:

1. Vergleichen Sie die verschiedenen Arten der Gewalt nach Motiven, Zielen und Mitteln. Wie können der Staat und der einzelne Bürger jeweils darauf reagieren?
2. Viele Gewalttaten werden unter Alkoholeinfluss begangen. Überlegen Sie, welcher Zusammenhang zwischen Alkohol und Gewalt besteht.
3. In einer Untersuchung heißt es, dass die Konkurrenz um Wohnraum, Arbeitsplatz und staatliche Leistungen zu Ausländerfeindlichkeit führe. Wird diese Aussage durch M 2 eher bestätigt oder eher widerlegt?

Wo gibt es die meisten rechtsextremem Gewalttaten?

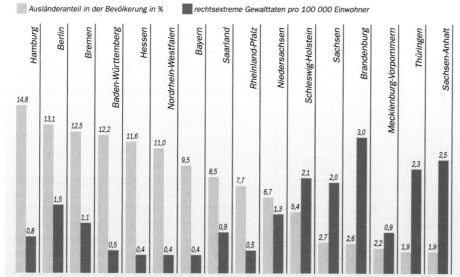

Ausländeranteil in der Bevölkerung in % | rechtsextreme Gewalttaten pro 100 000 Einwohner

	Ausländeranteil	rechtsextreme Gewalttaten
Hamburg	14,8	0,8
Berlin	13,1	1,5
Bremen	12,5	1,1
Baden-Württemberg	12,2	0,5
Hessen	11,6	0,4
Nordrhein-Westfalen	11,0	0,4
Bayern	9,5	0,4
Saarland	8,5	0,9
Rheinland-Pfalz	7,7	0,5
Niedersachsen	6,7	1,3
Schleswig-Holstein	5,4	2,1
Sachsen	2,7	2,0
Brandenburg	2,6	3,0
Mecklenburg-Vorpommern	2,2	0,9
Thüringen	1,9	2,3
Sachsen-Anhalt	1,9	2,5

Bundeskriminalamt und Statistisches Bundesamt (Zahlen gerundet), Stand 2002

Aufgaben:

4. Welcher Zusammenhang zwischen ausländerfeindlicher Gewalt und Anteil der ausländischen Bevölkerung ergibt sich aus der Grafik?
5. Welche negativen Folgen für die Betroffenen erwarten Sie? Denken Sie an Wohnen, Arbeitsplatz, Freizeit, Schule.

5.2.3 Politischer Extremismus – heute wieder eine Gefahr?

Gewalttätiger Extremismus

Politischer Extremismus ist in Deutschland häufig mit Gewalt verbunden. Typische Gewaltziele der Linken sind Transporte von radioaktivem Material, Anschläge auf staatliche Einrichtungen und Auseinandersetzungen mit der Polizei. Hochburg der linken Autonomen ist Berlin. Typische Gewaltziele der Rechten sind Ausländer (60 % der Taten). Außerdem gibt es gewalttätige Proteste ausländischer Organisationen, z. B. Aktionen kurdischer Oppositionsgruppen gegen türkische Einrichtungen in Deutschland.

Rechte und Linke, was wollen sie?

• *Rechte Gruppen:* Vorbild ist oft der Nationalsozialismus, speziell dessen Vorstellung vom besonderen Wert der Deutschen. Ausländer und Juden sehen sie als Parasiten.

Der Holocaust wird häufig geleugnet oder verharmlost. Demokratie gilt als schwache Staatsform, die durch den Grundsatz von Befehl und Gehorsam überwunden werden muss.

• *Linke Gruppen:* Kommunistische Vorbilder spielen seit dem Ende des Ostblocks keine große Rolle mehr. Autonome Gruppen wollen die Befreiung des Einzelnen und bekämpfen darum den Staat und privates Eigentum (Hausbesetzungen). Sie haben meist keine ausformulierten Programme.

Wie soll der Staat reagieren?

Mit Polizei, Verfassungsschutz und Verboten kann der politische Extremismus bekämpft werden. Im Unterschied zur Weimarer Republik gibt das Grundgesetz dem Staat ausdrücklich Freiheiten beim Verbot von Gruppen und Parteien, die sich gegen die Demokratie richten (Grundsatz der wehrhaften Demokratie). Wie weit aber darf der Staat bei der Einschränkung demokratischer Freiheiten gehen um sich selbst zu schützen? Welche Ansichten fallen noch unter die Meinungsfreiheit, wo beginnt die Volksverhetzung?

Sind polizeiliche Maßnahmen überhaupt in der Lage den Staat dauerhaft zu schützen? Kann ein demokratischer Staat bestehen, wenn größere Teile der Bevölkerung auf Distanz zu ihm gehen oder ihm sogar den Gehorsam verweigern? Wenn extreme Gruppen in der Bevölkerung Zulauf haben, muss

Politisch motivierte Kriminalität

Rechtsextreme:

10.795 Straftaten

davon:

7 versuchte Tötungen

637 Körperverletzungen

Linksextreme:

1.459 Straftaten

davon:

192 Körperverletzungen

Verfassungsschutzbericht 2003, S. 31, 116

Erklärungsversuche für den Rechtsextremismus im Osten

a) Was sind die Ursachen?

Es gibt unterschiedliche Ansichten über die Ursachen. Einige lauten so:

1. Folge der Erziehung zu falschen Idealen und zur Anpassung in der früheren DDR, daher fehlendes demokratisches Bewusstsein.
2. Protest gegen die eigene Benachteiligung und Perspektivlosigkeit, auf die durch ein Gefühl nationaler Überlegenheit und die Bestrafung von Minderheiten reagiert wird.
3. Entdecken der eigenen Macht; das Interesse der Massenmedien verstärkt diese Erfahrung.
4. Reaktion auf das Verbot nationalen Denkens in der DDR.
5. Weit verbreitete Anerkennung rechter Parolen in der Bevölkerung, geringes Risiko der Bestrafung.
6. Pubertärer Selbstwertkonflikt, der nach außen getragen wird.

Zusammenstellung des Autors

b) Hass, nur Hass

Eine demokratische, streitfähige Bürgergesellschaft gibt es in Ostdeutschland nicht. Noch nicht … Der Lehrer duldet die Hakenkreuze auf den Jacken seiner Schüler, weil er sich nicht streiten will. Die Sozialarbeiterin hört sich die »Türken-raus«-Gesänge im Jugendklub an, weil sie mit »ihren Jungs« keine Probleme haben will. Der Bürgermeister lässt antisemitische Schmierereien nicht entfernen, weil er sich »nicht zuständig« fühlt. Allen dreien ist gemeinsam, dass sie sich zumindest in einem Punkt mit den Jugendlichen identifizieren können: mit deren Wut auf Ausländer. Nicht der Rechtsextremismus ist in den neuen Bundesländern mehrheitsfähig, sondern die Ausländerfeindlichkeit. …

Nach: Die Zeit vom 10.09.1998

»Ich bin rechts. Das heißt: Nationalstolz, zum Land stehen und Feinde bekämpfen.«
Berti, 18 Jahre, Industriemechaniker

Aufgaben:

1. Vergleichen Sie die verschiedenen Ansichten. Überlegen Sie, welche Konsequenzen der Staat jeweils ziehen müsste.
2. Stimmen Sie der Ansicht des Textes 1b zu, es fehle in den neuen Bundesländern an der Fähigkeit zur politischen Auseinandersetzung? Vergleichen Sie mit M2a in Abschnitt 4.4.3.

sich der Staat fragen lassen, ob er nicht etwas falsch gemacht hat.

Mit Schwerpunkt in den neuen Bundesländern gibt es, besonders unter Jugendlichen, eine ausländerfeindliche nationalistische Stimmung in der Bevölkerung und eine Unzufriedenheit mit der Demokratie. Sie zeigt sich z. B. in den Wahlerfolgen rechter Parteien bei Landtagswahlen. Bedeutung und Gefährlichkeit dieser Stimmung werden unterschiedlich beurteilt, ebenso die Ursachen (M 1).

Aufgaben:

3. Woher kommt nach Ihrer Ansicht die wachsende Kritik am Staat? Ist diese Kritik berechtigt?
4. Was soll der Staat angesichts dieser Kritik unternehmen?

Martin Luther Kings Aufruf zur Gewaltlosigkeit

Die größte Schwäche der Gewalt liegt darin, dass sie gerade das erzeugt, was sie vernichten will. Statt das Böse zu verringern, vermehrt sie es. Durch Gewalt kann man den Lügner ermorden, aber man kann weder die Lüge ermorden noch die Wahrheit aufrichten. Durch Gewalt kann man den Hasser ermorden, aber man tötet den Hass nicht. Gewalt verstärkt nur den Hass … Hass kann den Hass nicht vertreiben, das kann nur Liebe.

Wohin führt unser Weg?
Düsseldorf 1968

Martin Luther King (*1929, ermordet 1968) war Pfarrer und Führer der Bürgerrechtsbewegung der Farbigen in den USA. Sie erreichte die Aufhebung der Rassentrennung. Friedensnobelpreis 1964.

Sich über Geschichte informieren – aus Geschichte lernen

Dieses Plakat wurde 1914 in Berlin verboten

Geschichte als Vorbild – Geschichte als Last?

Wenn wir über Gefährdungen der Demokratie heute reden, landen wir schnell bei der deutschen Geschichte. Wenn in Deutschland Steine gegen Ausländer fliegen, erschrecken die Nachbarn und ziehen Vergleiche mit den Verfolgungen zur Zeit des Nationalsozialismus. Da erleben wir unsere Geschichte als Last. Aus der Geschichte lernen heißt auch: alles Erdenkliche zu tun, dass sich die Unfreiheit des Nationalsozialismus nicht wiederholt.

Schwerer haben wir Deutschen es, wenn wir nach politischen Vorbildern oder nach Höhepunkten in unserer Geschichte suchen: Der Sieg der DDR-Bevölkerung über die SED-Diktatur? Das Wirtschaftswunder? Die Weimarer Verfassung, die Frauenwahlrecht und demokratische Rechte brachte? Die deutsche Einigung 1871? Die Nationalversammlung von 1848?

Ob wir aus der Geschichte lernen und was wir lernen, hängt auch davon ab, dass wir die Situation der Beteiligten kennen: Warum haben sie so gehandelt? Welche Alternativen, welchen Handlungsspielraum hatten sie? Einige Beispiele aus den Jahren der Weimarer Republik und des Nationalsozialismus wollen wir vorstellen.

Zeitreise 1932/33

Sehen Sie sich eine Rede Hitlers aus den Jahren 1932 oder 1933 an. Versetzen Sie sich in die Lage eines damaligen Zuhörers und schreiben Sie Ihre Eindrücke in Form eines Zeitungsberichts, eines Zeitungskommentars oder eines Tagebucheintrags nieder.

Vergleichen Sie in Gruppen dann die Ergebnisse: Welche Eindrücke stehen im Vordergrund? Wodurch hat Hitler auf Sie gewirkt: Durch seine Ziele? Durch seine Beschreibung der politischen Lage? Durch seine Fähigkeiten als Redner? Durch die Stimmung in der Zuhörerschaft? Oder durch etwas anderes?

Plakat von 1932

Referate zur deutschen Geschichte

◎ Verarmung:
Als das Ersparte nichts mehr wert war. Wie erlebten die Menschen die Inflationszeit 1923?

◎ Arbeitslosigkeit:
Wenn Menschen keine Arbeit mehr finden. Wie nutzte die NSDAP die Hoffnungslosigkeit der Menschen aus?

◎ Gewalt:
Wenn Stiefel Angst verbreiten. Welche Rolle spielte die SA am Ende der Weimarer Republik?

◎ Schutzlosigkeit:
Als die ersten Kritiker verhaftet wurden. Welche Folgen hatte der Reichstagsbrand vom 27. Februar 1933?

◎ Entmachtung:
Als der Reichstag für seine eigene Bedeutungslosigkeit stimmte. Was geschah am 23. März 1933?

◎ Verfolgung:
Als Fensterscheiben klirrten und Synagogen brannten. Wie verhielten sich Täter, Opfer und Zuschauer in der Reichspogromnacht des 9. November 1938?

◎ Zivilcourage:
Wie einzelne Menschen den Gehorsam verweigerten. Wie erging es den Gegnern des Nationalsozialismus?

Arbeitsschritte für ein Referat

1. **Informationen beschaffen**

2. **Informationen analysieren:**
- ◎ Gezieltes Lesen: Was ist mein Ziel? Welche Fragen soll der Text beantworten?
- ◎ Beurteilung des Gelesenen: Auswahl, Schwerpunktsetzung

3. **Informationen aufbereiten:**
- ◎ Vorüberlegungen:
  - Art der Darstellung (schriftlich/mündlich)
  - Umfang/zeitlicher Rahmen

- – Zielgruppe: Schulklasse? Vorgesetzte? Kunden?
- – Absicht: Andere überzeugen? Andere informieren?
- ◎ Gliederung
- ◎ Präsentation:
  - Text anschaulich machen durch Grafiken, Schaubilder, Karikaturen usw., Farben verwenden
  - Beim mündlichen Vortrag: Wie kann ich die Zuhörer einbeziehen?

5.3 Unsere Demokratie auf dem Weg in die Zukunft

5.3.1 Pluralismus – wie regeln wir Konflikte zwischen verschiedenen Interessen?

Kompromisse zu schließen. Wenn man dazu nicht bereit ist, können sich harmlose Diskussionen in Machtfragen verwandeln und am Ende sind alle unzufrieden.

Demokratische Spielregeln

Verschiedene Standpunkte gibt es auch in politischen Fragen. Gesellschaftliche Gruppen und Verbände konkurrieren um Einfluss, um wirtschaftliche und politische Macht. Wer setzt sich dabei durch und warum? Hier ist es besonders wichtig, dass verbindliche Regeln gelten, an die sich alle Beteiligten halten.

Demokratische Staaten kennen hier das Prinzip des *Pluralismus*. Das heißt, die verschiedenen Gruppen in der Gesellschaft, z. B. Arbeitgeber, Gewerkschaften, Bürgerinitiativen, müssen bei der Verfolgung ihrer Ziele alle dieselben Spielregeln einhalten. Der Ausgleich zwischen ihren Zielen ist durch die Verfassung und durch Gesetze geregelt. Dabei gilt:

*   ***Interessenkonflikte müssen friedlich ausgetragen werden.*** Welche Mittel erlaubt sind, regelt der Staat (z. B. sind den Gewerkschaften Streiks erlaubt, aber nur zur Durchsetzung neuer Löhne und Arbeitsbedingungen).
*   ***Die Mehrheit entscheidet*** (z. B. in Abstimmungen), aber sie muss die Interessen der unterlegenen Gruppen berücksichtigen: Minderheitenschutz und Interessenausgleich. Die Regeln des Pluralismus führen

Verschiedene Standpunkte – ganz alltäglich

Dass ich mit anderen nicht einer Meinung bin, ist ganz normal: Wer spült ab? Wohin fahren wir in den Urlaub? Brauchen wir DSL? Interessanter ist die Frage, wer sich durchsetzt und warum. Manchmal ergibt sich die Lösung einfach aus äußeren Umständen oder anderen Notwendigkeiten. Oder es gibt – am Arbeitsplatz – einen Vorgesetzten, der das entscheidet. Oft jedoch geht es, gerade im Privatleben, darum verschiedene Interessen unter einen Hut zu bringen und

Vereinbarung

1. Wir haben das Recht Ansprüche gegenüber dem Staat geltend zu machen.

2. Wir verzichten bei der Verfolgung unserer Ziele auf Gewalt und politische Erpressung.

3. Wir erkennen an, dass andere Gruppen auch Forderungen stellen dürfen.

4. Wir nützen unsere Macht nicht auf Kosten der Minderheiten aus.

5. Wir bleiben sachlich bei der Kritik anderer Standpunkte und Interessen.

6. Wir sind offen für Alternativen und Kompromisse.

7. Wir sind bereit Verantwortung zu übernehmen.

8. Wir ordnen uns Mehrheitsentscheidungen unter.

> Demokratie und Streit gehören zusammen. Eine Demokratie, in der nicht gestritten wird, ist keine.
>
> Helmut Schmidt, Bundeskanzler 1974 - 1983

dazu, dass alle für ihre Ziele Verbündete suchen. Sie schließen sich zu Verbänden zusammen, suchen die Unterstützung der Öffentlichkeit, nehmen Einfluss auf Parteien usw.

Der Staat – kein Schiedsrichter

Einerseits wacht der Staat darüber, dass die oben dargestellten Regeln eingehalten werden. Andererseits ist er in seinem Handeln nicht unabhängig von Interessengruppen. Die Regierung braucht die Unterstützung wichtiger Verbände; die Parteien bemühen sich vor Wahlen um ihre Unterstützung. Darum sucht der Staat im eigenen Interesse den Ausgleich zwischen den verschiedenen Standpunkten. Er will die gesellschaftlichen Gruppen zur Zusammenarbeit unter seiner Leitung bringen. Am Ende eines fairen Kampfes soll ein tragfähiger Kompromiss stehen, nicht Sieg oder Niederlage einer Seite.

Die Tagespolitik zeigt, dass es immer wieder Fälle gibt, in denen sich gesellschaftliche Gruppen nicht an diese Regeln halten, den Staat erpressen wollen oder ihre guten Beziehungen ausnützen. Und es gibt umgekehrt Bevölkerungsgruppen, deren Interessen in der Öffentlichkeit nicht beachtet werden. Presse und Fernsehen haben hier eine wichtige Aufgabe: Sie kontrollieren, ob der Staat einzelnen Gruppen zu weit entgegenkommt und bringen diese Fälle an die Öffentlichkeit. Und sie können ein Sprachrohr der zu kurz Gekommenen sein.

Resultat: umgekehrte Demokratie

In der Wirklichkeit kommen machtvoll organisierte Einzelinteressen regelmäßig eher zum Zug, z. B. die von Bauern, Banken, Versicherungen, Pharmaindustrie oder anderen Einkommensgruppen. Dagegen werden die oft viel wichtigeren allgemeinen Interessen (z. B. die von Konsumenten, Steuerzahlern, Sparern und Wählern) unter dem Druck der Verbände … vernachlässigt.

Wie wichtig es wäre, Politiker vor dem ausufernden Einfluss der Verbände zu schützen, zeigen die Milliardensummen von Subventionen: Gut organisierte Interessen haben sie durchgesetzt und verteidigen sie ganzherzig gegen alle halbherzigen Abbauversuche.

Hans Herbert von Arnim nach Sonntag aktuell vom 06.06.1999

Bauerndemonstration gegen Kürzungen von Subventionen der EU.

Aufgaben:

1. Pluralismus gilt nicht nur in der hohen Politik, sondern auch vor Ort: Wie kann Pluralismus am Wohnort aussehen?
2. Nehmen Sie Stellung: Sollte sich der Staat aus dem Streit der Interessengruppen heraushalten?
3. Sollten die Grundsätze des Pluralismus auch außerhalb der Politik gelten? Begründen Sie.

Aufgaben:

4. Was wird im Text wohl unter »umgekehrter Demokratie« verstanden?
5. Als Gegenmaßnahmen werden u. a. vorgeschlagen:
* Einrichtung neutraler Entscheidungs-, Beratungs- und Kontrollgremien nach dem Vorbild der Europäischen Zentralbank.
* Direktwahl der Politiker und Einführung von Volksabstimmungen zu politischen Sachfragen. Nehmen Sie zu den Vorschlägen Stellung.

Beschäftigten vor Willkürmaßnahmen und vermeidbaren Nachteilen zu schützen:

- **Mitbestimmung in sozialen Angelegenheiten** (z. B. Arbeitszeit, Urlaubsplanung, Sozialplan bei Entlassungen): Der Betriebsrat ist gleichberechtigter Partner und darf eigene Vorschläge machen. Kommt keine Einigung zustande, entscheidet eine Einigungsstelle.
- **Eingeschränkte Mitbestimmung in personellen Angelegenheiten** (z. B. Einstellungen, Versetzungen, Entlassungen): Der Betriebsrat darf nur aus schwerwiegenden Gründen seine Zustimmung verweigern.
- **Mitwirkung in wirtschaftlichen Angelegenheiten** (Stilllegung, Rationalisierung, Produktion, Absatz): Der Betriebsrat kann eine unternehmerische Maßnahme nicht verhindern, muss aber angehört oder informiert werden.

Bereiche demokratischer Mitwirkung

In der Politik sind die Regeln der Demokratie eine Selbstverständlichkeit. Entscheidungen werden daran gemessen, ob sie demokratisch zustande gekommen sind. Aber auch in anderen Lebensbereichen macht der Staat die Mitwirkung der Betroffenen möglich oder schreibt sie sogar vor: Schulklassen wählen eine Klassensprecherin oder einen Klassensprecher, Eltern wählen Elternvertreter. Die Arbeitnehmerinnen und Arbeitnehmer im Betrieb wählen einen Betriebsrat, die Auszubildenden eine Jugendvertretung. In jedem Verein gibt es Vorstandswahlen.

Mitbestimmung im Betrieb

An den Entscheidungen im Betrieb sind die Arbeitnehmer durch den Betriebsrat beteiligt. Für Beschäftigte unter 25 Jahren und Auszubildende gibt es zusätzlich eine Jugendvertretung.

Der *Betriebsrat* ist die wichtigste Interessenvertretung der Beschäftigten. Es gibt in Deutschland 200 000 Betriebsräte. Ihre Mitbestimmungs- und Mitwirkungsrechte sind im Wesentlichen Kontrollrechte bei unternehmerischen Entscheidungen um die

Für die Beschäftigten ist der Betriebsrat direkter Ansprechpartner bei Konflikten mit der Firmenleitung. Er gibt ihnen Auskunft über ihre Rechte und kann ihre Anliegen in der Chefetage vorbringen (vgl. die Übersicht in M 1). Die Arbeit des Betriebsrats findet in der Arbeitszeit statt; der Arbeitgeber muss die Kosten tragen.

Diese gesetzlichen Regelungen sollen die Arbeitnehmerseite im Betrieb stärken. Ziel ist eine partnerschaftliche Zusammenarbeit zwischen Betriebsrat und Geschäftsführung und ein Ausgleich der Interessen. Darum ist der Betriebsrat zur vertrauensvollen Zusammenarbeit mit der Firmenleitung und zur Verschwiegenheit verpflichtet. Er darf nicht zu Streiks aufrufen oder für bestimmte Parteien oder die Gewerkschaft im Betrieb tätig werden. Die meisten Betriebsräte sind aber gewerkschaftlich organisiert.

Wie weit die Rechte des Betriebsrats gehen sollen, ist umstritten. Manchen Arbeitgebern gehen sie zu weit, manchen Beschäftigten nicht weit genug. In kleinen Betrieben gibt es häufig keinen Betriebsrat. Der Kontakt zwischen Firmenleitung und Beschäftigten ist hier direkter. In Großbetrieben ist der Betriebsrat an wirtschaftlichen Entschei-

Wann kann ein Betriebsrat gewählt werden?
Mindestens 5 Beschäftigte über 18 Jahre (ohne Rücksicht auf die Staatsangehörigkeit); 3 wählbare Beschäftigte (seit 6 Monaten ständig in diesem Betrieb beschäftigt). – Die Größe des Betriebsrats ist abhängig von der Zahl der Beschäftigten.

Was der Betriebsrat mit der Firmenleitung bespricht

Wichtige Themen der Firmenleitung

1. Genehmigung von Änderungen der Arbeitszeit (Mehrarbeit, flexible Arbeitszeit, Urlaubsregelungen)
2. Information über Einstellungen und Entlassungen
3. Gespräche über Arbeitsplatzgestaltung und Betriebsordnung
4. Information über wirtschaftliche Fragen
5. Eingruppierung beim Lohn, Versetzungen
6. Pflichtverstöße und Fehlverhalten von Beschäftigten

Wichtige Themen des Betriebsrats

1. Arbeitszeitwünsche der Mitarbeiter
2. Sicherheit am Arbeitsplatz
3. Verbesserung der Arbeitsbedingungen
4. Längerfristige Personalplanung (Einstellungen, Versetzungen, Entlassungen)
5. Sozialleistungen des Betriebs
6. Information über Lohnhöhe und Einsicht in die Gehaltslisten

Nach Wirtschaft und Unterricht 1/1998

---

dungen stark beteiligt. Oft werden Betriebsvereinbarungen geschlossen, die die Tarifverträge ergänzen. Diese Betriebe haben erkannt, dass die Zusammenarbeit zwischen Arbeitgebern und Arbeitnehmern den Betrieb voranbringen kann. Konflikte sind aber auch hier unvermeidlich, besonders wenn es um Entlassungen oder innerbetriebliche Versetzungen geht.

Die Veränderungen in der Arbeitswelt machen vor der betrieblichen Mitbestimmung nicht Halt. 1981 war die Hälfte aller Arbeitnehmer durch einen Betriebsrat vertreten, 1999 nur noch ein gutes Drittel. Eine Ursache ist der Rückgang der Beschäftigten im Produktionssektor, wo es die meisten Betriebsräte gibt. Im Dienstleistungs- und Informationssektor spielen Betriebsräte und Gewerkschaften eine geringere Rolle, die Betriebe sind meist kleiner. Eine zweite Ursache ist der Mitgliederschwund der Gewerkschaften überhaupt.

Weiter gehende Beteiligung der Mitarbeiter

Einige Firmen räumen den Beschäftigten mehr Rechte ein als vorgeschrieben. Ein Modell ist, die Arbeitnehmer zu Miteigentümern zu machen, die am Gewinn des Betriebs beteiligt und darum an seinem Erfolg interessiert sind. Als Miteigentümer können die Beschäftigten über die Zukunft des Unternehmens mitentscheiden und die Geschäftsführung kontrollieren. Wenn möglichst viele Arbeitnehmerinnen und Arbeitnehmer Eigentümer sind, gibt es nach dieser Vorstellung weniger Konflikte im Betrieb.

Politik kontrovers

Der Betriebsrat ist wichtig zur Kontrolle der Firmenleitung und zum Schutz der Beschäftigten vor Schikanen und ungerechter Behandlung. Demokratie darf nicht vor dem Werktor enden.

Mitbestimmung im Betrieb höhlt die unternehmerische Freiheit aus. Sie macht schnelle Entscheidungen unmöglich und gefährdet das Unternehmen. Damit schaden die Arbeitnehmerinnen und Arbeitnehmer letztlich sich selbst.

Aufgaben:

1. *Stellen Sie fest, ob es in Ihrem Betrieb einen Betriebsrat und eine Jugendvertretung gibt. Erkundigen Sie sich über deren Tätigkeiten. Vergleichen Sie mit M 1.*
2. *Der Betriebsrat hat mehr Rechte als ein einzelner Arbeitnehmer. Halten Sie das für richtig? Begründen Sie.*
3. *In welchen Fällen ist ein Betriebsrat für die Beschäftigten wichtig? Bei welchen Problemen würden Sie sich an den Betriebsrat wenden?*
4. *Welche Folgen ergeben sich daraus, dass immer weniger Arbeitnehmerinnen und Arbeitnehmer durch Betriebsräte vertreten sind?*
5. *Mehr Lohn oder Miteigentum am Betrieb – was ist Ihrer Ansicht nach besser?*

Art. 14 (2) Grundgesetz

Eigentum verpflichtet. Sein Gebrauch soll zugleich dem Wohle der Allgemeinheit dienen.

5.3.3 Bessere Politik durch mehr Beteiligung der Bürger?

»Tut mir Leid, Herr Direktor, aber wir haben abgestimmt.«

1989 war es gerade der Ungehorsam der Deutschen in der DDR, der die SED-Regierung stürzte und die Wiedervereinigung brachte. Ist das nicht ein Zeichen dafür, dass das Volk heute mehr politische Rechte bekommen darf? Wäre es nicht an der Zeit, unsere Verfassung dem Wandel in Gesellschaft und Staat anzugleichen? – Zwei Vorschläge sollen hier vorgestellt werden.

Volksbegehren und Volksentscheid

• **Das Problem:** Die bisherigen Erfolge von Bürgergruppen waren bloße Verhinderungserfolge – oft unter Einschaltung der Gerichte. Sie haben z. B. die Volkszählung verhindert, eine Geschwindigkeitsbegrenzung, den weiteren Ausbau der Kernenergie. Es kommt aber vor allem darauf an, die Zukunft zu gestalten, nicht einzelne Maßnahmen zu verhindern.

Die Verfasser des Grundgesetzes wollten 1949 dem Volk nicht zu viel Macht geben. Sie (und die Siegermächte des Zweiten Weltkriegs) waren misstrauisch gegenüber einer Bevölkerung, die Hitler gewählt hatte und bis zuletzt gehorsam gewesen war.

Aktivierung des Volks gegen ein Zuviel an Staat

Nur ein wirksames Gegenmittel gegen ein Zuviel an Staat ist in Sicht: die Aktivierung des Volks selbst. Das ganze politische System muss für den Common Sense (gesunder Menschenverstand) der Bürger durchlässiger gemacht werden: zum Beispiel ... durch Einführen von Volksbegehren und Volksentscheid auch auf Bundes- und Europa-Ebene.

Nach Hans Herbert von Arnim in: Die Woche vom 11.06.1999

In der Schweiz werden wichtige Entscheidungen durch Volksabstimmungen getroffen.

Der überschätzte Volksentscheid

Ein Volk, das dauernd an der Urne regiert, überfordert den Staat. Der Urnengang macht Privatleute ja nicht schon zu klugen Hütern des Gemeinwohls. Eher motiviert er sie, private Anliegen (von Alternativmedizin bis zur Vollzeitpflege im Alter) an den Staat zu adressieren, von dem sie die Korrektur all dessen erwarten, was schief läuft ...

Ein Volk, das stets das letzte Wort führt, überfordert sich selbst ... Der Volksentscheid lähmt Parlament und Regierung. Je stärker die Volksrechte, desto schwächer die repräsentativen Kräfte. Parlamente werden als notwendiges Übel hingenommen, denen man es jederzeit zeigen kann.

Der Schweizer Ludwig Hasler in: Die Woche vom 15.01.1999

Aufgaben:

1. Vergleichen Sie: Wie sehen die beiden Autoren das Volk, wie sehen sie den Staat?

- **Der Vorschlag:** Es soll die Möglichkeit der Gesetzesinitiative aus dem Volk heraus geschaffen werden (*Volksbegehren*). Wenn ein bestimmter Prozentsatz der Stimmberechtigten ein Volksbegehren unterstützt, wird es dem Volk zur Abstimmung vorgelegt (*Volksentscheid*). Gruppen, deren Ideen im Parlament keine Mehrheit finden, oder Oppositionsparteien können ihren Zielen dadurch Nachdruck verleihen.

Stadtteil-Management

- **Das Problem:** Die Verwaltung entscheidet zwar nach Recht und Gesetz und unabhängig von politischen Mehrheiten in der Gemeinde. Oft wird sie jedoch zum Bremsklotz für Veränderungen.
- **Der Vorschlag:** Stadtteil-Manager sollen zwischen Bürgern, Wirtschaft, Verwaltung und politischen Gremien (z. B. dem Gemeinderat) vermitteln. Sie sollen mit allen Beteiligten Perspektiven für das Stadtviertel entwickeln und die Vergabe von Geldern koordinieren.

Grundgesetz, Art. 3
(1) Alle Menschen sind vor dem Gesetz gleich.
(3) Niemand darf wegen seines Geschlechtes, seiner Abstammung, seiner Rasse, seiner Sprache, seiner Heimat und Herkunft, seines Glaubens, seiner religiösen oder politischen Anschauungen benachteiligt oder bevorzugt werden. ...

Aufgaben:

2. Politische Rechte bieten Chancen; sie können auch missbraucht werden. Welche Chancen und welche Möglichkeiten des Missbrauchs sehen Sie, wenn die Bevölkerung mehr Rechte im Staat hat?
3. Überlegen Sie, welche Randgruppen der Gesellschaft kaum an politischen Entscheidungen beteiligt sind. Welche Gründe könnte das jeweils haben?
4. Wie könnte eine politische Beteiligung dieser Gruppen aussehen? Welche Vorteile könnte sie bringen? Welche Risiken sind damit verbunden?

Probleme des Stadtteils durch Management lösen

Der Stadtteil-Manager kann mit einer gewissen Autorität auftreten, weil er auch die Auffassung der Bürger vertritt. Er muss in der Lage sein, sowohl bei den Bewohnern eines Stadtviertels als auch bei den Behörden Initiativen herauszulocken. Die Beteiligung der Bürger soll aktiviert werden. Demokratie besteht gerade darin, dass Leute untereinander klären, was ihre gemeinsame Handlung werden soll. Auf der anderen Seite geht es darum, dass die Behörden wirkungsvoller zusammenarbeiten. Bisher ist es so, dass jede Behörde ihre eigenen Fachprogramme hat. Die haben jeweils ihre eigene Logik, passen aber oft nicht zusammen. Manchmal haben sie auch mit den Bedürfnissen des Stadtviertels nichts zu tun.

Nach einem Interview mit Wilfried Maier, Hamburger Stadtentwicklungs-Senator (Süddeutsche Zeitung vom 25.01.1999)

Beteiligung als Problemlöser?

Demokratie, wie immer man sie definiert, ist sowohl Problemlöser als auch Problemerzeuger. Theoretisch leuchtet ein, dass es sinnvoller ist, möglichst viele frühzeitig zu beteiligen statt später auf Widerstände zu stoßen; praktisch bleibt unsicher, ob das tatsächlich zu einvernehmlichen Lösungen führt oder doch zu Protesten und langwierigen Gerichtsverfahren ... Längst gibt es den Naturschutzbeauftragten, den Behindertenbeauftragten, den Ausländerbeauftragten, die Gleichstellungsbeauftragte, den Drogenbeauftragten, den Datenschutzbeauftragten, den Zivildienstbeauftragten und viele andere mehr. ... Das »Unwesen« der vielen Beauftragten weckt Hoffnungen [bei den Bürgern], die sich selten einlösen lassen.

Göttrick Wewer: Vom Bürger zum Kunden? in: Ansgar Klein / Rainer Schmalz-Bruns (Hg.): Politische Beteiligung und Bürgerengagement in Deutschland, Bonn 1997, S. 465

Das Hamburger Schanzenviertel leidet vor allem unter der Drogenszene. Stadtteil-Management soll solche Probleme lösen.

Die Deutschen im 21. Jahrhundert

Was bleibt deutsch, wenn Deutschland Teil der Europäischen Union ist, wenn die DM als Währung ausgedient hat, wenn deutsche Unternehmen weltweit produzieren und fusionieren, wenn japanische Firmen auf Englisch um deutsche Kunden werben, wenn in Deutschland mehr Pizza gegessen wird als Sauerkraut, wenn Nigerianer für die deutsche Nationalelf Tore schießen?

Oder umgekehrt: Was ist schlimm daran, wenn es so ist? In der Schweiz leben Menschen mit unterschiedlicher Sprache und Lebensart seit Jahrhunderten in einem Staat friedlich zusammen. Auch wenn sie sich nicht in allem einig sind, ist ihr Gemeinschaftsgefühl offenbar stärker als alles Trennende.

Wie sehen wir das Deutschland der Zukunft?

Welche Bilder, welche Situationen, welche Probleme gehören dazu?
Gestalten Sie in der Klasse einen Kalender, mit dem sich Deutschland der Welt präsentiert. Gestalten Sie für jeden Monat eine Situation aus Politik, Wirtschaft oder dem Alltag durch Fotos, Karikaturen, kurze Dialoge, Grafiken usw. Bilden Sie 12 Gruppen und ordnen Sie jeder Gruppe einen Monat zu.
Benutzen Sie die Collage der folgenden Bilder als Anregung für Ihren Kalender.

Deutsche Börse 17.02.2004 16:24:00

Vortag	Erster	Höchst	Tiefst	Letzter	Veränderung
4070.46	4073.77	4099.80	4070.65	4079.43	+8.97
		15:08:00	09:00:30		

WEISSGLAS
Einw...

AUSLÄNDER RAUS

KFOR

STOP den AUTOWAHN

RADE
Mansueto
HATZIDIS
SCHUH-BOSS

Kodak
Kodak
Photo
Gland

Teil 5.1 Erwartungen an die Politik

Sinkendes politisches Interesse der Jugend – warum?
- Zweifel an den Erfolgsaussichten, politische Resignation
- Misstrauen gegenüber Politikern und Parteien
- Verweigerung
- Wachsende Bedeutung des Privatlebens.

Teil 5.2 Gefährdungen der Demokratie

Werteverfall
- Fehlendes Unrechtsbewusstsein (z. B. bei Ladendiebstahl, Steuervergehen, Versicherungsbetrug, Drogenkonsum)
- Hoher Anteil von jugendlichen Tätern bei bestimmten Straftaten: Ladendiebstahl, Körperverletzung, politische Gewalt.

Ellbogengesellschaft
- Verlust an Solidarität mit den Schwächeren
- Soziales Ungleichgewicht.

Organisierte Kriminalität

Gewaltkriminalität
- Im privaten Bereich
- Gewalt als Vergnügen (z. B. Hooligans).

Politischer Extremismus
Kampf gegen die Demokratie aus politischen Motiven
- Rechtsextremismus: ausländerfeindliche Taten, Vorbild Nationalsozialismus
- Linksextremismus: Kampf gegen die Staatsgewalt.

Mögliche Ursachen politischer Gewalt
- Nationalismus, Perspektivlosigkeit, Unzufriedenheit mit der Demokratie, Nachwirkungen des DDR-Systems.

Gegenmaßnahmen
- Polizeiliche Maßnahmen, Verbote (wehrhafte Demokratie)
- Politische Überzeugungsarbeit.

Lehren aus der Geschichte
- Ende der Weimarer Republik; Aufstieg des Nationalsozialismus
- Gleichschaltung und Unterdrückung anders Denkender.

Teil 5.3 Perspektiven der Demokratie

Grundsätze des Pluralismus
- Friedliche Regelung von Konflikten
- Mehrheitsprinzip
- Minderheitenschutz
- Bereitschaft zu Kompromissen
- Bereitschaft zur Übernahme politischer Verantwortung.

Bereiche demokratischer Mitwirkung
- Politik (vgl. Kap. 3)
- Verbände
- Schule
- Betrieb:
  - Mitbestimmung in sozialen Angelegenheiten (Betriebsrat, Jugendvertretung)
  - Finanzielle Beteiligung von Mitarbeitern.

Weiterentwicklung der Demokratie
Wie weit soll die politische Mitwirkung des Volkes gehen?
- Volksbegehren, Volksentscheid
- Stadtteil-Management

Deutsche Identität in einer multikulturellen Welt:
- Politische, wirtschaftliche, gesellschaftliche, kulturelle Elemente deutscher Identität
- Deutsche Identität nicht als Ausgrenzung von Minderheiten.

6 Leben und arbeiten in Europa

...eisach nach dem ...eiten Weltkrieg

**Wozu Europa?
Wie funktioniert
Europa?**

...nzanlage in ...isach

*Die Grenze heute –
eine Tankstelle*

**Europa gestalten –
aber wie?**

**Zukunft: Europa im
21. Jahrhundert**

Wozu brauchen wir ein vereintes Europa?

Boulevardcafé in Paris

Internationale Angebote auf dem Markt

Galeria in Mailand

Europäisch sein – mit dem Gaumen

Seit Jahren gibt es ein buntes Angebot: Wenn »einheimi-sche Lokale« dicht machen, schlägt die Stunde der »Aus-länder«. Den »Gutbürgerlichen« folgen die Italiener und Griechen, die Spanier, die Jugoslawen und die Türken. Pizza ist fast schon ein »Nationalessen« in Deutschland geworden. Außerdem gibt es Paella und Zarzuela beim Spanier, Gyros beim Griechen oder ein Döner aus dem Imbiss nebenan …

Und »französische Küche« gibt's nicht nur original beim Franzosen; auch die deutschen Köche sind mehr und mehr europäisch und interna-tional geworden. Nicht zu vergessen sind die Feinheiten Skandinavi-ens, das Smørrebrod, der Dans-ke Fiskeboller oder Kalakukko, die Fischpastete aus Finnland.

Grachten in Amsterdam

Sich treffen und kennenlernen – der Jugendaustausch in der Europäischen Union

Jährlich reisen Millionen Jugendliche in ein anderes Land der Europäischen Union – in die Ferien, zum Sport, aber auch um das Land kennenzulernen, seine Sprache und die Menschen. Nicht wenige von ihnen nehmen während ihrer Ausbildung an organisierten Austauschprogrammen der Europäischen Union teil. Die Übersicht zeigt eine Auswahl aus dem Angebot für Jugendliche:

Jugend für Europa

- *Zielgruppe:* junge Arbeitnehmer zwischen 15 und 25 Jahren
- *Dauer:* 1-3 Wochen
- *Zweck:* Arbeit an gemeinsamen Projekten in Jugendinitiativgruppen; sich kennenlernen; internationale Verständigung

Leonardo

- *Zielgruppe:* junge Arbeitnehmer und Studierende technischer Fachrichtungen in der Berufsausbildung, auch grenzüberschreitende Ausbildungspartnerschaften
- *Dauer:* in der Regel einige Monate
- *Zweck:* Förderung der beruflichen Bildung im europäischen Austausch; Ausbildungs- und Arbeitsbedingungen der anderen kennenlernen

Socrates

- *Zielgruppe:* Schüler und Studierende an Hochschulen
- *Dauer:* zwischen 3 bis 12 Monaten
- *Zweck:* Studium, einschließlich Praktika und Sprachkurse an einer Hochschule eines EU-Landes

Comenius

- *Zielgruppe:* Schulen, die eine Partnerschaft aufbauen wollen
- *Zweck:* Förderung gemeinsamer Unterrichtsprojekte, Sprachkurse, Kulturaustausch zwischen Schulen

---

Informationen – Anschriften – Jugendaustausch-Programme

Europäische Berufsberatungszentren – gibt es für jedes EU-Land, jeweils bei einem federführenden deutschen Arbeitsagentur. Zum Beispiel für Frankreich: Arbeitsagentur Rastatt.

Vertretung der Kommission der Europäischen Union, Kurfürstendamm 102 10711 Berlin; Tel.: 0 30 / 8 96 09 30

Europa im Internet europa.eu.int • mit Links zu besonderen Diensten, z.B. für europäische Bürgerfragen: europa.eu.int/citizens

Tipp:
Bei der eigenen Arbeitsagentur genaue Anschrift erfragen

---

1. Europa kommt zu uns über den Gaumen. Das ist längst selbstverständlicher Alltag geworden. Damit ist Europa jedoch nicht automatisch in den Köpfen. Was ist da Ihrer Meinung nach noch zu tun? Sammeln Sie dazu Ideen und schreiben Sie Ihre Vorschläge auf Karten. Diese können Sie in zwei Gruppen zu einem Poster ordnen:
   - Was Bürgerinnen und Bürger in Richtung Europa tun können.
   - Was deutsche und europäische Politik tun sollte.

   Die Tipps und Vorschläge sollten Sie aufbewahren. Sie können sie im Laufe der Einheit nochmals prüfen und eventuell verändern.

2. Eine Übung, um die eigene Umgebung zu untersuchen und in einem »Nationalitätenstern« zu dokumentieren:
   In jeder Gemeinde- und Kreisverwaltung können Sie einen Computerausdruck bekommen, in dem die Gesamtheit der Einwohner – ohne Namensangaben – nach Herkunftsländern geordnet ist. Besorgen Sie sich eine solche Übersicht.
   a) Wie hoch ist der Anteil der ausländischen Einwohner? Welche Nationalitäten sind vertreten? Welche davon kommen aus EU-Ländern, welche aus den übrigen europäischen Ländern und welche aus außereuropäischen Ländern?
   b) Dokumentieren Sie Ihre Ergebnisse: Markieren Sie auf einer Europa- oder Weltkarte diese Länder und verbinden Sie diese Punkte mit Ihrer Gemeinde/Ihrem Landkreis. Zur Unterscheidung sollten Sie verschiedene Farben (Stecknadeln, Fähnchen mit Nationalflaggen etc.) verwenden.

3. Eine Alternative, falls Nr. 2 zu viele Umstände macht: Sie können eine solche Erhebung für Ihre Schule oder eventuell auch nur für Ihre Klasse machen.

6.1 Wozu brauchen wir ein vereintes Europa? – Absichten und Ziele der europäischen Einigung

Abkürzungen

EGKS: Europäische Gemeinschaft für Kohle und Stahl, auch Montanunion

EURATOM: Europäische Atomgemeinschaft

EWG: Europäische Wirtschaftsgemeinschaft

EG: Europäische Gemeinschaft

EU: Europäische Union

Zollunion

Zusammenschluss mehrerer Staaten zur Errichtung eines gemeinsamen Marktes mit einheitlichem Außenzoll, Abbau von Handelshindernissen zwischen den Mitgliedsstaaten.

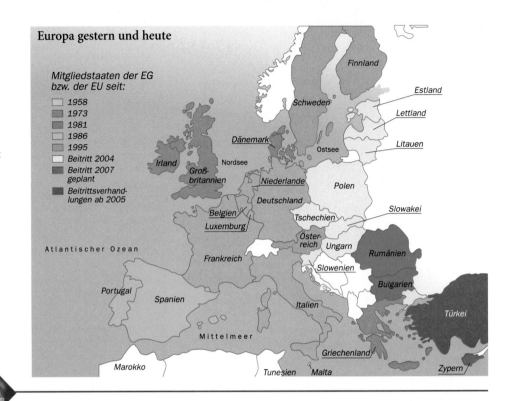

Europa gestern und heute

Mitgliedstaaten der EG bzw. der EU seit:
- 1958
- 1973
- 1981
- 1986
- 1995
- Beitritt 2004
- Beitritt 2007 geplant
- Beitrittsverhandlungen ab 2005

1

Ein Blick zurück: Warum ein vereintes Europa?

Für eine Zusammenarbeit sprechen nach 1945, dem Ende des Zweiten Weltkrieges (1939–1945) vor allem zwei Gründe:

● **Eine Lehre aus der Vergangenheit: den Frieden sichern.** Mit dem Ende des Krieges hofften die Menschen in Europa künftig in Frieden leben zu können. Diese Hoffnung war zwar nicht neu, doch jetzt wollten die Staaten dauerhafte Schritte unternehmen. Ein erster Schritt: die Aussöhnung Deutschlands mit Frankreich. Seit 1870 hatten beide Länder immerhin drei Kriege gegeneinander geführt. Die Allianz der Staaten, die sich gegen das nationalsozialistische Deutschland verbündet hatten, hielt nicht über den Krieg hinaus an. Der Gegensatz zwischen den östlichen Staaten unter der Führung der Sowjetunion (UdSSR) und den westlichen Staaten – mit den USA an der Spitze – verschärfte sich nach 1945 zunehmend (vgl. 4.1.3). Der »Eiserne Vorhang« teilte Deutschland und ganz Europa in zwei Lager.

Vertrag über die Montan-union (EGKS)

»Römische Verträge« über die EWG und EURATOM

Zusammen-schluss von EGKS, EWG und EURATOM zur EG

Zollunion verwirklicht

Erstmals direkte Wahlen zum Euro-päischen Parlament

Die Staats- und Regierungschefs formulieren das Ziel: Die EG soll eine politische Union werden (siehe 1992).

| 1951 | 1957 | 1967 | 1968 | 1979 | 1983 |

Die westeuropäischen Staaten begannen untereinander mit der politischen Zusammenarbeit, nachdem Ende 1947 endgültig klar geworden war, dass eine gemeinsame Politik zwischen Ost und West nicht möglich sein würde.

Der britische Premierminister *Ernest Bevin* sagte am 22. Januar 1948: »Die Zeit ist nun reif ... Wir denken nun an Westeuropa als eine Einheit.«

• **Wirtschaftliche Interessen – Zusammenarbeit nutzt allen:** Am leichtesten war es, die Regierungen Europas von einer Zusammenarbeit auf wirtschaftlichem Gebiet zu überzeugen: Am besten sei es, so lautete die Überlegung, Europa würde Schritt für Schritt errichtet.

Ein Anfang wurde am 18. April 1951 mit der Kohle- und der Stahlwirtschaft, der Montanindustrie, gemacht. Die Regierungen Belgiens, Frankreichs, Italiens, Luxemburgs, der Niederlande und der Bundesrepublik Deutschland unterzeichneten den Vertrag über die *Europäische Gemeinschaft für Kohle und Stahl*.

Am 25. März 1957 gründeten die sechs Regierungen mit den Römischen Verträgen zwei weitere europäische Organisationen: die *Europäische Wirtschaftsgemeinschaft* und die *Europäische Atomgemeinschaft*.

Vier Freiheiten – Ziele der europäischen Einigung

Mit dem EWG-Vertrag von 1957 wurde die Europäische Wirtschaftsgemeinschaft zum Kern der europäischen Einigung. Ihre wichtigsten Ziele – die »vier Freiheiten« der wirtschaftlichen Zusammenarbeit – sind heute verwirklicht:

• **Freier Handel:** Mit Waren und Dienstleistungen kann in der Gemeinschaft frei gehandelt werden. Diese Handelsfreiheit wurde über eine Zollunion (1. Schritt) und den gemeinsamen Binnenmarkt (2. Schritt) zum 1. Januar 1993 verwirklicht.

• **Freie Wahl des Arbeitsplatzes:** Arbeitnehmer dürfen in allen Mitgliedsländern arbeiten – es gilt also die Freizügigkeit der Arbeitnehmer.

• **Freie Unternehmensgründungen:** Unternehmen können sich auch in den anderen EWG-Ländern niederlassen – es besteht eine Niederlassungsfreiheit.

• **Freier Kapitalverkehr:** Die Währungen der Mitglieder sollen frei austauschbar sein. Das heißt: Kapital soll ohne Einschränkungen von einem Mitgliedsland in andere überführt werden können. Dieser freie Kapitalverkehr gehört seit 2002 durch den Euro als Zahlungsmittel zum Alltag in der EU.

Partnerschaft Frankreich – Deutschland

Der frühere britische Premierminister Winston Churchill sagte am 19. September 1946: »Wir müssen etwas wie die Vereinigten Staaten von Europa schaffen ... Ich spreche jetzt etwas aus, das Sie in Erstaunen setzen wird. Der erste Schritt bei der Neugründung der europäischen Familie muss eine Partnerschaft zwischen Frankreich und Deutschland sein ... Ich muss Sie aber auch warnen. Die Zeit ist vielleicht knapp. Gegenwärtig haben wir eine Atempause. Die Geschütze schweigen. Der Kampf hat aufgehört, aber nicht die Gefahren ...«

Nach Curt Gasteyger: Europa von der Spaltung zur Einigung, Schriftenreihe der Bundeszentrale für politische Bildung, Bonn 2001, S. 43 f.

Die drei Aufgabenfelder der EU heute finden Sie in Abschnitt 6.2.4, M 2.

Aufgaben:

1. Churchill sagte 1946: Frankreich und Deutschland müssen erst mal zusammenfinden, damit Europa zusammenwachsen kann. Welche Überlegungen sprachen 1946 für diesen Vorschlag (vgl. Randspalte)?

2. Die »vier Freiheiten« der europäischen Einigung von 1957 klingen heute wie Selbstverständlichkeiten. Wir behaupten: Sie waren es damals keinesfalls, und sie sind es auch heute noch nicht. Setzen Sie sich mit dieser Behauptung auseinander:

• Dazu können Sie einen Blick in die Geschichte des letzten Jahrhunderts werfen und über das damalige Verhältnis der europäischen Staaten zueinander sprechen.

• Außerdem finden Sie auf der Europa- oder der Weltkarte und in der aktuellen Berichterstattung Regionen, in denen sich die Staaten gegenseitig abschotten oder sogar bekriegen. Stellen Sie solche Beispiele zusammen.

Beschluss: Bis Ende 1992 soll der Binnenmarkt vollständig verwirklicht sein.

Vertrag von Maastricht: Reform der EG zur politischen Union – der EU; tritt am 01.11.1993 in Kraft.

1992

Erweiterung der EU zum »Europa der Fünfzehn«.

Vertrag von Amsterdam: Ausbau der gemeinsamen Außen- und Sicherheitspolitik; Beschluss: Ost-Erweiterung der EU

Wirtschafts- und Währungsunion; Euro wird amtliches Zahlungsmittel in 12 EU-Ländern

Beitritt: Estland, Lettland, Litauen, Malta, Polen, Slowakei, Slowenien, Tschechien, Ungarn, Zypern

| 1986 | | 1995 | 1997 | 1999 / 2002 | 2004 |

6.2 Die Europäische Union heute – wie funktioniert die gemeinsame Politik?

6.2.1 »Zentrale Brüssel« – die politischen Organe der Europäischen Union

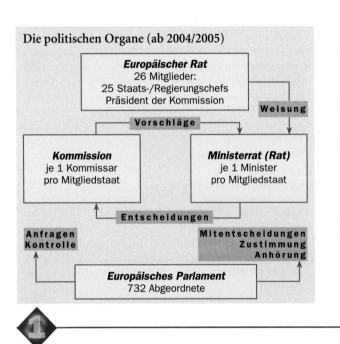

Die politischen Organe (ab 2004/2005)

Europäischer Rat
26 Mitglieder:
25 Staats-/Regierungschefs
Präsident der Kommission

Weisung

Vorschläge

Kommission
je 1 Kommissar
pro Mitgliedstaat

Ministerrat (Rat)
je 1 Minister
pro Mitgliedstaat

Entscheidungen

Anfragen
Kontrolle

Mitentscheidungen
Zustimmung
Anhörung

Europäisches Parlament
732 Abgeordnete

Brüssel – keine europäische Regierung

Die EU ist kein Staat, sondern ein Zusammenschluss von Staaten. Bei ihren gemeinsamen Entscheidungen müssen diese Staaten immer zwei Seiten zusammenbringen: die Interessen der einzelnen Staaten und die gemeinsame europäische Sache.

In den Gründungsverträgen wurden deshalb besondere Organe mit unterschiedlichen Aufgaben bestimmt: Neben den »europäischen Organen« gibt es auch solche, in denen die Mitgliedstaaten das Sagen haben. Sie müssen sich dabei zu einer gemeinsamen Europapolitik zusammenraufen.

Europäische Gipfeltreffen – der Europäische Rat

Die Staats- und Regierungschefs treffen sich zusammen mit dem Präsidenten der Kommission in der Regel zweimal im Jahr im Europäischen Rat. Auf diesen Gipfeltreffen werden Grundsatzfragen geklärt und die Weichen für die weitere Entwicklung gestellt, etwa über

• die Aufnahme neuer Mitglieder,
• die Haltung der EU in internationalen Streitfragen,
• weitere Rechte des Parlaments bei der europäischen Gesetzgebung,
• die Besetzung der wichtigen europäischen Ämter.

Der Ministerrat – auch Rat der Europäischen Union

Er ist das beschließende Organ der nationalen Regierungen. Im »Rat« treffen die Minister die Entscheidungen. Je nach Tagesordnung versammeln sich in diesem Gremium die zuständigen Fachminister (z. B. die Außenminister oder die Landwirtschaftsminister). Jeder Minister vertritt sein Herkunftsland. Die Arbeit des Rats wird vom Ausschuss der Ständigen Vertreter vorbereitet. Ihm gehören die Botschafter der EU-Mitgliedstaaten und ihre Mitarbeiter an.

Die Europäische Kommission

Die Mitglieder der Kommission werden zwar von den nationalen Regierungen vorgeschlagen. Die Kommissare sollen jedoch nicht für ihr eigenes Land sprechen – das tun die Minister im Rat. In erster Linie sollen sie die europäische Seite vertreten, also die Ziele und Interessen der Europäischen Union insgesamt. Deshalb können sie ihr Amt nur antreten, wenn das Europäische Parlament der Zusammensetzung der Kommission zugestimmt hat.

An der Spitze der Kommission steht ihr *Präsident*. Er vertritt die Europäische Union nach außen. Jedes Mitglied der Kommission ist für ein bestimmtes Sachgebiet verantwortlich (z. B. für die Energiepolitik oder die Sozialpolitik). Die Kommission ist das eigentliche ausführende Organ der EU. Sie hat dabei vor allem drei Aufgaben:

- *Initiativen ausarbeiten:* Im Rahmen der vereinbarten Zuständigkeiten schlägt die Kommission neue Maßnahmen vor und legt ihre Ausarbeitung dem Ministerrat zur Entscheidung vor;
- *laufende Kontrolle:* Sie überwacht die Durchführung der »europäischen Gesetze«, also der EU-Verordnungen und EU-Richtlinien durch die Mitgliedstaaten;
- *»Hüterin der Verfassung«:* Sie überwacht die Anwendung der europäischen Verträge durch die Mitgliedsländer. Wenn ein Land gegen EU-Recht verstoßen hat, kann sie Auflagen (Sanktionen) festsetzen, damit der Missstand behoben wird.

Der Europäische Gerichtshof

Der Gerichtshof kann Entscheidungen des Ministerrats und Maßnahmen der Kommission überprüfen, z. B. bei der Durchführung von Verordnungen. Auch Entscheidungen nationaler Regierungen kann er für ungültig erklären, wenn diese gegen europäisches Recht verstoßen.

Er kann von den Organen der EU, nationalen Regierungen, Einzelpersonen und juristischen Personen angerufen werden.

Der Gerichtshof besteht aus 15 Richtern (2003), die jeweils auf sechs Jahre bestellt werden. Sein Sitz ist in Luxemburg.

Das Europäische Parlament (EP)

Seit 1979 werden seine Mitglieder in den EU-Ländern direkt gewählt. Genauere Informationen dazu finden Sie in Abschnitt 6.2.2.

Aufgaben:

1. »Politik in Brüssel – eigentlich ganz schön kompliziert!« Diese Kritik können wir oft hören:
   - Sammeln Sie Argumente, die für, und solche, die gegen diesen Einwand sprechen.
   - Sollte nicht besser mit einer einfachen, oder höchstens mit einer absoluten Mehrheit der Ratsmitglieder (= 50 % + 1 Stimme) statt mit einer qualifizierten Mehrheit (vgl. M 1) entschieden werden?
2. Welche Vor- und Nachteile haben qualifizierte Mehrheiten, welche hat die Einstimmigkeit? Beantworten Sie diese Frage aus der Sicht eines großen und eines kleinen EU-Landes.

Abstimmung im Ministerrat – mit unterschiedlichen Mehrheiten

- In etwa der Hälfte der Fälle genügt es, wenn die Minister eine Vorlage mit einer *qualifizierten Mehrheit* beschließen. Dafür sind etwa 75 % aller Stimmen erforderlich. Die Zahl der Stimmen, die ein Land im Ministerrat hat, richtet sich nach der Zahl der Bevölkerung: Große Länder – Deutschland, Frankreich, Italien und Großbritannien – haben je 29 Stimmen; Malta, das kleinste Land, hat 3 Stimmen.
- Schließlich gibt es auch Entscheidungen, bei denen eine *einfache Mehrheit* genügt.
- In Fragen von grundsätzlicher Bedeutung müssen Entscheidungen nach wie vor *einstimmig* getroffen werden. Das heißt: Jedes Land hat ein Veto-Recht.

Konsens-Destillation zu Brüssel

6.2.2 Das Europäische Parlament – Abgeordnete für Europa?

*Das Euro-
päische
Parlament in
Straßburg
und in
Brüssel*

Bürgerrechte gestärkt – der Bürgerbeauftragte des EP
Seit der Maastrichter Vertrag über die politische Union in Kraft getreten ist (1993), können Bürgerinnen und Bürger unmittelbar oder über einen EP-Abgeordneten eine Beschwerde an den Bürgerbeauftragten richten, wenn er sich durch Handlungen der EU in seinen Rechten verletzt fühlt. Der Bürgerbeauftragte wird vom EP in jeder Wahlperiode neu gewählt.

Ein Parlament – in drei Ländern zu Hause

Die Abgeordneten des Europäischen Parlaments (EP) treffen sich zu den Plenarsitzungen in der Regel in Straßburg. Wie in einem nationalen Parlament werden die Beratungen durch besondere Ausschüsse vorbereitet. Diese Ausschüsse tagen – wie auch die Fraktionen – in Brüssel. Dadurch soll der Kontakt zu den anderen Organen, vor allem zur Europäischen Kommission und zum Ministerrat, erleichtert werden. Das Generalsekretariat des Parlaments, also seine Verwaltung, hat seinen Sitz bislang in Luxemburg.

Amtszeit und Wahlrecht

Die Mitglieder des Parlaments werden nach dem Verhältniswahlrecht für eine Amtszeit von fünf Jahren gewählt. Dennoch gibt es noch kein einheitliches, für alle Mitgliedstaaten gleiches Wahlrecht. Vielmehr kann bislang jedes Land selber sein Wahlverfahren festlegen.

Europäische Parteienbündnisse und ihre Fraktionen

Um auf der europäischen Politik-Bühne mitspielen zu können, haben sich die meisten politischen Parteien aus den Mitgliedsländern europaweit zusammengeschlossen. Diese europäischen Parteienbündnisse finden wir auch in den Fraktionen des EP wieder:
• Derzeit bildet die »Fraktion der Europäischen Volkspartei« die größte Gruppierung. Zu ihr gehören christlich-demokratische und konservative Parteien – so die deutsche CDU/CSU und die britische Konservative Partei.
• An zweiter Stelle steht die »Fraktion der Sozialdemokratischen Partei Europas«. Darin sind auch die deutschen Sozialdemokraten vertreten.
• Auch bei den liberalen und bei den ökologisch ausgerichteten Parteien gibt es jeweils europäische Zusammenschlüsse.

Fraktionen – und »nationale Koalitionen«

In der Praxis der Parlamentsarbeit entstehen immer wieder über die politischen Fraktionen hinweg Gruppen und »nationale Koalitionen« – je nach Sachbereich und Interessenlage. Eine solche vorübergehende Gruppenbildung können wir vor allem dann beobachten, wenn es um Vor- oder Nachteile für einzelne Länder geht,

• etwa in der Landwirtschaftspolitik: Die südlichen Länder mit ihren für sie typischen Produkten (Obst, Südfrüchte, Gemüse ...) haben hier oft andere Interessen als einige nördliche, die vor allem Fleisch- und Milchprodukte liefern;

• oder bei der Frage, in welchen Ländern und Städten die europäischen Institutionen angesiedelt werden sollen: Das Plenum tagt in Straßburg, die Parlamentsausschüsse arbeiten in Brüssel, und die Verwaltung des Parlaments sitzt in Luxemburg. Dass das EP zugleich in drei Ländern zu Hause ist, hat etwas mit diesen »Verteilungskämpfen« um möglichst große Stücke vom europäischen Kuchen zu tun.

Aufgaben:

1. Die Zahl der Sitze für die Mitgliedstaaten wird nach der Bevölkerungszahl festgelegt. Bei Parlamentswahlen soll der demokratische Grundsatz beachtet werden: Die Stimmen aller Wählerinnen und Wähler sollen ein annähernd gleich großes Gewicht in der parlamentarischen Vertretung haben.
• Sie können diesen Sachverhalt überprüfen: Nehmen Sie dazu die Länder Deutschland, die Niederlande und Malta und berechnen Sie, auf wie viele Einwohner jeweils ein Abgeordneter kommt.
• Diskutieren Sie das Problem, das hinter den Zahlen steckt: Gibt es Alternativen?

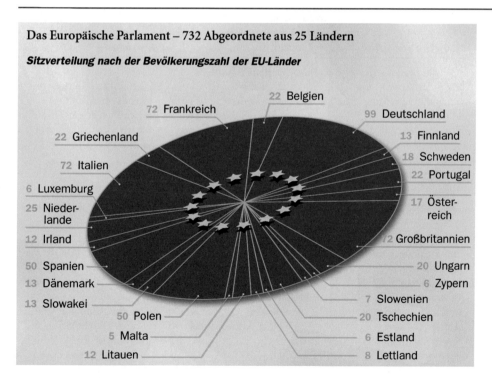

Das Europäische Parlament – 732 Abgeordnete aus 25 Ländern

Sitzverteilung nach der Bevölkerungszahl der EU-Länder

- 22 Belgien
- 72 Frankreich
- 99 Deutschland
- 22 Griechenland
- 13 Finnland
- 18 Schweden
- 72 Italien
- 22 Portugal
- 6 Luxemburg
- 17 Österreich
- 25 Niederlande
- 72 Großbritannien
- 12 Irland
- 50 Spanien
- 20 Ungarn
- 13 Dänemark
- 6 Zypern
- 13 Slowakei
- 7 Slowenien
- 50 Polen
- 20 Tschechien
- 5 Malta
- 6 Estland
- 12 Litauen
- 8 Lettland

Stimmen und ihr Gewicht

	Einwohner	Abgeordnete
D	82,0 Mio.	99
NL	16,0 Mio.	25
M	0,4 Mio.	5

201

6.2.3 Mehr parlamentarische Demokratie in der Europäischen Union?

Ein Fall: Parlament und Kommission

Denkzettel für die Kommission
»Das Europäische Parlament hat der EU-Kommission einen Denkzettel verpasst. Wegen zahlreicher Betrugs- und Korruptionsaffären stimmten die Abgeordneten in Straßburg … gegen die Entlastung des Gemeinschaftshaushalts 1996. Mit dieser Entscheidung hat sich das Parlament ein demokratisches Reifezeugnis ausgestellt.«

Konsequenzen
Das EP setzt eine Gruppe unabhängiger Sachverständiger ein, die überprüfen soll, ob sich der Verdacht gegen Kommissionsmitglieder erhärtet.

Ergebnis
Dieser »Rat der Weisen« kommt zu dem Ergebnis: In einigen Ämtern der Kommission wurden Finanzmittel der EU nicht ordnungsgemäß ausgegeben. Einzelne Kommissare haben »die Kontrolle über die Verwaltung verloren«. Die Kommission tritt am 16. März 1999 zurück.
Süddeutsche Zeitung vom 8.12.1998 und 17.03.1999

Die Rechte des Parlaments

Das Europäische Parlament hat noch nicht die vollen Rechte, die eine Volksvertretung in einer parlamentarischen Demokratie hat. Dazu zählen vor allem die Gesetzgebung und die Kontrolle der Regierung. Zwei wichtige Gründe:
• Eine europäische »Regierung« existiert (noch?) nicht;
• bei der »Gesetzgebung« haben die nationalen Regierungen im Ministerrat in vielen Fällen das letzte Wort.
Allerdings: Das EP hat in den letzten Jahren schrittweise weitere demokratische Rechte hinzubekommen. Vor allem:

• Das Parlament kann den Haushaltsentwurf der Kommission ablehnen;
• es kann der Kommission die jährlich notwendige »Haushalts-Entlastung« verweigern, wenn die Mehrheit der Abgeordneten zu dem Ergebnis kommt, dass die Kommissare mit den Finanzen schlecht gewirtschaftet haben;
• die Kommission und ihr Präsident können ohne die Zustimmung des Parlaments nicht vom Ministerrat berufen werden;
• die gesamte Kommission kann mit einer Zwei-Drittel-Mehrheit der Abgeordneten gestürzt werden.

Das Gewicht des Europäischen Parlaments – abgestufte Mitwirkung

In der Zusammenarbeit des Europäischen Parlaments mit den anderen Organen der EU, besonders mit dem Ministerrat und der Kommission, gibt es drei Verfahren: Mitentscheidung, Zustimmung, Anhörung. Die Stimme des Parlaments hat dabei jeweils unterschiedliches Gewicht.

Mitentscheidung	Zustimmung	Anhörung
Entscheidungen über eine Vorlage der Kommission können nur vom Ministerrat und dem EP gemeinsam gefasst werden. Will das EP eine Vorlage des Rats abändern bzw. ablehnen, ist dazu die absolute Mehrheit erforderlich.	Entscheidungen kommen zustande, wenn das Parlament einer Vorlage zustimmt. Es kann eine Vorlage jedoch nicht abändern, sondern nur als Ganzes annehmen oder ablehnen.	Das Parlament wird bei diesen Entscheidungen nur angehört und kann dabei Vorschläge einbringen. Sie müssen jedoch nicht übernommen werden.

Beispiele: Welches Verfahren bei welcher politischen Frage?

• Entscheidungen über die »vier Freiheiten« (siehe Abschnitt 6.1.2); • Verbraucherschutz • Anerkennung von Zeugnissen und Berufen • Beschäftigungspolitik • Sozialpolitik	• Aufnahme neuer Mitglieder • internationale Abkommen • Ernennung der Kommissionsmitglieder und des Präsidenten • einheitliches europäisches Wahlrecht	• Festlegung von Steuern der Europäischen Union • Regelung der Gemeinsamen Agrarpolitik • Regelung einzelner Fragen bei der Durchführung der Wirtschafts- und Währungsunion (siehe Abschn. 6.3.1)

Mitentscheiden – ein Veto-Recht des Parlaments

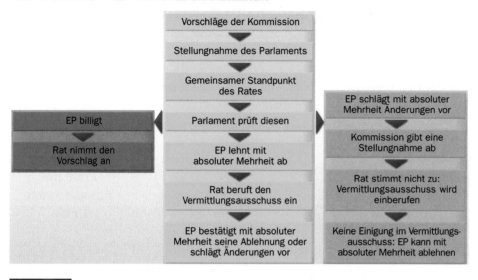

Vorschläge der Kommission

Stellungnahme des Parlaments

Gemeinsamer Standpunkt des Rates

Parlament prüft diesen

EP billigt

Rat nimmt den Vorschlag an

EP lehnt mit absoluter Mehrheit ab

Rat beruft den Vermittlungsausschuss ein

EP bestätigt mit absoluter Mehrheit seine Ablehnung oder schlägt Änderungen vor

EP schlägt mit absoluter Mehrheit Änderungen vor

Kommission gibt eine Stellungnahme ab

Rat stimmt nicht zu: Vermittlungsausschuss wird einberufen

Keine Einigung im Vermittlungsausschuss: EP kann mit absoluter Mehrheit ablehnen

Institutionenquiz
Der Vermittlungsausschuss bei der europäischen Gesetzgebung setzt sich aus gleich vielen Mitgliedern des Ministerrats und des Europäischen Parlaments zusammen. Auch bei der deutschen Gesetzgebung auf Bundesebene gibt es einen Vermittlungsausschuss. Wer gehört ihm an?

Aufgaben:

1. Das Parlament hat im Mitentscheidungsverfahren ein besonderes Gewicht:
* *Welche Organe der EU sind in diesem Verfahren beteiligt?*
* *Was geschieht, um trotz Meinungsverschiedenheit zwischen EP und Ministerrat eine gemeinsame Lösung zu finden?*
* *In welchen Sachgebieten wird dieses Mitentscheidungsverfahren angewendet?*

Pro und Kontra: Mehr Demokratie durch eine europäische Verfassung?

...damit wir mehr Einfluss auf Brüssel haben
Das meint der US-amerikanische Europa-Experte Joseph Weiler: In »der Union fehlt, was in den 15 Mitgliedstaaten selbstverständlich ist: Die Bürger können dort alle paar Jahre zur Urne gehen und die Regierung hinauswerfen. Das können die Unionsbürger mit Rat und Kommission ... nicht.
... Rat und Kommission der EU und die Regierungen der Mitgliedstaaten sind zu mächtig geworden. Entscheidend ist deshalb, dass die Unionsbürger mehr Macht bekommen..., z. B. durch direkte Demokratie. Man könnte parallel zu den Europawahlen Gesetzesinitiativen vorsehen, die zugelassen werden müssten, wenn in vier oder fünf Ländern genügend Bürger dafür stimmen.«
Zusammengestellt nach: Die Zeit Nr. 44 vom 22.10.1998, S. 9

...weil wir keinen »europäischen Staat« wollen:
So sieht es der Ministerpräsident von Bayern, Edmund Stoiber: Notwendig ist, dass wir die Aufgaben, die die Europäische Kommission und der Minsterrat haben, klar eingrenzen. Diese europäischen Institutionen haben »zu viele Zuständigkeiten« an sich gerissen. Gut ist, dass das Europäische Parlament «enorm an Kompetenzen gewonnen« hat.
Eine europäische Verfassung würde nur zu dem Missverständnis führen, wir wollten einen »europäischen Staat« schaffen und damit die Regionen, die Länder und die Mitgliedstaaten weiter schwächen. Einen solchen Staat »will die Mehrheit in Deutschland sicherlich nicht, von den anderen europäischen Ländern gar nicht zu reden«.
Zusammengestellt nach: Die Zeit Nr. 50 vom 03.12.1998, S. 3

Aufgaben:

2. Zwei gegensätzliche Ansichten darüber, was künftig notwendig sei:
* *Stellen Sie fest, welche Argumente sie bei beiden Kritikern finden.*
* *Welche Schlussfolgerungen ziehen beide und wie begründen sie ihre Ansicht?*

6.2.4 Ausgleich – zwischen nationalen und europäischen Interessen?

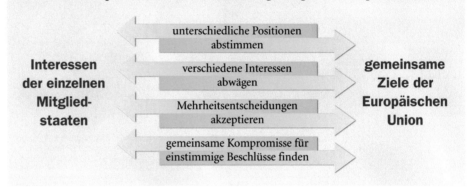

Politik in der Europäischen Union – nationale Regierungen am europäischen Tisch

Interessen der einzelnen Mitgliedstaaten

- unterschiedliche Positionen abstimmen
- verschiedene Interessen abwägen
- Mehrheitsentscheidungen akzeptieren
- gemeinsame Kompromisse für einstimmige Beschlüsse finden

gemeinsame Ziele der Europäischen Union

Aufgaben:

1. Verdeutlichen Sie in einem gemeinsamen Brainstorming – einem »Ideensammeln« – beide Seiten dieses Schaubildes: Beispiele für nationale Interessen, die gegen europäische Interessen stehen und umgekehrt. Stoff dafür können Sie auch in der aktuellen EU-Politik finden.

Europäische Politik – Lösungen für gemeinsame Aufgaben?

In der Europäischen Union haben die Mitgliedstaaten beschlossen, bestimmte Bereiche der Politik nur noch *gemeinsam* zu regeln. In anderen Bereichen wollen sich die Regierungen *abstimmen und zusammenarbeiten*. Das hat zur Folge, dass immer wieder ein Ausgleich zwischen unterschiedlichen Interessen gefunden werden muss.

Vereinfacht heißt dies: In Brüssel geht es um Kompromisse zwischen den nationalen Interessen der einzelnen Staaten und den gemeinsamen Interessen der Europäischen Union. Im Idealfall sind beide Seiten ausgewogen. In der Praxis wird jedoch lange verhandelt, oft auch gestritten, bis ein gemeinsamer Weg gefunden ist. Und manchmal gelingt es den Regierungen im Ministerrat nicht, sich auf eine gemeinsame Lösung zu einigen.

Die »drei Säulen« der EU – politische Aufgaben im vereinten Europa

Die zahlreichen Bestimmungen, die seit den fünfziger Jahren die europäische Einigung regeln, wurden in den Verträgen von Maastricht (1992), Amsterdam (1997) und Nizza (2000) neu geordnet und durch neue Aufgaben ergänzt. Sie alle lassen sich in drei Gruppen zusammenfassen. Das »europäische Haus«, also die gesamte Politik der Europäischen Union steht auf drei Säulen:

- Auf der ersten Säule mit den *Aufgaben der Europäischen Gemeinschaft* (EG). Hier können nur gemeinsame Entscheidungen für alle Mitglieder getroffen werden. Mit anderen Worten: Die Politik ist hier »vergemeinschaftet« (Gemeinschaftspolitik).
- Dazu kommt die zweite Säule der *Gemeinsamen Außen- und Sicherheitspolitik* (GASP – siehe Abschnitt 6.3.3).
- Die dritte Säule stellt die Zusammenarbeit der EU-Mitglieder in der *Innen- und Justizpolitik* dar.

Bei dieser zuletzt genannten Säule stimmen sich die Mitgliedstaaten in Einzelfragen ab, legen gemeinsame Standpunkte fest und arbeiten bei der Durchführung zusammen (Regierungszusammenarbeit).

Aufgabenfelder europäischer Politik heute

Europäische Union

Europäische Gemeinschaft (EG)

- Zollunion, Außenhandel
- Agrarpolitik
- Wirtschafts- und Währungsunion
- Strukturpolitik: Förderung schwacher Regionen
- EU-Bürgerschaft
- Verkehrs-, Energie-, Kommunikationspolitik
- Bildungspolitik
- Sozialpolitik

Außen- und Sicherheitspolitik

- Außenpolitik
- Aufbau einer europäischen Verteidigung
- Lösung aktueller Konflikte
- Schutz der Menschenrechte
- Hilfen für Drittstaaten
- militärische Abrüstung in Europa

Innen- und Justizpolitik

- Einwanderung in die EU-Staaten
- Asylpolitik
- Schutz der EU-Außengrenzen
- Bekämpfung der organisierten Kriminalität
- Drogenbekämpfung
- Zusammenarbeit der Polizei und der Gerichte

Die drei Säulen der Europäischen Union

Stärkung der Gemeinsamen Außenpolitik
Um die Gemeinsame Außen- und Sicherheitspolitik der EU zu verbessern und ihr im internationalen Raum Gesicht und Stimme zu verleihen, wurde im Amsterdamer Vertrag 1997 der Posten eines »Hohen Repräsentanten für die Gemeinsame Außen- und Sicherheitspolitik« geschaffen. 1999 wurde dieses Amt erstmals mit dem Spanier Javier Solana besetzt.

Zukunftsplanung
Die »Gemeinsame Außen- und Sicherheitspolitik« läuft heute – anders als der Name sagt – noch weit gehend nach dem Muster der »Regierungszusammenarbeit« ab. Sie soll schrittweise zu einer echten »Gemeinsamen Außen- und Sicherheitspolitik« nach den Regeln der Gemeinschaftspolitik ausgebaut werden. Dazu mehr in Abschnitt 6.3.3.

Aufgaben:

2. Was »Brüssel« tun soll und wovon es die Finger lassen soll – dazu können Sie eine Diskussion und eine Abstimmung durchführen: Schreiben Sie aus der folgenden Liste die fünf Bereiche auf ein Blatt, in denen die EU Ihrer Meinung nach besonders aktiv sein sollte:
- sozialer Schutz der Arbeitnehmer
- gemeinsame Schul- und Ausbildungspolitik
- Einwanderungspolitik
- Stärkung der Rechte von Minderheiten und Ausländern
- Asyl für politisch Verfolgte
- Landwirtschaftspolitik
- Politik gegen Arbeitslosigkeit
- Förderung der Forschung
- europäische Umweltpolitik
- Gleichstellung der Frauen

- gemeinsame Bekämpfung des Drogenhandels
- gemeinsame Verteidigungspolitik
- gemeinsame Außenpolitik: mit einer »europäischen Stimme« sprechen.
3. Die Einzelergebnisse können Sie zu einer »Rangliste europäischer Aufgaben« Ihrer gesamten Klasse zusammenfassen und in einer Grafik dokumentieren.
4. Ein Vorschlag für ein kleines Projekt:
- Ob sich die EU mit den Stichworten Ihrer Klassen-Rangliste beschäftigt, können Sie selber überprüfen, indem Sie dazu in den folgenden Wochen aktuelle Zeitungsberichte suchen und mit einer Wandzeitung dokumentieren.
- Oder: Suchen Sie im Internet Informationen zu den Stichworten Ihrer Rangliste.

Gemeinschaftspolitik
Die Mitgliedstaaten haben hier die Zuständigkeit an Brüssel, d. h. an die EU-Organe abgetreten. Die Europäische Kommission schlägt einheitliche Regelungen vor, die im Ministerrat beraten und für alle Mitglieder verbindlich verabschiedet werden.

Regierungszusammenarbeit
Es werden gemeinsame Standpunkte festgelegt. Darauf aufbauend können Einzelentscheidungen zwischen den Regierungen im Ministerrat ausgehandelt werden. Die eigentliche Verantwortung bleibt beim einzelnen Staat.

6.2.5 Staaten und Regionen – Vielfalt der Lebensbedingungen

Europäischer Alltag – und der ganz gewöhnliche Kompromiss

Ein nicht ganz ernst gemeinter Bericht eines Journalisten aus der Kantine der Europäischen Kommission in Brüssel: Er wollte herausfinden, ob die Vielfalt der europäischen Länder und die Besonderheiten ihrer einzelnen Regionen auch im Speisezettel der EU-Beamten zu spüren sind.

Der erste Schock: Zwar hat die Kommission eine eigene Küche mit neun Köchen – vier Italiener, drei Belgier, ein Spanier und ein Grieche komponieren die Rezepte –, doch werden alle Lebensmittel von einer englischen Firma geliefert. Der zuständige Mensch, Martin Tooley, ist halb britischer, halb australischer Herkunft.

Mr. Tooley ist nicht nur ein sehr sympathischer, sondern auch ein sehr kluger Mensch. Zu Recht, tut er kund, kritisiere alle Welt das EU-Essen. Von seiner Firma kämen ja nur die Zutaten, die Menüpolitik mache die Kommission selbst. Und die wolle eben, wie überall, einen Kompromiss. Die Deutschen hätten gern Bratwurst, die Spanier Fisch, die Engländer Roastbeef – und die Kommission sage, man müsse sich in der Mitte treffen. Was aber ist die Mitte zwischen Bratwurst und Fisch?

Ganz in Übereinstimmung mit dem Vertrag von Maastricht, in dessen Präambel der Wunsch ausgedrückt wird, »die Solidariät zwischen den europäischen Völkern unter Achtung ihrer Geschichte, ihrer Kultur und ihrer Traditionen zu stärken«. So habe man zum Beispiel gerade kürzlich wieder Paella angeboten, und was ist passiert? Als Erste hätten die Spanier protestiert, das sei eine Paella, die es vielleicht in Murcia oder Benidorm gebe, niemals aber in Valencia, die Madrider hätten ihren speziellen Protest eingelegt. Ganz im Vertrauen, es gebe überhaupt keine Nationen, sondern Hunderte, ach was, Tausende von Regionen, und die könne keine Kantinenpolitik der Welt unter einen Hut bringen.

Conrad Schuhler: Im Bauch Europas.
In: SZ-Magazin Nr. 49 vom 06.12.1996, S. 73 ff.
(gekürzt und teilweise zusammengefasst)

Förderung schwacher Regionen

Die Wirtschaftskraft der Mitgliedsländer wird mit dem Bruttoinlandsprodukt je Einwohner (BIP/E) gemessen. Dies ist jedoch eine Durchschnittszahl (vgl. M 2). Sie verbirgt, dass es innerhalb der Länder große Unterschiede geben kann. Da gibt es Regionen, die wirtschaftlich Spitzenreiter sind. Bei uns gehören dazu z. B. der mittlere Neckarraum und der Rhein-Main-Raum mit dem Finanzzentrum Frankfurt/M. Verglichen damit hängen die neuen Bundesländer in der wirtschaftlichen Leistung zurück. Aufschluss über solche regionalen Ungleichgewichte geben auch die Zahlen über die Arbeitslosigkeit, zum Beispiel aus deutschen Bundesländern:

• Im März 2004 waren in Sachsen-Anhalt 20,9 % der Erwerbspersonen als arbeitslos gemeldet;
• in Baden-Württemberg waren es 6,4 %. Um auf europäischer Ebene solche Unterschiede zu mildern, gibt es in der EU die Strukturfonds (vgl. M 3). In Abstimmung mit dem Ministerrat erstellt die Europäische Kommission ein Gemeinschaftliches Förderkonzept. Darin werden in der Regel für einen Zeitraum von fünf Jahren die Gebiete ausgewählt, die EU-Mittel zur Lösung ihrer wirtschaftlichen und sozialen Probleme bekommen. Unterstützt werden solche Regionen, wenn ihr BIP/E weniger als 75 % des Durchschnitts in der EU insgesamt beträgt.

EU – Ungleiche Partner

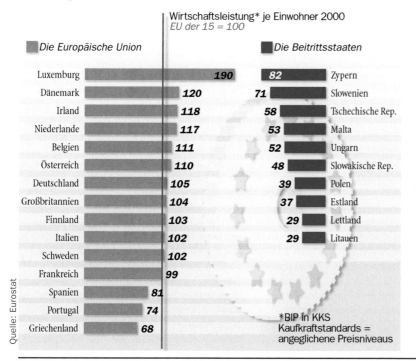

Wirtschaftsleistung* je Einwohner 2000
EU der 15 = 100

■ Die Europäische Union   ■ Die Beitrittsstaaten

Die Europäische Union		Die Beitrittsstaaten	
Luxemburg	190	82	Zypern
Dänemark	120	71	Slowenien
Irland	118	58	Tschechische Rep.
Niederlande	117	53	Malta
Belgien	111	52	Ungarn
Österreich	110	48	Slowakische Rep.
Deutschland	105	39	Polen
Großbritannien	104	37	Estland
Finnland	103	29	Lettland
Italien	102	29	Litauen
Schweden	102		
Frankreich	99		
Spanien	81		
Portugal	74		
Griechenland	68		

*BIP in KKS
Kaufkraftstandards =
angeglichene Preisniveaus

Quelle: Eurostat

Aufgaben:

1. Die Europäische Union – eine Union der Gegensätze oder eine Gemeinschaft mit vielen Gesichtern? Dies kann man unterschiedlich sehen.
   Für weitere Informationen können Sie einen Atlas oder aktuelle Lexika heranziehen und selbstständig ein »Panorama der EU-Länder und ihrer Regionen« erstellen.
   Stichworte können sein:
   - Bodenschätze in den Ländern und in einzelnen Regionen,
   - wirtschaftliche Schwerpunkte,
   - Feriengebiete/Tourismusregionen,
   - besondere kulturelle Sehenswürdigkeiten.

   Das Ganze können Sie zu Themen-Plakaten ausbauen, die Sie mit Fotos, Karikaturen … illustrieren.

Förderung der schwächeren Regionen – die Strukturpolitik der EU bis 2006

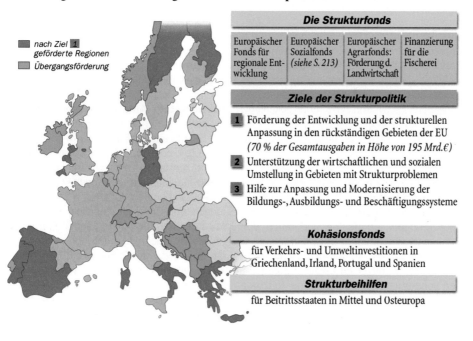

■ nach Ziel **1** geförderte Regionen
■ Übergangsförderung

Die Strukturfonds

Europäischer Fonds für regionale Entwicklung	Europäischer Sozialfonds *(siehe S. 213)*	Europäischer Agrarfonds: Förderung d. Landwirtschaft	Finanzierung für die Fischerei

Ziele der Strukturpolitik

1 Förderung der Entwicklung und der strukturellen Anpassung in den rückständigen Gebieten der EU *(70 % der Gesamtausgaben in Höhe von 195 Mrd.€)*

2 Unterstützung der wirtschaftlichen und sozialen Umstellung in Gebieten mit Strukturproblemen

3 Hilfe zur Anpassung und Modernisierung der Bildungs-, Ausbildungs- und Beschäftigungssysteme

Kohäsionsfonds

für Verkehrs- und Umweltinvestitionen in Griechenland, Irland, Portugal und Spanien

Strukturbeihilfen

für Beitrittsstaaten in Mittel und Osteuropa

Aufgaben:

2. Beschreiben Sie, welche Staaten bisher besonders von der Förderung profitierten.
3. Welche Streitpunkte könnten für die künftige Förderung durch den Beitritt der zehn neuen EU-Mitgliedstaaten entstehen?

Europäisierung – Chance oder Gefahr?

Baden-Württemberg-Vertretung in Brüssel

Europäische Regionen als Chance
Der frühere Ministerpräsident von Nordrhein-Westfalen, Wolfgang Clement, zu den Chancen grenzüberschreitender Zusammenarbeit:
60 Prozent unserer Exporte gehen zu den europäischen Nachbarn. Wir sind mit den Niederlanden enger verflochten als mit Sachsen. NRW, Niedersachsen, die Niederlande, Belgien und Nordfrankreich – das ist unsere Wirtschaftsregion. Wir sind in einem atemberaubenden Prozess ... der Europäisierung.

Der Spiegel Nr. 13 vom 23.03.1998, S. 27

Immer häufiger Brüssel
Interview mit dem Ministerpräsidenten von Bayern, Edmund Stoiber:
Frage: Wer ist für den bayerischen Ministerpräsidenten heute der gewichtigere Partner – Berlin oder Brüssel?
Stoiber: Immer häufiger Brüssel. Nahezu 50 Prozent der innenpolitisch wichtigen Entscheidungen für Deutschland werden heute in Brüssel gefällt. In der Wirtschafts- und in der Agrarpolitik fallen gar 70 Prozent der wichtigen Beschlüsse in Brüssel. ... Ein Drittel der landwirtschaftlichen Betriebe in Deutschland und ein Fünftel der landwirtschaftlichen Flächen ... befinden sich in Bayern. Deshalb ist es notwendig, dass wir über diese Fragen immer häufiger mit dem EU-Agrarkommissar ... sprechen.»

Die Zeit Nr. 50 vom 03.12.1998, S. 3, aktualisiert

Subsidiaritätsprinzip
subsidiär = unterstützend, Hilfe leistend

Übergeordnete Organisationen sollen nur solche Aufgaben an sich ziehen, zu deren Lösung untergeordnete Organisationen nicht fähig sind. Für die EU ist dieses Prinzip in Art. 3b des Maastrichter Vertrages (1993) festgelegt.

Europa und die Bundesländer

Die Interviews in M 1 zeigen, dass durch die Integration die Verteilung der politischen Zuständigkeiten in den einzelnen Staaten verändert wird. Für Deutschland bedeutet dies: Wenn immer mehr Entscheidungen in Brüssel getroffen werden, können die Bundesländer ihren Einfluss auf die Politik verlieren. In der Bundespolitik müssen die Länder über den Bundesrat an der Gesetzgebung beteiligt werden. Was aber geschieht, wenn in Brüssel Politik gemacht wird?
Dazu gibt es für die Bundesländer zur Zeit zwei Wege:
• Den ersten finden wir im Grundgesetz in Art. 23. Er wurde in seiner jetzigen Fassung 1992 beschlossen. In Absatz 2 heißt es: »In Angelegenheiten der Europäischen Union wirken der Bundestag und durch den Bundesrat die Länder mit.« Und in Absatz 4: »Der Bundesrat ist an der Willensbildung zu beteiligen, soweit er an einer entsprechenden innerstaatlichen Maßnahme mitzuwirken hätte oder soweit die Länder innerstaatlich zuständig wären.«

• Einen zweiten Weg zur Mitwirkung der Länder und Regionen eröffnet der »Ausschuss der Regionen« (M 3). Seine maximal 350 Mitglieder vertreten Länder, Regionen und Gemeinden. Die Bezeichnung »Regionen« wurde gewählt, weil es nicht in allen EU-Staaten wie in Deutschland Bundesländer mit eigenen Länderregierungen gibt.

Subsidiarität – Aufgaben bürgernah lösen

Für politische Entscheidungen in der EU soll der Grundsatz der Subsidiarität gelten. Das bedeutet, politische Aufgaben müssen bürgernah geregelt werden – zum Beispiel in den Bundesländern oder noch weiter unten: in den Gemeinden. Erst wenn solche Regelungen vor Ort nicht möglich sind – weil etwa dadurch für andere Länder oder Regionen große Nachteile entstehen würden – ist die Politik auf der Ebene der EU gefordert. Mit anderen Worten: Die EU soll nur solche Aufgaben anpacken, die die einzelnen Staaten, ihre Länder oder Regionen nicht selber bewältigen können.

Die Zukunft Europas – Staatenbund oder Bundesstaat

Zwei Wege bieten sich für die politische Weiterentwicklung an.

• **Staatenbund:** Eine Verbindung einzelner Staaten, bei der diese ihre Selbstständigkeit nach innen und außen behalten. Es gibt zwar gemeinsame Gremien, die für festgelegte Bereiche eine gemeinschaftliche Politik machen können. Damit diese Beschlüsse gegenüber den Bürgerinnen und Bürgern der einzelnen Staaten gelten, müssen sie zuvor durch die Mitgliedstaaten in innerstaatliches Recht überführt werden – etwa als Gesetze durch die nationalen Parlamente.

• **Bundesstaat:** Ein Zusammenschluss mehrerer Staaten zu einem Gesamtstaat: Die einzelnen Staaten werden zu Gliedstaaten des Bundes. In Deutschland sind dies die Bundesländer. Im Grundgesetz wird die Zusammenarbeit der Länder mit dem Bund geregelt. Für bestimmte Bereiche – z. B. für die Schulpolitik – sind die Bundesländer allein zuständig. Andere Bereiche – wie etwa die Außen- und die Verteidigungspolitik – haben

sie an den Bund als Gesamtstaat abgetreten. Darüber hinaus können die Gliedstaaten auch an den Entscheidungen des Bundesstaates mitwirken. Dies geschieht bei uns im Bundesrat.

Aufgaben:

1. *Eine Übung zum Umgang mit dem Grundgesetz und zugleich zur Rolle der Bundesländer in der Europapolitik: In Art. 23, vor allem Absatz 2 bis 4 GG finden Sie dazu die einzelnen Bestimmungen zur Mitwirkung des Bundesrates im vereinigten Europa. Fassen Sie diese in eigenen kurzen Aussagen zusammen.*
2. *Welche Form die politische Union Europas künftig haben soll, darüber gibt es heute keine abschließende Antwort. Modellartig werden zwei Möglichkeiten genannt: ein »Staatenbund« oder ein »Bundesstaat«.*
   • *Wie beurteilen Sie diese Alternativen?*
   • *Vielleicht gibt es auch einen dritten Weg, neben diesen beiden Modellen?*

Ausschuss der Regionen

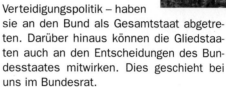

Rechte		*Zuständigkeiten*
• berät den Ministerrat, die Kommission und das Parlament • keine eigene Entscheidungsmacht	**maximal 350 Vertreter von Ländern, Regionen, Gemeinden**	• Förderung der allgemeinen und beruflichen Bildung • Förderung der Kultur • Gesundheitspolitik • Verkehrs-, Energie- und Kommunikationspolitik • Struktur- und Regionalpolitik

---

Aufgaben:

3. *In M 3 ist davon die Rede, dass der Ausschuss der Regionen kein Entscheidungsrecht hat.*
   • *Welche Argumente könnten für die jetzige Regelung sprechen?*
   • *Was spräche aus der Sicht der Bundesländer für mehr Einfluss in Brüssel?*

6.3 Europa gestalten – aber wie?

6.3.1 Der Euro – eine Währung für ganz Europa?

Glänzend !

Finster !

• 1998 wurde entschieden, welche EU-Länder sich an diesem Schritt beteiligen können. Dazu mussten sie bestimmte Voraussetzungen erfüllen – z. B. durften die Preissteigerungen höchstens um 1,5 % über dem Durchschnitt der drei stabilsten Länder liegen;
• 1999 wurden die Wechselkurse der nationalen Währungen untereinander und für den Euro festgelegt; es wurde also festgelegt: Ein Euro entspricht dem Wert von DM 1,96;
• seit 2002: Der Euro ist das gemeinsame Zahlungsmittel in den beteiligten Ländern.

Stabilitäts- und Wachstumspakt

• Die Euro-Staaten sind verpflichtet, übermäßige Staatsdefizite zu vermeiden und Stabilitätsprogramme vorzulegen.
• Die Neuverschuldung darf 3% der Wirtschaftsleistung (BIP) nicht überschreiten. Die Schulden dürfen nicht mehr als 60% des BIP betragen.
• Bei höherer Neuverschuldung bekommt der betreffende Staat einen »Blauen Brief« mit Empfehlungen. Werden diese nicht befolgt und bleibt die Neuverschuldung über 3%, dann kann der Rat der Wirtschafts- und Finanzminister eine Geldbuße verhängen. Sie beträgt mindestens 0,2% des BIP (im Falle Deutschlands wären dies über 3 Mrd. Euro). Ausnahmen gibt es, wenn die Wirtschaftsleistung im betreffenden Land um mehr als 2% zurückgegangen ist.

Aufgaben:

1. Zunächst haben Deutschland und Frankreich gegen den Stabilitäts- und Wachstumspakt verstoßen. Andere Staaten sind gefolgt (vgl. M 2). Es gibt Bestrebungen, ihn abzuschaffen.
• Welche Staaten sind vermutlich an seiner Beibehaltung interessiert und warum?
• Soll nach Ihrer Auffassung der Pakt beibehalten werden? Begründen Sie.

Wirtschafts- und Währungsunion (WWU)

Ein Binnenmarkt, zusätzlich mit
• festen Wechselkursen zwischen den Währungen
• freier Austauschbarkeit (Konvertibilität) der Währungen
• sicherem Geldwert (geringen Inflationsraten)
• gemeinsamer, abgestimmter Geld- und Wirtschaftspolitik
• zum Abschluss: der Euro als eine gemeinsame Unionswährung, die 2002 als einziges Zahlungsmittel eingeführt wurde.

Bruttoinlandsprodukt (BIP)

Wert aller Güter und Dienstleistungen, die im Inland innerhalb eines Jahres erzeugt worden sind.

Die Wirtschafts- und Währungsunion

Seit 1968 werden im Handel zwischen den EU-Staaten keine Zölle mehr erhoben. Der einheitliche Binnenmarkt ist seit 1993 Realität. Für den Handel zwischen den EU-Mitgliedern gibt es keine Schranken – also Zölle, Mengenbegrenzungen oder andere Vorschriften – mehr.

Ein dritter Schritt blieb noch zu tun: die Ergänzung der Europäischen Wirtschaftsunion durch eine Währungsunion. Dazu wurden bereits 1979 feste Wechselkurse zwischen den nationalen Währungen – z. B. zwischen der Deutschen Mark und dem Französischen Franc – eingeführt. Diese Regelung wird als *Europäisches Währungssystem (EWS)* bezeichnet.

Der Euro – die gemeinsame Währung

Eine gemeinsame Währung ist jedoch mehr als das EWS: Sie ersetzt die nationalen Währungen und wird zum einzigen Zahlungsmittel dieser Länder. Der Übergang zum Euro erfolgte schrittweise:

a) Eine Geschichte mit durchaus realem Hintergrund

Ein Tourist reist durch alle Länder der Europäischen Union. An jeder Grenze wechselt er sein Geld in die entsprechende Landeswährung. Selbst wenn er nichts davon ausgibt, kommt er am Schluss nur noch mit der Hälfte seines Geldes zurück. Die andere Hälfte schlucken die Wechselgebühren und die Verluste durch die unterschiedlichen Wechselkurse – sehr zur Freude der Geldwechsler und Banken. Auf diese Weise gehen den Verbrauchern und dem Handel jedes Jahr rund 20 Mrd. Euro verloren. Mit einer europäischen Währung kann diese Summe eingespart werden. Nach Schätzungen der Banken sparen mit der Einführung des Euro die deutschen Urlauber rund 1,5 Mrd. Euro im Jahr.

b) Der Euro – Hoffnungen und Ängste

Globale Herausforderungen – globaler Wettbewerb

»Europa kann ohne eine einheitliche Währung im Wettbewerb der großen Weltregionen nicht bestehen. Wir müssen uns zusammentun. Die Einführung des Euro war deshalb nur konsequent.«

Der Euro – ein Anstoß für unsere Wirtschaft
»Der Handel klagte früher über die dauernden Wechselkursschwankungen. Durch einen einheitlichen Euro können nun die Unternehmen mit festen Zahlen rechnen. Damit wird der innere EU-Handel erst zu einem richtigen Binnenhandel – eine wichtige Voraussetzung für mehr Wirtschaftswachstum und sichere Arbeitsplätze. Der Euro – ein Gewinn für alle.«

DAS RISIKO IST NICHT KALKULIERBAR

»Die einheitliche Währung – das ist ein waghalsiges Abenteuer. Keiner weiß, wie's ausgeht. Wenn's um ihr Geld geht, reagieren die Menschen sehr sensibel. Sie legen es in sicheren Ländern an, z. B. in der Schweiz. Das Kapital wandert aus.«

Die Schwächsten bestimmen das Tempo

»Weil die Geldpolitik nicht mehr von der Deutschen Bundesbank gemacht wird, müssen wir uns nach den wirtschaftlich Schwächsten richten. So importieren wir die Probleme der anderen.«

Aktuelle Daten im Internet unter:
europa.eu.int/comm/eurostat

Aufgaben:

2. Meinungsumfragen zeigen, dass viele dem Euro nach wie vor skeptisch gegenüberstehen. Wie sieht das in Ihrer Klasse/in Ihrem Betrieb aus? Sie können dazu ein gemeinsames Meinungsbild erstellen: Was spricht dafür, was dagegen?

Haushaltsdisziplin im Euro-Raum
Öffentliches Defizit (-) oder Überschuss (+) in % der Wirtschaftsleistung (BIP)

2003	2004 (Schätzung)	Land
+2,8	+1,5	Finnland
0	-1,5	Luxemburg
-0,1	0	Spanien
-0,2	0	Belgien
-1,0	-1,4	Irland
-1,2	-1,5	Österreich
-1,7	-1,7	Griechenland
-2,7	-3,1	Italien
-3,0	-3,2	Niederlande
-3,7	-3,9	Portugal
-4,0	-3,4	Deutschland
-4,0	-4,1	Frankreich

Bankenviertel in Frankfurt/M.

Ländliche Armutsregion in Portugal

Kapital – auf der Suche nach dem günstigsten Platz

Zwei ganz alltägliche Beispiele:

• Ein Konzern, der Elektrogeräte herstellt, verlagert rund 400 Arbeitsplätze von Dijon in Frankreich ins schottische Glasgow. Mit der schottischen Gewerkschaft kann er aushandeln, dass die Arbeitnehmer auf das Streikrecht und die Lohnfortzahlung im Krankheitsfalle verzichten.

• In Wolfsburg verdient ein Arbeiter bei Volkswagen im Jahr rund 32000 Euro. Im Werk Palmela in Portugal liegen die Lohnkosten bei einem Viertel, im Werk Bratislava in der Slowakei bei einem Zehntel.

Die wirtschaftlichen und sozialen Verhältnisse haben sich in der langen Geschichte der europäischen Länder unterschiedlich entwickelt. So waren etwa die südlichen und viele osteuropäischen Länder bis in die Mitte dieses Jahrhunderts überwiegend landwirtschaftlich ausgerichtet. In Mittel- und Nordeuropa setzte sich dagegen schon früh die Industrialisierung durch.

Eine gemeinsame Sozialpolitik – erst am Anfang

Die geschichtlich gewachsenen Unterschiede sollen in den Ländern der EU nicht einfach eingeebnet werden. Weder ist eine rasche Anpassung vor allem der neuen Mitgliedsländer an die reichen Länder möglich, noch können die sozialen Standards überall auf die Möglichkeiten der ärmeren Länder heruntergefahren werden. Dennoch will die Europäische Union ein eigenes soziales Profil erhalten.

Mit den Verträgen von Maastricht (1993) und Amsterdam (1997) wurde deshalb der europäischen Sozialpolitik ein stärkeres Gewicht gegeben. Dabei gelten folgende Grundsätze:

• Die EU-Staaten treffen gemeinsame Mindestregelungen, um auszuschließen, dass durch einzelstaatliche Maßnahmen sozialer Missbrauch möglich wird (z. B. »Sozial-Dumping« durch fehlenden Arbeitsschutz).

• Was die einzelnen Staaten darüber hinaus selber regeln können, bleibt ihnen nach dem Grundsatz der Subsidiarität überlassen (vgl. Abschnitt 6.2.6).

• Die Bekämpfung der Arbeitslosigkeit ist »eine Angelegenheit von gemeinsamem Interesse«. Die Förderung der Beschäftigung ist zwar weiterhin vor allem Aufgabe der einzelnen Staaten vor Ort. Die EU verpflichtet sich jedoch, ergänzend dazu auch gemeinsam aktiv zu werden – z. B. durch besondere Hilfen für jugendliche Arbeitslose. Die Sozialpolitik der Einzelstaaten soll damit auf dem gemeinsamen »sozialen Sockel« der EU aufbauen.

Die »soziale Frage« in der EU am Beginn des Jahrhunderts
In der »EU der 15« waren 2002 rund 15,4 % der Jugendlichen bis 25 Jahren ohne Arbeit. In Spanien waren nahezu 22,7 % dieser Gruppe arbeitslos, in Deutschland 9,5 % und in Österreich 6,9 %.
Eurostat

Soziale Rechte – die Charta der sozialen Grundrechte der Arbeitnehmer

Die im Dezember 1989 angenommene Gemeinschaftscharta der sozialen Grundrechte der Arbeitnehmer umfaßt zwölf Grundsätze

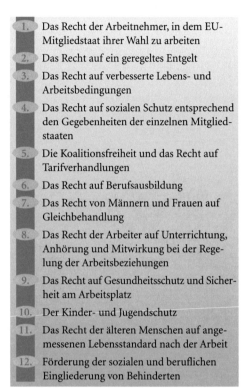

1. Das Recht der Arbeitnehmer, in dem EU-Mitgliedstaat ihrer Wahl zu arbeiten
2. Das Recht auf ein geregeltes Entgelt
3. Das Recht auf verbesserte Lebens- und Arbeitsbedingungen
4. Das Recht auf sozialen Schutz entsprechend den Gegebenheiten der einzelnen Mitgliedstaaten
5. Die Koalitionsfreiheit und das Recht auf Tarifverhandlungen
6. Das Recht auf Berufsausbildung
7. Das Recht von Männern und Frauen auf Gleichbehandlung
8. Das Recht der Arbeiter auf Unterrichtung, Anhörung und Mitwirkung bei der Regelung der Arbeitsbeziehungen
9. Das Recht auf Gesundheitsschutz und Sicherheit am Arbeitsplatz
10. Der Kinder- und Jugendschutz
11. Das Recht der älteren Menschen auf angemessenen Lebensstandard nach der Arbeit
12. Förderung der sozialen und beruflichen Eingliederung von Behinderten

Aufgaben:

1. Dieser Katalog sozialer Mindestrechte der Arbeitnehmer ist nicht unmittelbar wirksam. Vielmehr soll er Grundlage für einzelne sozialpolitische Maßnahmen in der EU sein. Sie können diese Charta mit den Grundrechten im Grundgesetz vergleichen. Welche sind dort enthalten? Welche nicht?
2. Die Verwirklichung dieser Mindestrechte ist nicht immer sichergestellt. Mit welchen der zwölf Rechte gibt es Ihrer Meinung nach in Deutschland – oder falls Sie aus einem anderen EU-Land kommen: in Ihrem Heimatland – besondere Probleme? Was sollte verändert werden?
3. Zur Durchsetzung dieser sozialen Rechte sind unterschiedliche Maßnahmen und Mittel notwendig. Überprüfen Sie den Katalog: Welche Seiten sind dabei jeweils gefordert? Genauer: Wer muss welche Leistungen erbringen, damit die sozialen Grundrechte eingelöst werden?

Europäischer Sozialfonds (ESF)
Ein finanzielles Programm für eine gemeinsame Sozialpolitik. Gefördert werden z. B. Maßnahmen zu Gunsten arbeitsloser Jugendlicher, Ausbildungs- und Beschäftigungsinitiativen für arbeitslose Erwachsene mit unterschiedlichen Zielgruppen (z. B. Frauenförderung).
Der ESF ist eine der vier Fördermöglichkeiten im Rahmen der EU-Strukturpolitik (siehe M 3, Abschnitt 6.2.5).
Hauptempfänger waren bislang Spanien, Deutschland, Italien, Portugal, Griechenland, Großbritannien und Frankreich.

Europäische Konzerne – europäische Betriebsräte

1994 verabschiedete der Rat der Arbeits- und Sozialminister die »Richtlinie zur Einsetzung Europäischer Betriebsräte«. Zwei Jahre später wurde die Richtlinie vom Deutschen Bundestag in das »Gesetz über Europäische Betriebsräte« überführt. Damit wurde die EU-Richtlinie geltendes deutsches Recht.
Betroffen sind
- deutsche Unternehmen, die EU-weit tätig sind,
- die mindestens 1000 Beschäftigte insgesamt haben,
- von denen jeweils mindestens 150 Arbeitnehmer in mindestens zwei Mitgliedstaaten beschäftigt sein müssen.

Der Europäische Betriebsrat hat zwar nicht die vollen Rechte wie ein deutscher Betriebsrat. Er muss jedoch regelmäßig über die wirtschaftliche und soziale Entwicklung des Unternehmens informiert werden (d. h. über die Produktions- und Absatzlage, Investitionen, Betriebsverlagerungen sowie außergewöhnliche Maßnahmen wie Massenentlassungen).

6.3.3 Geschlossen nach außen – eine gemeinsame Außen- und Sicherheitspolitik?

Im Gleich-schritt, marsch!

Außenpolitik – mit einer Stimme sprechen?

In der Außenpolitik geben die Staaten nur ungern Rechte an andere Gremien ab, in denen sie nicht mehr allein entscheiden können. Nicht selten gibt es alte Gegensätze zwischen den Ländern, oft auch massive Vorurteile in der Bevölkerung.

Gerade die Jahre nach dem Ende des Ost-West-Konflikts haben jedoch gezeigt, dass die Staaten der EU immer wieder gefordert sind, nach außen hin gemeinsam aufzutreten. Wie können sie aber in der Außen- und in der Sicherheitspolitik gemeinsam handeln, ohne dabei ihre Zuständigkeit ganz an Brüssel abtreten zu müssen?

Der Weg, der zwischen den nationalen und den gemeinsamen europäischen Interessen gefunden wurde, sieht in seinen Grundzügen folgendermaßen aus:

• Die *Leitlinien* einer Gemeinsamen Außen- und Sicherheitspolitik (GASP) werden im *Europäischen Rat* festgelegt, also auf den Gipfeltreffen der einzelnen Staats- und Regierungschefs (vgl. dazu Abschnitt 6.2.1).

• Geht es um einzelne, gar aktuelle Fälle, ist der *Ministerrat der EU* gefordert: Die Minister können sich auf einen *Gemeinsa-men Standpunkt* einigen. Die Mitgliedstaaten müssen dann dafür sorgen, dass ihre eigenen Maßnahmen im Einklang mit dem gemeinsamen Beschluss sind. Ein Beispiel: Lybien steht im Verdacht, Terroristen gegen Israel zu unterstützen. Die EU-Staaten einigen sich, ihre wirtschaftlichen Beziehungen zu diesem Land einzuschränken. So geschehen 1993.

• Oder die Minister beschließen im Rat eine *Gemeinsame Aktion*. Dann ist diese für alle Mitglieder bindend. Diese Aktion wird gemeinsam durchgeführt. Ein Beispiel: Die EU beteiligt sich an den humanitären Aktionen in Bosnien-Herzegowina und am Wiederaufbau der Stadt Mostar. So beschlossen 1993.

Eine europäische Armee?

Ob die Europäische Union eines Tages gemeinsame Streitkräfte haben wird, ist noch nicht entschieden. Langfristig soll jedoch eine europäische Verteidigungsorganisation entstehen. Dazu soll die *Westeuropäische Union* (WEU) weiter ausgebaut werden (M 1, außerdem M 3 in Abschnitt 7.4.5).

EU: Sicherheit auf dem Balkan
Am 1. April 2003 übernahm die EU die Führung der militärischen Sicherungstruppen in Mazedonien, einer ehemaligen jugoslawischen Teilrepublik. Dadurch sollen gewaltsame Konflikte zwischen den unterschiedlichen Bevölkerungsgruppen verhindert werden: zwischen Mazedoniern, Serben und Albanern

Diese Organisation wurde 1954 gegründet. Die Mitglieder vereinbarten damals, im Falle eines bewaffneten Angriffs auf einen oder mehrere Vertragspartner gegenseitige »militärische und sonstige Hilfe und Unterstützung« zu leisten. Zehn der fünfzehn EU-Mitglieder sind heute gleichzeitig Mitglieder der WEU: Belgien, Deutschland, Frankreich, Großbritannien, Italien, Luxemburg, die Niederlande, Spanien, Portugal und Griechenland. Die übrigen EU-Staaten sind bei der WEU als »Beobachter« angemeldet: Irland, Dänemark, Schweden, Finnland und Öster-

reich. Weitere europäische Staaten – wie Tschechien, Polen, Ungarn und Norwegen – arbeiten mit der WEU zusammen.

Innerhalb der NATO wurden in den letzten Jahren erste Eurokorps aufgestellt. Das sind Verbände, in denen Soldaten aus EU-Staaten gemeinsam ausgebildet werden, so etwa in der Deutsch-Französischen Brigade mit Standorten in Müllheim/Baden, Donaueschingen und Immendingen.

Auf diese NATO-Verbände kann die WEU zurückgreifen, wenn militärische Aktionen notwendig werden sollten.

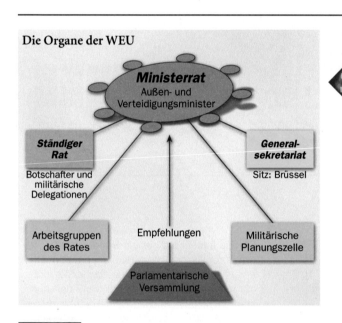

Die Organe der WEU

Ministerrat
Außen- und Verteidigungsminister

Ständiger Rat
Botschafter und militärische Delegationen

General-sekretariat
Sitz: Brüssel

Arbeitsgruppen des Rates

Empfehlungen

Militärische Planungszelle

Parlamentarische Versammlung

Westeuropäische Union (WEU)
Europäische Verteidigungsorganisation mit enger Verbindung zur NATO. Sie wird auch als »europäischer Pfeiler« der gemeinsamen Verteidigungspolitik zwischen Nordamerika und Europa bezeichnet.

Aufgaben:

1. Gibt es gegenwärtig Konfliktregionen, in denen
   a) die EU engagiert ist,
   b) oder in denen sie sich Ihrer Meinung nach engagieren sollte?
   Beobachten Sie dazu die aktuelle Berichterstattung in den Medien. Halten Sie fest:
   • Worum geht es dabei?
   • Tritt die EU dabei geschlossen auf? Oder gibt es Anzeichen, dass EU-Staaten hierbei unterschiedliche Interessen haben?
   • Welchen Beitrag sollte die EU leisten?
   Dazu können Sie die Karten am Schluss des Buches heranziehen.
2. Die Bundesrepublik Deutschland ist Mitglied der NATO. Dies trifft auch für andere EU-Mitglieder zu, aber nicht für alle. Welche Folgen kann dies für die Durchführung gemeinsamer außenpolitischer Aktionen der EU haben?

Das große Spiel

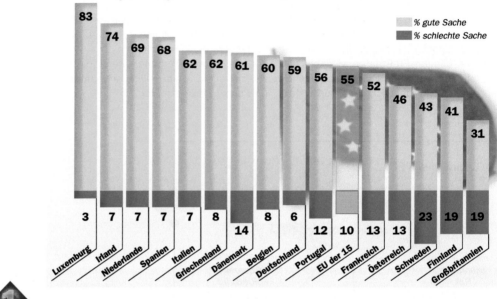

Befürwortung der Mitgliedschaft in der Europäischen Union

Legende:
- % gute Sache
- % schlechte Sache

Land	% gute Sache	% schlechte Sache
Luxemburg	83	3
Irland	74	7
Niederlande	69	7
Spanien	68	7
Italien	62	7
Griechenland	62	8
Dänemark	61	14
Belgien	60	8
Deutschland	59	6
Portugal	56	12
EU der 15	55	10
Frankreich	52	13
Österreich	46	13
Schweden	43	23
Finnland	41	19
Großbritannien	31	19

Was hinter dem »Unbehagen an Europa« stecken kann

Vielleicht nährt sich das Unbehagen auch aus der Einsicht, dass niemand bis heute eine klare Definition lieferte, welchen Charakters dieses »Euroland« sei, das von nun an unseren Alltag bestimmt. Ist es nun ein Staatenbund? Entwickelt es sich zum Bundesstaat?

Es ist weder das eine noch das andere, obschon es Elemente enthält, die einen Vorgriff auf eine Föderation sind – wie die gemeinsame Währung und den Rat der Europäischen Zentralbank, den Ansatz zu einer europäischen Staatsbürgerschaft durch das Wahlrecht (bei Kommunal- und Europawahlen) über die Grenzen hinweg, durch den Europäischen Gerichtshof, durch die Respektierung [Beachtung] des Grundsatzes, dass europäisches Recht nationales Recht zu brechen vermag, auch durch das Eurokorps, das die Avantgarde militärischer Integration sein mag.

Vermutlich ist es an der Zeit, eine europäische Verfassung zu entwerfen, um den Völkern die erreichte Gemeinsamkeit sichtbar zu machen.

Klaus Harpprecht: Europa oder das Glück.
In: Der Spiegel Nr. 49 vom 30.11.1998, S. 177

Europa – mehr als nur ein Handelsverein

Die Europäische Union hat auch heute noch eine »wirtschaftliche Schlagseite«: Sie wird oft mit einem Riesen verglichen, der auf starken wirtschaftlichen Beinen steht, dessen politischer Kopf jedoch nur schwach ausgebildet ist. In der Vergangenheit hat es sich gezeigt, dass Europa in der Wirtschaft am schnellsten vorankommt. Doch: Ein »Handelsverein Europa« dürfte für die Zukunft zu wenig sein.

Über die »vier wirtschaftlichen Freiheiten« hinaus gelten seit dem Maastrichter Vertrag (1993) folgende Grundsätze:

• In der gesamten EU gibt es eine Unionsbürgerschaft (M 3).

• In der Innen- und Rechtspolitik stimmen sich die Mitglieder enger ab und arbeiten in vielen Fragen zusammen. In einigen Bereichen übertragen sie neue Aufgaben an die Europäische Union. So wird die Kontrolle der Außengrenzen der EU seither gemeinsam geregelt. Ebenso gehen die EU-Staaten gemeinsam vor, um den Drogenhandel und die organisierte Kriminalität zu bekämpfen. Bis 1992 waren dies alles Aufgaben, die jeder Staat für sich erledigte.

Das europäische Bürgerrecht

Das europäische Unionsbürgerrecht ergänzt die nationalen Bürgerrechte der Mitgliedstaaten. Für uns bedeutet dies: Wir haben damit ein Bürgerrecht, das nach vier Ebenen gestaffelt ist, das Bürgerrecht

- in der Gemeinde,
- im Bundesland,
- in der Bundesrepublik Deutschland,
- in der Europäischen Union (vgl. M 3).

Dennoch gibt es ein »Unbehagen an Brüssel«. Nicht wenige setzen die EU mit einem bürokratischen Wasserkopf gleich, der zu viele Einzelheiten durch allgemeine Vorschriften regeln will. Aber: Es lohnt sich bei dieser Kritik, sich in der eigenen Umgebung umzusehen.

Politik aktuell
Informationen zu den Stichworten
- Bürgerrechte
- politische Mitwirkung
- mehr Demokratie in der EU

gibt es im Internet unter europa.eu.int/citizens

Aufgaben:

1. Von der Gemeinde bis zur Europäischen Union – ein vierfach gestuftes Bürgerrecht: Stellen Sie für jede Ebene typische Beispiele für Bürgerrechte zusammen. Sie können damit eine grafische Zusammenfassung der politischen Bürgerrechte auf den unterschiedlichen Ebenen als Poster oder Plakat gestalten.
2. In M 2 finden Sie Informationen, die ein Stück über die Kritik an der EU hinausführen. Welche Gründe spricht der Autor für das Unbehagen an der EU an?

3

Die Rechte der Bürger in der EU

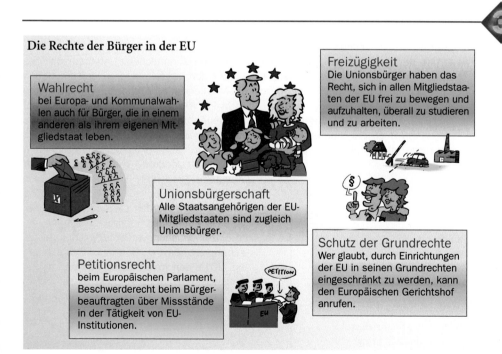

Wahlrecht
bei Europa- und Kommunalwahlen auch für Bürger, die in einem anderen als ihrem eigenen Mitgliedstaat leben.

Freizügigkeit
Die Unionsbürger haben das Recht, sich in allen Mitgliedstaaten der EU frei zu bewegen und aufzuhalten, überall zu studieren und zu arbeiten.

Unionsbürgerschaft
Alle Staatsangehörigen der EU-Mitgliedstaaten sind zugleich Unionsbürger.

Schutz der Grundrechte
Wer glaubt, durch Einrichtungen der EU in seinen Grundrechten eingeschränkt zu werden, kann den Europäischen Gerichtshof anrufen.

Petitionsrecht
beim Europäischen Parlament, Beschwerderecht beim Bürgerbeauftragten über Missstände in der Tätigkeit von EU-Institutionen.

Doppelhaus mit Brandmauer

Die vierte Erweiterungsrunde

Im Jahr 2004 ist die EU um zehn Mitglieder erweitert worden, die nach Ansicht des Europäischen Rats die Kriterien für eine Aufnahme erfüllen (M 1). Zwei weitere Staaten, Rumänien und Bulgarien, werden voraussichtlich 2007 aufgenommen. Diese Erweiterung der Europäischen Union wäre nicht möglich gewesen ohne das Ende des Kommunismus in Osteuropa (siehe dazu Abschnitt 7.4.2): Mit der Öffnung des Eisernen Vorhangs und dem Zerfall der Sowjetunion bekamen auch die Staaten Ost- und Südosteuropas die Möglichkeit, über ihre

Zukunft frei zu entscheiden. Für die meisten von ihnen liegt diese Zukunft in der Ausrichtung auf Europa und die Europäische Union.

Chancen und Risiken

Die früheren Erweiterungsrunden haben die Europäische Union gestärkt. Aus ursprünglich 6 Staaten waren so 15 geworden, jetzt sind es 25. Die Erweiterung auf 25 Staaten bringt jedoch auch Risiken mit sich. Die EU soll dadurch vor allem stärker werden. Ob dies gelingt, wird sich erst nach einer Reihe von Jahren zeigen.

• Die politischen Institutionen der EU sind nicht auf 25 oder 27 Mitglieder ausgelegt. Wie sieht es bei 25 Mitgliedern mit dem Vetorecht aus? Brauchen wir so viele EU-Kommissare, wie die EU Mitgliedstaaten hat, oder wäre es nicht sinnvoller, diese Zahl zu reduzieren? Wie können die Mehrheitsverhältnisse im Parlament und im Ministerrat so gestaltet werden, dass große und kleine Staaten, reiche und arme sich nicht gegenseitig blockieren? Die Bemühungen, vor diesem Hintergrund eine neue Verfassung für die EU zu beschließen, sind bisher im Sande verlaufen (Stand 2004).

• Die wirtschaftlichen Unterschiede zwischen den alten und den meisten neuen EU-Mitgliedern sind enorm. (Vgl. die Daten in M 2.) Wie die Marktöffnung letztlich auf die neuen und die alten EU-Mitglieder wirkt, ist im Voraus kaum zu sagen. Welchen Erfolg haben die wirtschaftlichen Reformen in den Beitrittsländern? Wie sieht es mit der Arbeitslosigkeit aus? Wie entwickeln sich die Löhne? Wie nutzen die Firmen die Osterweiterung? Werden die neuen Mitglieder zu einer dauernden finanziellen Last?

In Einzelbereichen wurden lange Übergangszeiten vereinbart (z. B. erlaubt Deutschland bis 2011 den freien Zuzug aus den neuen Mitgliedstaaten nicht). Auch ist derzeit (2004) noch nicht entschieden, wie die Strukturpolitik der EU aussehen wird: Welche Regionen werden gefördert? Welche Summen sind dafür vorgesehen? (Vgl. Abschnitt 6.2.5.)

1

Wer darf in die EU aufgenommen werden?

Kriterien für die Aufnahme in die EU sind:
1. Stabilität der politischen Institutionen; funktionierende Demokratie. Rechtsstaat, der die Menschenrechte beachtet und Minderheitenrechte einhält.
2. Funktionsfähige Marktwirtschaft, die als Standort wettbewerbsfähig ist und internationaler Konkurrenz standhält.
3. Bereitschaft und Fähigkeit zur Übernahme der finanziellen Verpflichtungen, die die EU-Mitgliedschaft mit sich bringt.

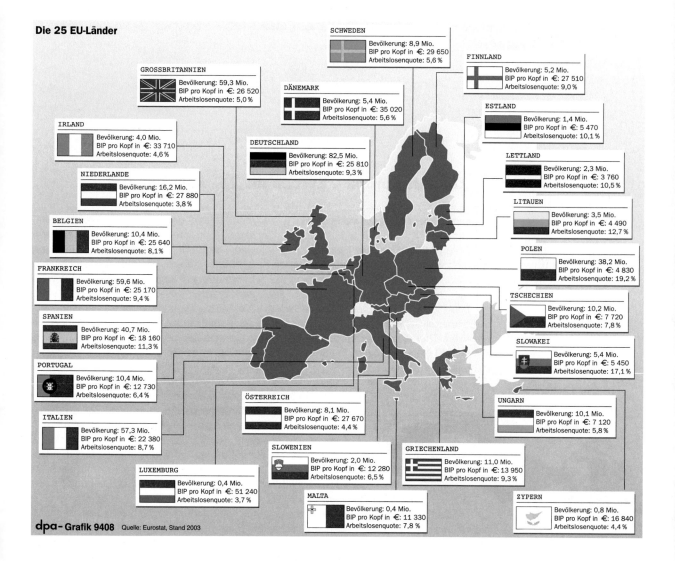

Die 25 EU-Länder

SCHWEDEN
Bevölkerung: 8,9 Mio.
BIP pro Kopf in €: 29 650
Arbeitslosenquote: 5,6 %

FINNLAND
Bevölkerung: 5,2 Mio.
BIP pro Kopf in €: 27 510
Arbeitslosenquote: 9,0 %

GROSSBRITANNIEN
Bevölkerung: 59,3 Mio.
BIP pro Kopf in €: 26 520
Arbeitslosenquote: 5,0 %

DÄNEMARK
Bevölkerung: 5,4 Mio.
BIP pro Kopf in €: 35 020
Arbeitslosenquote: 5,6 %

ESTLAND
Bevölkerung: 1,4 Mio.
BIP pro Kopf in €: 5 470
Arbeitslosenquote: 10,1 %

IRLAND
Bevölkerung: 4,0 Mio.
BIP pro Kopf in €: 33 710
Arbeitslosenquote: 4,6 %

DEUTSCHLAND
Bevölkerung: 82,5 Mio.
BIP pro Kopf in €: 25 810
Arbeitslosenquote: 9,3 %

LETTLAND
Bevölkerung: 2,3 Mio.
BIP pro Kopf in €: 3 760
Arbeitslosenquote: 10,5 %

NIEDERLANDE
Bevölkerung: 16,2 Mio.
BIP pro Kopf in €: 27 880
Arbeitslosenquote: 3,8 %

LITAUEN
Bevölkerung: 3,5 Mio.
BIP pro Kopf in €: 4 490
Arbeitslosenquote: 12,7 %

BELGIEN
Bevölkerung: 10,4 Mio.
BIP pro Kopf in €: 25 640
Arbeitslosenquote: 8,1 %

POLEN
Bevölkerung: 38,2 Mio.
BIP pro Kopf in €: 4 830
Arbeitslosenquote: 19,2 %

FRANKREICH
Bevölkerung: 59,6 Mio.
BIP pro Kopf in €: 25 170
Arbeitslosenquote: 9,4 %

TSCHECHIEN
Bevölkerung: 10,2 Mio.
BIP pro Kopf in €: 7 720
Arbeitslosenquote: 7,8 %

SPANIEN
Bevölkerung: 40,7 Mio.
BIP pro Kopf in €: 18 160
Arbeitslosenquote: 11,3 %

SLOWAKEI
Bevölkerung: 5,4 Mio.
BIP pro Kopf in €: 5 450
Arbeitslosenquote: 17,1 %

PORTUGAL
Bevölkerung: 10,4 Mio.
BIP pro Kopf in €: 12 730
Arbeitslosenquote: 6,4 %

UNGARN
Bevölkerung: 10,1 Mio.
BIP pro Kopf in €: 7 120
Arbeitslosenquote: 5,8 %

ITALIEN
Bevölkerung: 57,3 Mio.
BIP pro Kopf in €: 22 380
Arbeitslosenquote: 8,7 %

ÖSTERREICH
Bevölkerung: 8,1 Mio.
BIP pro Kopf in €: 27 670
Arbeitslosenquote: 4,4 %

SLOWENIEN
Bevölkerung: 2,0 Mio.
BIP pro Kopf in €: 12 280
Arbeitslosenquote: 6,5 %

GRIECHENLAND
Bevölkerung: 11,0 Mio.
BIP pro Kopf in €: 13 950
Arbeitslosenquote: 9,3 %

LUXEMBURG
Bevölkerung: 0,4 Mio.
BIP pro Kopf in €: 51 240
Arbeitslosenquote: 3,7 %

MALTA
Bevölkerung: 0,4 Mio.
BIP pro Kopf in €: 11 330
Arbeitslosenquote: 7,8 %

ZYPERN
Bevölkerung: 0,8 Mio.
BIP pro Kopf in €: 16 840
Arbeitslosenquote: 4,4 %

dpa- Grafik 9408   Quelle: Eurostat, Stand 2003

Aufgaben:

1. Soll auch in Zukunft jeder Mitgliedstaat der EU einen EU-Kommissar bestimmmen dürfen? Wie sieht es mit dem Vetorecht bei 25 Mitgliedern aus? Vergleichen Sie mit Abschnitt 6.2.1, M 2.
2. Überlegen Sie, wo Sie in Ihrem Alltag (z. B. im Betrieb, beim Einkauf, im Urlaub) schon Auswirkungen der neuesten Erweiterung der EU erlebt haben.
3. Worin sehen Sie für sich persönlich Vor- und Nachteile der EU-Erweiterung?
4. Vergleichen Sie die Beitrittsstaaten (M 2): Wo sehen Sie jeweils Stärken und Schwächen? Beziehen Sie auch die geografische Lage mit ein (Karte auf S. 271).
5. Vorschlag für ein Planspiel: Ziehen Sie in Gruppen jeweils über ein neues EU-Mitglied Informationen im Internet ein. Beantragen Sie dann vor der EU-Kommission (d. h. anderen Schülern aus Ihrer Klasse) Fördermittel der EU und begründen Sie Auswahl und Zielsetzung der Projekte (z. B. Landwirtschaft, Ausbau des Verkehrsnetzes). Denken Sie bei der Formulierung Ihrer Argumente daran, dass Sie sich gegenüber den anderen Mitgliedern durchsetzen wollen, die ebenfalls Anträge gestellt haben. – Die EU-Kommission entscheidet anschließend, welche Anträge sie genehmigt und welche Bedingungen sie für die Vergabe der Gelder setzt.

Aktuelle Daten im Internet
unter
europa.eu.int/comm/
enlargement

Zukunftswerkstatt

Zukunft Europa – Europa im 21. Jahrhundert?

Zukunftswerkstatt als gemeinsames Projekt

Die Zukunft Europas – ein Thema, das bislang schon mehrfach angesprochen wurde. Zum Abschluss können wir es einmal systematisch angehen. Vielleicht blättern Sie nochmals zurück. Außerdem können Sie einige Arbeiten, die Sie in den letzten Wochen zum Thema angefertigt haben, heranziehen – Plakate, Collagen, Ergebnisse von Umfragen und Diskussionen …

Als Methode eignet sich die »Zukunftswerkstatt«. Es handelt sich dabei um einen Lernweg, den wir gemeinsam in einzelnen Schritten gehen können. Die folgenden Informationen organisieren und gliedern diesen Weg.

Am Anfang kann ein Impulstext stehen, der nochmals darauf hinweist, dass ein vereinigtes Europa mehr ist als ein großer Markt für Güter und Dienstleistungen.

Nation oder Europa – ein Gegensatz?

»Nation und Europa sind keine Gegensätze, sie bedingen einander. Am Ausgang des 20. Jahrhunderts haben wir keine andere Wahl als die europäische Einigung um unseren Nationalstaaten ein gute Zukunft und den Menschen auch im 21. Jahrhundert ein Leben in Sicherheit und Wohlstand zu ermöglichen.

Zur Bilanz von »Nation und Europa« gehört die Erkenntnis, dass die europäische Einigung unserem Kontinent nach den leidvollen Erfahrungen der ersten Jahrhunderthälfte fünfzig Jahre Frieden, Sicherheit und Stabilität beschert hat. Europa kann also als Heilmittel gegen Nationalismus gar nicht so schlecht sein …«

Wolfgang Schäuble, ehemaliger Vorsitzender der CDU, in: Frankfurter Allgemeine Zeitung vom 15.05.1998, S. 15

Zukunftswerkstatt »Europa der Zukunft«

Leitfragen:

Wie stellen wir uns die Zukunft in Europa vor? Wohin soll die europäische Einigung führen? Welche Staaten sollen künftig dabei sein?…?

Die »Methode Zukunftswerkstatt« gibt viel Raum für selbstständiges Planen, Entscheiden und Arbeiten. Sie wurde von dem Zukunftsforscher Robert Jungk mit Gruppen aus der Ökologie- und der Friedensbewegung entwickelt. Seine Werkstätten dauerten meistens mehrere Tage. Wir können aber auch mit weniger Zeit auskommen, wenn wir ein paar Dinge beachten:

• Einiges kann man längerfristig vorbereiten: Informationsstellen anschreiben, Handwerkszeug besorgen …

• Der Ablauf muss in Stationen eingeteilt werden. Vor jeder Pause sollten Ergebnisse festgehalten werden, damit sie dann beim nächsten Start präsent sind.

• Wir sollten uns auf das konzentrieren, was wir schaffen können; »Vollständigkeit« ist hier kein Lernziel.

Stationen der Zukunftswerkstatt – Anregungen zur eigenen Entscheidung

Station 1

Vorbereitung

- *Fragestellung festlegen:* Wie soll unser Thema genau heißen?
- *Arbeitsformen auswählen:* Einzelarbeit, Gruppenarbeit, ganze Klasse?
- *Informationen zusammentragen:* Vor allem unsere eigenen Vorstellungen, aber auch Materialien, die wir bislang bekommen haben; nicht zuletzt: was wir bislang in Sachen EU selber gemacht haben.
- *Handwerkszeug vorbereiten:* Was brauchen wir während der Arbeit, bei der Dokumentation und der Präsentation der Ergebnisse?
- *Zeitplanung bedenken:* Haben wir Blockunterricht oder Tagesunterricht? Zahl der »Etappen«, die uns zur Verfügung stehen?

Station 2

Bestandsaufnahme und Kritik

Hier soll die Kritik zu ihrem Recht kommen – aber auch: kritische Argumente brauchen eine Begründung.

- Bisherige Politik der EU, Ergebnisse, Erfolge, Leistungen ...?
- Schwachstellen und Defizite, Versagen ...? Mögliche Gründe?

Station 3

Blick nach vorne – Zukunftsbilder

Jetzt ist unser »Wunsch-Europa« gefragt.

- *Wichtig:* Ideen sammeln, erklären, begründen, auf unterschiedliche Weise darstellen und mit anderen austauschen.
- *Kritikpunkte* aus Station 2 in positive Folgerungen umformulieren.
- *Entscheiden*, worauf es uns ankommt, abwägen, was uns wichtig ist ...

Station 4

Realisierung – über Wege nachdenken und sprechen

Wir »zeichnen« nun das Bild: »Europa, wie wir es wollen«.

- Einzelne Bilder/Vorstellungen zusammentragen zu »unserem Europa«.
- Ergebnisse vor-/ausstellen
- Mit anderen darüber sprechen, nachdenken, auch: Kritik sammeln, Konsequenzen überlegen, Alternativen finden ...

Gemeinsame Politik – oder kocht jeder sein eigenes Süppchen?

Teil 6.1 Ein vereintes Europa – wozu?

Europa im Alltag - Beispiele
- Internationale Küche
- Tourismus
- Jugendaustausch; Arbeit und Ausbildung in anderen EU-Staaten (Förderprogramme).

Ziele der europäischen Einigung
- Politisch: Aussöhnung; mehr politisches Gewicht.
  - Politische Union (Direktwahl zum Europäischen Parlament ab 1979)
- Wirtschaftlich: Stärke durch gemeinsamen Wirtschaftsraum. Vier Freiheiten:
  - Freier Handel (gemeinsamer Binnenmarkt)
  - Freie Wahl des Arbeitsplatzes
  - Freie Gründung von Unternehmen
  - Freier Kapitalverkehr (gemeinsame Währung; vgl. 6.3)
- Stationen der wirtschaftlichen und politischen Union seit 1951
- Erweiterungen der EU: Ziele und Hindernisse
- Reform der EU-Verfassung.

Drei Säulen der EU heute
- Europäische Gemeinschaft
- Außen- und Sicherheitspolitik
- Innen- und Außenpolitik

Teil 6.2 Wie funktioniert die EU?

Politische Organe und ihre Befugnisse
- Europäischer Rat: Neuaufnahme von Mitgliedern, Besetzung von Ämtern
- Ministerrat: Beschlussfassung im Auftrag der nationalen Regierungen der Mitglieder
- Kommission: Ausführendes Organ; Machtzentrum (Initiativen, Kontrolle, Hüterin der Verfassung)
- Parlament (direkt gewählt; europäische Parteienbündnisse): Beteiligung an Gesetzgebung; abgestufte Mitwirkungs- und Kontrollrechte
- Gerichtshof.

Europa und die Einzelstaaten
- Spannungsverhältnis zwischen nationalen Interessen und europäischer Sache
- In Grundsatzfragen Einstimmigkeit der Mitgliedstaaten nötig; sonst abgestufte Mehrheiten je nach Tragweite der Entscheidungen
- Wachsende Bedeutung des Parlaments: Zustimmung zum Haushalt, Vetorecht in wichtigen Fragen
- Prinzip der Subsidiarität: Ausschuss der Regionen; Raum für nationale und regionale Regelungen
- Unterschiedliche wirtschaftliche Stärke; Förderung schwächerer Regionen.

Teil 6.3 Europa gestalten – aber wie?

Wirtschafts- und Währungsunion
- Vom Europäischen Währungssystem (EWS) zum Euro.

Sozialunion
- Problem: Unterschiedlich hohe Löhne und soziale Standards in den Mitgliedstaaten
- Maßnahmen: Festlegung von sozialen Mindeststandards; Europäische Betriebsräte.

Gemeinsame Außen- und Sicherheitspolitik
- EU-Bürgerrechte als Ergänzung nationaler Rechte (z. B. Wahlrecht, Petitionsrecht)
- Schutz der Bürgerrechte durch den Europäischen Gerichtshof.

Erweiterung der EU
- Probleme der Integration
  - Wirtschaftliches Gefälle in der EU
  - Finanzierungsfragen
  - Akzeptanz in der Bevölkerung

Sicherheit und Frieden – Perspektiven in einer globalen Welt

GREENPEACE

7

Globalisierung und Friedenssicherung

Grenzenlos? – Erfahrungen in einer offenen Welt

Globalisierung – Herausforderung für die internationale Zusammenarbeit

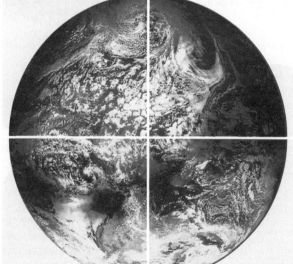

Eine Welt – Ungleichheit global: der Nord-Süd-Konflikt

ENTWICKLUNG BRAUCHT ENTSCHULDUNG

7.1 Grenzenlos? – Erfahrungen in einer offenen Welt

7.1.1 Neue Medien global – mit der ganzen Welt in Kontakt?

Der Klick in die Welt – neue Chancen oder ...?

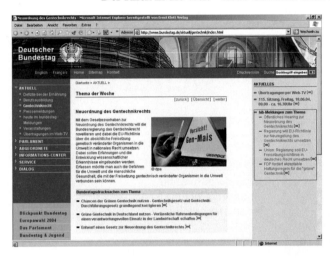

Globalisierung – nicht nur eine Sache der Wirtschaft

Unser Leben ist in vielerlei Hinsicht weltweit vernetzt. Unser Alltag ist »global« geworden, ohne dass wir uns dessen immer bewusst sind:

• ein Telefonanruf mit dem Handy aus dem Urlaub auf Sri Lanka oder Mallorca,

• im Fernsehen Bilder vom Formel-1-Rennen in Australien,

• Daten und Nachrichten in Sekundenschnelle aus dem Internet,

• die neueste CD – elektronisch bestellt,

• eine E-Mail an eine Freundin in Neuseeland …

Globalisierung ist zu einem Schlagwort geworden (vgl. Abschnitt 2.2.1). Der Begriff muss vor allem in der Wirtschaft als Begründung für vieles herhalten, so wenn

• Zusammenschlüsse großer Konzerne zu weltweit operierenden Unternehmen auf der Tagesordnung stehen,

• Tarifverhandlungen anstehen und die Arbeitgeber auf den »globalen Wettbewerb« verweisen

• oder die Industrie schärfere Umweltauflagen verhindern will.

Dabei wird Globalisierung vor allem als ein Sachzwang verstanden, dem wir nicht entkommen können.

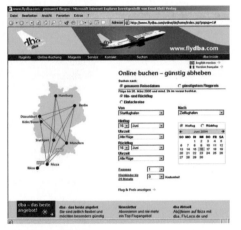

Neue Chancen: sich informieren und engagieren – im Internet

Diese Entwicklung hat auch eine gesellschaftliche Seite: Globalisierung beeinflusst unseren Alltag, schafft neue Möglichkeiten in der Freizeit und im Beruf. Eine wichtige Rolle spielen dabei die elektronischen Medien, allen voran der Computer, wenn wir ihn als Einstieg in weltweite Netze benutzen:

• Der Urlaub lässt sich im Internet vorplanen und organisieren,

• wir kaufen im Internet ein und wickeln Bankgeschäfte ab, unabhängig von den Öffnungszeiten,

• wir klicken uns in die internationale Musikszene ein und besorgen uns per Downloading die neuesten Hits.

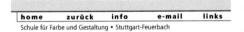

Und in der Politik? Die neuen Techniken machen es möglich, dass wir uns die Politik ins Haus holen – und uns zugleich von zu Hause aus in die Politik einmischen können, zum Beispiel:

• In Chats nehmen wir Kontakte mit anderen auf und schalten uns in die Diskussionen ein.
• Naturschutzorganisationen informieren weltweit über Missstände und aktivieren Millionen von Menschen zum Protest gegen Umweltzerstörungen.
• Regierungen und internationale Organisationen machen ihre Politik im Internet zugänglich.
• Oppositionelle Gruppen in Diktaturen holen sich weltweit Informationen und nehmen mit Gleichgesinnten über das Internet Kontakt auf.

• Gemeinden und Städte stellen im Netz ihre kommunalen Vorhaben vor und fordern zum Mitreden, zu Kritik und Anregung auf.
• Bürgerinitiativen bauen sich mit ihrer Homepage ein eigenes Forum zur Kritik und Mitwirkung an politischen Entscheidungen.

Politik kontrovers
• Der elektronische Vorsprung der Industrieländer ist so gewaltig, dass ihn die Entwicklungsländer nie aufholen können. Diese Länder werden mehr und mehr abgehängt.

• Es wird zwar weiterhin Unterschiede geben. Aber die neuen Geräte werden auch in der Dritten Welt das Leben der Menschen verändern. So können allein Mobiltelefone in einem entlegenen Dorf, in einer schwer erreichbaren Gebirgsgegend in wenigen Jahrzehnten für Millionen von Menschen große Veränderungen bringen und die Wirtschaft anstoßen. Die Globalisierung macht hier nicht Halt.

Das Internet - Tor zur Welt für alle?

a) Internet-Nutzer in Deutschland (2003)
Soviel Prozent der jeweiligen Gruppe nutzen das Internet

Insgesamt	53,5 %
Männer	*62,6 %*
Frauen	*45,2 %*
14 bis 19 Jahre	92,1 %
20 bis 29 Jahre	81,9 %
30 bis 39 Jahre	73,1 %
40 bis 49 Jahre	67,4 %
50 bis 59 Jahre	48,8 %
60 Jahre und älter	13,3 %

Media Perspektiven 8/2003, S. 340

b) Internet-Nutzer weltweit (2002)

Region	Anzahl der Nutzer	Bevölkerung (2003)
Afrika	6,3 Mio.	861 Mio.
Europa	190,9 Mio.	727 Mio.
Lateinamerika	33,4 Mio.	540 Mio.
Nahost	5,2 Mio.	204 Mio.
Nordamerika	182,7 Mio.	323 Mio.
Ostasien/Pazifik	187,2 Mio.	3.658 Mio.
Gesamt	*605,6 Mio.*	*6.313 Mio.*

Fischer Weltalmanach 2004, Sp. 1308; DSW-Datenreport 2003

Aufgaben:

1. Die modernen Informations- und Kommunikationstechniken sind auf der Weltkarte nicht gleichmäßig verteilt (vgl. M 1b). Rechnen Sie aus, wie hoch der Anteil der Internet-Nutzer jewells in den einzelnen Regionen und an der Weltbevölkerung insgesamt ist. Welche Folgerungen können Sie daraus für die Entwicklung der einzelnen Weltregionen ziehen?
2. 1993 nutzten erst 10 Mio. Menschen das Netz. Anfang des 21. Jahrhunderts waren es schon mehr als 600 Mio. Aktualisieren Sie die Daten des Schaubilds. Suchmaschinen führen über das Stichwort „Online-Nutzer" weiter.

7.1.2 Die Welt im eigenen Alltag – überall das Gleiche?

Freizeit – nach globalen Mustern?

So ganz »privat« ist unser Leben nicht. Was wir in der Freizeit machen, was wir kaufen und verbrauchen – da reden andere mit: Mehr als die Hälfte der Jugendlichen zwischen 14 und 29 Jahren sind der Meinung, dass die Werbung der großen Konzerne, die großen elektronischen Medienkonzerne und die Computerwelt unser Leben und die Art und Weise, wie wir es führen, bestimmen. Viele sind überzeugt, dass wir bald »durch unser Leben zappen wie heute durch die Fernsehkanäle … Das Heim wird zum Boxenstopp, die Welt zum globalen Dorf.«

BAT-Freizeit-Forschungsinstitut 148, 07.06.1999

Weiterentwicklung der Menschheit?

Ein wachsender Markt: Verkauf von Musik über das Internet

Am Anfang waren die illegalen Tauschbörsen, die der Musikindustrie das Leben schwer machen. Heute ist der Download von Musik aus dem Internet bereits ein blühender Geschäftszweig. Eine Million Songs, jeder für 99 Cent, laden die Fans heute pro Woche bei »iTunes« herunter und spielen sie auf dem MP3-Player ab. Die Kunden stellen sich ihre eigenen Musiksammlungen zusammen. Bis zu 10 000 Songs aus dem Netz oder von eigenen CDs können auf den neuesten Abspielgeräten gespeichert werden.

Aufgaben:

1. Ein umstrittenes Argument: Die großen Freizeit-, Medien- und Unterhaltungskonzerne – Walt Disney und seine Freizeitparks, Musikkanäle wie MTV und VIVA – geben weltweit den Ton an. Überall die gleichen Modetrends und Kultwellen. Richten wir unser Leben nach den Mustern aus, die diese globalen Konzerne vorgeben? Also »globale Eintönigkeit«?

2. Gibt es Alternativen zu den Produkten der weltweiten Unterhaltungsindustrie? Welche Chancen haben sie, angenommen zu werden?

Konsum global – die Welt im Angebot?

Ein Blick in die Regale der Supermärkte zeigt es: Der »Weltmarkt« ist längst Wirklichkeit. Wir finden Waren aus vielen Ländern. Moderne Transportmittel lassen die Wege vom Hersteller zum Verbraucher schrumpfen. Durch internationale Vereinbarungen werden immer mehr Einfuhrbeschränkungen abgeschafft; der Handel wird »liberalisiert«. Dabei handeln Anbieter wie Verbraucher global: Beide wollen die für sie günstigsten Bedingungen bekommen.

Doch auch das heißt heute Weltmarkt: Hinter den Angeboten stehen immer weniger Unternehmen. Die wirtschaftliche Konzentration führt dazu, dass sich die Verbraucher bei immer weniger, aber immer größeren Anbietern bedienen können.

Die Welt – Vielfalt und Unterschiede als Chancen

In Deutschland leben etwas mehr als 80 Mio. Menschen. Wie bei uns haben in keinem Land der Welt alle die gleiche nationale Herkunft. So leben heute in Deutschland etwas mehr als 7 Mio. Ausländer. Sie legen ihre eigene Tradition nicht einfach ab, wenn sie die Grenze überschreiten – ihre Geschichte und Kultur, ihre Religion und ihre Feste, die Art zu leben, zu essen und sich anzuziehen. Dass Menschen unterschiedlicher Herkunft zusammenleben, ist also überall »der Normalfall«.

Die »Neuen« im Lande
In den USA haben Wissenschaftler herausgefunden, dass unter denen, die in ihrem Beruf – bei der Arbeit, in der Wirtschaft, in der Forschung, der Medizin … – besonders erfolgreich sind, überdurchschnittlich viele aus Einwandererfamilien stammen.

Ausländerbeiräte und Ausländerbeauftragte
Das sind Einrichtungen in Städten und Landkreisen, die das Zusammenleben von Menschen unterschiedlicher Herkunft erleichtern sollen. Sie informieren über ihre Arbeit und ihre praktischen Vorhaben. Anschriften erhalten Sie bei der Stadt- bzw. Kreisverwaltung.

Aufgaben:

3. »Anpassen, einordnen und nicht auffallen« – eine Forderung der Mehrheit an die Zugewanderten. Oder: »Die Neuen aufnehmen und akzeptieren, dass sie anders sind als die Mehrheit«? Vielfalt als Chance für uns alle?
4. Vielfalt in unserer Umgebung: Überprüfen Sie mal Ihre Gewohnheiten: Essen, Trinken, Kleidung … Wie »international« leben Sie täglich ganz privat? Woher kommen die Dinge, die Sie verbrauchen oder benutzen?

Aufstand gegen Mc Donald's

Vor dem Justizgebäude der südfranzösischen Stadt Millau demonstrierten 500 Bauern gegen den »US-Ernährungsimperialismus« und den »industriellen Einheitsfraß«. Sie verlangten die Freilassung von José Bové. Dieser hatte zusammen mit 400 anderen Schäfern und Bauern versucht die Baustelle für ein weiteres McDonald's zu zerstören.

DIE ZEIT Nr. 39 vom 23.09.1999, S. 27

„Schlechtessen", das bedeutet dieses ganze standardisierte Produktionssystem, diese Gleichschaltung des Geschmacks. Ich weiß nicht, ob wir Franzosen da sensibler sind als andere Völker. … In den Regionen gibt es eine kulturelle Vielfalt, auch eine Vielfalt des Essens … und ich denke, dass es für die Franzosen wichtig ist, diese Wurzeln zu schützen, zu bewahren.

José Bové: Die Welt ist keine Ware. Bauern gegen Agromultis, Zürich 2001

Anmerkung:
Bové ist inzwischen Sprecher einer internationalen (Klein-) Bauerngewerkschaft.
In Deutschland hat McDonald's heute über 1 200 Restaurants mit rund 47 000 Beschäftigten.

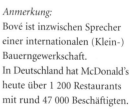

7.2 Globalisierung – Herausforderungen für die internationale Politik

Völkerbundpalast in Genf (heute Sitz der Ständigen Abrüstungskonferenz der UNO)

UNO-Gebäude in New York

7.2.1 Die Vereinten Nationen – eine Weltorganisation

Zusammenarbeit – die Welt gemeinsam gestalten

Nach den vielen Kriegen im letzten und auch zu Beginn dieses Jahrhunderts wurde immer wieder ein Gedanke laut: Es muss eine Welt-Einrichtung geschaffen werden, die in der Lage ist, Streitigkeiten zwischen den Staaten gemeinsam zu lösen und Kriege in Zukunft zu verhindern. Doch wie sollte es möglich sein, die Staaten auf einen solchen Weg zu bringen?

Vier *Grundsätze einer „neuen Weltordnung"* spielten in solchen Plänen eine Rolle:

● *Souveräne Staaten mit gleichen Rechten:* Kein Staat darf einem anderen seine Politik aufzwingen. Alle Staaten sollen für sich sprechen und unabhängig sein.

● *Konflikten vorbeugen:* Die Regierungen sollen sich regelmäßig treffen, um über die wichtigsten politischen Aufgaben zu beraten und gemeinsame Maßnahmen zu beschließen. Konflikte könnten so schon im Vorfeld vermieden werden.

● *Verzicht auf Gewalt:* Kommt es zu Konflikten zwischen Staaten, so sollen diese friedlich gelöst werden – z. B. durch einen neutralen Schlichter, den die Streitenden anrufen, oder durch den Urteilsspruchs eines neutralen Gerichts.

● *Gemeinsame, kollektive Sicherheit:* Wenn alle friedlichen Mittel versagen, dann kann die internationale Gemeinschaft die Streitenden unter Androhung oder gar Anwendung von Gewalt zum Frieden zwingen.

Vom Völkerbund zu den Vereinten Nationen

1919, nach dem Ende des Ersten Weltkriegs, wurde in Genf von 45 Staaten der „Völkerbund" gegründet. Doch die hohen Erwartungen konnte diese erste Weltorganisation nicht erfüllen. Vor allem gelang es dem Völkerbund nicht, den Zweiten Weltkrieg von 1939 bis 1945 zu verhindern – nicht zuletzt deshalb, weil große Staaten wie die USA nicht Mitglieder waren. Und Deutschland, Italien und Japan traten zwischen 1933 und 1937 wieder aus der Staatengemeinschaft aus. Sie wollten sich in ihrer Politik, die auf Krieg ausgerichtet war, nicht kontrollieren lassen.

Souveräner Staat
Staat, der uneingeschränkte Hoheitsrechte besitzt

Kollektive Sicherheit
ist als umfassende gemeinsame Sicherheit zu verstehen. Genaueres dazu Seite 256.

Im Oktober 1943, noch während des Zweiten Weltkriegs, verkündeten die Vereinigten Staaten von Amerika, Großbritannien, die Sowjetunion und China ihre Absicht, eine neue internationale Organisation zu schaffen. Am 26. Juni 1945 unterzeichneten 51 Staaten die „Charta der Vereinten Nationen" (UNO – United Nations Organization). In dieser Erklärung verpflichteten sie sich, die Grundsätze für ein friedliches Zusammenleben der Staaten untereinander zu beachten und für die Einhaltung der Rechte der Bürgerinnen und Bürger in ihren Ländern zu sorgen.

Heute gehören fast alle Staaten der Welt der UNO an (2003: 191 Staaten). 1973 wurden die Bundesrepublik Deutschland und die Deutsche Demokratische Republik gleichzeitig Mitglieder, nachdem beide Staaten ihre besonderen Beziehungen im „Grundlagenvertrag" geregelt hatten (vgl. Abschnitt 4.3.1). Hauptsitz der UNO ist New York. Wichtige Einrichtungen der Weltorganisation sind auch in Europa angesiedelt, vor allem in Genf und in Wien.

Internationale Zusammenarbeit – Sicherung des Weltfriedens – Achtung der Menschenrechte

Aus der Charta der Vereinten Nationen von 1945: Artikel 1

Die Vereinten Nationen setzen sich folgende Ziele:

1. den Weltfrieden und die internationale Sicherheit zu wahren und zu diesem Zweck wirksame Kollektivmaßnahmen zu treffen, um Bedrohungen des Friedens zu verhüten und zu beseitigen, Angriffshandlungen und andere Friedensbrüche zu unterdrücken und internationale Streitigkeiten ... durch friedliche Mittel ... zu bereinigen oder beizulegen;

2. freundschaftliche, auf der Achtung vor dem Grundsatz der Gleichberechtigung und Selbstbestimmung der Völker beruhende Beziehungen zwischen den Nationen zu entwickeln ...

3. eine internationale Zusammenarbeit herbeizuführen, um internationale Probleme wirtschaftlicher, sozialer, kultureller und humanitärer Art zu lösen und die Achtung vor den Menschenrechten und Grundfreiheiten für alle ohne Unterschied der Rasse, des Geschlechts, der Sprache oder der Religion zu fördern und zu festigen; ...

Afghanische Mädchen erhalten Schulunterricht, der von der UNESCO organisiert wurde.

Aufgaben:

1. Welche der auf S. 228 genannten Grundsätze einer neuen Weltordnung finden Sie in Art. 1 der UNO-Charta wieder?

2. Fassen Sie Ihre Ergebnisse zusammen, indem Sie festhalten, welche Aufgabenfelder der UNO in den drei Absätzen angesprochen werden.

3. Suchen Sie aktuelle Beispiele, die verdeutlichen, wie solche Ziele umgesetzt werden können – etwa: Welche Maßnahmen kennen Sie, mit denen die UNO humanitäre Probleme lösen will?

Politik aktuell
Neue Informationen erhalten Sie unter:
www.uno.de/presse

Der Sicherheitsrat – das Entscheidungszentrum der UNO

Wer hat das letzte Wort?
Im Frühjahr 2003 griffen Truppen der USA und Großbritanniens den Irak an. Begründung: Der irakische Diktator Saddam Hussein unterstütze terroristische Organisationen, rüste mit Massenvernichtungswaffen auf und stelle eine Gefahr für andere dar. Dem müssten sie mit einem Präventivkrieg zuvorkommen.
Für diesen Krieg erhielten die beiden Staaten kein Mandat im UNO-Sicherheitsrat. Vor allem für Frankreich, Russland und Deutschland war dies ein Verstoß gegen die UNO-Charta. Nach der Eroberung des Landes und dem Sturz des irakischen Diktators wurden keine Beweise für eine Aufrüstung mit Massenvernichtungswaffen gefunden (siehe auch Abschnitt 7.4.5).

Die Generalversammlung
Immer im Herbst eines jeden Jahres tagt die Generalversammlung, auch Vollversammlung genannt. Daneben sind in besonderen Fällen weitere Sitzungen möglich. Jedes Mitgliedsland hat eine Stimme, unabhängig von Größe, Einwohnerzahl oder politischer und wirtschaftlicher Macht.

Der Sicherheitsrat
Zwar ist die Generalversammlung nach der UNO-Charta das oberste Organ. Doch das eigentliche Machtzentrum ist der Sicherheitsrat. Ihm gehören 15 Staaten an. Allerdings gibt es in diesem Gremium – anders als in der Vollversammlung – Mitglieder mit unterschiedlichen Rechten:
• *Mitglieder auf Zeit:* Zehn Mitglieder werden von der Vollversammlung für jeweils zwei Jahre gewählt.
• *Ständige Mitglieder:* Das sind China, Frankreich, Großbritannien, Russland und die USA. Diese fünf Staaten waren zur Zeit der Gründung der UNO die führenden Großmächte der Welt (statt Russland damals: die Sowjetunion). Sie besitzen mit dem Veto-Recht einen besonderen Einfluss: Wenn ein ständiges Mitglied Einspruch einlegt, kommt kein Beschluss zustande, auch dann nicht, wenn alle anderen Mitglieder zustimmen.
Zu den vorrangigen Aufgaben des Sicherheitsrates gehören die Friedens-missionen, d. h. er soll drohende Konflikte zwischen Staaten durch politische Verhandlungen verhindern oder – falls dies nicht erfolgreich ist – mit Einsatz von Zwangsmitteln beenden. Zwangsmittel können etwa sein: die Androhung oder Durchführung von wirtschaftlichen Blockaden, aber auch der Einsatz militärischer Gewalt (vgl. unten).

Der Wirtschafts- und Sozialrat und die Unterorganisationen
Friedenssicherung ist eine der UNO-Aufgaben. Daneben befasst sich die Weltorganisation mit zahlreichen sozialen und wirtschaftlichen Projekten. Der Wirtschafts- und Sozialrat hat die Aufgabe, diese Projekte politisch vorzubereiten und über ihre Durchführung zu wachen.
Die praktische Umsetzung der Projekte ist Aufgabe der verschiedenen Unterorganisationen. Zu ihnen zählen vor allem die wirtschaftlichen, sozialen und humanitären Vorhaben in den Ländern der Dritten und Vierten Welt. In den letzten Jahren sind neue Aufgaben dazugekommen, vor allem aus dem Bereich der globalen Umweltpolitik.

Der Generalsekretär
Mit allen ihren Unterorganisationen beschäftigt die UNO weltweit etwa 50 000 Menschen. An der Spitze der Verwaltung steht das Sekretariat mit dem Generalsekretär. Er wird von der Vollversammlung auf Vorschlag des Sicherheitsrats für fünf Jahre gewählt. Auch hier gibt es ein Vetorecht der ständigen Mitglieder.

Die Gerichtshöfe
Zur UNO gehört der Internationale Gerichtshof in Den Haag (Niederlande). Er kann von Staaten angerufen werden, um eine Streitfrage mit anderen Staaten zu klären. Die beklagten Staaten sind aber nicht automatisch verpflichtet, die Urteile des Ge-

Die Vereinten Nationen – wichtigste Organe

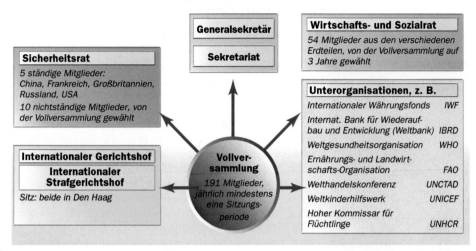

Sicherheitsrat	Generalsekretär	Wirtschafts- und Sozialrat

Generalsekretär

Sekretariat

Sicherheitsrat
5 ständige Mitglieder:
China, Frankreich, Großbritannien, Russland, USA
10 nichtständige Mitglieder, von der Vollversammlung gewählt

Wirtschafts- und Sozialrat
54 Mitglieder aus den verschiedenen Erdteilen, von der Vollversammlung auf 3 Jahre gewählt

Internationaler Gerichtshof
Internationaler Strafgerichtshof
Sitz: beide in Den Haag

Vollversammlung
191 Mitglieder, jährlich mindestens eine Sitzungsperiode

Unterorganisationen, z. B.

Internationaler Währungsfonds	IWF
Internat. Bank für Wiederaufbau und Entwicklung (Weltbank)	IBRD
Weltgesundheitsorganisation	WHO
Ernährungs- und Landwirtschafts-Organisation	FAO
Welthandelskonferenz	UNCTAD
Weltkinderhilfswerk	UNICEF
Hoher Kommissar für Flüchtlinge	UNHCR

Vorläufer des Internationalen Strafgerichtshofs

Seit den frühen 1990er Jahren gibt es zwei besondere Internationale Strafgerichtshöfe: seit 1993 das »Jugoslawien-Strafgericht« in Den Haag, und seit 1994 das »Ruanda-Strafgericht« in Arusha/ Tansania. Von den Gerichten werden Kriegs- und Menschenrechtsverbrechen verfolgt, die in den Jugoslawien-Kriegen bzw. im Bürgerkrieg in Ruanda begangen wurden.

Aufgaben:

1. Die UNO wird auch mit einer »Weltregierung«, einem »Weltparlament« und einer »Weltpolizei« verglichen. Welche Organe der UNO sind damit jeweils gemeint? Wie zutreffend sind diese Bezeichnungen jeweils? Wo werden die wichtigsten Entscheidungen getroffen?
2. Wenn man von der UNO redet, ist oft der Sicherheitsrat gemeint. Begründen Sie, warum dieses Organ besonders bekannt ist. Nennen Sie aktuelle Fälle, in denen der Sicherheitsrat aktiv geworden ist.

rechts zu akzeptieren. Darum ist seine praktische Bedeutung gering.

2003 hat – ebenfalls in Den Haag – der Internationale Strafgerichtshof seine Arbeit aufgenommen. Seine Aufgabe ist die Verfolgung und Bestrafung von Kriegsverbrechen und Verbrechen gegen die Menschlichkeit. Das Gericht kann dann tätig werden, wenn solche Verbrechen nicht von den Staaten, von deren Bürgern sie begangen werden, abgeurteilt werden. Allerdings: Einige große Länder – so die USA – sehen darin eine Einmischung in ihre »inneren Angelegenheiten« und lehnen die Mitarbeit in diesem Gericht bislang ab.

Die UNO-Friedensmissionen

Zu diesem wichtigen Aufgabenfeld der UNO gehören:

• **Blauhelm-Einsätze:** Truppen aus Mitgliedstaaten – erkennbar an ihren blauen UNO-Helmen – sorgen in Krisenregionen im Auftrag der UNO und mit Zustimmung der Konfliktparteien dafür, dass keine neue Gewalt ausbricht oder dass ein Waffenstillstand eingehalten wird. Sie sind nur zu ihrem eigenen Schutz leicht bewaffnet.

• **Konfliktverhütung:** Durch politische Verhandlungen, humanitäre Hilfsaktionen oder auch durch die präventive, d. h. vorbeugende Stationierung von Truppen soll der gewaltsame Ausbruch eines Konfliktes verhindert werden.

• **Friedenserzwingung:** Mit dem Einsatz bewaffneter Kräfte soll ein Konflikt – etwa ein Krieg zwischen zwei Staaten oder ein Bürgerkrieg – beendet und die politische Lage stabilisiert werden. Für militärische Einätze hat die UNO jedoch keine eigenen Truppen. Sie ist auf die Unterstützung der Mitglieder angewiesen.

Damit solche Friedensmissionen durchgeführt werden können, ist ein „Mandat des Sicherheitsrats" notwendig. Einzelne Staaten oder Staatenbündnisse bekommen den Auftrag, Truppen und Waffen in einem anderen Land oder einer Region einzusetzen, um dort einen gewaltsamen Konflikt zu verhindern oder zu beenden.

7.2.3 Wirtschaft global – welche internationalen Abkommen und Organisationen gibt es?

»Handelskriege« – Streit unter Freunden: ein Beispiel

In den USA ist es erlaubt, dem Tierfutter chemisch erzeugte Hormone beizugeben, die das Wachstum der Tiere beschleunigen. Die amerikanischen Farmer »produzieren« so das Fleisch in kürzerer Zeit als die Bauern in der Europäischen Union. Denn dort ist die Zugabe von Hormonen in der Tiermast untersagt. Es sei nicht eindeutig auszuschließen, dass Hormone, über die Nahrung aufgenommen, gesundheitsschädlich seien.

Seit 1999 wird darüber immer wieder zwischen den USA und der EU verhandelt, ohne befriedigende Ergebnisse für beide Seiten. Wenn sich der Konflikt zuspitzt, verhängt die EU – wie z. B. 2003 – »Strafzölle« für Produkte aus den USA. Im Gegenzug dazu können dann die USA die Einfuhr europäischer Produkte ebenfalls durch hohe »Strafzölle« – z. B. auf französischen Roquefort-Käse oder italienische Spaghetti – behindern.

Aufgaben:

1. Beim Geld hört die Freundschaft auf – oder geht es um mehr als nur Geld? Wie würden Sie in diesem Streit entscheiden?

Grenzenlose Märkte – ganz ohne die Politik?

In den letzten Jahren wurden durch internationale Vereinbarungen viele Hindernisse und Schranken im Welthandel abgebaut. Die Weltmärkte wurden »liberalisiert«. So wurden Zölle ganz oder teilweise gestrichen, Mengenbeschränkungen für bestimmte Waren abgeschafft. Gleichzeitig wurden aber Regeln für den Handel beschlossen, die von allen Ländern beachtet werden müssen. Diese Regeln schließen aber nicht aus, dass es zwischen Staaten oder Staatengemeinschaften zu Konflikten, ja zu handfesten »Handelskriegen« kommt (M 1). Bei der Regelung und Kontrolle des weltweiten Handels spielt die *Welthandelsorganisation WTO* eine besondere Rolle. Die WTO hat – vereinfacht gesagt – drei Aufgaben:

• Sie ist die (nahezu) weltweite Organisation, in der über Zollsenkungen und neue Handelsregeln entschieden wird,
• sie überwacht die Einhaltung der Richtlinien im praktischen Handel zwischen den Staaten und Staatengruppen,
• und sie schlichtet Streitfälle, wenn direkte Verhandlungen nicht zu einem Ergebnis führen. Die Entscheidungen der Schlichtungsstelle können jedoch nicht mit Zwang durchgesetzt werden.

WTO
World Trade Organization: Welthandelsorganisation; Sitz: Genf

Die Großen unter sich – die G-8

Die Staats- und Regierungschefs und die Wirtschafts- und Finanzminster der USA, Japans, Deutschlands, Frankreichs, Italiens, Großbritanniens und Kanadas sowie der Präsident der Europäischen Kommission treffen sich zur laufenden Abstimmung der Wirtschaftspolitik mindestens einmal im Jahr zum Weltwirtschaftsgipfel. In den letzten Jahren ist es üblich geworden, Russland als achten Staat zu den Konferenzen einzuladen (G-8).

Diese Länder spielen in der Weltwirtschaft eine besondere Rolle. Rund zwei Drittel aller wirtschaftlichen Leistungen werden von ihnen erbracht. Auch der größte Teil des Welthandels geht von ihnen aus. Eine Aufgabe dieser regelmäßigen Gipfelkonferenz ist es, die wirtschaftliche Entwicklung in der Welt gemeinsam zu beurteilen, bei Krisen nach gemeinsamen Lösungen zu suchen und die Wirtschafts- und Währungspolitik ihrer Regierungen abzustimmen.

Weltbank und Internationaler Währungsfonds (IWF)

Diese beiden Institutionen wurden schon zum Ende des Zweiten Weltkrieges geschaffen. Sie sollten damals den im Krieg zerstörten Ländern beim Wiederaufbau helfen. Heute sind sie vor allem in den Entwicklungsländern aktiv. Daneben spielen sie eine Rolle in den Ländern Ost- und Südosteuropas, die nach dem Zusammenbruch der kommunistischen Zentralverwaltungswirtschaft eine Marktwirtschaft aufbauen.

Die *Weltbank* fördert vor allem direkte Entwicklungsprojekte in der Dritten und Vierten Welt (vgl. Abschnitt 7.3.7). Der *IWF* tritt als »Feuerwehr« in Aktion, wenn ein Land in eine Finanzkrise geraten ist, weil es etwa seinen Verpflichtungen aus den Auslandsschulden nicht mehr nachkommen kann. Die Kredite, die ein Land vom IWF bekommt, sind meist mit besonderen Auflagen verbunden. Sie sollen helfen, die Wirtschaft des Landes zu stärken. In der Praxis sind diese Auflagen oft umstritten, weil sie sich meist gegen staatliche Hilfen für die ärmere Bevölkerung richten.

Mitglieder der Weltbank und des IWF sind keine Banken, sondern Staaten. Nahezu alle Länder – 2003 rund 185 – sind an diesen weltweit aktiven Institutionen beteiligt. Der Einfluss eines Landes richtet sich nach der Höhe des Kapitals, das es in den gemeinsamen Topf bei der Weltbank und beim IWF einbezahlt hat.

Die Einlagen einzelner Länder beim IWF

USA:	18,25 %
Japan:	5,7 %
Deutschland:	5,7 %
Frankreich:	5,1 %
Großbritannien:	5,1 %

Aufgaben:

2. Der Weltwirtschaftsgipfel der G-8 hat sein Themenfeld in den letzten Jahren ausgeweitet und beschäftigt sich nun auch mit Themen aus den Bereichen der Außen-, Sicherheits-, Entwicklungs- und Umweltpolitik. Welche Probleme könnten sich für nicht beteiligte Länder daraus ergeben, wenn die G-8-Staaten unter sich sind?

Gerechter Welthandel? Die WTO und die armen Länder

Bauern werden ärmer, der Hunger in der Dritten Welt nimmt zu

Die großen Agrarchemie-Konzerne lassen Pflanzen, die sie züchten, patentieren. Bauern ist es dann nicht erlaubt, das durch die eigene Ernte gewonnene Saatgut zu nutzen. Millionen Bauern in den Ländern der Dritten und Vierten Welt sind jedoch auf die alljährliche Verwendung des eigenen Saatguts angewiesen. Patentierte High-Tech-Nutzpflanzen und die damit kombinierten Pflanzenschutzmittel nützen den Kleinbauern nichts, weil sie nicht genügend Geld haben, teures Saatgut, Pestizide und Dünger zu kaufen. Patente auf Saatgut führen dazu, dass die Kleinbauern in den Entwicklungsländern verdrängt werden und ihre Existenzgrundlage verlieren. Auf die Hauptnahrungspflanzen Reis, Mais, Weizen, Soja und Sorghum-Getreide wurden bereits 918 Patente erteilt.

Nach: Greenpeace Deutschland 2003

Der Weckruf des Wassers – der Klimawandel ist da
Gedanken nach der großen Flut im August 2002, als weite Teile Ostdeutschlands unter Wasser standen:

Semper-Oper in Dresden durch Wassereinbruch gefährdet.

Wir betrachten die Bilder der Fluten und sind entsetzt. Schlägt die Natur jetzt zurück, ist das die Rache für die Misshandlungen und Schändungen unserer Umwelt über mehr als 200 Jahre hinweg? …
Für den professionellen Beobachter hält sich die Überraschung über die Fluten und Stürme nämlich in Grenzen: dies entspricht genau den Szenarien, die von den Großrechnern der Klimaforscher ausgespuckt werden, wenn man vorher alle verfügbaren Daten eingibt und nach Voraussagen für das künftige Klima fragt. … Es wird künftig mehr von diesen extremen Wetterereignissen geben, darauf müssen wir uns einstellen. Die Versicherungen tun dies schon seit 10 Jahren und beschäftigen ganze Abteilungen mit der Beobachtung und Analyse der Klimaentwicklung. Diese Fähigkeit zur Vor-Sicht geht uns normalerweise ab. Umso dringlicher, dass wir die Wetterkapriolen in Europa … zum Anlass nehmen, über unser Verhältnis zum Kohlenstoff nachzudenken. Denn es ist vor allem dieser Stoff, der in Form von Kohle, Öl und Gas in der Erdkruste lagert, der uns die Klimaänderungen beschert. Was sich dort in Millionen Jahren abgelagert hat, darf nicht zurück in die Atmosphäre! Deshalb, so abgedroschen es auch für manche klingen mag, müssen wir unseren Kurs ändern – weniger Energie verbrauchen, effizienter wirtschaften und auf erneuerbare Energien umschalten. Viele Menschen haben das schon realisiert und versuchen, ihr Verhalten anzupassen…

Hermann E. Ott: Gegen die Natur. In: Tagesspiegel (Berlin), 15. 08. 2002, S. 2. Der Autor ist Direktor der Abteilung Klimapolitik im Wuppertaler Institut für Klima, Umwelt und Energie.

Umweltzerstörung mit globalen Folgen
Umweltgefahren machen nicht vor den Grenzen der Staaten halt. Beispiele dafür sind die weltweiten Belastungen, die Einfluss auf unser Klima haben. Wenn an der Westküste Kanadas und auf Borneo die großen Wälder gerodet oder abgebrannt werden, so wird die »grüne Lunge der Erde« immer kleiner. Denn: Bäume können das schädliche Kohlendioxid (CO$_2$) aufnehmen und in nützlichen Sauerstoff umwandeln. Durch die Abholzung gelangt zu viel CO$_2$ in die Erdatmosphäre. Dies bewirkt, dass Wärmestrahlen, die von der Erde zurückgestrahlt werden, in der Erdatmosphäre verbleiben und damit zu einem langfristigen Anstieg der Erdtemperatur führen (vgl. M 1).

Schritte zu einer globalen Umweltpolitik
Die UNO hat in den letzten Jahrzehnten den Umweltschutz als besondere Aufgabe angenommen. Eine wichtige Konferenz fand hierzu 1992 in Rio de Janeiro mit insgesamt 178 Teilnehmerstaaten statt. In einer Rahmenvereinbarung über den Schutz des Klimas einigten sich die Regierungsvertreter über Aufgaben, die dann in den letzten Jahren auf weiteren Konferenzen behandelt wurden. Ziel ist eine verbindliche Begrenzung des CO$_2$-Ausstoßes.
Diese Verhandlungen sind jedoch sehr langwierig, weil die Umsetzung von Ergebnissen mit Kosten verbunden ist. Damit die Lösung der Umweltprobleme nicht nur eine Sache der großen Politik bleibt, sondern auch in den Alltag der Menschen eingeht, verabschiedete die Konferenz mit der »Agenda 21« Vorschläge, die Städte und Gemeinden zu einer „Klimapolitik vor Ort" anregen sollen (vgl. M 2).

NGOs – die Nichtregierungsorganisationen
Organisationen wie »Greenpeace« oder »Robin Wood« sind sowohl in kleinen lokalen Gruppen vor Ort als auch bei weltweiten Fragen aktiv, indem sie versuchen, sich auf den großen Konferenzen Gehör zu verschaffen – sei es durch Protestaktionen und durch Demonstrationen. Bei vielen Konferenzen werden diese Organisationen auch als Sachverständige hinzugezogen.

Die Umweltkonferenz der Vereinten Nationen – wichtige Ergebnisse der Rio-Umwelt-Konferenz 1992

Klimarahmenkonvention
- rechtsverbindliche Vereinbarung
- wird in Folgekonferenzen weitergeführt

oberstes Ziel:
- Begrenzung des Ausstoßes an Treibhausgasen, vor allem CO_2, und Vereinbarung genauer Zeitvorgaben

Übereinkunft zur Erhaltung der Vielfalt der Arten
- rechtsverbindliches Abkommen
- Schutz der Artenvielfalt
- eigene Verfügungsrechte der Länder über ihre Pflanzenarten und deren Vermehrung

---

Rio-Umwelt-Konferenz 1992
UNCED Abschlussdokumente

Folgekonferenzen:

Das Kyoto-Protokoll
Auf weiteren Konferenzen (vor allem in Kyoto 1997 und Johannesburg 2002) wurde in zähen Verhandlungen versucht, zu diesen Beschlüssen von Rio verbindliche Zahlen über die Verringerung des CO_2-Ausstoßes festzulegen.
Mit dem Kyoto-Protokoll verpflichten sich die Industriestaaten, den CO_2-Ausstoß so zu verringern, dass er 2012 um 5,2 % unter dem Ausstoß von 1990 liegt.

Bis zum Sommer 2003 traten rund 110 Staaten der Vereinbarung von Kyoto bei.

Agenda 21
Grundsatz:
Global denken – lokal handeln
- nicht-rechtsverbindliche Erklärung für lokalen Klimaschutz
- Aktionsplan für eine nachhaltige Entwicklung im Umweltschutz
- Anregungen, was Gemeinden und Basisgruppen tun können, damit der Ausstoß von Treibhausgasen begrenzt werden kann

»Walderklärung«
- nicht-rechtsverbindliche Erklärung
- 15 Grundsätze zur Bewirtschaftung der Wälder
- Schutz der Wald-Vielfalt
- finanzielle Unterstützung des Südens zum Schutz/Erhalt der Wälder

---

Aufgaben:

1. Die Erklärung zur Vielfalt der Arten war 1992 umstritten. Es ging dabei um die »genetischen Ressourcen« und deren wirtschaftliche Verwertung. Was ist damit gemeint?

Es geht um das Erbe der Wildnis

Deutsche Verleger und Papiermühlen wollen kanadische Wälder schützen

Die Wildnis von British Columbia an der Westküste Kanadas gilt wegen ihrer unvergleichlichen Flora und Fauna als schutzbedürftiges Weltkulturerbe. Doch die Idylle ist gefährdet. Die Holzwirtschaft rodet ein Gebiet nach dem anderen …
Die Umweltschutzorganisation Greenpeace will das ändern … Derzeit sind die Naturfreunde auf der Gewinnerstraße. Denn die deutschen Zeitschriftenverleger und Unternehmen der hiesigen Papierindustrie, die zu den Großabnehmern … zählen, unterstützen neuerdings Greenpeace, indem sie den Kanadiern mit Kündigung der Freundschaft gedroht haben, falls nicht bis zum Jahresende gesichert werden kann, dass Zellstoff zur Papierherstellung nur noch aus umweltfreundlicher Waldbewirtschaftung … geliefert wird …
Mitte der Neunzigerjahre waren viele Magazine Ziel der Umweltprotestler … Illustrierte, die auf Papier aus Kahlschlag-Bäumen gedruckt wurden, verloren damals manchen Anzeigenkunden …

Süddeutsche Zeitung vom 04.10.1999, S. 26

Politik aktuell
Die „Agenda 21" wurde mit Blick auf das 21. Jahrhundert formuliert. Erkundigen Sie sich in Ihrer Umgebung – im Landkreis und in der Gemeinde: Gibt es Maßnahmen vor Ort und – falls ja – welche wurden bislang ergriffen?

Die Großen weigern sich
Zu den Staaten, die sehr viel CO_2 ausstoßen, gehören die USA und Russland. Beide sind (bis Sommer 2004) nicht dem Kyoto-Protokoll beigetreten. Ihre Begründung: Die Vereinbarung behindere ihre Länder im internationalen Wettbewerb.

Aufgaben:

2. Globale Umweltpolitik ist immer auch ein Streit um die Verteilung der Vorteile und der Nachteile, des Nutzens und der Kosten, die mit dieser Politik verbunden sind. Spielen Sie diesen Gedanken am Beispiel der Abholzung der Wälder durch. Dabei sollten Sie zwischen kurzfristigen und langfristigen Vor- und Nachteilen unterscheiden.

7.3 Eine Welt oder globale Ungleichheit? – Der Nord-Süd-Konflikt

7.3.1 Das globale Dorf – die eine Welt?

Bekannte Botschaften – hier wie dort

Täglich kommt die Welt auf unseren Tisch: Bananen und Mangos aus Lateinamerika, Avocados aus Kenia, Mosambik und anderen Regionen in Afrika. Die Entfernung spielt keine Rolle mehr: Für die Frische garantiert der Luftverkehr. Das gilt auch für Schnittblumen aus Kolumbien oder Israel, die in wenigen Stunden in hiesigen Läden verkauft werden – zu einem Preis, wie ihn deutsche Gärtner nie anbieten könnten.

Doch was so vorteilhaft für unseren Geldbeutel ist, hat seine andere Seite:

Blumen aus Kolumbien gefällig?

✿ Kolumbien ist nach den Niederlanden der zweitgrößte Blumenproduzent der Welt.

✿ Eine Blumenarbeiterin verdient im Monat im Schnitt 75 Euro. Es gibt rund 140 000 »Blumen-Arbeitsplätze«, 70 Prozent davon für Frauen.

✿ Auf Hyazinthen-Felder werden pro Hektar 362 Kilo Pflanzenschutzmittel verspritzt. Das Gift geht ins Grundwasser und schädigt das Nervensystem der Arbeiterinnen und Arbeiter.

✿ Pflanzenschutzmittel für Blumenplantagen kommen meist von großen Agro-Chemiekonzernen Europas und der USA.

✿ Die Menschenrechtsorganisation FIAN hat eine »Blumenkampagne« gestartet. Ihre Ziele:
– Gesundheitsschutz für die Arbeiterinnen und Arbeiter,
– gerechte Löhne und Preise,
– umweltschonender Anbau.

Einige Blumenhändler bei uns führen eine »Weiße Liste« mit Betrieben in Kolumbien, die sozial und ökologisch veträglich arbeiten.

Aufgaben:

1. Ein kontroverses Thema, auf das es mehr als nur eine Antwort gibt: Machen wir uns das Leben schön auf Kosten der Menschen in Kolumbien? Oder helfen wir ihnen mit unserem Blumenkauf, aus der Armut herauszukommen?

Eine gemeinsame Welt?

Das »globale Dorf« scheint Wirklichkeit zu sein in der Welt von heute. Was für unser privates Leben gilt, trifft in noch größerem Ausmaß auch für die Wirtschaft, die Betriebe und die Unternehmen zu. Produktion und Dienstleistungen sind heute international. Deutsche Unternehmen lassen ihre Software in Indien, in der High-Tech-Region von Bangalore entwickeln. Deutsche Call-Center organisieren ihre Kundenkontakte und den Verkauf der Waren per Telefon aus dem Ausland, dort, wo die Arbeits- und Telefonkosten am günstigsten sind. Und in vielen Produkten, die wir täglich brauchen, stecken die Leistungen aus aller Herren Länder: die Jeans – in China genäht, der Stoff in Peru gewoben und gefärbt; die Lederjacke – von einem italienischen Designer, in Indien gegerbt und zusammengenäht; die Stereo-Anlage aus Korea …

Die ganze Welt – also offen und durchlässig für uns und die Dinge, die wir brauchen? Doch dies ist nicht die ganze Wahrheit, vielleicht nicht mal die halbe. Der zweite Blick auf dieses »Weltdorf« lässt manches, was auf den ersten Blick stimmig zu sein scheint, fragwürdig werden.

Viel Ungleichheit im »globalen Dorf«

Wir haben uns angewöhnt von den *Industrieländern* zu sprechen, vom »reichen Norden« der Weltkugel und von den *Entwicklungsländern* im Süden. Und manchmal wird betont, zwischen beiden Regionen der Welt gebe es nicht nur viele Unterschiede, sondern massive Gegensätze, ja die Gefahr, dass es daraus zu handfesten Konflikten kommen könne.

Im Kern dieses »Nord-Süd-Konflikts« steht der Streit darüber, wie Armut und Reichtum gegenwärtig in der Welt verteilt sind. In den Augen eines argentinischen Pfarrers: »Arme hat es immer schon gegeben auf der Welt. Aber warum müssen es immer dieselben sein?«

Die Armut in Entwicklungsländern zeigt sich an vielen Merkmalen. Die wichtigsten sind in M 2 aufgelistet. Allerdings gibt es zwischen den Entwicklungsländern auch große Unterschiede. Die so genannten *Schwellenländer* stehen an der Schwelle eines Standards, der auch in Industrienationen zu finden ist. Dazu zählen Länder wie Brasilien, Mexiko, Indien und Südafrika.

Slums in Nairobi, Kenia

Nairobi-City, Kenia

Die meisten Entwicklungsländer weisen jedoch einen noch wesentlich geringeren Wohlstand auf als die Schwellenländer und werden als *Dritte-Welt-Länder*, neben den westlichen Industrieländern (erste Welt) und den ehemaligen Ostblockländern (zweite Welt), bezeichnet. Die am wenigsten entwickelten ärmsten Länder werden Vierte Welt genannt. Zu dieser Gruppe zählen unter anderem Äthiopien, Ruanda und Afghanistan.

Schattenwirtschaft
Arbeit im so genannten »informellen Sektor« der Wirtschaft, also ohne feste gesetzliche Regelung, z. B. als Schuhputzer, als Hausdiener, Gelegenheitsgärtner, Sammler auf den Müllhalden.

Aufgaben:

2. Die Reihe der in M 1 und im Text erwähnten Beispiele können Sie erweitern um zu verdeutlichen, wie wir im alltäglichen Leben mit der Welt vernetzt sind. Welche Produkte unseres Alltags kommen vor allem aus Entwicklungsländern?

3. Auch innerhalb der Entwicklungsländer gibt es große gesellschaftliche Unterschiede und sehr ungleiche Lebenschancen. Die beiden Fotos auf dieser Seite zeigen das. Beschreiben Sie die Gegensätze, die sich den Fotos entnehmen lassen.

4. Schwellenländer – Dritte Welt – Vierte Welt: Überlegen Sie, welche Merkmale von M 2 für welche Ländergruppe zutreffen.

Merkmale der Entwicklungsländer – einige Beispiele

wirtschaftliche Merkmale	gesellschaftliche und kulturelle Merkmale	politische Merkmale
– niedriges Pro-Kopf-Einkommen – niedrige Produktivität der Wirtschaft – viele leben von der »Schattenwirtschaft« – nicht genügend moderne Produktionstechnik – Kapitalmangel für Investitionen – wirtschaftlich abhängig vom Ausland – hohe Auslandsschulden – Arbeitslosigkeit	– hohes Bevölkerungswachstum – mangelhafte medizinische Versorgung: niedrige Lebenserwartung und hohe Kindersterblichkeit – Mangelernährung und Hunger – viele Analphabeten – schlechte Wohnsituation – Schulen und Ausbildungsplätze fehlen – unzureichende soziale Sicherung	– Verstöße gegen Menschenrechte – gewaltsame Konflikte aus kulturellen, religiösen, ethnischen Gegensätzen – politische Unsicherheit und Instabilität – großer Einfluss des Militärs auf die Politik

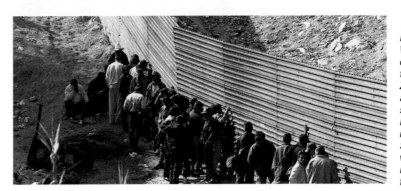

Ein Zaun aus Wellblech soll die USA in Kalifornien vor Zuwanderern aus Mexiko schützen. Er schließt die mexikanische Stadt Tijuana von San Diego im Süden Kaliforniens ab.

Migration
Wanderungsbewegungen der Bevölkerung im eigenen Land oder über Ländergrenzen hinweg. Migration kann freiwillig stattfinden (z. B. bei der Arbeitssuche) oder unfreiwillig (Flucht, Vertreibung).

Migration – wenn Menschen sich auf den Weg machen

Man hat das 20. Jahrhundert als das Jahrhundert der Flüchtlinge bezeichnet. Und vieles spricht dafür, dass Flucht und Vertreibung auch im neuen Jahrhundert ein weltweites Problem sein werden.

Als Flüchtlinge werden nach der *Genfer Konvention über den Status von Flüchtlingen*, die die UNO 1951 verabschiedet hat, solche Personen bezeichnet, die »aufgrund einer wohlbegründeten Furcht vor Verfolgung aus Gründen der Rasse, Religion, Nationalität, Zugehörigkeit zu einer bestimmten gesellschaftlichen Gruppe oder politischen Richtung« außerhalb ihres Herkunftslandes leben und dessen Schutz nicht in Anspruch nehmen können. Diese Personen dürfen nicht vom Zufluchtsland in das Herkunftsland zurückgewiesen werden. Die Mehrzahl der Staaten – auch Deutschland – ist dieser UN-Konvention beigetreten. Sie ist deshalb für sie bindendes Recht.

Menschen machen sich aber auch auf den Weg, weil sie der Armut und dem Hunger in ihrem Lande entkommen wollen. Daneben spielen zunehmend Bürgerkriege eine besondere Rolle: In Bürgerkriegsregionen und in den Nachbarstaaten sind meist sehr viele Menschen auf der Flucht.

Andere hoffen, in den Industriestaaten einen höheren Lebensstandard oder bessere Berufs- und Entwicklungschancen zu haben. Das heißt: Die reichen Länder des Nordens ziehen Menschen an, die für sich das Entwicklungsgefälle zwischen Nord und Süd überwinden wollen.

In den letzten Jahren fliehen immer mehr Menschen aus ihrer Heimat vor den Folgen von Naturkatastrophen: vor Dürre, Stürmen und Flutkatastrophen, Erdbeben oder ökologischen Zerstörungen. Anders als in den reichen Regionen des Nordens fehlt den meisten Staaten in der Dritten und Vierten

---

Ausländische Bevölkerung in Deutschland

In Deutschland leben rund 7,3 Millionen Ausländer. Das sind knapp 9 Prozent der Bevölkerung (zum Vergleich Schweiz: rund 20 Prozent). Die größte Gruppe der Ausländer bilden die Arbeitnehmer und ihre Familienangehörigen, die bis 1973 als Arbeitskräfte angeworben wurden, sowie deren Nachkommen („Gastarbeiter"). Ende 2002 lebten in Deutschland etwa 1,1 Millionen Flüchtlinge (Ende der 1990er Jahre: 1,8 Mio.). Dazu zählten unter anderen
– anerkannte Asylbewerber und anerkannte Flüchtlinge einschließlich ihrer Familienangehörigen: rund 300 000,
– Asylbewerber, deren Verfahren noch nicht abgeschlossen ist: 160 000,
– „de-facto-Flüchtlinge", das sind abgelehnte Asylbewerber, die nicht zurückgeschickt werden können: 420 000.

Nach: Fischer Weltalmanach 2004, Spalte 271

Aufgaben:

1. *Politische Bildung vor Ort: In nahezu jeder Gemeinde und Stadt leben heute Asylbewerber oder Flüchtlinge, die bei uns auf Dauer oder vorübergehend bleiben wollen.*
   - *Informieren Sie sich dabei auf dem Rathaus: Wo kommen die Menschen her? Was ist in ihrem Herkunftsland los?*
   - *Es gibt Initiativen oder Personen, die Asylbewerber und Flüchtlinge unterstützen. Was machen sie? Welche Erfahrungen haben sie bei ihrer Arbeit gemacht?*

Welt das Kapital, um die Schäden dieser Katastrophen rasch zu beheben.

Die Flüchtlingskommission der UNO (UN-HCR) betreut weltweit Flüchtlinge, die außerhalb ihres Herkunftslandes leben. Seit Beginn der neunziger Jahre bezieht sie in ihre Arbeit auch solche Menschen ein, die als Vertriebene im eigenen Land leben. Deshalb ist es sinnvoll, zwischen »Flüchtlingen« und »Vertriebenen«, genauer »Binnenvertriebenen« zu unterscheiden.

Wachsende Flüchtlingsströme haben jedoch – hier und in anderen Ländern – zu Maßnahmen geführt, die den Zustrom bremsen sollen, indem z. B. die Fluchtgründe genau geprüft und die Außengrenzen schärfer überwacht werden. Einen Schritt weiter gehen Bestrebungen, die Situation direkt in den Herkunftsländern zu ändern, durch Entwicklungshilfe, Druck auf die dortigen Regierungen, eventuell sogar durch Maßnahmen der UNO bis hin zu Militäraktionen (vgl. Abschnitt 7.4).

Flüchtlinge im Grenzgebiet von Ruanda und Zaire

Aufgaben:

2. Stellen Sie die Situation der Flüchtlinge aus unterschiedlichen Blickwinkeln dar:
* Aus der Sicht eines Bürgers, der sich vor Überfremdung fürchtet.
* Aus der Sicht einer Gruppe, die sich für Asylbewerber einsetzt.
* Aus der Sicht eines Asylbewerbers, der in der Angst lebt, in sein Heimatland abgeschoben zu werden.

Flucht und Vertreibung – warum?

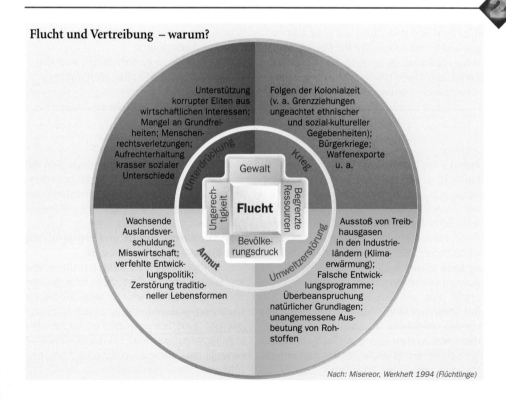

Nach: Misereor, Werkheft 1994 (Flüchtlinge)

Flüchtlinge –
zum Beispiel in Afrika
Afrika – der Kontinent mit den meisten Flüchtlingen und Vertriebenen. Hauptursachen: Bürgerkriege und Kriege, Armut, Natur- und Umweltkatastrophen.
Zu Beginn des 21. Jahrhunderts sind dies vor allem weite Gebiete in Zentralafrika: Liberia, Elfenbeinküste, Sierra Leone, die Republik Kongo, Angola, Uganda, Sudan und Burundi.

Politik aktuell
Daten zur Lage der Flüchtlinge und Vertriebenen bei UNHCR Deutschland:
www.unhcr.de
Deutsche UNESCO-Kommission:
www.unesco.de

Das Leben der Armen – eine Serie von Katastrophen

Was heißt hier arm?

Safira … Die Geschichte eines Mädchens, das mit sechs Jahren seine Eltern verliert, von Verwandten an einen sechzigjährigen Mann verheiratet wird und nach dessen Tod vor über zwanzig Jahren in die Stadt kommt …

In der Stadt lebt sie mit ihrem zweiten Mann auf einem Bürgersteig in Bombay Central, in einer Hütte, keine vier Quadratmeter groß …

Dreimal wurde sie von der Stadtverwaltung vertrieben: In überfallartigen Aktionen zur Stadtsäuberung schlugen Polizisten ihre Hütte kaputt, schaufelten die traurigen Überreste ihres Betts und ihrer Truhe auf einen Lastwagen und fuhren davon. Nur die Kochtöpfe konnte Safira retten. Dreimal das Trauma der Zerstörung. Doch jedes Mal kehrte sie zurück, denn in den mittelständischen Haushalten im Stadtzentrum findet sie leicht einen Job und ihr Mann arbeitet als Lastenträger auf den Märkten.

Reden kann sie nicht über ihre Geschichte, sie kann sie nur singen, wie eine Moritat, mit der Moral: »Für die Armen ist das Leben eine Serie von Katastrophen.« Aber was heißt arm? Gemessen an der Armutsgrenze gehört Safira keineswegs zu den Ärmsten in ihrer Umgebung. Sie konnte sich in den vergangenen Jahren meist satt essen, hat drei Saris und ein Paar Gummisandalen.

Die Armen auf den Bürgersteigen Bombays sind keine einheitliche Gruppe. Es gibt »Besserverdienende« und »daddas«, Möchte-gern-Häuptlinge, die ihren Nachbarn Schutzgelder abknöpfen und sie bei jeder sich bietenden Gelegenheit übers Ohr hauen. Safira und ihr Mann liegen im armen Mittelfeld.

Christa Wichterich: Gesichter der Armut. Frauen in Indien, Bangladesch und Pakistan. In: Frankfurter Rundschau vom 22.03.1997, S. ZB 5 (sprachlich vereinfacht)

Aufgaben:

1. Wie gehen die Behörden von Bombay mit den Armen um? Beurteilen Sie diese Maßnahmen.
2. Safira ist auch benachteiligt, weil sie eine Frau ist. Wie zeigt sich das an ihrem Schicksal?

Armut – im Teufelskreis leben?

Menschen wie Safira, die mit der Armut leben müssen, können sich nicht einfach – wie Münchhausen – am eigenen Schopf aus dem Sumpf ziehen, wenn sie etwa mehr oder regelmäßig arbeiten oder besser wirtschaften. Vielmehr müssen wir, um diese Lage zu verstehen, den Blick auf die gesamten Lebensbedingungen werfen. Dabei ergibt sich ein Zusammenhang zwischen der Armut der Menschen und der Armut des Landes insgesamt. Von da aus ist es nicht mehr weit zu dem Bild vom »Teufelskreis der Armut«: Armut ist letztes Endes zugleich die Ursache und Folge von Armut (vgl. M 2).

Viele Bilder und Nachrichten aus den Krisenregionen des Südens drängen diese Vorstellung auf, von einem Kreislauf, aus dem es kein Entrinnen gibt.

Kein Entrinnen? – Kritik und Weiterführung des Modells vom »Teufelskreis«

So einleuchtend das Bild vom »Teufelskreis« auch ist, es liegt darin eine gedankliche Falle. Es konstruiert eine Kette von Ursachen und Wirkungen, einen Kreislauf, der den Eindruck erweckt, er könne nicht aufgebrochen werden: Ein Teufelskreis unterstellt, dass Armut ein Schicksal sei, dem man nicht entrinnen kann.

Teufelskreise – wenn eins zum andern kommt

Der Grundgedanke dieses Bildes vom Teufelskreis ist: Die unterschiedlichen Folgen und Auswirkungen der Armut hängen miteinander zusammen. Je nachdem, wo man ansetzt, beginnt ein Kreislauf, der immer wieder zum Kern, zur Armut als einem ganzen Bündel von Problemen zurückführt.

mangelhafte Ausbildung

geringe Produktivität

mangelhaftes Bildungssystem

geringe Leistungsfähigkeit

kaum Arbeit

geringes Einkommen

geringe Produktion

geringe Steuereinnahmen

Armut

schlechter Gesundheitszustand

geringe Investitionen

mangelhafte Ernährung

geringe Ersparnis

Aufgaben:

3. Wie könnten die wichtigsten Stationen eines Weges aus der Armut aussehen? Stellen Sie Überlegungen an, an welchen Stellen in die »Teufelskreise der Armut« eingegriffen werden sollte. Wenden Sie Ihre Vorschläge auf die Geschichte von Safira (M 1) an.

Der Kreis kann aufgebrochen werden:
• z. B. durch Unterstützung solcher Projekte, mit denen die Menschen lernen, ihr Leben langsam zu verändern,
• oder durch eine Politik, die den Armen Nahrung, Arbeit und Ausbildung sichert (dazu mehr in Abschnitt 7.3.7). Dazu gehört auch, dass krasse Ungleichheiten innerhalb eines Entwicklungslandes verringert werden. Die Weltbank hat für die meisten südamerikanischen Staaten nachgewiesen, dass bereits eine geringe Umverteilung des vorhandenen Reichtums ausreichen würde, die Massenarmut zu überwinden. Armut ist dort kein Produktionsproblem, sondern ein Verteilungsproblem (vgl. M 3).

Entwicklungsziel „Grundschulbildung für alle"

Nach den Plänen von UNICEF soll dieses Ziel bis 2015 erreicht werden. Doch ein Fünftel der Kinder in den Entwicklungsländern, etwa 120-130 Millionen, besucht keine Schule. An einer Grundbildung fehlt es besonders in Afrika südlich der Sahara: Nur 57 Prozent der Kinder werden eingeschult. In Südasien sind es dagegen 80 Prozent, in Lateinamerika 91 Prozent. Ostasien hat das Ziel „Grundbildung für alle" weitgehend erreicht.

Mädchen – besonders benachteiligt

60 Prozent der Kinder, die keine Schule besuchen, sind Mädchen. In Staaten wie Pakistan sind die Unterschiede noch größer. Am größten ist die Bildungslücke zwischen den Geschlechtern im südlichen Asien. Dort besuchen Mädchen, wenn überhaupt, nur etwa halb so lange wie Jungen die Schule. Groß sind die Unterschiede auch in den arabischen Staaten. In den Industriestaaten, in Lateinamerika und in der Karibik ist die Gleichstellung beim Schulbesuch bereits erreicht.

Die Schulbildung von Mädchen kann als „Investition mit den höchsten Ertragsaussichten" bezeichnet werden: Die Säuglings- und Kindersterblichkeit ist umso geringer, je höher der Bildungsgrad der Mutter ist. Bildung bremst auch das Bevölkerungswachstum: Frauen mit einer Schulbildung heiraten später und bekommen weniger Kinder.

Quellen: epd-Pressedienst und Globale Trends 2002, S. 120.

Planet der Durstigen

Trinkwassermangel ist eine der größten Bedrohungen der Menschheit. Die globale Wasserentnahme hat sich zwischen 1900 und 1995 versechsfacht; sie ist doppelt so stark gestiegen wie die Weltbevölkerung. Nur 2,5 % der Weltwassermenge sind aber trinkbar.

Das Trinkwasser ist außerdem sehr ungleich verteilt. Besonders Asien, wo 60 % der

Weltbevölkerung leben, leidet unter Trinkwassermangel. Dem Mangel dort steht ein sorgloser Umgang mit Wasser in anderen Erdteilen gegenüber, vor allem in Nordamerika: Künstliche Bewässerung in der Landwirtschaft, aber auch von Golfplätzen und Gärten.

Nach: Süddeutsche Zeitung vom 18.03.2003 und Fischer Weltalmanach 2004. Sp. 1339

Aufgaben:

1. Das Beispiel steht für ein grundsätzliches Problem: Wir haben uns daran gewöhnt, den Verbrauch der Natur, z. B. den Wasserverbrauch, als Zeichen unseres Wohlstands zu verstehen. Die unterschiedlichen Zahlen weisen auf ein Wohlstandsgefälle zwischen reichen und armen Ländern hin. Fassen Sie zusammen: Um welchen Konflikt geht es in dem Bericht?

Armut – weil es zu viele Menschen gibt?

Im Oktober 1999 überschritt die Weltbevölkerung die Sechs-Milliarden-Linie. Das Bevölkerungswachstum vollzieht sich zum überwiegenden Teil in Entwicklungsländern und dort vor allem in den ärmsten Ländern. Afrikas Bevölkerung wächst am schnellsten. Auch in den Ländern Lateinamerikas und Asiens nimmt die Bevölkerung rasch zu. In den meisten Industrieländern hingegen wächst sie nur langsam oder nimmt sogar ab (vgl. M 2). Prognosen, also Hochrechnungen ergeben, dass diese Zahl bis 2050 auf 9,1 Milliarden ansteigen könnte – sofern die Entwicklung so weiterläuft.

Bei diesem Thema steigen Bilder auf: die »Bevölkerungsexplosion« in den ärmsten

Ländern, die alle Entwicklungserfolge wieder »auffrisst« ...

Und viele Meldungen in den Medien scheinen zu belegen, es handle sich dabei um einen unaufhaltsamen Prozess. Genauer betrachtet muss diese Entwicklung nicht unbedingt so verlaufen. Denn das Tempo, mit dem die Zahl der Menschen auf der Welt zunimmt, verlangsamt sich. Allerdings kommt eine Wende nicht von allein. Es wurden in vielen Ländern Versuche unternommen, das Bevölkerungswachstum zu verringern, z. B. durch Aufklärung. Aus vielerlei Gründen waren diese Versuche häufig nicht wirksam genug.

US-Bürger besprengt seinen Garten mit knappem Grundwasser

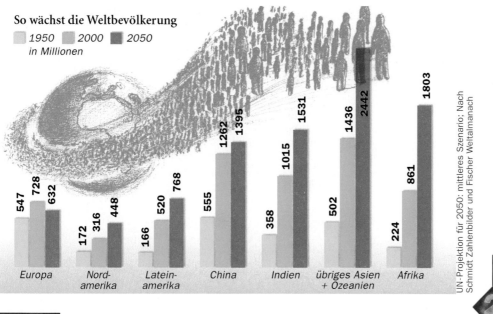

So wächst die Weltbevölkerung

1950 | 2000 | 2050
in Millionen

Region	1950	2000	2050
Europa	547	728	632
Nordamerika	172	316	448
Lateinamerika	166	520	768
China	555	1262	1395
Indien	358	1015	1531
übriges Asien + Ozeanien	502	1436	2442
Afrika	224	861	1803

UN-Projektion für 2050: mittleres Szenario; Nach Schmidt Zahlenbilder und Fischer Weltalmanach

Aufgaben:

2. Wie hängt das Wachstum der Bevölkerung mit der Armut zusammen? Weltweit und regional gesehen: In welchen Regionen bzw. Ländern wächst die Bevölkerung weiterhin stark an, wo am schnellsten?

Der Höhepunkt überschritten?

Einerseits: Im 20. Jahrhundert hat sich die Weltbevölkerung nahezu vervierfacht; sie ist damit schneller gewachsen als je zuvor in der Menschheitsgeschichte. Allein in der zweiten Hälfte des 20. Jahrhunderts stieg die Weltbevölkerungszahl von 2,5 Milliarden (1950) auf 6 Milliarden (2000). Dabei nahm auch die Geschwindigkeit des Wachstums zu:
Für das Wachstum von zwei auf drei Milliarden Menschen brauchte es 35 Jahre, von drei auf vier Milliarden 14 Jahre, die fünfte Milliarde war nach weiteren 13 Jahren und die sechste nach weiteren 12 Jahren erreicht.
Zur Zeit kommen jährlich 78 Millionen Menschen hinzu; das entspricht einer Wachstumsrate von 1,3 % pro Jahr.
Andererseits: In den 1990er Jahren wuchs die Weltbevölkerung noch um jährlich mehr als 80 Millionen. Der wesentliche Grund für die Verlangsamung des Wachstums ist die Abnahme der durchschnittlichen Kinderzahl pro Frau, … vor allem in den Entwicklungsländern. Dort sank die durchschnittliche Kinderzahl in den letzten 50 Jahren von 6 Kindern auf nun noch drei … . Es gibt allerdings sehr große regionale Unterschiede.

Nach: Globale Trends 2002, S. 95

Verantwortung?

Gemessen am Verbrauch von Energie und nicht erneuerbaren Ressourcen sowie an Schadstoffemissionen, die zu globalen Klimaveränderungen führen, ist die Frage des »Zuviel« an Menschen nicht an die 4,5 Mrd. Menschen in der Dritten Welt, sondern an die gute Mrd. Menschen in den reichen Industrieländern zu stellen, weil sie z. B. drei Viertel der Weltenergie verbrauchen und 68 % des Kohlendioxids erzeugen.

Franz Nuscheler: Lern- und Arbeitsbuch Entwicklungspolitik. 4. Aufl. Bonn 1995, S. 214, aktualisiert

Aufgaben:

3. In Europa finden wir einen Rückgang der Bevölkerungszahl (vgl. M 2). Finden Sie gesellschaftliche Gründe für diese Entwicklung.
4. Überprüfen Sie die Frage am Beginn des Abschnitts: »Armut – weil es zu viele Menschen gibt?« – Ist die Frage so richtig gestellt?

7.3.5 Partner in der Weltwirtschaft? – Globalisierung mit ungleichen Chancen

Welthandelsströme 2000

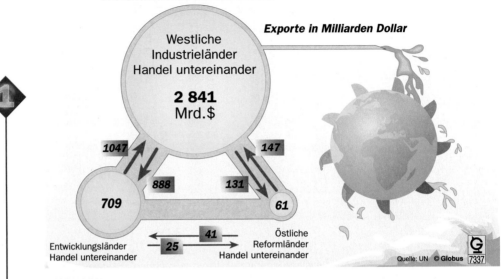

Exporte in Milliarden Dollar

Westliche
Industrieländer
Handel untereinander

**2 841
Mrd.$**

1047 147

888 131

709 61

Entwicklungsländer
Handel untereinander

41
25

Östliche
Reformländer
Handel untereinander

Quelle: UN © Globus 7337

Aufgaben:

1. *Das Schaubild zeigt, wie viele Güter zwischen den Weltregionen gehandelt werden. Wer hat welchen Anteil am Welthandel? Dabei sollten Sie unterscheiden zwischen dem Handel jeweils innerhalb der drei Ländergruppen und dem Handel zwischen ihnen.*

Kontroverse

Die reichen Länder schützen ihre Landwirtschaft mit politischen Mitteln – etwa durch Einfuhrbegrenzungen und durch staatliche Zuschüsse, d. h. Subventionen für die Bauern. So beziehen in den EU-Ländern manche landwirtschaftlichen Betriebe fast die Hälfte ihres Einkommens aus staatlichen Fördergeldern – von den Bundesländern, der Bundesregierung und der Europäischen Union. Die Entwicklungsländer verlangen, dass die Landwirtschaft bei uns nicht länger subventioniert wird. Beschreiben Sie die beiden Seiten dieses Interessenkonflikts. Wie könnte eine Lösung Ihrer Meinung nach aussehen?

Freier Welthandel – wer hat am meisten davon?

Globalisierung heißt auch, dass die Hindernisse und Schranken im Welthandel abgebaut werden. Auf Konferenzen hat die *Welthandelsorganisation* (WTO, vgl. Abschnitt 7.2.3) in den letzten Jahren Zölle ganz oder teilweise gestrichen und andere Beschränkungen des Handels aufgehoben. Gleichzeitig wurden Regeln für den Handel beschlossen, die von allen Staaten beachtet werden müssen.

Dennoch kommt es zwischen den Mitgliedern der WTO immer wieder zu Konflikten. Es ist auch umstritten, ob alle Länder in der Lage sind, an diesem freien Handelswettbewerb mit einigermaßen gleichen Chancen teilzunehmen.

Rohstoffexporte – oft ein schlechtes Geschäft

Welche Rolle ein Land im Welthandel spielt, hängt von den Produkten ab, die es anbieten kann. Die meisten Entwicklungsländer exportieren vor allem Rohstoffe, einige Halb- und wenige Fertigwaren aus der industriellen Produktion. Es gibt sogar Entwicklungsländer, die den größten Teil ihres Exports mit wenigen oder gar nur einem Produkt erwirtschaften.

Große Rohstoffvorkommen bedeuten aber nicht zwangsläufig Wohlstand für die Länder. Die Preise der Rohstoffe wie auch der exportierten landwirtschaftliche Produkte werden auf dem Weltmarkt gemacht. Und da ist entscheidend, wie groß die Nachfrage aus den reichen Ländern ist.

Eine neue Ordnung der Weltwirtschaft

Die Länder der Dritten und Vierten Welt verlangen, dass die wirtschaftlichen Beziehungen zwischen dem Süden und dem Norden verändert werden. Sie wollen gleichberechtigte Partner im Welthandel sein. Dazu sei – so ihre Argumentation – eine Reform der *Weltwirtschaftsordnung* notwendig. Es gehe darum, trotz gegensätzlicher wirtschaftlicher und politischer Interessen Regelungen zu finden, die für die Länder des Südens bessere Chancen auf den Absatzmärkten des Nordens eröffnen. Chancengleichheit und mehr Gerechtigkeit sollen Leitbilder für wirtschaftliches Handeln sein.

Eine neue Weltwirtschaftsordnung – was die Länder des Südens fordern

Folgen des Kolonialismus	wirtschaftliche Selbstbestimmung	internationale Handelsbeziehungen
• Ausgleich für koloniale Ausbeutung • Anerkennung der Gleichberechtigung aller Staaten in der internationalen Politik • Recht auf Entwicklung • Recht auf Entwicklungshilfe	• Recht über die eigenen Rohstoffe zu bestimmen • Kontrolle ausländischer und multinationaler Konzerne	• Öffnung der Märkte der Industrieländer • Abbau der Zölle, der mengenmäßigen Beschränkungen, der Subventionen in den Industrieländern, der benachteiligenden Vorschriften …

↑   ↑   ↑

Forderungen der Entwicklungsländer

↓   ↓

Verschuldungskrise: Auslandsverschuldung		Rohstoffpolitik und Rohstoffpreise
• Schuldenerlass für die ärmsten Entwicklungsländer • Umschuldungen bei den stark verschuldeten Ländern auf längerfristigere Kredite		• Aufbau gemeinsamer Rohstofflager • längerfristige Preispolitik bei den Rohstoffen durch Stabilisierung der Preise auf der Grundlage von internationalen Rohstoffabkommen

Aufgaben:

2. Die wichtigsten Forderungen der Entwicklungsländer fasst M 2 zusammen. Einige dieser Forderungen sind bereits mehrfach Gegenstand internationaler Verhandlungen gewesen. Nennen Sie Gründe, warum es so schwierig ist, sich zu einigen.

3. Die ärmsten Länder der Vierten Welt können ihre Produkte frei in die EU-Länder einführen. Sie selber sind aber nicht gezwungen, ihre Grenzen für Einfuhren aus den EU-Ländern gleichermaßen zu öffnen. Ein gerechtfertigtes Sonderrecht oder eine einseitige Bevorzugung gegenüber Ländern aus der Dritten Welt?

4. Die Industrieländer wollen weltweit und mithilfe der WTO den »Schutz der geistigen Rechte« durchsetzen. Das muss man nicht nur positiv sehen, vor allem nicht, wenn man in einem Entwicklungsland lebt. Einen Denkanstoß finden Sie dazu auf der Randspalte.

Impulse
Zukunft für wen? Handel mit geistigem Eigentum
Wenn man weiß, dass die Industrieländer weltweit über 90 % aller Patente halten, ist unschwer zu erkennen, für wen sich hier Gewinnchancen ergeben.

Peter Wahl, in: Entwicklung und Zusammenarbeit 38 (1997), H. 4, S. 109

»Ich halte jetzt den Kopf hoch« – ein Beispiel für eine Strategie der Grundbedürfnisse

Die Wende kam, als Safira zu »Mahila Milan« [»Frauen zusammen«] ging, einer Gruppe von Frauen, die alle auf den Bürgersteigen leben. Sie lernte das Katastrophenchaos in ihrem Kopf zu sortieren, ihre Probleme gegeneinander abzugrenzen und unterschiedlich zu gewichten. Was fehlte am meisten?

Ersparnisse …, eine Lebensmittelkarte, mit der sie staatlich subventioniert Reis und Mehl bekommen kann, und eine sichere Bleibe auf den Bürgersteigen. Gemeinsam identifizierten die Bürgersteigbewohnerinnen ihre wichtigsten Bedürfnisse, und gemeinsam entwickelten sie … Gegenstrategien gegen Rechtlosigkeit und Unsicherheit. »Allein kannst du gar nichts machen, wenn du arm bist«, meint Safira. Zu sehen, dass die Nachbarinnen dieselben Probleme haben, in der Gruppe eine Identität finden – das stabilisierte Safira psychisch …

Safira lernte in der Gruppe, dem »dadda«[1] Widerworte zu geben und den Polizisten, die sie schikanierten. Sie lernte mit der Stadtverwaltung zu verhandeln, dass sie einen Personalausweis bekommt, denn er ist Voraussetzung für eine Lebensmittelkarte – in ihrem Namen. Sie entdeckte, dass sie jeden Tag ein paar Pfennige sparen kann, und hat jetzt ein eigenes Sparbuch – in ihrem Namen … Dies ist ein neues Zeitalter in ihrer Biografie.

[1] selbst ernannter Quartier-Anführer, der »Schutzgeld« verlangt

Christa Wichterich: Gesichter der Armut.
In: Frankfurter Rundschau, 22.03.1997

Aufgaben:

1. Der Text ist die Fortsetzung der Geschichte von M 1 in Abschnitt 7.3.3. Beschreiben Sie die unterschiedlichen Lebenslagen, von denen die Geschichte insgesamt berichtet:
   • Was machte Safiras Leben in der zurückliegenden Zeit aus?
   • Wie kann ihr Leben in Zukunft aussehen?

Netzwerke der Selbsthilfe
– Selbsthilfegruppen arbeiten in Entwicklungsländern zusammen;
– Entwicklungsarbeit von unten: vor allem durch den Einsatz von »Nichtregierungsorganisationen«, das sind nicht-staatliche, private und gesellschaftliche Hilfsorganisationen, die mit der einheimischen Bevölkerung gemeinsame Projekte bearbeiten.

Schritte aus der Armut – Sicherung der Grundbedürfnisse

Seit der zweiten Hälfte der Siebzigerjahre gewinnt eine Entwicklungsstrategie an Bedeutung, deren Ziele lauten:
• Die Menschen müssen vor allem ihre grundlegenden Lebensbedürfnisse befriedigen können. Dies ist eine Voraussetzung für jede Entwicklung.
• Sie sollen selber in die Entwicklungsarbeit einbezogen werden, und schrittweise durch Erfahrungen lernen, zusammen mit anderen ihre Lage in die Hand zu nehmen und zu verbessern.
• Solche »Lernerfahrungen« gelingen am besten, wenn damit im eigenen, unmittelbaren Umfeld begonnen wird.
• Dabei erleben die Menschen gleichzeitig, wie sie in ihrem eigenen Lebensbereich und darüber hinaus politisch aktiv werden können.

Industrialisierung – um auf dem Weltmarkt mithalten zu können?

Um mehr als nur für den unmittelbaren Bedarf erwirtschaften zu können, brauchen Entwicklungsländer Unternehmen und Arbeitsplätze, und das heißt Kapital. Dazu müssen sich die meisten dieser Länder Kredite von anderen Staaten und auf den internationalen Kapitalmärkten beschaffen. Industrialisierung soll die eigene Wirtschaft voranbringen. Mit den eigenen Produkten und Dienstleistungen wollen die Länder in den Weltmarkt, um dort neues Kapital zu erwirtschaften. Diesem Ziel stehen in den meisten Entwicklungsländern jedoch zahlreiche Hindernisse im Wege. Nur wenigen ist es bislang gelungen, international wettbewerbsfähig zu sein. Dies liegt nicht nur an diesen Ländern selber; die Bedingungen, die sie auf dem Weltmarkt antreffen,

Erfolge und Herausforderungen bei der Verringerung menschlicher Armut

Erfolge		Herausforderungen
Seit 1980 unternahmen 81 Länder erkennbare Schritte in Richtung Demokratie. Von fast 200 Staaten der Welt werden in rund 140 Wahlen mit mehreren Parteien abgehalten.	**Demokratie**	Nur 47 der 81 Staaten können als neue Demokratien bezeichnet werden. In den übrigen herrschen autoritäre Regierungen. Die Menschenrechte sind keinesfalls gesichert.
1970 konnten 66 % der Erwachsenen nicht lesen und schreiben. Diese Zahl wurde bis 1995 auf 48 % verringert. Der weltweite Anteil der Kinder, die eine Grundschule besuchen, stieg bis 1998 auf 84 Prozent.	**Bildung**	113 Mio. Kinder im Grundschulalter gehen nicht zur Schule. 97 % von ihnen leben in Entwicklungsländern. 60 % der Kinder, die (weltweit gesehen) keine Grundschule besuchen, sind Mädchen.
Seit 1951 wurde die Produktion an Nahrungsmitteln vervierfacht; es gibt praktisch keine Hungersnot mehr.	**Ernährung**	53 % der Kinder unter 4 Jahren sind weiterhin unterernährt.
Zwischen 1970 und 2000 sank die Kindersterblichkeit weltweit von 96 auf 65 pro 1 000 Lebendgeburten.	**Gesundheit**	An jedem Tag sterben 30 000 Kinder auf der Welt an vermeidbaren Krankheiten. In Afrika südlich der Sahara werden nicht einmal 50 % der Kinder geimpft.
90 % der Bevölkerung haben Zugang zu Trinkwasser. UNDP: Bericht über die menschliche Entwicklung 1997, S. 60 f. und 2002, S. 12 f.	**Trinkwasser**	Der Grundwasserspiegel sinkt durch Eingriffe in die Natur weiter ab. Industrialisierung und Besiedlung führen zu starker Verschmutzung des Wassers.

werden nach wie vor von den führenden Industriestaaten und den global agierenden multinationalen Konzernen und Banken geprägt.

Schulden – eine Sackgasse?

Viele Entwicklungsländer sind hoch verschuldet. Sie können daher das erwirtschaftete Kapital nicht für Investitionen in die eigene Wirtschaft ausgeben, weil sie Zinsen und Rückzahlungen für die Auslandsschulden aufbringen müssen. Diese Schulden entstehen aus unterschiedlichen Gründen:

• Durch den Ausbau der Infrastruktur zur Entwicklung der eigenen Wirtschaft, auch um ausländisches Kapital ins Land zu holen.
• Bei der Finanzierung der Einfuhren, von denen die Entwicklungsländer stark abhängig sind (z. B. Maschinen).
Um zumindest die ärmsten Entwicklungsländer zu entlasten, haben die G-8-Staaten (vgl. Abschnitt 7.2.3) 1999 beschlossen, 36 dieser Länder Schulden in Höhe von 70 Milliarden US-Dollar zu erlassen.

High-Tech-Arbeit in Indien – Inderin in der Datenverarbeitung: als Expertin auch in Deutschland gefragt

Aufgaben:

2. Das Nebeneinander von Entwicklungserfolgen und ungelösten Aufgaben treffen wir in vielen Entwicklungsländern an. Solche Gegensätze sind vor allem ein Kennzeichen der Schwellenländer (vgl. Abschnitt 7.3.1).
• Fassen Sie zusammen: Auf welchen Gebieten gab es Erfolge, wo nicht?
• Welche Erklärungen sehen Sie für dieses Nebeneinander von Erfolg und Misserfolg?

Entwicklungspolitik
Die Ziele, die Instrumente, die Maßnahmen und die Mittel, die von Staaten, Staatengruppen und internationalen Organisationen ergriffen werden um die Entwicklung in der Dritten und Vierten Welt zu fördern und die Lebensbedingungen der Menschen zu verbessern.

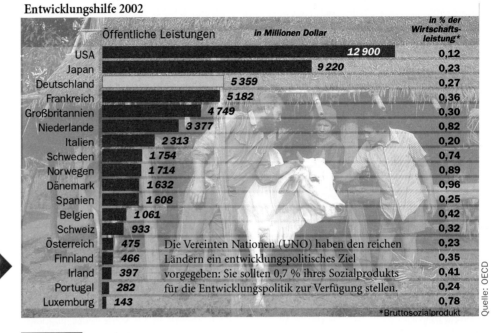

Entwicklungshilfe 2002

Öffentliche Leistungen	in Millionen Dollar	in % der Wirtschaftsleistung*
USA	12 900	0,12
Japan	9 220	0,23
Deutschland	5 359	0,27
Frankreich	5 182	0,36
Großbritannien	4 749	0,30
Niederlande	3 377	0,82
Italien	2 313	0,20
Schweden	1 754	0,74
Norwegen	1 714	0,89
Dänemark	1 632	0,96
Spanien	1 608	0,25
Belgien	1 061	0,42
Schweiz	933	0,32
Österreich	475	0,23
Finnland	466	0,35
Irland	397	0,41
Portugal	282	0,24
Luxemburg	143	0,78

Die Vereinten Nationen (UNO) haben den reichen Ländern ein entwicklungspolitisches Ziel vorgegeben: Sie sollten 0,7 % ihres Sozialprodukts für die Entwicklungspolitik zur Verfügung stellen.

*Bruttosozialprodukt

Quelle: OECD

1

Aufgaben:

1. Prüfen Sie, inwieweit unterschiedliche Länder die UNO-Vorgaben für Entwicklungshilfe erfüllen. Wie kann es kommen, dass die USA im Schaubild an zweiter Stelle bei der Entwicklungshilfe stehen, obwohl sie nur 0,12 % ihres Sozialprodukts dafür verwenden?

Entwicklungshilfe
Leistungen an Entwicklungsländer – allerdings nur solche, die die Länder zu günstigeren Bedingungen als auf dem normalen Markt – bei Banken und Konzernen – erhalten. Wir unterscheiden
• private (z. B. kirchliche) und öffentliche (staatliche) Träger,
• zwei- und mehrseitige Hilfe,
• technische, finanzielle und kulturelle Hilfe.

Politik auf unterschiedlichen Ebenen

Welche Ziele die Enwicklungspolitik verfolgt und welche Mittel und Instrumente dabei eingesetzt werden, dies wird auf unterschiedlichen Ebenen entschieden:
• Das Bundesministerium für wirtschaftliche Zusammenarbeit und Entwicklung gibt finanzielle Hilfe (Kredite, Zuschüsse) und Hilfen bei technischer Zusammenarbeit – z. B. beim Ausbau von Telekommunikationseinrichtungen.
• Die Bundesländer fördern vor allem Projekte in der Aus- und Weiterbildung, z. B. Ausbildungswerkstätten für landwirtschaftliche oder technische Berufe.
• Die Bundesrepublik ist darüber hinaus an der Entwicklungspolitik der Europäischen Union beteiligt.

• Und schließlich beteiligt sich die Bundesrepublik an Entwicklungsprojekten internationaler Organisationen, etwa am Entwicklungsprogramm der Vereinten Nationen (UNDP). In solche multilateralen Vorhaben fließen rund 40 % der Gelder aus dem Entwicklungsministerium.

Wer es in der Hand hat …

Jedes Jahr werfen die deutschen Textilunternehmen 550 Millionen T-Shirts und Unterhemden auf den Markt. Nur knapp 40 Millionen produzieren sie selbst, den Rest bestellen sie möglichst billig bei Zehntausenden Fabriken in Osteuropa und Asien … Am Ende aber sitzt immer irgendwo irgendjemand an einer ratternden Nähmaschine und näht den Stoff zusammen. In Bangladesch sind es 1,5 Millionen Menschen in 3 500 Fabriken … An Maschine 21 sitzt Muni … Muni weiß nicht, in welchen Ländern die Hemden und die Hosen verkauft werden, die sie jeden Tag zusammennäht. Sie weiß nur, dass eine Frau wie sie schwer Arbeit findet in Dhaka. Sie könnte als Hausmädchen bei reichen Leuten schuften, sie könnte irgendwo am Straßenrand mit einem schweren Hammer einen Berg von Ziegelsteinen zu roten Bröseln zerklopfen, aus denen Bauarbeiter Zement anrühren. Sie würde 500, vielleicht 600 Thaka im Monat verdienen.

60 Thaka sind ein Dollar, 20 Thaka ein Kilo Reis. An der Nähmaschine verdient Muni 1 900 Thaka im Monat. Wenn sie viele Überstunden macht, und sie macht gern Überstunden, kriegt sie noch mehr. … Auf Einladung amerikanischer Gewerkschafter ist Nazma Akhter durch die USA gereist. Sie hat die staubfreien Nike-Stores gesehen und die ewig lächelnden Verkäufer in den Wal-Mart-Supermärkten, die Hemden made in Bangladesh verkaufen. Hat gesehen, wie amerikanische Jugendliche ein Dutzend T-Shirts neben die Kasse packten und ihre Kreditkarten zogen. Und hat eine Ahnung davon bekommen, wer es letztlich in der Hand hat, unter welchen Bedingungen in ihrer 18 000 Kilometer entfernten Heimat die Frauen für den Weltmarkt arbeiten: die Verbraucher in den reichen Ländern.

Wolfgang Uchatius: Im Takt von tausend Nähmaschinen. In: DIE ZEIT, 02.01.2003

Aufgaben:

2. Der Autor meint zu seinem Text: »Dies ist eine lange Geschichte über die Relativität von Reichtum und über die seltsamen Umwege, die Globalisierung manchmal nimmt.«
   - »Relativität von Reichtum«?
   - Und die »Umwege der Globalisierung«?

Was wir tun können

Für einen fairen Handel mit der „Dritten Welt"

Die Förderung von Entwicklungsländern muss nicht auf offizielle Stellen beschränkt sein. Jeder Einzelne kann durch sein Verhalten ebenfalls einen Beitrag leisten. Überlegen Sie, wo Sie persönlich ansetzen könnten. Anregungen finden Sie auf dieser Seite. Weiter gehende Informationen können Sie auch über die Adressen am Ende des Buches einholen. Fairer Handel fördert die Selbstständigkeit und Gleichberechtigung der im Handelsgeschehen benachteiligten Partner in der Dritten Welt. Zu diesem Prinzip gehören langfristige Geschäftsbeziehungen und verbindliche Vereinbarungen über die Preise für Kaffee, Tee, Kakao und andere Produkte, die über denen des Weltmarktes liegen. Der gezahlte Mehrpreis wird zur Verbesserung der Lebensbedingungen vor Ort verwendet, z. B. für Schulbücher, den Bau von Wohnsiedlungen oder besseren Verarbeitungsanlagen.

TransFair
FAIRTRADE

www.transfair.org

Entwicklungshilfe – mehr Schaden als Nutzen?
Positionen und Kontroversen

Liebe Leserinnen und Leser,

für europäische Ohren klingt es unvorstellbar, was Schwester Dharma verkündet ...:
Zum ersten Mal durften unsere Kinder im Sommer so viel Wasser trinken wie sie wollten, obwohl wir Temperaturen von fast 50 Grad hatten und das Land um uns herum verdorrte, sagt sie. Früher war das Trinkwasser bei der großen Hitze streng rationiert, eine trübe unansehnliche Brühe, die für teures Geld vom Wasserverkäufer erstanden werden musste ...

Doch nun sprudelt das Wasser, drei Stunden am Tag, manchmal sind es sogar sechs, sauber und frisch. Es kommt aus einer Wasserleitung, die wir mit Ihren Spenden gebaut haben ...
Vor dreieinhalb Jahren hatte mich die Lehrerin Gerda Geretschläger von der Johann-Peter-Hebel-Grundschule in Gundelfingen auf das Wasserproblem in Assangaon aufmerksam gemacht. Sie hat das Projekt mithilfe ihrer Schule und unter großartiger Kooperation ihres Kollegiums, ja der ganzen Stadt Gundelfingen samt Bürgermeister und städtischen Angestellten angeschoben. ...

Gabriele Venzky: Das erste Jahr ohne Durst.
In: Badische Zeitung vom 23.12.1998

Glückliche Kinder am neuen Wasserhochbehälter in Assangaon.

Fremde Unterstützung – eher lähmend als hilfreich?

Warum fällt es so schwer, Afrika bei seiner Entwicklung zu helfen? ... Lässt sich Afrika nicht entwickeln – oder haben wir alles falsch gemacht?
»Der Scherbenhaufen in Afrika ist Konsequenz der massiven technischen Hilfe der vergangenen 30 Jahre,« sagt Anyang Nyong'o aus Kenia, Professor und Oppositionspolitiker ... Entwicklungshilfe behindert auf diese Weise Eigenentwicklung.
In den Flaschenhälsen, durch die der gut gemeinte Ausgleich zwischen reichem Norden und armem Süden fließt, bleiben die Filetstückchen der Hilfe meist hängen – sei es illegal durch Korruption oder legal als Verwaltungs- und Personalkosten. Am Ende der Hilfspipeline tropft es nur noch.
Deshalb provoziert die Kamerunerin Axelle Kabou: »Am Zustand Afrikas sind die schwarzen Eliten und die weißen Helfer schuld« ...

Michael Birnbaum: Das Gift der guten Gaben, in: Süddeutsche Zeitung vom 07./08.02.1998

Die Waisensiedlung Assangaon heute
Das Projekt der Gundelfinger Grundschule ist weiter erfolgreich: trockenes Land wurde bepflanzt – mit einem Wald und mit Getreide, Obstbäumen und Gemüse; neue Gebäude wurden errichtet; und viele der Mädchen, die in der Siedlung für Waisenkinder in Assangaon aufgewachsen sind, haben einen Beruf erlernt und können heute selber für sich – und andere – sorgen.
(Sommer 2003)

Zum Weiterarbeiten: ein Streitgespräch vorbereiten und durchführen – als

»Streitlinie«

Eine Streitlinie ist eine besondere Form eines Streitgesprächs – ein Gegenüber von Argument und Gegenargument, mit genauen Regeln und verteilten Rollen.

Durchführung der Streitlinie

1. Vorbereitung

Wir brauchen ein genau formuliertes Streitthema – am besten als These/Behauptung und als Gegenthese. In unserem Falle könnte es lauten:

Linie A:
These / Behauptung

»Entwicklungshilfe bringt die Entwicklungsländer nicht voran; oft schadet sie sogar, weil sie eigene Anstrengung verhindert«

Linie B:
Gegenthese

»Wir in den reichen Ländern sind moralisch verpflichtet den armen Ländern zu helfen. Ohne Hilfe von außen gibt es keine Weg aus der Armut.«

2. Durchführung

Die Klasse teilt sich in Dreier-Gruppen ein:

→ Je ein Mitglied übernimmt die Linie A und ein anderes die Linie B.
→ Das dritte Mitglied ist Spielleiter mit der Aufgabe, die Argumente für und wider stichwortartig auf Karten festzuhalten.
Die Materialien auf der linken Seite geben Anstöße für beide Seiten, um die Positionen auszubauen. Es gibt sicher noch weitere Argumente.
Spieldauer: ca 10 Minuten.

3. Auswertung in der Klasse

Drei Schritte:

1. Die Spielleiter tragen die Argumente der **Linie A** und der **Linie B** vor und ordnen die Karten an der Tafel/Pinnwand.

2. Die ganze Klasse prüft, welche Argumente mehrfach vorkommen, welche nur einmal genannt wurden – und denkt gemeinsam darüber nach, ob vielleicht wichtige Argumente gar nicht genannt wurden.

3. Die Klasse versucht zu einer gemeinsamen Aussage zu kommen: Wie könnte unsere Antwort auf die in der Titelzeile des Abschnittes formulierte Entscheidungsfrage lauten: »**Entwicklungshilfe – mehr Schaden als Nutzen?**« Zur Begründung sollten Sie auch Informationen aus den vorangegangenen Abschnitten 7.3.1 bis 7.3.7 einbeziehen.

7.4 Internationale Beziehungen und Friedenssicherung

7.4.1 Menschenrechte – weltweit gültig?

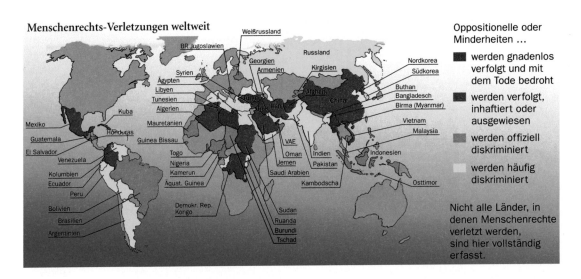

Menschenrechts-Verletzungen weltweit

Weißrussland, BR Jugoslawien, Georgien, Armenien, Russland, Kirgisien, Nordkorea, Südkorea, Syrien, Ägypten, Libyen, Tunesien, Algerien, Kuba, Mexiko, Honduras, Guatemala, El Salvador, Venezuela, Kolumbien, Ecuador, Peru, Bolivien, Brasilien, Argentinien, Mauretanien, Guinea Bissau, Togo, Nigeria, Kamerun, Äquat. Guinea, Demokr. Rep. Kongo, Sudan, Ruanda, Burundi, Tschad, Türkei, Irak, Iran, Afghanistan, China, Buthan, Bangladesch, Birma (Myanmar), Vietnam, Malaysia, VAE, Oman, Jemen, Saudi Arabien, Indien, Pakistan, Kambodscha, Indonesien, Osttimor

Oppositionelle oder Minderheiten ...

- werden gnadenlos verfolgt und mit dem Tode bedroht
- werden verfolgt, inhaftiert oder ausgewiesen
- werden offiziell diskriminiert
- werden häufig diskriminiert

Nicht alle Länder, in denen Menschenrechte verletzt werden, sind hier vollständig erfasst.

Diskriminierung der Frauen in Algerien

»Heute wollen uns die Islamisten den Schleier aufzwingen. Morgen werden sie uns davon abhalten zu arbeiten oder sogar zur Schule zu gehen. Sie sagen, wir sollten nicht wählen oder uns öffentlich engagieren. Der Schleier ist total.«
Nach: Die Zeit vom 29.04.1994

Verstöße gegen die Menschenrechte

In vielen Staaten der Welt ist es mit dem Schutz der Menschenrechte nicht weit her:
- Folter und politische Morde sind weit verbreitet. Die Regierungen sorgen für ein Klima der Angst, das Opposition im Keim ersticken soll.
- Die Rechtsprechung gehorcht oft anderen (meist religiösen) Vorbildern und ist nach unseren Maßstäben grausam.
- Verfolgung politisch oder kulturell anders Denkender und von Minderheiten ist an der Tagesordnung – bis hin zu bürgerkriegsähn-

lichen Zuständen und der Vertreibung aus dem Land.
- Einzelne Bevölkerungsgruppen werden systematisch benachteiligt.

Wenn man zu den Menschenrechten das Recht auf ausreichende Ernährung, auf Bildung und ein menschenwürdiges Leben zählt, wird das Bild völlig düster.

Menschenrechtsverletzungen sind häufig ein Grund für Flucht und Auswanderung.

Schutz der Menschenrechte

Unter dem Eindruck des Nationalsozialismus verabschiedete 1948 die UNO-Vollversammlung die »Allgemeine Erklärung der Menschenrechte«. Damit gab es erstmals einen Schutz der Rechte jedes Menschen, der nicht an der Staatsgrenze halt machte. Im Jahr 2003 wurde außerdem ein *Internationaler Strafgerichtshof* für Menschenrechte eingerichtet (vgl. Abschnitt 7.2.2).

Die UNO ist bei den politischen Rechten nicht stehen geblieben. Zu dieser 1. Generation der Menschenrechte kamen 1976 als 2. Generation der Zivilpakt und der Sozialpakt, das heißt wirtschaftliche, soziale und kulturelle Rechte des Einzelnen. 1986

Frauen im Nachteil

- 6999 von 7000 untersuchten Abtreibungen in Bombay (Indien) waren Abtreibungen weiblicher Föten.
- Zwei Drittel aller Arbeitsleistungen in Indien werden von Frauen erbracht.
- Zwei Drittel aller Analphabeten und siebzig Prozent der Armen auf der Welt sind weiblich.
- Zwei von drei Frauen arbeiten ohne Bezahlung.
- In keinem Land der Welt verdienen Frauen mehr als Männer.

Ekkehard Launer, Datenhandbuch Nord-Süd, Göttingen 1992, S. 36–38; SZ-Magazin, 25.8.1995; Focus vom 21.08.1995

wurde als 3. Generation der Menschenrechte kollektive Rechte der Völker beschlossen: das Recht auf Frieden, auf Entwicklung und auf eine gesunde Umwelt. Die Menschenrechte der 2. und 3. Generation sind jedoch bisher nicht einklagbar, sondern bloße Zielvorgaben.

Kritik: Einmischung in innere Angelegenheiten?

Die Kritik an Menschenrechtsverletzungen wird von den betroffenen Staaten meist als Einmischung in ihre inneren Angelegenheiten zurückgewiesen. Sie machen dann eine eigene, andersartige Tradition der Menschenrechte geltend (M 2). Ob andere Staaten oder die UNO in diese Auseinandersetzungen eingreifen dürfen oder müssen, ist eine offene Frage.

Besondere Bedeutung für den Schutz der Menschenrechte haben *Nichtregierungsorganisationen* wie Amnesty International. Durch ein eigenes Netz von Informanten können sie Menschenrechtsverletzungen an das Licht der Weltöffentlichkeit bringen. Sie müssen keine politischen Rücksichten nehmen und nicht die Regeln der Diplomatie einhalten. Darum können sie solche Fälle auch mit einer ganz anderen Deutlichkeit zur Sprache bringen.

Amnesty International (ai) 1961 gegründete internationale Organisation (NGO), die sich für die Freilassung von politischen Gefangenen einsetzt, die wegen ihrer Gesinnung, Volkszugehörigkeit oder Religion inhaftiert sind.
ai versucht in erster Linie über die Mobilisierung der öffentlichen Meinung Einfluss auf Regierungen zu nehmen. Friedensnobelpreis 1977.

Aufgaben:

1. Welche Verstöße gegen Menschenrechte halten Sie für besonders schwerwiegend?
2. Wie erklären Sie sich, dass in vielen Staaten in der Verfassung die Menschenrechte garantiert sind, aber praktisch dagegen verstoßen wird?

a) »Der Norden misst mit zweierlei Maß«

Wir sind der Meinung, dass man nicht über Freiheit und Demokratie sprechen kann, solange nicht die Grundbedürfnisse der Menschen erfüllt sind. Man muss zunächst ihre Armut lindern … Wenn Sie irgendwo hingehen, wo schlimmste Armut herrscht, wie können Sie dann zu einem Menschen sagen: Du darfst nicht stehlen, du musst dich ordentlich anziehen? Das ist für ihn unmöglich. Zuerst müssen wir ihm seine Menschenwürde garantieren. Und auf dem Weg dorthin wird man möglicherweise einige harte Maßnahmen ergreifen müssen um die Gesellschaft zu verändern …
Die Demokratie, so wie sie im Westen verstanden wird, ist niemals Teil unserer Kultur gewesen.

Aus einem Interview mit dem damaligen Justizminister Malaysias; in: ZEIT-Punkte, H. 2, 1993, S. 46 f.

b) Menschenrechte – eine Erfindung der Europäer oder weltweit gültig?

Aus einem Interview mit zwei Mitarbeitern der Menschenrechtsorganisation Terre des Hommes (TdH) aus Asien:
TdH: Es gibt Leute, die behaupten, die Menschenrechte gründeten auf westlichen Wertvorstellungen und seien eine Art Kulturimperialismus. Wird diese Meinung in Südostasien geteilt?
Skrobanek: Das glaubt hier niemand, schon gar

nicht in Kreisen unserer Partner. Einige autoritäre Regime in Südostasien, allen voran China, Malaysia und das Indonesien unter (dem früheren Diktator) Suharto, wollten die »Asiatischen Werte« den vermeintlichen westlichen Menschenrechten gegenüberstellen. Davon will keine der Menschenrechtsorganisationen in Südostasien etwas wissen. Menschenrechte sind universal und unteilbar.
Cacayan: Dem kann ich mich für die Philippinen anschließen. Es stimmt auch nicht, dass der Ursprung der Menschenrechte im Westen liegt. Alte Gesetzessammlungen … existierten schon, bevor die westlichen Kolonisatoren den philippinischen Archipel betraten. Diese Sammlungen betonten besonders stark den Schutz aller Mitglieder der Gemeinschaft.

Terre des Hommes : die zeitung, März 2003.

Aufgaben:

3. Treten Ziele wie Freiheit und Demokratie zurück, solange die Grundbedürfnisse der Menschen nicht erfüllt sind?
4. Müssen nach Ihrer Auffassung Menschenrechte für alle Menschen der Welt gleichermaßen gelten? Oder darf jedes Land seine eigenen Menschenrechte unter Berücksichtigung seiner Kultur festlegen?

Der kalte Krieg – ist er begraben?

Militärische Bündnisse

Im April 1949 unterzeichneten die Regierungen von zehn europäischen Staaten, der USA und Kanadas den Vertrag zur Gründung der *Nordatlantischen Verteidigungsgemeinschaft* (engl. Abkürzung: NATO). Er sah vor, dass sich diese Staaten gegenseitig militärisch unterstützen, sollten sie von einem Gegner von außen angegriffen werden. Die Bundesrepublik Deutschland wurde 1955 Mitglied der NATO.

Die Sowjetunion hatte bereits zwischen 1943 und 1948 mit einzelnen Staaten Osteuropas militärische Beistandspakte geschlossen, durch die die Moskauer Regierung großen Einfluss auf die einzelnen Länder bekam. Diese zweiseitigen Verträge wurden am 14. Mai 1954 im *Warschauer Vertrag über Freundschaft, Zusammenarbeit und gegenseitigen Beistand* zusammengefasst. Diesem *Warschauer Pakt* gehörten die Staaten Osteuropas an, die – wie auch die DDR – seit dem Ende des Zweiten Weltkrieges im politischen Einflussgebiet der Sowjetunion lagen.

Die NATO – ein Beistandspakt
»Die Parteien vereinbaren, dass ein bewaffneter Angriff gegen eine oder mehrere von ihnen in Europa oder Nordamerika als ein Angriff gegen sie alle angesehen wird; sie vereinbaren daher, dass im Falle eines solchen Angriffs jede von ihnen … Beistand leistet … einschließlich der Anwendung von Waffengewalt …
Die Maßnahmen sind einzustellen, sobald der Sicherheitsrat [der UNO] diejenigen Schritte unternommen hat, die notwendig sind, um den internationalen Frieden und die internationale Sicherheit wiederherzustellen und zu erhalten.«
Artikel 5, NATO-Vertrag von 1949

Rückblick: der Kalte Krieg und das militärische Wettrüsten

Zwischen beiden Karikaturen liegen nicht ganz zehn Jahre. Die politischen und militärischen Gegensätze zwischen dem Westen und dem Osten hatten in der Zeit nach 1945 zu einem weltweiten militärischen Wettlauf geführt: Jede Seite ging davon aus, dass die andere den Frieden gefährde (vgl. Abschnitt 4.1.3). Den Frieden sichern hieß vor allem, sich gemeinsam mit anderen Staaten stark zu machen, um die andere Seite von einem Angriff abzuschrecken.

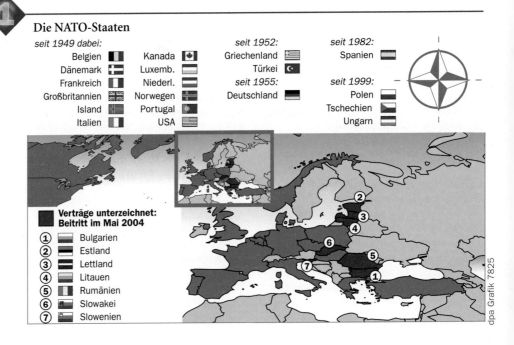

Die NATO-Staaten

seit 1949 dabei:

Belgien	Kanada
Dänemark	Luxemb.
Frankreich	Niederl.
Großbritannien	Norwegen
Island	Portugal
Italien	USA

seit 1952:
Griechenland
Türkei

seit 1955:
Deutschland

seit 1982:
Spanien

seit 1999:
Polen
Tschechien
Ungarn

Verträge unterzeichnet: Beitritt im Mai 2004

1. Bulgarien
2. Estland
3. Lettland
4. Litauen
5. Rumänien
6. Slowakei
7. Slowenien

dpa Grafik 7825

Mit den Reformen in der Sowjetunion und in den Ländern Osteuropas war auch das Ende des östlichen Militärbündnisses gekommen. Die neuen Regierungen nutzten die Chance, um sich von der politischen und militärischen Bevormundung durch Moskau zu lösen. Zum 31. März 1991 wurde der Warschauer Pakt aufgelöst.

Die »neue« NATO

Ein großer Konflikt zwischen dem Westen und dem Osten ist heute unwahrscheinlich; die Sowjetunion existiert nicht mehr. Wozu dann noch ein militärisches Bündnis wie die NATO?

Die letzten Jahre haben gezeigt: In einigen der Staaten der früheren Sowjetunion, auf dem Balkan im Gebiet des früheren Jugoslawiens und in den Ländern des Mittleren Ostens (z. B. in Afghanistan) kommt es immer wieder zu Spannungen und zum Ausbruch gewaltsamer Konflikte.

Um bei solchen Konflikten schnell reagieren zu können, wurde die NATO seit den neunziger Jahren umgebaut: Ihre Aufgabe ist es nicht mehr in erster Linie, Gegner durch atomare Waffen von einem großen Atomkrieg abzuschrecken. Gefahren gehen vielmehr von zunehmend kleineren Kriegen und gewaltsamen Konflikten in einzelnen Regionen aus. Nach dem 11. September 2001 zählt zu diesen Gefahren besonders der internationale Terrorismus.

Deshalb wurden in den letzten Jahren militärische Spezialkräfte – z. B. die »Krisen-Reaktionskräfte« der NATO oder die »Schnellen Eingreiftruppen« der Europäischen Union – aufgebaut. Auch die Bundeswehr beteiligt sich daran, etwa mit dem »Kommando Spezialkräfte« (KSK): Das ist eine rund 1 000 Soldaten starke Einheit, die eine dreijährige Spezialausbildung erhält. Die Soldaten nehmen besondere Kommando- und Fernspähaufgaben vor allem in Krisen- und Kriegsgebieten wahr – etwa bei der Vorbereitung der Stationierung deutscher Soldaten in Kabul (Afghanistan) seit Ende 2001.

NATO-Generalsekretär
- Sprecher der NATO nach außen und nach innen,
- wird von den Mitgliedstaaten für die Dauer von zwei Jahren gewählt,
- leitet die Sitzungen der NATO-Gremien, zum Beispiel die regelmäßigen Konferenzen der Verteidigungs- und der Außenminister.

NATO-Militärausschuss
- Die höchste militärische Instanz
- Berät militärische Maßnahmen und schlägt sie den Regierungen zur Entscheidung vor
- Ihm gehören die Generalstabschefs der Mitgliedstaaten und der Nato-Generalsekretär an.

Aufgaben:

1. Die NATO wurde 1949 als »militärischer Beistandspakt« gegründet. Beschreiben Sie die damalige Aufgabe: Beistand gegen wen und in welchem Falle?
2. Nach dem Ende des Ost-West-Konflikts seit den 1990er Jahren sind neue Aufgaben hinzugekommen: Worin unterscheidet sich die militärische Aktion der NATO im Kosovo (vgl. M 2) von der Aufgabe, wie sie 1949 im NATO-Vertrag beschlossen wurde (vgl. Randspalte)?
3. Ein kontroverses Thema: Die NATO – ein neuer »Weltpolizist«? Eine notwendige Aufgabe? Oder ein Schritt in eine gefährliche Richtung?

Neue Aufgaben der NATO – zum Beispiel im Kosovo

Die NATO hatte im Frühjahr 1999 mehrere Wochen lang Luftangriffe auf militärische Einrichtungen, auf Fabriken und Brücken in Serbien und auf serbische militärische Stellungen im Kosovo geflogen. Die NATO-Staaten wollten dadurch die jugoslawische Regierung zwingen, die Vertreibung des albanischen Bevölkerungsteils aus der südlichen Region Jugoslawiens zu beenden. Im Juni 1999 beschloss dann der Sicherheitsrat der UNO einen Friedensplan, der nach langen Verhandlungen von der serbischen Regierung angenommen wurde:
– Die serbischen Truppen zogen aus dem Kosovo ab.
– Die im Krieg vertriebene oder geflohene albanische Bevölkerung sollte wieder in den Kosovo zurückkehren.
– Unter Überwachung der Vereinten Nationen wurde begonnen, eine zivile Verwaltung und eine Polizei im Kosovo aufzubauen.
– Die Europäische Union sagte Unterstützung beim Wiederaufbau zu.
– Eine internationale Kosovo-Friedenstruppe (KFOR) unter Führung der NATO bekam die Aufgabe, die albanischen Widerstandsgruppen zu entwaffnen.
– Im Sommer 2003 waren im Kosovo im Rahmen der KFOR-Verbände rund 3 320 Soldaten und 146 Soldatinnen der Bundeswehr im Einsatz.

Bundeswehreinsatz im Kosovo, September 1999

Bundeswehr – im Auftrag der UNO im Einsatz

*Wiederaufbau
in Afghanistan
nach dem
Krieg, Ziegel-
brennofen in
Kabul*

Der UN-Sicherheitsrat beschloss am 21. Dezember 2001, Soldaten nach Afghanistan zu schicken, um die dortige Regierung beim Übergang in die Nachkriegszeit zu unterstützen. Im Rahmen der ISAF – International Security Assistance Force – haben rund 5 000 Soldaten aus insgesamt 30 Nationen den Auftrag, für die innere Sicherheit in Afghanistan zu sorgen. Im Herbst 2003 waren rund 2 500 deutsche Soldaten in diesem Land stationiert.

Der Deutsche Bundestag stimmte dem Einsatz der Bundeswehr in Afghanistan am 22. Dezember 2001 mit großer Mehrheit zu. Verfassungsrechtliche Grundlage für den Einsatz deutscher Soldaten in dieser Friedensmission war Artikel 24 Absatz 2 des Grundgesetzes. Dieser regelt das Vorgehen im Rahmen eines Systems gegenseitiger kollektiver Sicherheit.

Die Führung dieser ISAF-Truppen übernahmen vom Februar 2003 Deutschland und die Niederlande gemeinsam.

Im August 2003 ging das Kommando direkt an die NATO über, für die damit der erste militärische Einsatz außerhalb Europas begann.

Was man hierzu wissen muss

In Afghanistan tobte über Jahre hinweg ein Bürger- bzw. Stammeskrieg. Seit Mitte der 1990er Jahre wurde das Land von einer Diktatur der religiösen Gruppe der »Taliban« unterdrückt. Die Taliban, ehemalige Koranschüler, wollten den »wahren Islam« notfalls mit Gewalt und Unterdrückung Andersdenkender durchsetzen. Zudem sollen von Afghanistan aus Terroristengruppen der »Al Kaida« unter der Führung von Osama bin Laden operiert haben.

Die Taliban-Herrschaft wurde nach dem Anschlag auf das World Trade Center in New York und das US-Verteidigungsministerium in Washington am 11. September 2001 durch massiven militärischen Einsatz der USA und durch Soldaten oppositioneller afghanischer Gruppen – der »Nordallianz« – beendet.

Kollektive Sicherheit
Grundsätze:

• Staaten vereinbaren in einem Vertrag oder durch Beitritt zu einer gemeinsamen Organisation (z. B. zur UNO), dass sie untereinander auf die Drohung und Anwendung von Gewalt verzichten.

• Sollten sie von Dritten angegriffen werden, wollen sie sich gegenseitig politischen und militärischen Beistand leisten.

Politik aktuell
Zu aktuellen Aufgaben und zu Einsätzen der Bundeswehr:
www.bundeswehr.de

**Eine Armee – kontrolliert durch die
Verfassung**

Die Bundesrepublik Deutschland trat 1955 der NATO bei. Der westdeutsche Staat verpflichtete sich damals, seine Streitkräfte ganz dem NATO-Kommando zu unterstellen. Zudem wurde die neue Armee durch das Parlament politisch kontorolliert. Die Aufgaben der Bundeswehr sind im Grundgesetz genau festgelegt:

• In der Präambel verpflichtet sich die Bundesrepublik, durch ihre Politik dem Frieden zu dienen.

• Art. 25 GG legt fest, dass »die allgemeinen Regeln des Völkerrechts« Teil des deutschen Rechts sind: Sie sind somit Bestandteil der innerdeutschen Rechtsordnung (siehe dazu Abschnitt 7.4.1).

• Artikel 26 GG verbietet es, einen Angriffskrieg vorzubereiten und durchzuführen. Und

in Artikel 87 a wird dies noch genauer gesagt: Die Streitkräfte sollen – im Normalfall – allein der Verteidigung dienen.

Verteidigen – wen und was?

Die Antwort darauf könnte heißen: Das Gebiet des deutschen Staates. Doch die Bundeswehr war von Anfang an als Armee in einem militärischen Bündnis gedacht. Deshalb sagt es das Grundgesetz in Artikel 24 noch genauer: Die Bundesrepublik kann einer überstaatlichen Organisation – zum Beispiel der UNO und der NATO – beitreten. Deshalb kann die Bundeswehr bei militärischen Einsätzen, die eine solche Organisation zur Sicherung des Friedens durchführt, mitwirken. Dies gilt besonders für gemeinsame Aktionen, die der Sicherheitsrat der UNO beschließt (vgl. M 1).

Die Aufgaben der Bundeswehr – was sagt das Grundgesetz?

Einsatz im Verteidigungs- und im Spannungsfall: Art. 87 a GG

(1) Der Bund stellt Streitkräfte zur Verteidigung auf ...

(2) Außer zur Verteidigung dürfen die Streitkräfte nur eingesetzt werden, soweit dieses Grundgesetz es ausdrücklich zulässt.

(3) Die Streitkräfte haben im Verteidigungsfalle und im Spannungsfalle die Befugnis, zivile Objekte zu schützen und Aufgaben der Verkehrsregelung zu übernehmen ...

(4) Zur Abwehr einer drohenden Gefahr für den Bestand oder die freiheitliche demokratische Grundordnung des Bundes oder eines Landes kann die Bundesregierung, wenn die Voraussetzungen des Artikels 91 Abs. 2 vorliegen und die Polizeikräfte sowie der Bundesgrenzschutz nicht ausreichen, Streitkräfte ... einsetzen. Der Einsatz von Streitkräften ist einzustellen, wenn der Bundestag oder der Bundesrat es verlangen.

Mitwirkung bei der gemeinsamen Friedenssicherung: Art. 24 GG

(2) Der Bund kann sich zur Wahrung des Friedens einem System gegenseitiger kollektiver Sicherheit einordnen; er wird hierbei in die Beschränkungen seiner Hoheitsrechte einwilligen, die eine friedliche und dauerhafte Ordnung in Europa und zwischen den Völkern der Welt herbeiführen und sichern.

Verteidigungsfall
Er ist im Abschnitt Xa GG genau geregelt:
Das Gebiet der Bundesrepublik wird mit Waffengewalt von außen angegriffen oder es droht ein unmittelbarer Angriff. Ob dies so ist, muss der Bundestag mit Zustimmung des Bundesrates entscheiden. Genaueres dazu in Art. 115 a (1) GG.

Spannungsfall
Ein Zustand erhöhter internationaler Spannungen, aus denen für die Bundesrepublik eine besondere Gefahr erwachsen könnte. Er muss vom Bundestag – ohne Mitwirkung des Bundesrates – festgestellt werden. Mehr dazu in Art. 80 a GG.

Aufgaben:

1. Nach diesen Bestimmungen des Grundgesetzes können wir unterscheiden zwischen einem Einsatz der Bundeswehr bei einer Bedrohung von außen und einer Gefahr im Innern der Bundesrepublik. Beschreiben Sie diese Regelungen und denken Sie sich mögliche Beispiele aus.

Friedenssicherung – nicht nur eine Sache des Militärs

EU gibt 80 Millionen Euro als Hilfe für Afghanistan frei

Zur Unterstützung des Wiederaufbaus in Afghanistan hat die EU-Kommission knapp 80 Millionen Euro freigegeben. Die Gelder sind Teil eines Gesamtpakets von 400 Millionen Euro, das bereits im März geschnürt wurde, wie die Kommission der EU in Brüssel mitteilte. Von den jetzt freigegebenen Mitteln seien 47,5 Millionen Euro für den Aufbau und die Unterstützung der öffentlichen Verwaltung vorgesehen. Unter anderem sollen so die Gehälter von Polizisten und Lehrern gesichert werden. Mit 13 Millionen Euro wird die Räumung von Minen unterstützt; zehn Millionen Euro werden demnach in den Aufbau eines nationalen Gesundheitssystems investiert.

Agence France Presse, 31.07.2003

Bundeswehrsoldaten im Einsatz in Kabul, Februar 2003

Aufgaben:

2. Anders als heute lehnten bis zu Beginn der neunziger Jahre alle Parteien im Bundestag Kampfeinsätze der Bundeswehr außerhalb des NATO-Gebietes ab. Sie verwiesen dabei auf die »besonderen Belastungen aus der deutschen Geschichte«. Erklären Sie dieses Argument: Was war damit gemeint? Wie stehen Sie selber dazu?

3. Verteidigungsminister Struck sagte im Jahre 2002 zur veränderten Rolle der Bundeswehr: »Unsere Sicherheit wird heute auch am Hindukusch in Afghanistan verteidigt.« Mit diesem Satz können Sie sich auf zweifache Weise auseinandersetzen:
   - Indem Sie seinen Sinn herausfinden – so wie ihn der Minister vermutlich gemeint hat;
   - Kritisch: indem Sie über die Probleme sprechen, die mit einer solchen Sicht der Bundeswehr verbunden sein können.

Berufsarmee oder Wehrpflichtige? Pro und Kontra

Bürger in Uniform statt Profis für das Kämpfen

Eine Berufsarmee zieht immer besondere Typen an, solche, die darin ihren »Job« sehen. Was wir aber brauchen, ist eine Armee, die weiß, was ihre Aufgaben und wo ihre Grenzen in einer Demokratie sind. Die Soldaten der Bundeswehr sollen »Bürger in Uniform« sein, nicht Profis für den Krieg.

Eine Wehrpflichtigen-Armee ist zudem besser in der Gesellschaft verankert. Sie kann das Spiegelbild der Gesellschaft sein. Und wer nicht als Soldat dienen will, kann für die anderen etwas als Zivildienstleistender tun.

Wehrpflichtige – den neuen Anforderungen nicht mehr gewachsen

Unsere Sicherheit wird heute von keinem äußeren Gegner mehr direkt bedroht. Die große Gefahr, die früher vom Ostblock und der Sowjetunion ausging, existiert nicht mehr. Die Bundeswehr muss heute bei aktuellen Konflikten – notfalls weltweit – zusammen mit den Soldaten aus den anderen NATO-Ländern und aus der Europäischen Union schnell und beweglich eingesetzt werden. Die Soldaten werden immer mehr zu Profis: Im Umgang mit immer komplizierteren Waffen, aber auch als Helfer bei humanitären Aktionen weit weg von der Heimat. Wehrpflichtige sind dabei überfordert.

Wehrpflicht – Kriegsdienstverweigerung:

Artikel 12 a GG

(1) Männer können vom vollendeten achtzehnten Lebensjahr an zum Dienst in den Streitkräften, im Bundesgrenzschutz oder in einem Zivilschutzverband verpflichtet werden.

(2) Wer aus Gewissensgründen den Kriegsdienst mit der Waffe verweigert, kann zu einem Ersatzdienst verpflichtet werden. Die Dauer des Ersatzdienstes darf die Dauer des Wehrdienstes nicht übersteigen …

Weniger Soldaten – eine andere Armee?

Nach dem Ende des Ost-West-Konflikts sehen viele Menschen keine unmittelbare Bedrohung des Friedens in Mitteleuropa. Die Abrüstungsverhandlungen und die Entspannungspolitik seit den 70er Jahren haben es möglich gemacht, die großen Waffenlager in Europa – vor allem in der Bundesrepublik und der DDR – zu verringern. Auch ein Teil der Atomwaffen wurde vernichtet.

Die Armeen wurden ebenfalls verkleinert. Die Nationale Volksarmee der DDR wurde nach der Wiedervereinigung aufgelöst und die Bundeswehr des wiedervereinigten Deutschlands zunächst auf 340 000 Soldaten verkleinert. Die Wehrpflicht wurde verkürzt. Heute hat die Bundeswehr eine Mannschaftsstärke von knapp 300 000 Soldaten; dazu kommen 130 000 zivile Beschäftigte.

Von den Soldaten sind jedoch nur 130 000 Wehrpflichtige; die anderen sind freiwillige Zeitsoldaten oder Berufssoldaten (Stand 2003). Zum Vergleich: Die Geburtsjahrgänge, die in den letzten Jahren zur Musterung kamen, hatten im Durchschnitt etwa 430 000 Männer. Die Zahl der Verweigerer bewegte sich zwischen 170 000 bis 180 000 pro Jahr (vgl. M 2).

Wenn der Anteil der Wehrpflichtigen an der Gesamtstärke der Armee weiter sinkt, steht die Wehrpflicht zur Diskussion: Kann der Grundsatz der Wehrgerechtigkeit noch Geltung haben, wenn nur ein Fünftel der Wehrfähigen eines Jahrgangs zur Bundeswehr eingezogen wird?

Der Gedanke, eine kleine Berufsarmee zu schaffen, liegt in einer solchen politischen Lage nahe. Dadurch könnte die Bundeswehr noch weiter verkleinert werden. Einige Länder – wie die USA und Frankreich – sind diesen Weg bereits gegangen.

Wehrpflicht oder Zivildienst?

Aus den Erfahrungen des Zweiten Weltkrieges und der Diktatur der Nationalsozialisten heraus hatten die Mitglieder des Parlamentarischen Rates 1948/49 entschieden: Niemand solle künftig gezwungen werden, als Soldat in einer Armee zu dienen und in einem Krieg Menschen töten zu müssen. Dieses Grundrecht wurde auch beibehalten, als 1955 die Bundeswehr gegründet und die Bundesrepublik Deutschland Mitglied der NATO wurde.

Zunächst stellten die Wehrdienstverweigerer nur eine kleine Minderheit dar. Inzwischen liegt ihre Zahl höher wie die der eingezogenen Wehrpflichtigen. Befürworter einer Berufsarmee folgern daraus, dass ein beträchtlicher Teil der Jugend die Wehrpflicht nicht mehr als einen notwendigen Dienst und den Zivildienst als eine sinnvollere Leistung für die Gemeinschaft ansehe.

Wehrdienstverweigerer 1985 – 2003

ab 1991: Gesamtdeutschland

Aufgaben:

1. In der Bevölkerung wie auch in den Parteien wird die Wehrpflicht kontrovers beurteilt. Die einen wollen sie beibehalten, andere sind für eine Abschaffung. Sie können dazu selber weitere Gedanken – pro und contra – sammeln (Brainstorming mit Stichwortkarten). Anschließend sollten Sie ein Meinungsbild in der Klasse herbeiführen.
2. Ein Argument für die Wehrpflicht heißt: Jeder soll einen Beitrag für sein Land leisten. Aber: Frauen werden nicht zur Bundeswehr eingezogen, sie können sich allerdings freiwillig melden (vgl. M 3). Und viele junge Männer kommen daran vorbei, weil nicht mehr so viele Soldaten gebraucht werden. Wie sollte man Ihrer Meinung nach diese »Wehr-Ungerechtigkeit« lösen?

Frauen in die Bundeswehr?

Das Grundgesetz verlangt die gleiche Behandlung von Frauen und Männern im öffentlichen Leben, also in der Politik, in der Wirtschaft, vor dem Recht, bei der Ausbildung … Dieser Gleichheitsgrundsatz wurde auch in ein Gesetz der Europäischen Union übernommen. In der Bundeswehr war für Frauen bis Anfang 2000 nur der Dienst im Sanitäts- oder Musikerkorps möglich. Der Dienst an der Waffe war für Frauen verboten. Sie hatten auch kaum Zugang zu Führungspositionen. Bei Polizei und Bundesgrenzschutz dagegem werden Frauen auch mit der Waffe eingesetzt, warum dann nicht in der Bundeswehr?

Einige Frauen haben diesen Anspruch vor dem Bundesverfassungsgericht und dem Europäischen Gerichtshof eingeklagt. Im Januar 2000 gab der Europäische Gerichtshof der EU einer Klägerin Recht: Frauen müssen in der Bundeswehr die gleichen Chancen haben wie Männer. Seither können sie sich für den militärischen Dienst in der Armee bewerben, sie werden jedoch nicht als Wehrpflichtige eingezogen.

Impulse/Kontroverse

Stichwort Berufsarmee

»Eine Berufsarmee muss ihren Nicht-Einsatz rechtfertigen. Ich will aber das Gegenteil: Die Politik muss den Einsatz der Bundeswehr jedes Mal rechtfertigen, und dabei soll es bleiben.«

Volker Rühe (CDU), damals Verteidigungsminister; in: Frankfurter Allgemeine Zeitung vom 09.07.1996

Politik aktuell

Wehrpflicht oder Berufsarmee? Infomationen hierzu gibt es
• bei den Bundestagsparteien,
• beim Bundesverteidigungs-
  ministerium.

Einige Links finden Sie auf S. 269.

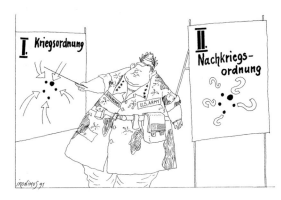

Wenn der Frieden auf sich warten lässt – das Beispiel des zweiten Irakkriegs von 2003

Ende der neunziger Jahre sperrte sich der Irak gegen Waffeninspektionen der UNO. Bereits 1991 war im Auftrag der UNO Krieg gegen den Irak geführt worden, weil er sein Nachbarland Kuwait besetzt hatte. Auch in den folgenden Jahren war es immer wieder zu Konflikten mit der UNO gekommen.

Der Streit um die Massenvernichtungswaffen des Irak spitzte sich zu, nachdem islamische Terror-Organisationen das World-Trade-Center in den USA zerstört hatten (11. September 2001). Schließlich stellten die USA und Großbritannien dem Irak im März 2003 ein Ultimatum: Er müsse seine Waffen zerstören und der irakische Diktator Hussein müsse das Land verlassen, um einer demokratischen Regierung Platz zu machen.

Dieses Ultimatum lehnte der Irak ab. Daraufhin eroberten britische und amerikanische Truppen (allerdings ohne UNO-Auftrag) den Irak und setzten die alte Regierung ab. Dennoch kam das Land nicht zur Ruhe. Zwar setzten die Sieger einen »Regierenden Rat« ein, der unter Kontrolle der USA die Demokratisierung des Irak vorbereitet hat, und UNO-Mitglieder stellten Gelder für den Wiederaufbau zur Verfügung. Gleichzeitig aber begannen Gegner der neuen politischen Ordnung mit Terroranschlägen auf die Besatzungstruppen und die von ihnen eingesetzte neue Verwaltung und Polizei. Mehr noch – die Attentäter trugen den Krieg nach außen und führten Anschläge gegen »westliche« Einrichtungen im Ausland aus.

Frieden sichern – durch politische Zusammenarbeit

Mitglieder der OSZE
Beim Start 1975: 35 Staaten, heute: 55 Staaten: von den USA und Kanada bis hin zu Kasachstan und Kirgisistan.

Politik aktuell
Informationen über die Mitglieder, die aktuellen OSZE-Aktionen, laufende Presseberichte im Internet: www.osce.org

Für den Ernstfall gerüstet sein, damit er nie eintritt – das ist der Grundgedanke der militärischen Friedenssicherung. Daneben gibt es den zweiten Weg: Auf möglichst vielen Gebieten zusammenarbeiten, um gemeinsam die Zukunft zu gestalten. Kommt es dennoch zu einem Konflikt, sollte er gemeinsam gelöst werden. Dazu wurde 1975 nach langen Verhandlungen die *Konferenz für Sicherheit und Zusammenarbeit in Europa*, die KSZE, gegründet. Zu ihren wichtigsten Aufgaben gehört es,
• zwischen Staaten zu vermitteln oder zu schlichten, wenn Konflikte drohen oder ausbrechen,
• den ehemaligen »Ostblockländern« zu helfen, eine demokratische Ordnung in ihren Ländern aufzubauen;
• Vereinbarungen auszuhandeln, damit die Armeen und Waffenlager abgerüstet werden. Nach einer Anlaufzeit wurde 1995 aus der KSZE, einer »Konferenz« mit regelmäßigen Tagungen, die OSZE, d. h. eine »Organisation« mit festen Einrichtungen und Ämtern. Die OSZE hat ihren Hauptsitz, das Sekretariat mit dem Generalsekretär, in Wien. Sie kann nicht nur bei einem Streit zwischen Mitgliedstaaten angerufen werden. Auch bei einem Konflikt im Innern eines Landes ist dies möglich – wenn etwa eine Minderheit der Bevölkerung in ihren Rechten benachteiligt wird.

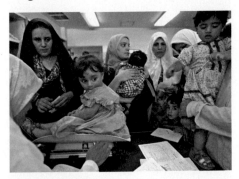

Irakisches Kind wird in einem Bagdader Krankenhaus versorgt

Welche Irak-Politik ist die richtige?

Aus einer Rede des deutschen Außenministers Fischer vor der UNO-Vollversammlung am 14. September 2002:

Der Irak … darf keine Massenvernichtungsmittel und Trägersysteme besitzen oder produzieren … Deshalb muss der Druck der Vereinten Nationen auf die Regierung des Irak … verstärkt werden. … Wir wollen jedoch keinen Automatismus hin zur Anwendung militärischer Zwangsmaßnahmen. …

Uns stellen sich folgende zentrale Fragen: Sind wirklich alle ökonomischen und politischen Druckmöglichkeiten (gegenüber dem Irak) ausgeschöpft? Zu welchen Folgen würde ein militärisches Eingreifen führen? Was bedeutete dies für die regionale Stabilität? Welche Auswirkungen hätte es auf den Nahostkonflikt? Gibt es neue und eindeutige Erkenntnisse und Fakten? Rechtfertigt die Bedrohungsanalyse, ein sehr hohes Risiko einzugehen – die Verantwortung nämlich für Frieden und Stabilität der ganzen Region und zwar für Jahre oder sogar Jahrzehnte? Träfe dies bei den arabischen Nachbarn auf Zustimmung? Welche Folgen hätte es für den Fortbestand der weltweiten Koalition gegen den Terrorismus? Angesichts dieser offenen Fragen sind wir voll tiefer Skepsis gegenüber einem militärischen Vorgehen. … www. auswaertiges-amt.de/www/de/ausgabe_archiv?archiv_id=3534

Aus einer Rede des US-Präsidenten George W. Bush am 6. März 2003:

Saddam Hussein und seine Waffen sind eine direkte Bedrohung für dieses Land, für unser Volk und für alle freien Völker … Die Angriffe am 11. September 2001 haben gezeigt, was die Feinde Amerikas mit vier Flugzeugen gemacht haben. Wir werden nicht darauf warten, was Terroristen oder terroristische Staaten mit Massenvernichtungswaffen machen könnten. …

Irak ist ein Land, das Verbindungen zu Terroristen hat. Es ist ein Land, das Terroristen trainiert, ein Land, das Terroristen bewaffnen könnte …

Mein Job ist es, das amerikanische Volk zu schützen … Wenn es um unsere Sicherheit geht, wenn wir handeln müssen, werden wir handeln, und dafür brauchen wir wirklich nicht die Zustimmung der Vereinten Nationen. Nach: Süddeutsche Zeitung, 08.03.2003

Aufgaben:

1. Vergleichen Sie die Haltung der USA und Deutschlands zu einem militärischen Eingreifen im Irak. Welche Argumente stehen jeweils im Vordergrund?
2. Die USA haben den zweiten Irakkrieg ohne Zustimmung des UNO-Sicherheitsrats begonnen. Informieren Sie sich in Abschnitt 7.2.2 über die Möglichkeiten der UNO, gegenüber Einzelstaaten aktiv zu werden. Halten Sie vor diesem Hintergrund das Vorgehen der USA für angemessen?
3. Der internationale Terrorismus ist eine neue Bedrohung des Friedens. Zeigen Sie am Beispiel des Irakkriegs, warum seine Bekämpfung schwierig und umstritten ist. Informieren Sie sich im Internet über die derzeitige Lage im Irak.
4. In den Massenmedien gibt es immer wieder Berichte über lang andauernde Konflikte, über Länder im »Nach-Krieg«. Sammeln Sie solche Berichte über »vergessene Kriege« in einer Wanddokumentation. Worum geht es dabei? Welche Staaten oder Gruppen sind daran beteiligt?

Organisationen zur Sicherheit in Europa

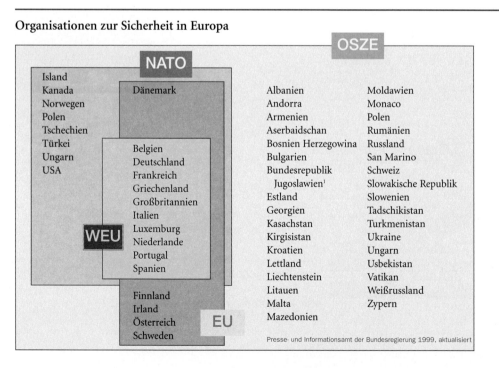

Presse- und Informationsamt der Bundesregierung 1999, aktualisiert

Aufgaben:

5. Verschaffen Sie sich einen Überblick über die Organisationen zur Friedenssicherung in M 3 und den Abschnitten 6.3.3 und 7.4.2.

Sicherheit und Frieden...

Risiken – Herausforderungen – Chancen am Beginn des 21. Jahhunderts

Von vielem, was auf der Welt passiert, könnten wir sagen: Das betrifft uns nicht – der Bürgerkrieg im Sudan, das vor sich hin rostende Atomkraftwerk in der Ukraine, die Bedrohung der Fremden in deutschen Städten ... Doch: Risiken und Gefahren machen heute nicht mehr vor den Grenzen eines Landes Halt.

Atomkatastrophe Tschernobyl 1986 – einfach abhaken?

26. April 1986: Im Reaktorblock 4 des Atomkraftwerks beim ukrainischen Dorf Tschernobyl kommt es zu der bislang größten Explosion in einem AKW. Im Umkreis von 15 Kilometern werden in den Monaten danach mehr als 100 000 Menschen evakuiert. Über die Zahl der Toten gibt es keine genauen Angaben. In den folgenden Jahren erkranken und sterben in der Region überdurchschnittlich viele Menschen an Krebs.

Die Regierung der Ukraine erklärt sich Ende der Neunzigerjahre bereit, das AKW Tschernobyl zu schließen. Ihre Forderung: Als Gegenleistung sollen die Europäische Union und die USA finanzielle Hilfen beim Bau eines neuen AKWs leisten.

Krieg im Kosovo – Frieden durch Waffengewalt

Der Sicherheitsrat der Vereinten Nationen verabschiedete am 10. Juni 1999 eine Resolution zur Beendigung des Krieges im Kosovo/Jugoslawien. Diese Resolution war die Grundlage für den Einmarsch einer internationalen Friedenstruppe unter militärischer Führung der NATO. Deren Auftrag: Weitere Gewalt zwischen der serbischen und der albanischen Bevölkerung zu verhindern. Am 12. Juni 1999 zogen deutsche Soldaten als Teil dieser Friedenstruppe in die Stadt Prizren ein.

Frieden

Armut und Gewalt

Der Sudan zählt zu den ärmsten Regionen der Welt. Seit 1983 tobt hier ein bei uns kaum beachteter Bürgerkrieg. Der überwiegend christliche Süden will sich von der muslimischen Zentralregierung abtrennen. Tausende sind bislang in den Kämpfen umgekommen oder sind verhungert. Hunderttausende sind auf der Flucht. Hilfsorganisationen aus vielen Ländern sind im Einsatz. Ihre Arbeit wird von den kämpfenden Seiten behindert, die Helfer sind selber massiv bedroht.

in einer globalen Welt

Soft Power und Hard Power

Soft Power ist die Fähigkeit, andere anzuziehen, Dinge erreichen, weil andere Ihnen folgen, weil sie dasselbe wollen, was Sie auch wollen. Harte Macht entsteht durch wirtschaftliche oder militärische Macht, Soft Power entsteht aus der Kultur, aus politischen Ideen wie Demokratie, Menschenrechten und daraus, wie Sie ihre Politik gestalten. Harte und weiche Macht sind beide nötig.

Joseph S. Nye, amerikanischer Politikwissenschaftler, Frankfurter Rundschau, 03.04.2003

Ausländer ohne Menschenrechte!

Ausländer leben in manchen Regionen gefährlich in Deutschland. In den letzten Jahren sind immer wieder Einzelne und ihre Wohnungen Ziel gewaltsamer Anschläge. Deutsche Jugendliche treten dabei als Schläger und Brandstifter auf.
Es zeigt sich aber auch: Viele sind bereit, für die Menschenrechte der ausländischen Mitbürger auf die Straße zu gehen.

Globale Risiken und Gefahren – alte und neue Probleme

- Zerstörung der natürlichen Lebensgrundlagen
- Nationalismus, Konflikte zwischen unterschiedlichen Volksgruppen
- Fremdenhass, Rassismus, weltanschauliche und religiöse Intoleranz

- Armut und Reichtum auf der Welt – der Nord-Süd-Konflikt
- Kriege, Bürgerkriege
- Flucht, Vertreibungen (»ethnische Säuberungen«), politische Verfolgung
- organisierte Kriminalität, Waffenhandel, Drogenhandel
- … ?

---

1. **»Risiken 21«** – Was kommt auf uns zu im 21. Jahrhundert? Womit müssen wir rechnen? Das Schaubild enthält einige allgemeine Stichworte hierzu. Sie können sie mit Beispielen aus der Gegenwart verdeutlichen – z. B. »Zerstörung der natürlichen Lebensgrundlagen« durch langsame Erwärmung der Erde, verheerende Naturkatastrophen, Stürme, Überflutungen …

2. **Zukunftsvisionen: »Herausforderungen und Chancen 21«.** Die Risiken und Gefahren können auch als Herausforderungen, vielleicht auch als Chancen für eine andere Gestaltung unserer Zukunft verstanden werden. Entwerfen Sie in kleinen Gruppen ein Plakat mit dem Titel »Visionen für eine sichere und friedliche Welt«. Dazu drei Leitfragen:
   - Was muss sich Ihrer Meinung nach ändern?
   - Was muss getan werden, damit diese Risiken nicht zur tatsächlichen Bedrohung werden?
   - Wer ist dabei gefordert? Politikerinnen und Politiker, die Regierungen, einzelne Staaten, internationale Organisationen, ich, andere, …?

Teil 7.1   Neue Erfahrungen in einer offenen Welt

Globalisierung im eigenen Alltag
- Weltweite Information und Kommunikation
- Bereiche der Globalisierung: Wirtschaft, Politik, Umwelt, Freizeit
- Neue Perspektiven durch Globalisierung
- Gegenströmungen; Ungleichheit trotz Globalisierung.

Teil 7.2   Internationale Zusammenschlüsse

Vereinte Nationen
- Organe:
  - Vollversammlung: Wahlfunktionen
  - Generalsekretär
  - Sicherheitsrat (ständige und nicht-ständige Mitglieder): Friedenssicherung, UNO-Truppen
  - Internationaler Gerichtshof
  - Unterorganisationen
- Entstehung und heutige Bedeutung
- Aufgabenfelder (UNO-Charta).

Internationale Wirtschaftspolitik
- Weltbank
- Internationaler Währungsfonds (IWF) und WTO
- G-8.

Umweltschutz
- Weltklimakonferenz
- NGOs: regierungsunabhängige internationale Organisationen.

Teil 7.3   Ungleichheit im globalen Maßstab: Der Nord-Süd-Konflikt

Entwicklungsländer
- Wirtschaftliche Merkmale, z. B. hohes Bevölkerungswachstum, niedrige Produktivität, niedriges Einkommen, Kapitalmangel, Arbeitslosigkeit
- Gesellschaftliche / kulturelle Merkmale, z. B. Hunger, schlechte medizinische Versorgung, schlechte Wohnsituation, Analphabetismus
- Politische Merkmale, z. B. Verstöße gegen Menschenrechte, Konflikte zwischen verschiedenen Kulturen, mangelnde politische Stabilität
- Teufelskreise der Armut: Ursachen und Folgen für Staat, Wirtschaft und den Einzelnen.

Weltweite Migration
- Ursachen: Globales Wohlstandsgefälle; Unterdrückung und Vertreibung, Krieg, kulturelle Konflikte, Umweltzerstörung
- Folgeprobleme: Flüchtlingselend, sinkende Bereitschaft zur Aufnahme.

Welthandel
- Ungleicher Nutzen vom Welthandel: z. B. Rohstoffe, Fertigwaren
- Schuldenprobleme der Entwicklungsländer
- Vorschläge: Neue Weltwirtschaftsordnung; faire Handelsmodelle, Schuldenerlass.

Überwindung der globalen Ungleichheit
- Industrialisierung als Lösung?
- Strategien der Entwicklungspolitik, z. B.:
  - Sicherung der Grundbedürfnisse
  - Krisenvorbeugung
  - Förderung von Demokratie und Menschenrechten
- Staatliche und private Hilfsorganisationen
- Unterschiedliche Beurteilung der Hilfe.

Teil 7.4   Sicherheit und Frieden
Menschenrechte
- Weltweite Gültigkeit durch Charta der UNO
- Verstöße in vielen Staaten, Problem der Bestrafung von Verstößen.

NATO
- Ab 1949: Beistandspakt des Westens im Kalten Krieg
- Weitere Aufgaben seit den 90er Jahren:
  - Einsatz in regionalen Konflikten
  - Krisenreaktionskräfte
  - Osterweiterung; Friedenspartnerschaft.

Bundeswehr
- Einsatz: Reine Verteidigungsarmee; Einsatz im Innern nur bei »Innerem Notstand«. Demokratische Kontrolle
- Seit der Wiedervereinigung weltweite Einsätze in Krisen- und Konfliktgebieten
- Wehrpflicht oder Berufsarmee?
- Wehrpflicht und Zivildienst, Wehrgerechtigkeit
- Frauen in der Bundeswehr.

Perspektiven der Sicherheitspolitik
- OSZE (früher KSZE); Integration ehem. Ostblockstaaten
- WEU und Europäische Union (vgl. 6.3.3)
- Beispiel Golf-Krieg

Personen- und Sachwortverzeichnis

Bildquellenverzeichnis

Action Press, Hamburg: 53.3, 64.2, 191.8, 171.2, 226.1/Bronst: 88.2/Bruendel: 105.1; 176.1/Dannenberg: 108.1/Dobley: 226.1/Kirchhof: 88.1/Schueri: 165.2/Succo: 160.1/Zanet: 104.1, 110.2, 131.1, 168.1, 212.1;
Adelmann, Karin: 250.2;
AKG, Berlin: 51.1, 52.2,3,5,6, 53.1, 54.3–8, 55.2, 58.1, 58.3, 60.4, 61.2, 82.2; 139.1–2, 143.2, 145.1–2, 146.1, 146.3, 147.1, 147.3, 148.2, 149.1, 151.2, 154.1–3, 156.2, 173.1, 182.1, 182.3;
AP, Frankfurt am Main: 185.1;
Archiv Gerstenberg, Wietze: 28.2, 183.2;
ARD,München: 42.3;
Baaske Cartoons, Müllheim: Butschkow: 51.4, 107.1/Henninger: 122.1/Kaczmarek: 12.1;
Barmer Ersatzkasse, Wuppertal: 82.1;
Bilderberg, Hamburg: 41.2, 46.1, 52.1, 86.1, 191.2, 194.1/Enders: 226.2/Schmid: 227.1/Drexel: 237.1/Ende: 241.1;
BPK, Berlin: 52.4, 55.3, 82.4, 144,2, 147.2, 149.2, 153;
CCC,www.c5.net: 255.1/Behrendt: 142.1/Benedek: 163.1/Blaumeister: 157.1/Espermüller: 164.1, 220.1/Gottscheber: 213.1, 214.1/Haitzinger: 84.1/Halbritter: 127.1, 42.1;/Hanel: 85.1, 112.1, 170.1, 180.3/Heller: 30.1/Hürlimann: 41.1/Löffler: 96.2, 98.1, 218.2/Luff: 68.1;/Marcus: 245.1/Mester: 34.1, 69.2, 115.1, 178.1, 199.1, 230.2/Mohr: 175.2, 225.2, 113.1/Murschetz: 62.1, 65.1, 218.1/Mussil: 76.1, 89.1, 96.1, 114.1, 134.1, 148.1, 162.1/Plaßmann: 112.2, 121.1/Rabenau: 83.2/Schneider: 253.1, 67.1/Schoenfeld: 159.1/Stauiber: 166.1, 226.3/Stuttmann: 210.1, 66.1/Tomaschoff: 63.1, 84.2/Wolff: 36.2/Wolter: 129.1, 186.1,;
COM.BOX Fotofinder GmbH, Berlin, Keystone: 191.5/argum/Thomas Einberger: 233.1/vario-press/Ulrich Baumgarten: 234.1/visum/C&M Fragosso: 256.1;
Das Fotoarchiv, Essen: 43.1, 48.2;
Die Welt, 2.8.1946: 146.2, 146.4;

DPA, Hamburg: 7.3, 51.2, 51.3, 53.2, 58.4, 61.3, 77.2; 73.2, 87, 95.1–3, 108.2, 109.1, 117, 139.3–4, 152.2, 156.1, 158, 160.2, 165.1, 165.3, 170.2, 171.3, 173.2–3, 178.2, 180.1, 181.2, 182.2, 187, 191.4, 191.6, 197.1, 206.1, 225.1, 228.1–2, 230.1, 247, 259.1–2, 262.2–3/Kneffel, Peter: 255.2/Kumm, Wolfgang: 174.1;
DSF, Ismaning: 16.1;
E-Lance Media GmbH, Gauting: 167.1, 229.2, 257.1;
Erich Schmidt Verlag, Berlin: 34.2, 243.1;
FIAN, Herne: 236.1;
FOCUS, Hamburg: 44.1, 46.2, 46.4, 48.1, 61.1, 67.2, 74.1–2, 180.2, 194.2, 194.4–5, 206.2, 212.2, 232.1, 240.1, 236.3/Menn: 80.1/Möller: 82.3;
Gatsby, Interpill Media/297, Hamburg: 103.1;
Geretschläger, Gerda: 250.1;
Gernhardt, Robert, Frankfurt: 47.1;
Getty Images, München: 194.3/Image Bank: 242.2;
GLOBUS Infografik, Hamburg: 11.1, 22.3, 23.1, 37.2, 40.1, 55.1, 69.1, 78.1–2, 79.1, 83.1, 84.1, 110.1, 211.1, 219.1, 244.1, 248.1, 252.1, 254.3;
Greenpeace, Hamburg: 223.2;
Großes Wilhelm-Busch-Buch, München: 26.4;
images.de digital photo GmbH (Jose Giribas), Berlin: 239.1;
IRONIMUS, Wien 215.1, 254.2, 260.1;
IVB-Report (Sauer), Kappelrodeck: 167.2;
Jäkel, Birgit, Leipzig: 191.11, 226.5;
Kersten, Detlef, Gehrden: 33.1;
Klett-Archiv (Peter Nabholz), Stuttgart: 89.1;
Körner, Tom, Berlin: 258.1 179.1;
Lade, Helga, Frankfurt: 21.2, 26.3;
Laif, Köln Bindrim: 58.2, 60.1/Flittner: 181.1/Fromann: 175.1/Linke: 60.2/Riehle: 237.2/Shirley: 238.1/van Cappellen: 200.2/Zinn: 189.2;
Landesbildstelle Baden, Karlsruhe: 141.2;
Marcks, Marie, Heidelberg: 20.1, 36.1;
Mauritius, Mittenwald: 29.2, 55.4/age: 73.3/Hubatka: 120.1/Poehlmann: 49.1/Stolz: 9.2–3, 17.1, 21.1, 21.3, 22.1, 26.2, 35.2, 177.1;
Mayr in: Reutlinger Generalanzeiger vom 26.3.1999, Reutlingen: 70.1;
Mediacolor's, Zürich: 7.2, 72.4–5, 188.2;

Mehr Zeit für Kinder e.V., Frankfurt: 33.2;
MEV, Augsburg: 9.4;
Müller, Dieko, Berlin: 115.2;
Parschau, Harri, Stolzenhagen: 152.1;
Picture Press, Hamburg: 188.1,189.1;
Picture-Alliance, Frankfurt, dpa: 260.2, 263.1/dpa/Hirschberger: 191.3/ dpa/Neumann: 191.1/Brenneken: 263.2/Hubert Link: 60.3/dpa/Perrey: 71.2;
ProSieben Multimedia, Unterföhring: 42.6;
Rau, Uwe, Berlin: 242.1, 246.1, 248.2;
Reuters AG, Frankfurt: 227.2;
Sat.1,Berlin: 42.5;
Seidel in: DER SPIEGEL 39/1997: 90.1;
SPIEGEL-Verlag, Hamburg: 161.1;
Staatsministerium Baden-Württemberg: 208.1;
Stadt Reutlingen (Hg.): Reutlingen 1930–1950. Ausstellungskatalog, S. 34: 143.1;
Stadt Stuttgart, Comics/Czucha: 45.1;
Stadtgeschichtliches Museum, Leipzig: 142.2;
Steiger, Ivan, München: 109.2, 118.1, 229.1, 251.2;
Süddeutscher Verlag, München: 28.1, 29.1, 140.2;
Thunig, Hans-Werner, Winterbach: 13.1, 15.1–2, 18.1, 20.2, 44.2, 74.4, 76.2, 99.1, 141.3, 158.1–5, 171.4, 191.7, 191.9–10, 193.3–4, 194.6, 200.1, 209.1, 249.2;
Tomorrow, 10/98, 5/00, Hamburg: 57.1;
TransFair e.V., Köln: 249.3;
Tresckow, Peter in: Frankfurter Allgemeine Zeitung 20.4.1996: 102.1;
Trinkhaus, Gerlinde, Reutlingen: 46.3;
ullstein bild, Berlin: 140.1; 140.3; 141.1; 148.3; 183.1; 196.1;
Vereinte Nationen: 253.2;
Visum, Hamburg: 236.2, 171.1/Ludwig: 262.1/Tomaszewski: 249.1/Schläger: 80.2;
Völkers in Süddeutsche Zeitung 24.06.1998, München: 54.1;
Volkswagen AG, Wolfsburg: 9.1;
WDV, Toncar, Bad Homburg: 37.1;
ZDF, Mainz: 42.4;
Zink, Gerold, Bahlingen: 193.1–2;
Umschlagbilder: oben: Mauritius, Mittenwald; Mitte: Action Press (Zanet); unten: DPA, Hamburg

Wichtige Internetadressen

Regierung der Bundesrepublik Deutschland

www.bundesregierung.de,
www.bundeskanzler.de

Bundesministerium der Verteidigung
www.bmvg.de, www.bundeswehr.de

*Bundesministerium für Bildung
und Forschung*
www.bmbf.de

*Bundesministerium für Familie, Senioren,
Frauen und Jugend*
www.bmfsfj.de

*Bundesministerium für Gesundheit und
Soziale Sicherung*
www.bmgs.bund.de

*Bundesministerium für Umwelt, Naturschutz
und Reaktorsicherheit*
www.bmu.de

*Bundesministerium für wirtschaftliche
Zusammenarbeit und Entwicklung*
www.bmz.de

Bundesministerium für Wirtschaft und Arbeit
www.bmwi.de

Bundespräsident
www.bundespraesident.de

Legislative (Bundestag, Bundesrat)

Der Deutsche Bundestag
www.bundestag.de

Bundesrat
www.bundesrat.de

Im Bundestag vertretene Parteien

Bündnis 90/Die Grünen
www.gruene.de

Christlich-Demokratische Union Deutschlands
www.cdu.de

Christlich-Soziale Union in Bayern
www.csu.de

Freie Demokratische Partei
www.fdp.de

Partei des Demokratischen Sozialismus
www.pds-online.de

Sozialdemokratische Partei Deutschlands
www.spd.de

Weitere staatliche Einrichtungen

*Bundesagentur für Arbeit
(früher: Bundesanstalt für Arbeit)*
www.arbeitsagentur.de

Bundesverfassungsgericht
www.bundesverfassungsgericht.de

Bundeszentrale für gesundheitliche Aufklärung
www.bzga.de

Bundeszentrale für politische Bildung
www.bpd.de

Statistisches Bundesamt
www.destatis.de

Umweltbundesamt
www.umweltbundesamt.de

Portale zu politischen Fragen

www.berufsbildung.de
www.bildungsserver.de
www.deutschland.de
www.jugendgemeinderat.de
www.politik-digital.de
www.politikerscreen.de
www.politik-forum.de
www.politik-im-netz.com
www.politische-bildung.de
www.sozialpolitik.com
www.sozialpolitik-aktuell.de

Tarifparteien

*Bundesvereinigung der Deutschen
Arbeitgeberverbände/BDA*
www.bda-online.de

Bundesverband der deutschen Industrie/BDI
www.bdi-online.de

Deutscher Gewerkschaftsbund/DGB
www.dgb.de

Deutscher Beamten-Bund
www.dbb.de

Europa

Europa Direkt-Bürgerinformationssystem
europa.eu.int/citizens

Europäische Kommission
europa.eu.int/comm

Europäisches Parlament
www.europarl.eu.int

*Eurostat – Statistisches Amt
der Europäischen Union*
europa.eu.int/comm/eurostat

Internationale Organisationen

Portale zur Entwicklungszusammenarbeit
www.epo.de
www.cic-bonn.org/service

Vereinte Nationen
www.uno.de

*UNHCR
(Hoher Kommissar der UNO für Flüchtlinge)*
www.unhcr.de

Deutsche UNESCO-Kommission
www.unesco.de

Misereor
www.misereor.de

Brot für die Welt
www.brot-fuer-die-welt.de

Deutsches Rotes Kreuz – Generalsekretariat
www.rotkreuz.de

amnesty international
www.amnesty.de

Greenpeace
www.greenpeace.de

*ATTAC (Vereinigung zur Besteuerung von
Finanztransaktionen)*
www.attac.de

Deutschland: Politische Gliederung

1 : 3 000 000

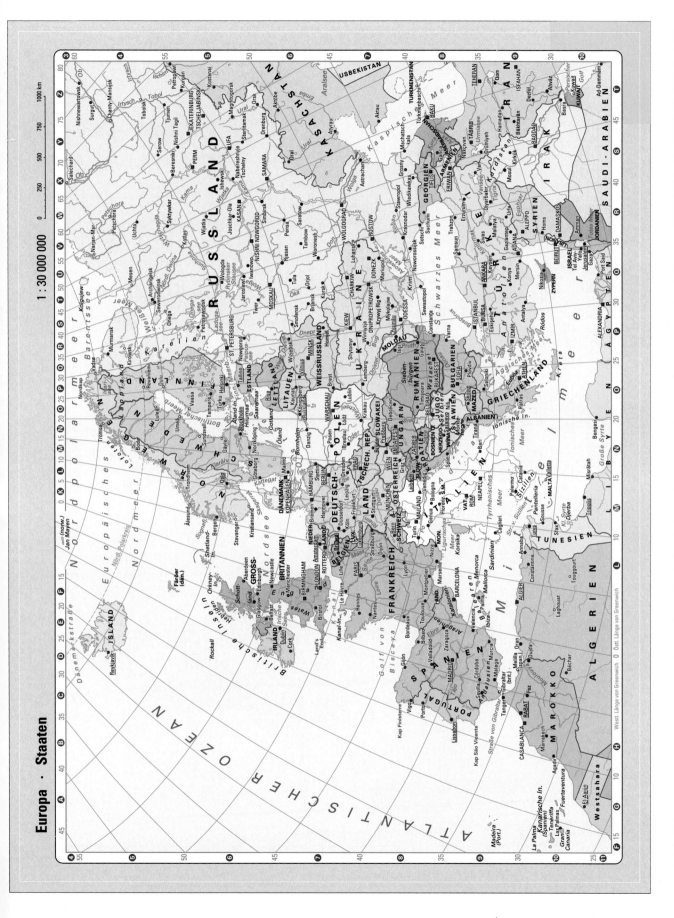

Europa · Staaten

1 : 30 000 000

271

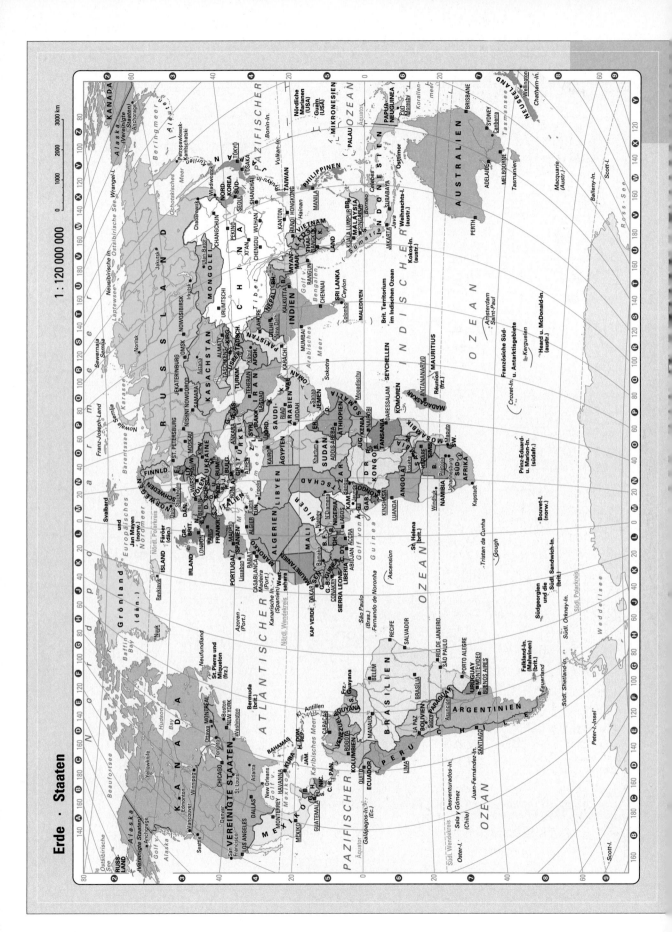

Erde · Staaten

1 : 120 000 000